Herfried Münkler · Karsten Malowitz (Hrsg.)
Humanitäre Intervention

Herfried Münkler
Karsten Malowitz (Hrsg.)

Humanitäre Intervention

Ein Instrument außenpolitischer
Konfliktbearbeitung.
Grundlagen und Diskussion

VS VERLAG FÜR SOZIALWISSENSCHAFTEN

Bibliografische Information der Deutschen Nationalbibliothek
Die Deutsche Nationalbibliothek verzeichnet diese Publikation in der
Deutschen Nationalbibliografie; detaillierte bibliografische Daten sind im Internet über
http://dnb.d-nb.de abrufbar.

1. Auflage 2008

Alle Rechte vorbehalten
© VS Verlag für Sozialwissenschaften | GWV Fachverlage GmbH, Wiesbaden 2008

Lektorat: Frank Schindler

VS Verlag für Sozialwissenschaften ist Teil der Fachverlagsgruppe
Springer Science+Business Media.
www.vs-verlag.de

Das Werk einschließlich aller seiner Teile ist urheberrechtlich geschützt. Jede Verwertung außerhalb der engen Grenzen des Urheberrechtsgesetzes ist ohne Zustimmung des Verlags unzulässig und strafbar. Das gilt insbesondere für Vervielfältigungen, Übersetzungen, Mikroverfilmungen und die Einspeicherung und Verarbeitung in elektronischen Systemen.

Die Wiedergabe von Gebrauchsnamen, Handelsnamen, Warenbezeichnungen usw. in diesem Werk berechtigt auch ohne besondere Kennzeichnung nicht zu der Annahme, dass solche Namen im Sinne der Warenzeichen- und Markenschutz-Gesetzgebung als frei zu betrachten wären und daher von jedermann benutzt werden dürften.

Umschlaggestaltung: KünkelLopka Medienentwicklung, Heidelberg
Druck und buchbinderische Verarbeitung: Krips b.v., Meppel
Gedruckt auf säurefreiem und chlorfrei gebleichtem Papier
Printed in the Netherlands

ISBN 978-3-531-14591-4

Inhalt

Herfried Münkler und Karsten Malowitz
Humanitäre Interventionen: Bedeutung, Entwicklung und
Perspektiven eines umstrittenen Konzepts – Ein Überblick   7

Stefan Oeter
Humanitäre Intervention und die Grenzen des völkerrechtlichen
Gewaltverbots – Wen oder was schützt das Völkerrecht: Staatliche
Souveränität, kollektive Selbstbestimmung oder individuelle
Autonomie?   29

Christian Tomuschat
Humanitäre Intervention – ein trojanisches Pferd?   65

Herfried Münkler
Humanitäre militärische Interventionen. Eine
politikwissenschaftliche Evaluation   89

Skadi Krause
Gerechte Kriege, ungerechte Feinde – Die Theorie des gerechten
Krieges und ihre moralischen Implikationen   113

Karsten Malowitz
Zum Erfolg verdammt, zum Scheitern verurteilt? – Zur
pragmatischen Komplexität humanitärer Interventionen   143

Sven Chojnacki
Zum Formwandel bewaffneter Konflikte   177

Norbert Eitelhuber und Ulrich Petersohn
Krisenmanagement und die Rolle der Bundeswehr. Ein umfassender
Ansatz   203

Oliver Wolleh
Zivile Konfliktbearbeitung – Möglichkeiten und Grenzen des
integrierten Ansatzes   221

Tobias Debiel
Kosten des Krieges, Chancen des Wiederaufbaus – Überlegungen
zum Nutzen der Friedenskonsolidierung   243

Stefan Mair
Private Militärfirmen und humanitäre Intervention   275

Skadi Krause
Legitimationsdiskurse von Interventionen   295

Hinweise zu den Autoren   311

Humanitäre Interventionen: Bedeutung, Entwicklung und Perspektiven eines umstrittenen Konzepts – Ein Überblick

Herfried Münkler und Karsten Malowitz

1. Begriffliche Vorbemerkungen zum Konzept der humanitären Intervention

Im Konzept der humanitären Intervention werden zwei Begriffe miteinander verbunden, die aus ganz unterschiedlichen Kontexten stammen und zur Kennzeichnung von Handlungen dienen, die einander eher auszuschließen als zu ergänzen scheinen. So verweist der heute geradezu inflationär gebrauchte Begriff „humanitär" auf das Selbstverständnis und die karitative Praxis zahlreicher Hilfsorganisationen, die sich dem Prinzip der humanitas, der Menschlichkeit verpflichtet fühlen und Notleidenden ohne Rücksicht auf deren religiöse, ethnische oder politische Zugehörigkeit Hilfe leisten.[1] Dagegen findet der Begriff der „Intervention" seine Verwendung vornehmlich in der internationalen Politik, wo er dazu dient, eine gesteigerte Einflussnahme auf einen Staat bis hin zur direkten Einmischung in dessen innere und äußere Angelegenheiten durch einen anderen Staat zu beschreiben (vgl. E.-O. Czempiel 1994: 402; K. Ebock 2000: 53ff.; W. Woyke 2006: 267ff.). Ausgehend von diesen beiden Verwendungsweisen fallen unter das Konzept der humanitären Intervention also ganz allgemein alle Formen der mit einem bestimmten Maß an Druck ausgeübten Einflussnahme auf bzw. die Einmischung eines Staates in die politischen Entscheidungen eines anderen Staates, die mit dem Zweck der Durchsetzung humanitärer Ziele unternommen werden.

Wendet man sich den gegenwärtig mittels des Konzepts der humanitären Intervention diskutierten Fällen zu, so wird allerdings sofort deutlich, dass das Konzept in einem sehr viel eingeschränkteren Sinn Verwendung findet. So wird es von der überwältigenden Mehrzahl der Autoren zur Kennzeichnung solcher Fälle verwendet, in denen es darum geht, die Durchsetzung humanitärer Ziele mit Hilfe des Einsatzes militärischer Mittel zu erreichen bzw. zu erzwingen.

---

[1] So beruft sich beispielsweise die *International Federation of Red Cross and Red Crescent Societies* in der Präambel ihrer *Constitution* u.a. auf die „fundamentalen Prinzipien" der Humanität, Unparteilichkeit, Neutralität und Unabhängigkeit.

Genau genommen müsste man also, wie es auch von einigen Forschern getan wird, von „humanitären militärischen Interventionen" (G. Gustenau 2000; C.M. Stadler 2000; H. Münkler 2008: in diesem Band) bzw. von „militärischen humanitären Interventionen" (J.-C. Merle 2003) sprechen. In der internationalen Forschung überwiegt gleichwohl die Rede von der „humanitären Intervention".

Während der Einsatz militärischer Mittel im Bedeutungsgehalt des Konzepts impliziert und damit unproblematisch ist, müssen vier weitere Unterscheidungen explizit hervorgehoben werden. Die erste Unterscheidung betrifft den Kreis der Personen, deren humanitäres Wohl im Zentrum einer Intervention steht. So werden im Völkerrecht zwei Formen humanitärer Interventionen unterschieden, nämlich Interventionen, die der Rettung oder dem Schutz eigener Staatsangehöriger aus Notlagen auf dem Territorium eines anderen Staates dienen, und solche, die zur Rettung oder zum Schutz von Menschen beliebiger Staatsangehörigkeit unternommen werden (M. Pape 1997: 104ff.; K. Ebock 2000: 56ff.; D. Murswiek 2001: 32). Gegenstand der weiteren Erörterungen wie auch der nachfolgenden Beiträge wird ausschließlich die letztgenannte Form humanitärer Intervention sein. Die zweite Unterscheidung betrifft die möglichen Intervenen. Grundsätzlich können humanitäre Interventionen von einem Staat oder einer Gruppe von Staaten durchgeführt werden, mithin unilateraler oder multilateraler Art sein. Drittens ist zu unterscheiden zwischen Interventionen, die mit oder ohne Ermächtigung durch den Sicherheitsrat der UN erfolgen. Während erstere von einer Mehrheit der Staaten wie der Völkerrechtler als rechtmäßig anerkannt oder zumindest toleriert werden (vgl. M. Pape 1997: 124ff. m.w.N.), sind letztere – gleich ob unilateral oder multilateral – heftig umstritten. Die vierte und zugleich problematischste Unterscheidung, die mit Blick auf die gegenwärtige Bedeutung des Konzepts der humanitären Intervention zu treffen ist, betrifft schließlich die Bedeutung des Begriffs „humanitär". Da es sich hier – im Gegensatz zu den vorstehend genannten Differenzierungen – nicht um ein formales, sondern um ein inhaltliches Kriterium handelt, besteht über die Auslegung dieses Begriffs keine Einigkeit. Gleichwohl lässt sich auch hier ein zumindest mehrheitlich geteilter semantischer Kernbestand herausschälen, der den Schutz vor *massenhaften* und *gravierenden* Verletzungen *grundlegender* Menschenrechte infolge staatlicher Untätigkeit oder Verfolgung umfasst (vgl. u.a. W. Verwey 1992: 114; ICISS 2001: 33; J.L. Holzgrefe 2003: 18; W. Hinsch / D. Janssen 2006: 29ff.). Zusammenfassend ergibt sich damit folgender, von Befürwortern wie Kritikern mehrheitlich geteilter Bedeutungsgehalt für das Konzept der humanitären Intervention, der auch den nachfolgenden Beiträgen zugrunde liegt:

Eine humanitäre Intervention ist eine militärische Maßnahme, die von einem Staat oder einer Gruppe von Staaten mit oder ohne Ermächtigung des Sicherheitsrates der UN auf dem Territorium eines anderen Staates ohne dessen Ersuchen durchgeführt wird, um Menschen beliebiger Staatsangehörigkeit vor massenhaften und gravierenden Menschenrechtsverletzungen oder den Auswirkungen herbeigeführter oder geduldeter humanitärer Notlagen zu schützen.

2. Das Konzept der „humanitären Intervention" im Spannungsfeld von Theorie und Praxis

Der Fall des ‚eisernen Vorhangs' hat die Bühne für ein Stück bereitet, dessen Ausgang heute ebenso ungewiss ist wie zu seinem Beginn. Zwar haben sich in der Zwischenzeit einige wiederkehrende Themen und eine relativ stabile Anzahl von Akteuren herauskristallisiert, doch welche Bedeutung und welche Rolle ihnen zukommt, steht noch keineswegs fest. Auch ist fraglich, ob sich die Vorstellungen und Erwartungen, welche die Beteiligten an ihr eigenes Tun knüpfen, am Ende als zutreffend und gerechtfertigt erweisen. Man kann dies auch in einem der Physik entnommenen Bild beschreiben: Demnach haben das Ende der bipolaren Weltordnung und die damit einher gehende Auflösung der in ihrem Spannungsfeld existierenden Gesetzmäßigkeiten von Anziehung und Abstoßung Kräfte freigesetzt, deren Bewegungen sich nur schwer kontrollieren lassen und die sich der Anordnung in einem neuen Feld hartnäckig entziehen.

Beide Vergleiche mögen in mancherlei Hinsicht unpassend sein, und zweifellos wäre es naiv, wollte man mit ihnen den Anspruch verbinden, die Unübersichtlichkeit der aktuellen politischen Situation in Form einer Metapher zu bannen. Was die Bilder illustrieren sollen – und zwar unabhängig von handlungs- oder strukturtheoretischen Prämissen – ist vielmehr nur ein einziger Aspekt der politischen Gegenwart, nämlich ihre radikale, durch widerstreitende Interessen und Motive sowie wechselnde Akteursbeziehungen und Einflusschancen gekennzeichnete Offenheit. Weit davon entfernt, an ihr von Francis Fukuyama prophezeites Ende zu kommen (F. Fukuyama 1992), hat die während der Zeit des Kalten Krieges gleichsam eingefrorene Geschichte sich wieder in einen zukunftsoffenen Prozess verwandelt, der gegenwärtig nur Tendenzen und Möglichkeiten, aber keine definitive Richtung kennt. Aber auch das ist nur ein Sprachbild, das die Unübersichtlichkeit der gegenwärtigen Konstellationen erfassen und anschaulich machen soll.

Um die Fragen, die sich gegenwärtig mit dem Konzept der humanitären Intervention verbinden, analytisch zu erhellen, muss man sich vergegenwärtigen, dass es sich bei diesem Konzept sowohl um ein theoretisches Konstrukt als auch um ein politisches Instrument handelt, und dass es in beiden Erscheinungsformen ebenso Faktor wie auch Produkt eines Prozesses ist. So gehörte die humanitäre Intervention nach dem Ende des Ost-West-Konflikts zu den politischen Instrumenten, mit denen die westlichen Staaten – unter zwischenzeitlicher Führung der USA – diesen Prozess in den 1990er Jahren zu lenken und in die stabile Ruhelage der vom damaligen US-Präsidenten George Bush proklamierten „new world order" zu überführen suchten (G. Bush 1991). Die Erfahrungen, die dabei gemacht wurden, fanden Eingang in eine an Umfang und Intensität stetig anwachsende Diskussion über Kriterien und Anwendungsbedingungen des Konzepts (vgl. u.a. O. Ramsbotham / T. Woodhouse 1996; F.K. Abiew 1999; J.L. Holzgrefe / R.O. Keohane 2003). Diese sowohl in der akademischen als auch in der politischen Öffentlichkeit geführte Debatte wiederum blieb nicht ohne Einfluss auf die Rahmenbedingungen der internationalen Politik und wirkte so auf den Gebrauch des Instruments der humanitären Intervention zurück.

Mit Blick auf die beteiligten Akteure kann dieser Prozess durchaus als ein Lernvorgang beschrieben werden, wobei mit dem Begriff des „Lernens" hier freilich nicht mehr behauptet werden soll, als dass von den Akteuren beständig neue Erfahrungen gemacht und diese im Hinblick auf nachfolgendes Handeln verarbeitet worden sind. „Lernen" meint hier also keinen zielgerichteten Prozess des Erkenntnisgewinns oder des moralischen Fortschritts, sondern schlicht die Fähigkeit strategisch-rational kalkulierender Akteure, zurückliegende Handlungen zu evaluieren und sich bei neuen Entscheidungen auf veränderte empirische und normative Handlungsbedingungen einzustellen.

Dieses Wechselspiel zwischen Reflexion und Entscheidung ist nun – zumal mit Blick auf das Verhältnis von Politik und Völkerrecht – für sich genommen weder neu noch ungewöhnlich. Neu und ungewöhnlich sind aber sowohl die Dynamik und das Tempo, mit dem sich dieser Prozess seit 1989 vollzogen hat, als auch die in seinem Verlauf zu Tage getretenen politischen, militärischen und rechtlichen Herausforderungen. Will man angesichts der bisweilen schwindelerregenden Beschleunigung (vgl. H. Rosa 2005: 311ff.) nicht zu einem verzerrten Bild der Gegenwart gelangen, das sich aus einer unverbundenen Summe von Momentaufnahmen zusammensetzt, darf man die in der gegenwärtigen Auseinandersetzung um das Konzept der humanitären Intervention wirksamen Positionen und Richtungen nicht voraussetzungslos betrachten, sondern muss sie als das sehen, was sie sind – vorläufige Ergebnisse eines offenen Entwicklungsprozesses, der zwar eine Vorgeschichte, aber kein Ziel hat. Der Versuch, die wichtigsten rechtlichen und politischen Stationen dieses Prozesses seit dem Ende des kalten Krieges zu rekonstruieren, soll nachfolgend – in aller Kürze – unternommen werden.[2]

---

[2] Zum Konzept der humanitären Intervention in der klassischen Epoche des Völkerrechts bis zum Ende des ersten Weltkriegs vgl. M. Pape 1997: 83ff.; F.K. Abiew 1999: 21ff.; K. Ebock 2000: 65ff.; C. Hillgruber 2001. Zu Theorie und Praxis der humanitären Intervention nach 1945 vgl. u.a. O. Ramsbotham / T. Woodhouse 1996: 33ff.; M. Pape 1997: 87ff.; F.K. Abiew 1999: 61ff.

3. Entwicklungen und Verwerfungen – Stationen eines problematischen Lernprozesses

3.1. Irak 1991 – Das konstruierte Novum

Am Anfang des völkerrechtlichen und politischen Bedeutungswandels, den das Konzept der humanitären Intervention seit dem Ende des Kalten Krieges erfahren hat, steht nach Ansicht zahlreicher Autoren (vgl. u.a. C. Greenwood 1993: 20f.; K.O. Nass 1993: 280; D. Blumenwitz 1994: 8; F.K. Abiew 1999: 148) die vom Sicherheitsrat der Vereinten Nationen am 5. April 1991 verabschiedete Resolution 688 (1991). Mit dieser Resolution, so die verbreitete Überzeugung, habe der Sicherheitsrat erstmals von der ihm nach Kapitel VII Art. 39 der UN-Charta prinzipiell offenstehenden Möglichkeit Gebrauch gemacht, massive Menschenrechtsverletzungen zum Anlass für die Feststellung der Gefährdung von Frieden und Sicherheit in einer Region zu nehmen. Zwar hält diese Auffassung einer näheren Prüfung nicht stand, da es lediglich die infolge der Repressionen gegen die Zivilbevölkerung einsetzenden grenzüberschreitenden Flüchtlingsströme waren, die von der Resolution als Ursachen für die Bedrohung von Frieden und Sicherheit genannt wurden (D. Murswiek 1996: 34; M. Pape 1997: 169; K. Ebock 2000: 270). Überdies ermächtigte der Sicherheitsrat auch keinen Staat zu wie auch immer gearteten Maßnahmen zur Beendigung dieser Repressionen, schon gar nicht mit militärischen Mitteln. Aus völkerrechtlicher Sicht fiel die Resolution in Sachen Menschenrechtsschutz damit sogar hinter den bereits erreichten Stand einer früheren Resolution zurück.[3]

Wenn die Resolution 688 (1991) gleichwohl ein bemerkenswertes Novum in der Entscheidungspraxis des Sicherheitsrates darstellte, dann weniger in rechtlicher als vielmehr in politischer Hinsicht. So ist der völkerrechtlich relevante Umstand, dass der Sicherheitsrat in ihr erstmals „Menschenrechtsverletzungen als Ursache für grenzüberschreitende, ihrerseits friedensbedrohende Vorgänge in Gestalt von Massenfluchtbewegungen anerkennt" (M. Pape 1997: 171), für die Praxis weit weniger bedeutsam als die politischen Konsequenzen, welche insbesondere die einen forcierten Menschenrechtsschutz befürwortenden westlichen Staaten aus ihr zogen. Tatsächlich fungierte die mühsam gezimmerte Hilfskonstruktion der Resolution 688, die es dem Sicherheitsrat bzw. der von ihm mandatierten Staatenallianz ermöglichte, humanitäre Hilfe auf dem Territorium des Irak zu leisten, ohne die etablierten völkerrechtlichen Grundsätze der Souveränität

---

[3] In der gegen Südafrika gerichteten Resolution 418 vom 4. November 1977 hatte der Sicherheitsrat die „Repressionen" und die „Fortsetzung des Systems der Apartheid" ebenso wie wiederholte Grenzverletzungen zum Anlass genommen, eine Bedrohung der Sicherheit und des Friedens festzustellen und ein Waffenembargo zu verhängen (vgl. M. Pape 1997: 161f.).

und der Nichteinmischung prinzipiell in Frage zu stellen,[4] in der Folgezeit gewissermaßen als ‚Türöffner' für die praktische Umsetzung des Konzepts der humanitären Intervention. Deutlich wurde dies bereits an der von der Staatenallianz zum Schutz der irakischen Kurden durchgeführten Operation *Provide Comfort*, welche die Errichtung von Schutzzonen für die kurdische Zivilbevölkerung und die Einrichtung einer Flugverbotszone nördlich des 36. Breitengrades beinhaltete. Für diese in ihrer Zielsetzung humanitären Maßnahmen, in deren Verlauf zwischenzeitlich nicht weniger als 13.000 Soldaten der Allianz auf dem Territorium des Irak eingesetzt wurden und die damit den einleitend formulierten Definitionskriterien einer humanitären Intervention entsprechen, bot die Resolution 688 (1991) – entgegen anderslautender Behauptungen – keine wirksame Rechtsgrundlage (M. Pape 1997: 168ff.; K. Ebock 2000: 269 m.w.N.). Die Tatsache, dass die internationale Staatengemeinschaft – mit Ausnahme des Irak – diese Maßnahmen dennoch stillschweigend hinnahm, durfte von den Mitgliedern der Staatenallianz als ermutigendes Zeichen für die Zukunft aufgefasst werden.

3.2. Jugoslawien und Somalia 1993 – Die gescheiterten Modellversuche

Dass man diese Zeichen zu deuten verstand, bewies das Vorgehen, mit dem der Sicherheitsrat im Verlauf des Jahres 1992 auf die sich parallel entwickelnden Konflikte im ehemaligen Jugoslawien und in Somalia reagierte. In beiden Fällen sah er sich mit eskalierenden Bürgerkriegen konfrontiert, die wachsende Opferzahlen unter der Zivilbevölkerung forderten und die einzudämmen die zu ihrer Regulierung unternommenen klassischen Peace-keeping-Einsätze nicht vermocht hatten.[5] Dabei konzentrierte sich das Interesse des UN-Sicherheitsrates und der Öffentlichkeit zunächst vorrangig auf die Entwicklung im ehemaligen Jugoslawien. Alarmiert durch die vor allem von serbischer Seite systematisch betriebene Vertreibungspolitik der ‚ethnischen Säuberungen' und die Behinderung der humanitären Hilfsmaßnahmen, erließ der Sicherheitsrat am 13. August 1992 die Resolution 770, mit der er die dramatische Lage in Bosnien und Herzegowina als

---

[4] Zu den widerstreitenden rechtlichen Auffassungen der Sicherheitsratsmitglieder vgl. die Ausführungen bei M. Pape 1997: 171f. m.w.N.
[5] Zum Konflikt im ehemaligen Jugoslawien vgl. u.a. die ausführlichen Darstellungen sowie die Zusammenfassungen von V. Meier 1995; O. Ramsbotham / T. Woodhouse 1996: 167ff.; H. Krech 1997; M. Pape 1997: 209ff.; F.K. Abiew 1999: 175ff.; W. Hinsch / D. Janssen 2006: 119ff. Zur humanitären Intervention in Somalia und ihrer Vorgeschichte äußern sich detailliert M.-J. Calic 1995; H. Krech 1996; J. Bartl 1999; S.L. Burg 1999. Zusammenfassungen mit unterschiedlichen Schwerpunktsetzungen finden sich u.a. bei V. Matthies 1994; O. Ramsbotham / T. Woodhouse 1996: 193ff.; M. Pape 1997: 183ff.; F.K. Abiew 1999: 159ff.; U. Schneckener 2002: 58ff. Beide Konflikte thematisieren S.P. Malik / A.M. Dorman 1995.

"Bedrohung des internationalen Friedens und der Sicherheit" bewertete. Unter ausdrücklicher Berufung auf Kapitel VII der UN-Charta autorisierte der Sicherheitsrat die Mitgliedsstaaten, „alle notwendigen Maßnahmen" zu ergreifen, um die Durchführung humanitärer Hilfsmaßnahmen in der Region zu gewährleisten. Von einem Schutz der Menschenrechte oder gar einer Einschränkung der Souveränität eines der betroffenen Staaten war dabei ausdrücklich nicht die Rede. Offensichtlich waren die Mitglieder des Sicherheitsrates gewillt, die Praxis der stillen Duldung fortzusetzen.[6]

Bestätigt wird diese Einschätzung durch die Entscheidung, mit der der UN-Sicherheitsrat nur wenige Monate später auch auf das Scheitern seiner bisherigen Bemühungen zur Stabilisierung der von Bürgerkrieg und Hungersnot gekennzeichneten Lage in Somalia reagierte. Bemüht, die Unzulänglichkeit der bisherigen eigenen Maßnahmen in dem vom Zerfall der staatlichen Ordnungsmacht geprägten Land vergessen zu machen[7] und unter dem Eindruck der gewachsenen medialen Aufmerksamkeit für das Leid der somalischen Zivilbevölkerung[8] verabschiedete der Sicherheitsrat am 3. Dezember 1992 die Resolution 794. Darin stufte er – ähnlich wie zuvor im Fall Bosnien-Herzegowina – „das große Ausmaß der menschlichen Tragödie" als Bedrohung des internationalen Friedens und der Sicherheit ein und ermächtigte die Mitglieder einer unter Führung der USA gebildeten Koalition, „alle notwendigen Maßnahmen" zu treffen, um ein sicheres Umfeld für die Versorgung der Zivilbevölkerung mit humanitären Hilfsgütern zu ermöglichen.

Die vom Sicherheitsrat verabschiedeten Resolutionen zu den Bürgerkriegen in Bosnien und Somalia gingen in zwei wesentlichen Punkten über die in Reaktion auf die Auswirkungen des Irak-Konflikts beschlossene Resolution 688 (1991) hinaus. Erstens nutzte der Sicherheitsrat ohne weitere Umschweife oder Hilfskonstruktionen das Bestehen einer humanitären Notlage zur Feststellung einer friedensbedrohenden Situation. Zweitens erteilte er mit der Formulierung „alle notwendigen Maßnahmen" ein uneingeschränktes, d.h. auch den Einsatz militärischer Mittel umfassendes Mandat. Im Fall Somalias kam außerdem der Umstand hinzu, dass die Resolution – da eine rechtmäßige Regierung Somalias zum Zeitpunkt der Entscheidung faktisch nicht mehr existierte – ohne offizielle Zustimmung oder formales Ersuchen der Regierung des betroffenen Landes verabschiedet wurde. Damit hatte der UN-Sicherheitsrat in völkerrechtlicher

---

[6] Zur Staatenpraxis der politischen Tolerierung humanitärer Interventionen vgl. D. Blumenwitz 1994: 7.
[7] Zu den Versäumnissen der UNO vgl. J. Clark 1993; A. de Waal 1994.
[8] Ob die intensive mediale Berichterstattung das Engagement insbesondere der USA allererst bewirkte oder ob vielmehr umgekehrt eine zum Eingreifen entschlossene Administration die Medien für ihre Zwecke instrumentalisierte, ist nach wie vor strittig. Zur Diskussion um den sog. „CNN-Effekt" vgl. u.a. P. Robinson 2002; S.L. Carruthers 2004: 157ff.

Hinsicht gewichtige Präzedenzfälle geschaffen. Mit Blick auf Somalia wurde die Bedeutung der Resolution zwar durch die ebenfalls in ihr enthaltene Betonung der „Einzigartigkeit" und „außergewöhnlichen" Beschaffenheit der Lage relativiert, aber doch eben nicht aufgehoben. Als absolute Ausnahme gekennzeichnet, aufgrund der Bedenken einiger Staaten, die für den Fall des Auftretens ähnlicher Fälle eine Einschränkung des Souveränitätsprinzips befürchteten und dem Sicherheitsrat daher keine beliebig oft nutzbare ‚Blanko-Vollmacht' erteilen wollten, erkannte der Resolutionstext doch zumindest die vom damaligen UN-Generalsekretär Boutros-Ghali beanspruchte Zuständigkeit des Sicherheitsrates für humanitäre Notlagen in zerfallenen Staaten an (vgl. B. Boutros-Ghali 1993).

Dass die UN die politisch-rechtlichen Geländegewinne, welche sie mit den Resolutionen zu Jugoslawien und Somalia erzielt hatte, nicht nutzen konnte, sie vielmehr geradezu leichtfertig verspielte, ist mittlerweile oft beschrieben worden.[9] Dies gilt auch für die Vielzahl der Ursachen, die letztendlich dazu führten, dass die *de iure* zulässigen humanitären Interventionen *de facto* in beiden Fällen nicht das gewünschte Resultat, nämlich den Schutz und die Versorgung der Zivilbevölkerung, sicherstellen konnten (vgl. W.S. Clarke / J.I. Herbst 1997): Mangelnde personelle, militärische und finanzielle Ausstattung, schlechte Planung, überlappende Zuständigkeiten und unklare Befehlsketten, fehlende Zukunftskonzepte sowie unrealistische Erwartungen über das Verhalten der Konfliktparteien und falsche Annahmen über das Ausmaß der zu ihrer Pazifizierung notwendigen militärischen Gewalt führten dazu, dass die ambitionierten Pläne der vom damaligen UN-Generalsekretär Boutros-Ghali formulierten *Agenda for Peace* ihren Praxistest nicht überlebten.

Besonders fatale Folgen zeitigten die o.g. Unzulänglichkeiten im Rahmen des Eingreifens in Somalia, wo die Soldaten der UN-Mission UNOSOM II, die am 4. Mai 1993 an die Stelle der von den USA geführten Interventionsmission UNITAF getreten war, mehr und mehr in die wieder aufflammenden Kämpfe zwischen den Bürgerkriegsmilizen verstrickt wurden. Der Tod von 25 pakistanischen UN-Soldaten im Juni 1993 und die Verwicklung amerikanischer Soldaten in Kampfhandlungen, in deren Verlauf rund 100 US-Soldaten ums Leben kamen oder verletzt wurden, führte in der auf eine solch opferreiche Eskalation der Gewalt nicht vorbereiteten Öffentlichkeit der westlichen Staaten zu lähmendem Entsetzen. Der Schock, den vor allem die immer wieder gezeigten Bilder der geschändeten Leiche eines amerikanischen Soldaten auslösten, bewirkte einen Umschwung in der öffentlichen Meinung wie auch im Regierungshandeln der westlichen Staaten (vgl. u.a. R. Dowden 1995; C. Dauber 2001).

---

[9] Siehe die Literaturhinweise in den vorstehenden Fußnoten 5 und 7.

3.3. Ruanda 1994 und Srebrenica 1995 – Versagen der Staatengemeinschaft

Wie tiefgreifend dieser Umschwung war, wurde im April 1994 deutlich, als in Ruanda der schwelende Bürgerkrieg zwischen den Volksgruppen der Hutus und der Tutsies eskalierte.[10] Innerhalb weniger Wochen fielen diesem von Seiten der Hutus offenbar gut vorbereiteten ‚Krieg', der faktisch eher in einer endlosen Folge von Morden und Massakern an den oftmals weitgehend wehrlosen Tutsie bestand, mehrere hunderttausend Menschen zum Opfer (vgl. P. Gourevitch 1999; A. Des Forges 2002). Mehr als eine Million Menschen wurden zudem vertrieben oder flohen. Ungeachtet dieses grausigen, faktisch den Tatbestand des Völkermords erfüllenden Geschehens wollte sich die Staatengemeinschaft nicht zur Durchführung einer humanitären Intervention entschließen. Auch der UN-Sicherheitsrat blieb zunächst untätig. Eine vor Ort befindliche, aber personell und militärisch unzureichend ausgestattete Peace-keeping-Mission, die der Gewalt hilflos gegenüberstand, wurde nicht aufgestockt. Daran änderte auch die vom Sicherheitsrat am 8. Juni 1994 verabschiedete Resolution 925 nichts, in der er – ähnlich wie im Fall Irak – „die massiven Flüchtlingsströme in die Nachbarländer" als „humanitäre Krise" bewertete. Erst als sich die ehemalige Kolonialmacht Frankreich bereiterklärte, 2000 Soldaten zum Schutz der Zivilbevölkerung nach Ruanda zu entsenden, schaffte der Sicherheitsrat die Voraussetzungen für eine humanitäre Intervention. Am 22. Juni 1994 verabschiedete er Resolution 929, in der er die Auswirkungen und das Ausmaß der Krise zum Anlass nahm, eine Bedrohung des internationalen Friedens und der Sicherheit in der Region festzustellen.

Die Bestürzung, mit der die Öffentlichkeit in den westlichen Staaten reagierte, als das Ausmaß des Genozids in Ruanda durch die Medien sichtbar gemacht wurde, war groß. Groß war auch die Empörung insbesondere auf Seiten afrikanischer Staaten, die dem Westen vorwarfen, den Wert von Menschen mit zweierlei Maß zu messen. Noch größer aber war die Verunsicherung auf Seiten der politisch Verantwortlichen, die gefangen waren zwischen der Gefahr des moralischen Gesichtsverlusts einerseits und dem Risiko politischen Gewichtsverlusts infolge möglicherweise verlustreicher und zudem kostspieliger militärischer Maßnahmen andererseits. Wie man sich in diesem Dilemma zu verhalten gedachte, zeigte sich im Juli 1995, als serbische Soldaten, Milizionäre und Polizeieinheiten unter den Augen hilfloser UN-Soldaten in der Schutzzone Srebrenica ihre Politik der ‚ethnischen Säuberung' durchführten und ein Massaker an rund

---

[10] Zum Konflikt in Ruanda vgl. u.a. die Darstellungen von E.R. Girardet 1995; P.J. O'Halloran 1995; F. K. Abiew 1999: 189ff.; K. Ebock 2000: 290ff.; B.D. Jones 2001; A.J. Kuperman 2001; S. Straus 2006.

8000 Zivilisten verübten: man erduldete den moralischen Gesichtsverlust (vgl. J. Bogoeva / C. Fetscher 2002).

In den nachfolgenden Jahren beschränkte man sich von Seiten der Politik vor allem auf die – mal mehr, mal weniger ernsthaft betriebene – Ursachenanalyse für das Scheitern der humanitären Interventionen. Als praktisch-politisches Instrument zum weltweiten Schutz bedrohter Zivilisten vor massenhaften Menschenrechtsverletzungen hatte das Konzept der humanitären Intervention vorerst ausgedient. Die große Anzahl der während dieser Zeit entstandenen theoretischen Erörterungen, die ihren eigenen bedeutenden Beitrag zur Fehleranalyse leisteten und teilweise weitreichende Vorschläge für Innovationen oder Reformen entwickelten, fanden zwar Gehör, erzielten aber keine nennenswerte praxiswirksame Resonanz (vgl. u.a. J. Harris 1995; O. Ramsbotham / T. Woodhouse 1996; F.R. Tesón 1997; F.K. Abiew 1999; A. Hasenclever 2001).

3.4. Kosovo 1999 – Präzedenzfall mit anhaltender Nachwirkung

Dieser Zustand änderte sich mit dem militärischen Eingreifen der NATO in den Kosovo-Konflikt 1999. Nachdem langwierige Verhandlungen sowie wiederholte Appelle des Sicherheitsrates und der Generalversammlung der Vereinten Nationen es nicht vermocht hatten, die Regierung der Bundesrepublik Jugoslawien zu einer eindeutigen Abkehr von ihren wiederholt und in großem Ausmaß begangenen Menschenrechtsverletzungen in der Provinz Kosovo zu bewegen, begann die NATO am 24. März 1999 mit Luftangriffen gegen die Bundesrepublik Jugoslawien.[11] Diese Angriffe, die sich nicht nur gegen eindeutig militärische Ziele richteten, sondern denen auch zahlreiche serbische Zivilisten zum Opfer fielen, wurden bis zum Einlenken der jugoslawischen Regierung am 10. Juni 1999 fortgesetzt. Diese sowohl von den politisch wie auch militärisch verantwortlichen Vertretern der NATO-Staaten mit erheblichem rhetorischen Aufwand als moralisch notwendig gerechtfertigte Maßnahme (vgl. E. Claßen 1999 m.w.N.) stellte völkerrechtlich insofern einen außergewöhnlichen Präzedenzfall dar, als sie ohne ausdrückliche Ermächtigung des UN-Sicherheitsrates und damit ohne legale Grundlage durchgeführt wurde: Die ständigen Sicherheitsratsmitglieder Russland und China hatten für den Fall einer entsprechenden Resolution ihr Veto angekündigt. Vor diesem Hintergrund waren die öffentlichen Reaktionen auf das einseitige Vorgehen der NATO-Staaten geteilt: Einerseits wurde der offene Bruch des Völkerrechts und die Verletzung der jugoslawischen Souveränitätsrechte kritisiert, andererseits fand die Berufung der NATO-Repräsentanten auf

---

[11] Für Darstellungen und Zusammenfassungen des Kosovo-Konflikts vgl. K. Ebock 2000: 320ff.; M. Ignatieff 2001; T. Judah 2002; W. Hinsch / D. Janssen 2006: 147ff.

die moralische Notwendigkeit eines militärischen Eingreifens zugunsten der bedrohten Zivilbevölkerung weithin Anerkennung (vgl. R. Merkel 2000). Aufgerüttelt durch das eigenmächtige Vorgehen einer Militärallianz und die damit einhergehende Gefahr eines weiteren Bedeutungsverlustes der UN entspann sich im Anschluss an die humanitäre Intervention im Kosovo eine intensive Debatte, die mittlerweile nicht nur die Zukunft des Konzepts der humanitären Intervention, sondern auch die grundsätzliche Frage des Verhältnisses von Menschenrechtsschutz und staatlicher Souveränität umfasst (vgl. u.a. G. Gustenau 2000; S. Chesterman 2001; J.L. Holzgrefe / R.O. Keohane 2003; G. Beestermöller 2003; S.D. Krasner 2005). Was diese anhaltende Debatte von vorangegangenen Diskussionen der Problematik (vgl. u.a. H. Jäckel 1995; G.M. Lyons / M. Mastanduno 1995) unterscheidet, ist der Umstand, dass sie sich nicht allein auf die akademische und politische Öffentlichkeit beschränkt, sondern unter lebhafter Anteilnahme führender Diplomaten und Politiker stattfindet und auch schon zu rechtswirksamen Beschlüssen geführt hat.

Als besonders bedeutsam für den hier interessierenden Zusammenhang von Theorie und Praxis erweisen sich dabei vor allem zwei Berichte internationaler Expertenkommissionen, die im Laufe des Jahres 2000 vorgestellt wurden: Einerseits der im Auftrag des damaligen UN-Generalsekretärs Kofi Annan erstellte und im August veröffentlichte *Report of the Panel on United Nations Peace Operations* (PUNPO), andererseits die von der auf kanadische Initiative gegründeten *International Commission on Intervention and State Sovereignty* (ICISS) erarbeitete und im Dezember desselben Jahres vorgelegte Studie *The Responsibility to Protect* (PUNPO 2000, ICISS 2001; vgl. I. Winkelmann 2006: 449ff.). Während die im UN-Report aufgeführten Vorschläge zur Verbesserung von UN-Friedenseinsätzen in den letzten Jahren direkten Eingang in die Praxis fanden, initiierte die ICISS-Studie einen tiefgreifenden Prozess des Umdenkens hinsichtlich der politischen und rechtlichen Bewertung des völkerrechtlichen Souveränitätsgebots. Unterstützung finden die in der Studie formulierten Vorschläge, den Status der Souveränität an die Einhaltung menschenrechtlicher Mindeststandards zu binden, mittlerweile nicht mehr nur auf Seiten der Politikwissenschaft (vgl. u.a. R.O. Keohane 2003; S.D. Krasner 2005; W. Hinsch / D. Janssen 2006), sondern auch bei Vertretern der in dieser Angelegenheit traditionell eher zurückhaltend argumentierenden völkerrechtlichen Literatur (vgl. u.a. T.M. Franck 1999; K. Ebock 2000: 299ff.; H.F. Köck 2000; C. Tomuschat 2008: in diesem Band). Die Tatsache, dass die Mitgliedsstaaten der UN-Generalversammlung mit der 2005 verabschiedeten Resolution 60/1 eine allgemeine „Verpflichtung zum Schutz ihrer Bevölkerung" anerkannten, wird diesem Prozess weitere Nahrung geben.

4. Perspektiven und Zukunftsfragen

Das zwischenzeitlich totgesagte Konzept der humanitären Intervention (vgl. C. Krauthammer 1999) steht wieder auf der politischen Agenda. Die hochfliegenden Erwartungen an ein neues Zeitalter des Friedens und der Zusammenarbeit in der internationalen Politik, welche die Versuche seiner politischen Implementierung Anfang der 1990er Jahre begleiteten (vgl. u.a. K. Dicke 1993; C. Greenwood 1993), wird heute freilich niemand mehr mit ihm verknüpfen (vgl. H. Münkler 2002: 236ff.). Bedenkt man das Ausmaß ihrer politischen Naivität, so muss dies kein Nachteil sein. Ernüchterung, die freilich weder mit Resignation noch mit Zynismus verwechselt werden darf, ist nicht selten eine bessere Voraussetzung zur Lösung politischer Probleme als übersteigerter Idealismus.

Die Zukunft des Konzepts der humanitären Intervention ist offen. Wie sie aussehen wird, hängt auch davon ab, welche Antworten auf die zentralen Fragen gefunden werden, die gegenwärtig die politische wie die völkerrechtliche Diskussion beherrschen. Die erste und wichtigste dieser Fragen ist zweifellos die nach der Zukunft des völkerrechtlichen Prinzips der Souveränität und seiner Gewichtung gegenüber dem Ziel des Menschenrechtsschutzes. Wird die internationale Ordnung auch zukünftig primär eine Ordnung der Staaten sein oder kündigt sich ein Paradigmenwechsel an, in dessen Folge die Staatengemeinschaft eine Art Ausfallbürgschaft für die Gewährleistung der Rechte von Individuen und Minderheiten übernimmt und diese notfalls auch mit militärischen Mitteln durchsetzt? Dies führt zu einer zweiten Frage, nämlich der, ob sich die Mitgliedsstaaten der Vereinten Nationen darauf verständigen können, Kriterien, Prinzipien und Verfahren zur Durchführung humanitärer Interventionen rechtsverbindlich zu machen, oder ob sie es bei den gegenwärtigen ad-hoc Regelungen belassen und im Zweifelsfall die Praxis des moralischen Exzeptionalismus dulden. Eine weitere klärungsbedürftige Frage betrifft die Fähigkeit der UN zu ihrer eigenen Reform (vgl. dazu u.a. B. Fassbender 1998; J. Varwick / A. Zimmermann 2006). Hat die Staatengemeinschaft, und haben insbesondere die fünf ständigen Mitglieder des Sicherheitsrates den politischen Willen, bestehende institutionelle Defizite wenigstens ansatzweise abzubauen und Entscheidungsstrukturen zuzulassen, die sich der Veto-Option entziehen? In diesem Zusammenhang drängt sich schließlich auch die Frage nach der finanziellen Opferbereitschaft der UN-Mitglieder und hier insbesondere der zahlungskräftigeren westlichen Staaten auf. Sind sie bereit, sich eine verbesserte politische und militärische Handlungsfähigkeit der Vereinten Nationen etwas kosten zu lassen? Und wird ihre Unterstützung nicht mit dem Abschluss der militärischen Intervention enden, sondern groß genug sein, um auch langfristige Projekte des *state-building* mitzutragen?

Angesichts dieser Fragen darf allerdings nicht vergessen werden, dass die UN mit Blick auf die Problematik der humanitären Intervention zwar ein wichtiger, aber keineswegs der alleinige Akteur im System der internationalen Politik sind. Ihre Handlungsmächtigkeit wird – und zwar unabhängig von allen möglichen Reformbestrebungen – auf absehbare Zeit weiterhin maßgeblich durch die politischen Interessen der militärisch global handlungsfähigen Staaten und insbesondere die der USA beeinflusst werden. Angesichts dieses Umstands wird die Zukunftsfähigkeit des Konzepts der humanitären Intervention nicht zuletzt davon abhängen, wie ernsthaft die Staatengemeinschaft als ganze oder einzelne Regionalorganisationen bereit sind, Lösungsansätze zu verfolgen, die auch unabhängig von den ökonomischen und geopolitischen Interessen der letzten verbliebenen Supermacht tragfähig sind.

Zu guter Letzt dürfen auch die politischen Debatten, die in den an humanitären Interventionen beteiligten Staaten über deren Erfolg und deren Kosten geführt werden, nicht vergessen werden. Wachsen die Kosten, worunter nicht nur finanzielle Aufwendungen, sondern auch Verluste eigener Soldaten durch Unfälle, vor allem jedoch infolge von Feindeinwirkung zu verstehen sind, bildet sich in der Bevölkerung sehr schnell eine Grundstimmung gegen die Beteiligung an humanitären Interventionen aus, gegen die auch die politischen Entscheider nur schwer ankommen können. Von nicht geringerem Einfluss auf die Bereitschaft zu humanitären Interventionen wird schließlich auch der Eindruck sein, der sich bezüglich Erfolg oder Scheitern zurückliegender Interventionen verfestigt.[12] Setzt sich die Ansicht durch, dass humanitäre Interventionen mehr kosten als nützen, so wird dies ebenfalls zu einem sinkenden Engagement führen und es werden sich Situationen mehren, wo es zwar Sicherheitsratsbeschlüsse gibt, die Interventionen nicht nur legitimieren, sondern geradezu fordern, sich aber keine geeigneten Kräfte zu ihrer Durchführung finden. Die Konstabularisierung der Streitkräfte, wie sie Morris Janowitz bereits vor Jahrzehnten beschrieben hat (vgl. M. Janowitz 1960: 420ff.), wird nur dann vorankommen, wenn sich mit ihr die begründete Erwartung verbindet, dass auf diese Weise die Welt sicherer wird.

5. Zu den Beiträgen dieses Bandes

Die in diesem Band versammelten Beiträge suchen die komplexe Problematik der humanitären Intervention aus verschiedenen Perspektiven zu erhellen. Den Auftakt machen Stefan Oeter und Christian Tomuschat, die sich den völkerrecht-

---

[12] Eine sorgfältige Evaluation von UN-Friedensoperationen, die freilich mit humanitären Interventionen nicht gleichgesetzt werden können, findet sich in T. Debiel 2003.

lichen Aspekten des Themas widmen. Stefan Oeter nimmt in seinem Beitrag zunächst die zwischen den wichtigsten Zielen und Grundsätzen der UN-Charta bestehenden Verweisungszusammenhänge in den Blick. Unter Rekurs auf die aktuelle Rechtslage und die jüngsten Tendenzen in der Praxis des UN-Sicherheitsrates diagnostiziert er grundsätzliche „Zielkonflikte", die sowohl einer konsistenten Entscheidungspraxis der UN wie auch einer einheitlichen Beurteilung von Seiten der Völkerrechtslehre entgegenstehen. Ausgehend von diesem Befund wendet er sich dann dem zentralen Problem der gegenwärtigen völkerrechtlichen Diskussion zu, nämlich der Frage nach den Möglichkeiten einer Verrechtlichung unilateraler humanitärer Interventionen und ihrer möglichen Begründbarkeit. Mögliche Gefahren des Missbrauchs und Risiken von Folgewirkungen berücksichtigend, empfiehlt Oeter im Umgang mit dem generellen Prinzip des zwischenstaatlichen Gewaltverbots starke Zurückhaltung bei der Bestimmung möglicher Ausnahmetatbestände. Die Frage nach den Konstruktionsmöglichkeiten eines Rechts zur Durchführung humanitärer Interventionen ohne ausdrückliche Sanktionierung durch den UN-Sicherheitsrat steht auch im Mittelpunkt der Erörterung von Christian Tomuschat. Gestützt auf die Überzeugung, dass die Grenze zwischen Völkerrecht und Moral keine „Trennmauer" darstellen darf, unternimmt Tomuschat den Versuch, mittels Güterabwägung ein entsprechendes Recht für Fälle besonders schwerer und massenhafter Menschenrechtsverletzungen nach dem Muster des „rechtfertigenden Notstands" zu konstruieren. Dabei hält er angesichts der Unvorhersehbarkeit der Konfliktlagen sowie der Uneinheitlichkeit der gegenwärtig existierenden Rechtsüberzeugungen zwar eine genaue Prüfung des jeweiligen Einzelfalls für unerlässlich, sieht jedoch in der Rechtspraxis der internationalen Gemeinschaft deutliche Anzeichen für eine gestiegene Bedeutung der Menschenrechte, deren Einhaltung seiner Auffassung nach dabei ist, sich zu einem qualifizierenden Merkmal für die Anerkennung staatlicher Souveränität zu entwickeln.

Aus politikwissenschaftlicher Sicht setzt sich Herfried Münkler mit dem Thema auseinander, dessen Überlegungen ihren Ausgang von der Diagnose des Scheiterns des sog. „neuen Interventionismus" der 1990er Jahre nehmen. Skeptisch gegenüber der Praxistauglichkeit normativistischer Ansätze auf den Gebieten von Recht und Moral, die er in den Vorgaben der überholten Ordnungsvorstellung einer „polyzentrisch-pluriversen Staatenwelt" befangen sieht, plädiert er für eine nüchterne, an den ökonomischen und machtpolitischen Interessen der Akteure orientierte Analyse der Erfolgsbedingungen humanitärer Interventionen. In seinem Beitrag diskutiert Münkler die Faktoren und Risiken, die ein solcher Ansatz in einer durch Staatszerfall und mediale Dauerbeobachtung geprägten Weltgesellschaft zu gewärtigen hat und warnt vor überspannten Erwartungen bei der Bewältigung humanitärer Notlagen mit militärischen Mitteln.

Normative und pragmatische Probleme, die sich auf den Ebenen der Rechtfertigung und der Durchführung humanitärer Interventionen stellen, werden in den Beiträgen von Skadi Krause und Karsten Malowitz diskutiert. In Auseinandersetzung mit der traditionsreichen Lehre des gerechten Krieges, deren ideengeschichtliche Entwicklung sie in ihren wichtigsten Stationen von der Antike bis zur Gegenwart skizziert, konzentriert sich Krause dabei vor allem auf die Frage nach den gerechten Kriegsgründen. Legitimationsstrategien und ihren Wandel erörternd zeigt sie, welche Rolle die von den Vertretern des klassischen Völkerrechts entwickelten Kriterien in den gegenwärtigen Debatten spielen und thematisiert die mit den Versuchen ihrer Vergegenwärtigung verbundenen Schwierigkeiten. Dabei hebt sie insbesondere das Problem der moralischen Asymmetrie hervor, das seinen Ausdruck in der moralischen Abwertung des Gegners findet. Demgegenüber richtet der Beitrag von Karsten Malowitz sein Augenmerk vor allem auf solche ethischen Dilemmata, die aus den praktischen Schwierigkeiten einer sowohl normativ vertretbaren als auch erfolgversprechenden Kriegführung resultieren. Unter Rekurs auf die Diskussionen um neue Kriege und zerfallen(d)e Staaten sucht er Fallstricke humanitärer Interventionen und Grenzen prinzipienethischer Legitimationsversuche aufzuzeigen und ein Bewusstsein für die Schwierigkeiten moralischer Urteilsbildung unter Bedingungen der Unsicherheit zu schaffen. Als Konsequenz empfiehlt Malowitz unter Rekurs auf Max Weber eine konsequent verantwortungsethische Position, die sich nicht nur dem Problem „schmutziger Hände" offen stellt, sondern auch die Bedeutung der Anwendungsbedingungen bei der Urteilsbildung stärker berücksichtigt.

Unter sicherheitspolitischen Gesichtspunkten nehmen sich Sven Chojnacki sowie Norbert Eitelhuber und Ulrich Petersohn der Interventionsproblematik an. Chojnacki thematisiert in seinem Beitrag den Wandel der Kriegsformen und die damit verbundenen Auswirkungen auf das normative Ordnungsgefüge wie auch die Stabilität der internationalen Staatengemeinschaft. Gestützt auf Daten der Berliner Forschungsgruppe Krieg (FORK) entwickelt Chojnacki einen Analyserahmen, mit dessen Hilfe er die These von den „neuen Kriegen" einem kritischen Test unterzieht. Dabei vertritt er die Auffassung, dass sich seit dem Ende des Ost-West-Konflikts zwar kein „Epochenwandel" festmachen lässt, wohl aber eine signifikante Verschiebung in den Erscheinungsformen des Krieges, die zugleich Konsequenzen für die Durchführung militärischer Interventionen zeitigt. So rechnet Chojnacki infolge sich parallel vollziehender militärstrategischer und technologischer Veränderungen für die Zukunft mit einer weiteren Zunahme militärischer Interventionen insbesondere durch demokratische Staaten. Demgegenüber zeigen Eitelhuber und Petersohn, wie sich die Bundeswehr auf die neuen sicherheitspolitischen Herausforderungen in einer globalisierten Welt einzustellen sucht. Zu diesem Zweck skizzieren sie zunächst die Elemente des „erweiterten Sicherheitsbegriffs" und geben einen Überblick über die wichtigsten Aspekte des gegenwärtigen Transformationsprozesses. Daran anknüpfend erörtern sie die Grundsätze, denen Deutschlands sicherheitspolitisches Engagement im Rahmen internationaler Organisationen folgt und skizzieren die wichtigsten der in diesem Zusammenhang bestehenden Verpflichtungen. Abschließend thematisieren sie die Prinzipien und Ansatzpunkte des Konzepts der zivilen Krisenprävention und diskutieren u.a. die der Bundeswehr zugedachten Anforderungen in Hinblick auf die Handlungsfelder Früherkennung, Sicherheitsstrukturreform und Rüstungskontrolle. Abgerundet wird der Beitrag durch zwei kurze Fallschilderungen zu den Einsätzen in Kosovo und Mazedonien, die dazu dienen sollen, den gewandelten Aufgabenbereich der Streitkräfte im Spektrum multilateraler bzw. präventiver Einsätze zu illustrieren.

Im Anschluß daran thematisieren Oliver Wolleh und Tobias Debiel neuere Ansätze auf den Gebieten der zivilen Konfliktbearbeitung und der Friedenskonsolidierung. Wolleh gibt in seinem Beitrag zunächst einen kurzen Überblick über zentrale Begriffe und Verfahren der zivilen Konfliktbearbeitung. Im Anschluss daran zeigt er anhand eines konkreten Fallbeispiels die Schwierigkeiten auf, welche sich den von zahlreichen Theoretikern als komplementär erachteten Vermittlungsbemühungen staatlicher und zivilgesellschaftlicher Akteure in der Praxis entgegenstellen. Mit Blick auf die tieferen Motive und Ursachen solcher Verhandlungsblockaden entwickelt Wolleh Strategien zu ihrer erfolgreichen Bearbeitung innerhalb eines die verschiedenen Akteure integrierenden Ansatzes und betont die Bedeutung vertrauensbildender Maßnahmen in einem handlungsentlasteten Umfeld. Einem ganz anders gearteten Problemkomplex, nämlich den Chancen und Risiken der Friedenskonsolidierung in Nachkriegsgesellschaften, widmet sich der Beitrag von Debiel. Gestützt auf eine Reihe neuerer empirischer Untersuchungen diskutiert er zunächst die menschlichen, sozialen und ökonomischen Kosten von Kriegen und umreißt ihre negativen Auswirkungen auf die zukünftige Entwicklungsfähigkeit von Gesellschaften. Mit Blick auf die Wiederaufbaubemühungen externer Akteure plädiert Debiel dabei für eine Revision bestehender Policy-Optionen in den Bereichen der internationalen Entwicklungs- und Steuerungspolitik sowie für eine verbesserte „Rückkoppelung militärischer Friedenssicherung an sozio-ökonomische Reformen".

Einen vorsichtigen Blick in die Zukunft riskieren schließlich die letzten zwei Beiträge des Bandes, die aktuelle Tendenzen und ihre wahrscheinlichen Auswirkungen erörtern. Den Anfang macht dabei Stefan Mair, der ein Phänomen, das gegenwärtig sowohl in der akademischen als auch in der politischen Öffentlichkeit kontrovers diskutiert wird, in Augenschein nimmt, nämlich die verstärkte staatliche Inanspruchnahme der Dienste privater Militärfirmen (PMF). Um eine vorurteilslose Bestandsaufnahme bemüht, bestimmt Mair eingangs die Differenzen, die zwischen Mitarbeitern von PMF und Söldnern bestehen und nennt die Gründe, die zu dem beobachteten Bedeutungszuwachs der PMF geführt haben. Im Anschluss daran erörtert er sowohl die strategischen Vor- und Nachteile als auch die rechtlichen und politischen Probleme, die sich mit dem Einsatz von PMF in militärischen Konflikten verbinden. Dabei kommt er zu einem zwiespältigen Befund. So betrachtet er das Geschäft mit den PMF zwar einerseits weiterhin als eine Wachstumsbranche; andererseits hält er eine Verwendbarkeit von PMF im Rahmen humanitärer Interventionen aufgrund der damit verbundenen, aber bislang ungeklärten völkerrechtlichen Fragen auf absehbare Zeit für wenig wahrscheinlich. Skadi Krause wendet sich in ihrem zweiten Beitrag schließlich neueren Entwicklungen und diskursiven Verschiebungen im Spannungsfeld von Menschenrechtsschutz und Sicherheitspolitik zu. Anhand des einflußreichen ICISS-Reports *The Responsibility to Protect* und der von der US-Administration entwickelten Strategie der Präemption geht sie der Frage nach, inwieweit die von verschiedenen Seiten und aus unterschiedlichen Motiven unternommenen Versuche der diskursiven Legitimation militärischer Interventionen die normativen Grundlagen des bestehenden Völkerrechts in Frage stellen.

Ihren jeweils ganz eigenen Beitrag zum Gelingen des vorliegenden Bandes leisteten schließlich Karina Hoffmann, die für eine reibungslose Kommunikation zwischen den Herausgebern sorgte, sowie Frank Schindler und Monika Kabas vom VS-Verlag, der den Entstehungsprozess des Buches mit Geduld und Sorgfalt begleitete. Ihnen gilt unser ganz besonderer Dank.

Literatur

Abiew, Francis Kofi (1999): The Evolution of the Doctrine and Practice of Humanitarian Intervention. The Hague u.a.: Kluwer Law International.
Allan, Stuart / Zelizer, barbie (Hrsg.) (2004): Reporting War: Journalism in Wartime. London u.a.: Routledge.
Bartl, Jürgen (1999): Die humanitäre Intervention durch den Sicherheitsrat im „Failed State". Das Beispiel Somalia. Frankfurt/Main u.a.: Peter Lang.
Beestermöller, Gerhard (Hrsg.) (2003): Die humanitäre Intervention – Imperativ der Menschenrechtsidee? Rechtsethische Reflexionen am Beispiel des Kosovo-Krieges. Stuttgart: Kohlhammer.
Bogoeva, Julija / Fetscher, Caroline (Hrsg.) (2002): Srebrenica. Ein Prozeß. Frankfurt/Main: Suhrkamp.
Boutros-Ghali, Boutros (1993): Setting a New Agenda for the United Nations. Interview. In: Journal of International Affairs 46, Heft 2: 289-298.
Blumenwitz, Dieter (1994): Die humanitäre Intervention. In: Aus Politik und Zeitgeschichte B 47/1994: 3-10.
Burg, Steven L. (1999): The War in Bosnia-Herzegowina: Ethnic Conflict and International Intervention. Armonk, N.Y. u.a.: Sharpe.
Bush, George (1991): State of the Union Speech, 29 January 1991.

Calic, Marie-Janine (1995): Der Krieg in Bosnien-Hercegovina. Ursachen – Konfliktstrukturen – Internationale Lösungsversuche. Frankfurt/Main: Suhrkamp.

Carruthers, Susan L. (2004): Tribalism and Tribulation. Media Constructions of ‚African Savagery' and ‚Western Humanitarianism' in the 1990s. In: Allan et al. (2004): 155-173.

Chesterman, Simon (2001): Just War or Just Peace? Humanitarian Intervention and International Law. Oxford u.a.: Oxford University Press.

Claßen, Elvira (1999): Konstruktion von Medienrealität im Kosovo-Krieg. In: antimilitarismus information 7: 124-137.

Clarke, Jeffrey (1993): Debacle in Somalia: Failure of the Collective Response. In: Damrosch (1993): 205-239.

Clarke, Walter S. / Herbst, Jeffrey I. (Hrsg.) (1997): Learning From Somalia: The Lessons of Armed Humanitarian Intervention. Boulder, Col. u.a.: Westview Press.

Damrosch, Lori Fisler (Hrsg.) (1993): Enforcing Restraint. Collective Intervention in Internal Conflicts. New York: Council on Foreign Relations Press.

Dauber, C. (2001): The Shots Seen „Round the World": The Impact of the Images of Mogadishu on American Military Operations. In: Rhetoric and Public Affairs 4, Heft 4: 653-687.

Debiel, Tobias (2003): UN-Friedensoperationen in Afrika. Weltinnenpolitik und die Realität von Bürgerkriegen. Bonn: Verlag J. W. Dietz.

Des Forges, Alison (2002): Kein Zeuge darf überleben. Der Genozid in Ruanda. Hamburg: Hamburger Edition.

Dicke, Klaus (1993): Interventionen zur Durchsetzung internationalen Ordnungsrechts. Konstitutives Element der neuen Weltordnung. In: Jahrbuch für Politik 3: 259-283.

Dorman, Andrew M. / Otte, Thomas G. (Hrsg.) (1995): Military Intervention. From Gunboat Diplomacy to Humanitarian Intervention. Aldershot u.a.: Dartmouth.

Dowden, Richard (1995): Covering Somalia – Recipe for Disaster. In: Girardet (1995): 91-97.

Dupuy, Pierre-Marie et al. (Hrsg.) (2006): Völkerrecht als Wertordnung. Festschrift für Christian Tomuschat. Kehl u.a.: Engel.

Fassbender, Bardo (1998): UN Security Council Reform and the Right of Veto: A Constitutional Perspective. The Hague u.a.: Kluwer Law International.

Franck, Thomas M. (1999): The Empowered Self. Law and Society in the Age of Individualism. Oxford: Oxford University Press.

Fukuyama, Francis (1992): Das Ende der Geschichte. Wo stehen wir? München: Kindler.

Girardet, Edward R. (Hrsg.) (1995): Somalia, Rwanda and Beyond: The Role of International Media in Wars and Humanitarian Crises. Dublin: Crosslines Global Report u.a.

Gourevitch, Philip (1999): „Wir möchten Ihnen mitteilen, daß wir morgen mit unseren Familien umgebracht werden." Berichte aus Ruanda. Berlin: Berlin Verlag.

Greenwood, Christopher (1993): Gibt es ein Recht auf humanitäre Intervention? In: Europa-Archiv 48, Heft 4: 93-106.

Gustenau, Gustav (Hrsg.) (2000): Humanitäre militärische Intervention zwischen Legalität und Legitimität. Tagungsband des Instituts für internationale Friedenssicherung, Wien. Baden-Baden: Nomos.

Harris, John (Hrsg.) (1995): The Politics of Humanitarian Intervention. London u.a.: Pinter.
Hasenclever, Andreas (2001): Die Macht der Moral in der internationalen Politik. Militärische Interventionen westlicher Staaten in Somalia, Ruanda und Bosnien-Herzegowina. Frankfurt/Main u. New York: Campus.
Hillgruber, Christian (2001): Humanitäre Intervention, Großmachtpolitik und Völkerrecht. In: Der Staat 40, Heft 2: 165-191.
Hinsch, Wilfried / Janssen, Dieter (2006): Menschenrechte militärisch schützen. Ein Plädoyer für humanitäre Interventionen. München: C.H. Beck.
Holzgrefe, J.L. (2003): The Humanitarian Intervention Debate. In: Holzgrefe et al (2003): 15-52.
Holzgrefe, J.L. / Keohane, Robert O. (Hrsg.) (2003): Humanitarian Intervention. Ethical, Legal, and Political Dilemmas. Cambridge u.a.: Cambridge University Press.
Ignatieff, Michael (2001): Virtueller Krieg. Kosovo und die Folgen. Hamburg: Rotbuch.
International Commission on Intervention and State Sovereignty (ICISS) (2001): The Responsibility to Protect. Report of the International Commission on Intervention and State Sovereignty. Ottawa: International Development Research Centre.
Jäckel, Hartmut (Hrsg.) (1995): Ist das Prinzip der Nichteinmischung überholt? Baden-Baden: Nomos.
Janowitz, Morris (1966): The Professional Soldier. A Social and Political Portrait. New York: The Free Press.
Jones, Bruce D. (2001): Peacemaking in Rwanda: Thy Dynamics of Failure. Boulder, Co. u.a.: Lynne Rienner.
Judah, Tim (2002): Kosovo: War and Revenge. 2. Auflage. New Haven u.a.: Yale University Press.
Keohane, Robert O. (2003): Political Authority after Intervention: Gradations in Sovereignty. In: Holzgrefe et al. (2003): 275-298.
Köck, Heribert F. (2000): Die humanitäre Intervention. In: Gustenau (2000): 25-57.
Krasner, Stephen D. (2005): Alternativen zur Souveränität: Neue Institutionen für kollabierte und scheiternde Staaten. In: Internationale Politik 60, Heft 9: 44-53.
Krauthammer, Charles (1999): The Short, Unhappy Life of Humanitarian War. In: The National Interest 57, Fall 1999: 5-8.
Krech, Hans (1996): Der Bürgerkrieg in Somalia (1988-1996). Ein Handbuch. Berlin: Köster.
Krech, Hans (1997): Der Bürgerkrieg in Bosnien-Herzegowina (1992-1997). Ein Handbuch. Berlin: Köster.
Kuperman, Alan J. (2001): The Limits of Humanitarian Intervention: Genocide in Rwanda. Washington, D.C.: Brookings Institution Press.
Lyons, Gene M. / Mastanduno, Michael (Hrsg.) (1995): Beyond Westphalia? State Sovereignty and International Intervention. Baltimore u.a.: The John Hopkins University Press.
Malik, Shahin P. / Dorman, Andrew M. (1995): United Nations and Military Intervention. A Study in the Politics of Contradiction. In: Dorman et al. (1995): 161-190.
Matthies, Volker (1994): Die UNO in Somalia: Operation Enttäuschte Hoffnung. In: Aus Politik und Zeitgeschichte B 31/1994: 3-13.

Macrae, Joanna /Zwi, Anthony (Hrsg.) (1994): War and Hunger: Rethinking International Responses to Complex Emergencies. London: Zed Books in association with Save the Children Fund.
Meier, Victor (1995): Wie Jugoslawien verspielt wurde. München: C.H. Beck.
Merle, Jean-Christoph (2003): Neue Beweislast und neue Prinzipien für militärische humanitäre Interventionen. In: Beestermöller (2003): 53-73.
Merkel, Reinhard (Hrsg.) (2000): Der Kosovo-Krieg und das Völkerrecht. Frankfurt/Main: Suhrkamp.
Murswiek, Dietrich (1996): Souveränität und humanitäre Intervention. Zu einigen neueren Tendenzen im Völkerrecht. In: Der Staat 35, Heft 1: 31-44.
Münkler, Herfried (2002): Über den Krieg. Stationen der Kriegsgeschichte im Spiegel ihrer theoretischen Reflexion. Weilerswist: Velbrück Verlag.
Münkler, Herfried (2008): Humanitäre militärische Interventionen. Eine politikwissenschaftliche Evaluation. In diesem Band.
Nass, Klaus Otto (1993): Grenzen und Gefahren humanitärer Interventionen. Wegbereiter für Frieden, Menschenrechte, Demokratie und Entwicklung? In: Europa-Archiv 48, Heft 10: 279-288.
O'Halloran, Patrick J. (1995): Humanitarian Intervention and the Genocide in Rwanda. London: Research Institute for the Study of Conflict and Terrorism.
Panel on United Nations Peace Operations (PUNPO) (2000): Report of the Panel on United Nations Peace Operations. Comprehensive Review of the Whole Question of Peacekeeping Operations in all their Aspects. New York, N.Y.: United Nations. <http://www.un. org/peace/reports/peace_operations/> (26.02.2007).
Pape, Matthias (1997): Die humanitäre Intervention. Zur Bedeutung der Menschenrechte in den Vereinten Nationen. Baden-Baden: Nomos.
Ramsbotham, Oliver / Woodhouse, Tom (1996): Humanitarian Intervention in Contemporary Conflict. A Reconceptualization. Cambridge u.a.: Polity Press.
Rosa, Hartmut (2005): Beschleunigung. Die Veränderung der Zeitstruktur in der Moderne, Frankfurt/Main: Suhrkamp.
Schneckener, Ulrich (2002): Auswege aus dem Bürgerkrieg. Modelle einer Regulierung ethno-nationalistischer Konflikte, Frankfurt/Main: Suhrkamp.
Stadler, Christian M. (2000): Über Wesen und Wert der humanitären militärischen Intervention – eine Einleitung. In: Gustenau (2000): 7-23.
Straus, Scott: The Order of Genocide: Race, Power, and War in Rwanda. Ithaca, N.Y. u.a.: Cornell University Press.
Tesón, Fernando R. (1997): Humanitarian Intervention: An Inquiry into Law and Morality. 2. Auflage. Irvington-on-Hudson, N.Y.: Transnational Publishers, Inc.
Tomuschat, Christian (2008): Humanitäre Intervention – ein trojanisches Pferd? In diesem Band.
Varwick, Johannes / Zimmermann, Andreas (Hrsg.) (2006): Die Reform der Vereinten Nationen – Bilanz und Perspektiven. Berlin: Duncker & Humblot.
Waal, Alexander de (1994): Dangerous Precedents? Famine Relief in Somalia 1991-1993. In: Macrae et al. (1994): 139-159.

Winkelmann, Ingo (2006): „Responsibility to Protect": Die Verantwortung der internationalen Gemeinschaft zur Gewährung von Schutz. In: Dupuy et al. (2006): 449-460.
Woyke, Wichard (2006): Handbuch internationale Politik. 10. Auflage. Opladen u.a.: Budrich.

Humanitäre Intervention und die Grenzen des völkerrechtlichen Gewaltverbots – Wen oder was schützt das Völkerrecht: Staatliche Souveränität, kollektive Selbstbestimmung oder individuelle Autonomie?

Stefan Oeter

1. Einleitung

Das Gewaltverbot des Art. 2 Nr. 4 der UN-Charta bildet eines der Kernelemente des Systems der Vereinten Nationen und des damit verkoppelten modernen Völkerrechts. Ohne Einhegung der Potentiale gewaltsamer Rechtsdurchsetzung ist Völkerrecht als Rechtsordnung in einem anspruchsvollen Sinne auch kaum denkbar, tendierte es doch andernfalls zur rhetorischen Bemäntelung des 'Rechts des Stärkeren'. Nicht umsonst firmiert das Gewaltverbot daher, komplettiert durch das Gebot der Nichteinmischung in die inneren Angelegenheiten der Staaten, unter den zentralen Grundsätzen der UN-Charta. Ein echtes Gewaltmonopol (vgl. P. Malanczuk 1997: 306ff.; M. Bothe 2004: 592ff.) konnte durch die Charta zwar nicht errichtet werden, da die sich misstrauisch beäugenden Siegermächte des 2. Weltkrieges eine derartige Aufgabe eigener Machtpotentiale schwerlich zugelassen hätten. Die Charta sucht jedoch zumindest die Entscheidung über die Rechtmäßigkeit des Einsatzes militärischer Machtmittel zu zentralisieren, errichtet also so etwas wie ein Beurteilungsmonopol für die Legitimität und Legalität des Einsatzes von militärischen Zwangsmitteln in den internationalen Beziehungen (vgl. A. Cassese 2001a: 100f.; C. Tomuschat 1999a: 9ff.). Die Befugnis zur gewaltsamen Durchsetzung des Rechts schreibt die UN-Charta im Ansatz allein dem Sicherheitsrat zu, der im Rahmen seiner Befugnisse nach Kapitel VII alle Verletzungen und Bedrohungen des Weltfriedens unter Einsatz auch militärischer Machtmittel abwenden kann. Zwar gestattet Art. 51 der Charta den einzelnen Staaten ausdrücklich die einseitige Gewaltanwendung ohne Autorisierung durch den Sicherheitsrat – dies aber nur als Ausnahme, in unmittelbarer Reaktion auf eine Rechtsgutsverletzung durch einen schon erfolgten Angriff. Rechtssystematisch vergleichbar ist diese Konstellation mit Situationen, in denen das innerstaatliche Strafrecht individuelle Notrechte zulässt (vgl. K. Doehring 2004: 327ff.; Y. Dinstein 2001; A. Randelzhofer 2002: 788ff.; N. Krisch 2001). Was Art. 51 von Wortlaut und Systematik her dagegen nicht abdeckt, ist die vorbeugende Abwehr von mehr oder weniger abstrakten Gefahren für Frieden und Sicherheit der Staaten (vgl. Y. Dinstein 2001: 172; C. Tomuschat 2003: 141, 144ff.; M. Byers 2003: 171, 179ff.; A.D. Sofaer 2003: 209ff.); allenfalls noch umfasst vom Recht der Selbstverteidigung ist die Gegenwehr gegen einen unmittelbar bevorstehenden Angriff (vgl. D. Bowett 1958: 56ff., 90ff.; I. Brownlie 1963: 275ff.; J. Brunnée / S.J. Toope 2004: 785, 793ff.; A. Cassese 1991: 776ff.; C. Greenwood 1995: 59, 66; Y. Dinstein 2001: 172; A. Randelzhofer 2002: 803f., Rdnrn.39/40). In der Abwehr eventueller künftiger Gefahren für Frieden und Sicherheit liegt – zumindest nach der ursprünglichen Intention der Charta – vielmehr die ureigene Domäne des Sicherheitsrates mit seinen Befugnissen aus Kapitel VII.

Kapitel VII ist – der Zielrichtung des Systems der ‚kollektiven Sicherheit' entsprechend – im Ansatz über Art. 39 UN-Charta rückgebunden an die Aufgabenstellung der Wahrung der internationalen Sicherheit (vgl. J. Abr. Frowein / N. Krisch 2002: 705f., insbes. Rdnrn. 12/13). Militärische wie nicht-militärische Zwangsmaßnahmen sind demgemäß nur statthaft, wenn der Sicherheitsrat eine Bedrohung oder einen Bruch des internationalen Friedens bejaht hat. Internationaler Frieden bzw. „Sicherheit" sind ihrerseits keine extrem trennscharfen Begriffe; sie machen aber doch deutlich, dass die Staaten dem Sicherheitsrat – als dem Agenten der organisierten Staatengemeinschaft – die zwangsweise Durchsetzung völkerrechtlicher Pflichten nur im Bereich der elementaren Grundsätze der Gewaltfreiheit und Friedlichkeit zugestehen wollten. Die Vorstellung, mit dem Sicherheitsrat so etwas wie ein 'Direktorium', eine 'Bundesbehörde' geschaffen zu haben, die im Wege des 'Bundeszwanges' ganz allgemein die Rechtsbindung der Staaten durchzusetzen habe, war den Staaten nicht nur bei Gründung der Vereinten Nationen, sondern auch in den Folgejahrzehnten ohne Zweifel fremd. Die Vereinten Nationen sind in diesem Sinne nie als Nukleus eines 'Weltstaates' gedacht gewesen, einer den Staaten übergeordneten 'Hohen Behörde' supranationalen Charakters (vgl. allerdings P.-M. Dupuy 1997: 21ff.), sondern als bündischer Zusammenschluss mit überaus begrenzten Befugnissen, der allenfalls im Bereich der Friedenswahrung so etwas wie eigenständiger Durchsetzungsmacht gegenüber den Mitgliedstaaten bedurfte.

Allerdings: „Frieden" und „Sicherheit" sind dynamische Begriffe, die einem erheblichen Wandel unterliegen. Die Diskussionen der Sicherheitspolitiker um einen „erweiterten Sicherheitsbegriff" (vgl. S. Hobe / O. Kimminich 2004: 325ff.) können auf Dauer kaum vor der UN-Charta und ihrem Kapitel VII halt machen. Meint „Bedrohung oder Bruch des Friedens" i.S.d. Art. 39 wirklich zwingend immer nur die Abwehr etwaiger militärischer Übergriffe des einen Staates auf den anderen Staat? Für den Verständnishorizont der Vierziger Jahre wird man dies unterstellen dürfen (vgl. H. Kelsen 1950: 797ff.) – aber ist dies auch für unser heutiges Begriffsverständnis immer noch prägend? Hat nicht das geschärfte Bewusstsein für den Eigenwert des Menschen, für die Würde und die unveräußerlichen Rechte des einzelnen Menschen, als des letztendlichen Bezugspunktes allen Rechts (vgl. T.M. Franck 1999: 196ff.; S. Hobe 1999: 253, 271ff.; C. Tomuschat 1999a: 63ff.), das Sensorium für weit über den klassischen Friedensbegriff hinausreichende Bedrohungen des gesellschaftlichen Friedens geschärft? Können wir es uns noch erlauben, die Gefährdungslagen zu ignorieren, die nicht nur für den Einzelnen, sondern auch für das geordnete Zusammenleben der Völker aus krassen Ungerechtigkeiten, aus massiven Verletzungen der grundlegenden Menschenrechte, aus Willkürherrschaft und Unterdrückung resultieren? Eine immer stärker werdende Strömung in der Völkerrechtslehre meint diese Fragen anders beantworten zu müssen als unsere Vorväter im Jahre 1945 (vgl. J. Delbrück 1999: 139, 152f.; K. Doehring 2004: 330f., 444ff.; H. Gading 1996: 153ff.; S. Hobe 1999: 271f.; C. Kreß 1999: 3077ff.). Es sei an der Zeit, die Befugnisse des Sicherheitsrates unter Kapitel VII großzügig auszulegen und das Instrumentarium der damit eröffneten Zwangsmaßnahmen auch jenseits der ursprünglichen Friedenssicherung zur Durchsetzung elementarer Grundsätze und Normen des Völkerrechts zu verwenden, insbesondere im Zusammenhang mit der Wahrung eherner Prinzipien des „ius cogens" (vgl. L. Hannikainen: 1988; S. Kadelbach 1992; C. Tomuschat 1999a: 81f.). Die umfassende und systematische Missachtung elementarer Menschenrechte, das gewaltsame Vorenthalten demokratischer Selbstbestimmung und Selbstregierung, der Kampf gegen unterdrückerische Regime in Gestalt sog. ‚Schurkenstaaten' werden immer wieder als Anwendungsfälle einer solchen „erweiternden" Auslegung des Kapitel VII genannt. Der Sicherheitsrat ist diesem Begehren in den letzten zehn Jahren auch in erstaunlichem Ausmaß gefolgt. Zwar gibt es selbst unter ständigen Mitgliedern des Sicherheitsrates immer noch Vorbehalte gegenüber dieser Tendenz – man denke an die prinzipielle Zurückhaltung Chinas gegenüber einer zu schrankenlosen Ausweitung des Art. 39. Insgesamt wird die tatbestandserweiternde Handhabung des Art. 39 aber in der europäischen und US-amerikanischen Völkerrechtsliteratur als ein Sieg des ‚modernen', fortschrittlichen Völkerrechts des „empowered self" (vgl. T.M. Franck 1999) über die antiquierten Konzepte eines rein staats- und souveränitätsfixierten Völkerrechts klassischer Couleur gewertet.

Hinter dieser Debatte verbirgt sich ein grundsätzlicher Disput über die tragenden Charakteristika des heutigen Völkerrechts und die mit dem Völkerrecht verfolgten kollektiven Zielsetzungen der internationalen Gemeinschaft. Dient das Völkerrecht im Kern vorrangig den Konkretisierungen der klassischen Gerechtigkeitspostulate aufgeklärter politischer Ethik – Menschenrechte, Demokratie, Ablehnung der Tyrannei – im Sinne eines „Rechts der Weltgesellschaft", das primär auf die Werte und Prinzipien der Menschenwürde und die Menschenrechte rückbezogen ist (vgl. J. Nida-Rümelin 1998: 223ff.)? Oder muss man Völkerrecht nicht auch heute noch – in einer klassisch ‚realistischen' Perspektive – als staatszentrierte Koexistenzordnung, um nicht zu sagen: Gleichgewichtsordnung, begreifen, deren vorrangiges Ziel schlicht darin besteht, ein friedliches Zusammenleben der verschiedenen Staaten und Völker zu organisieren? Für beide Konstruktionsversuche finden sich deutliche Ansätze in der Charta selbst.

Die Charta der Vereinten Nationen dient auf der einen Seite vorrangig nicht dem Ziel der Verwirklichung internationaler ‚Gerechtigkeit', sondern konzentriert sich in bewusster Selbstbeschränkung auf das Ziel der Wahrung des internationalen Friedens.[1] Art. 1 der Charta nennt vorrangig als Ziele der Vereinten Nationen „den Weltfrieden und die internationale Sicherheit zu wahren und zu diesem Zweck wirksame Kollektivmaßnahmen zu treffen, um Bedrohungen des Friedens zu verhüten und zu beseitigen" (Nr.1) sowie „freundschaftliche, auf der Achtung vor dem Grundsatz der Gleichberechtigung und Selbstbestimmung der Völker beruhende Beziehungen zwischen den Nationen zu entwickeln" (Nr.2). Diese Ziele werden in Art. 2 der Charta transformiert in die Grundsätze der „Gleichheit der Staaten" (Nr.1), der loyalen Erfüllung der sich aus der Charta ergebenden Rechtspflichten (Nr.2), der friedlichen Streitbeilegung (Nr. 3), des Gewaltverbotes (Nr.4), der Verpflichtung zu solidarischem Beistand (Nr.5) und des Interventionsverbotes (Nr.7). Zwar tauchen mit der „Achtung vor den Menschenrechten und Grundfreiheiten" in Art. 1 Nr. 3 UN-Charta auch elementare Gerechtigkeitswerte im Zielkatalog der Charta auf (vgl. R. Wolfrum 2002: 39ff.). Diese Ziele und Grundsätze dürfen aber in ihrer Gesamtheit nicht isoliert voneinander betrachtet werden, sondern stehen in enger Wechselbeziehung miteinander. Friedenssicherung dient der Souveränität, indem sie die Autonomie der Staaten gegenüber Zwang und Einmischung der Stärkeren schützt; der Grundsatz der Souveränität wiederum institutionalisiert das Recht auf (kollektive) Selbstbestimmung, indem er in Staaten verfasste menschliche Gemeinschaften vor äußeren Diktaten bewahrt und deren Autonomie abschirmt. Derartige kollektive Selbstbestimmung wiederum sichert in vielfältiger Hinsicht auch individuelle Autonomie, wenngleich ihre Überbetonung auch mit individuellen Autonomiewünschen kollidieren kann. Eine Fixierung auf den zwischenstaatlichen Frieden als entscheidenden Grundwert liefe jedoch Gefahr, die Ziele und Werte der Selbstbestimmung – der kollektiven Selbstbestimmung der Völker, aber auch der individuellen Selbstbestimmung im Rahmen der Menschenrechte – zu opfern; es entstünde die Situation des „order without justice".

Diese Zielkonflikte finden ihren normativen Ausdruck in den Grundstrukturen des zeitgenössischen Völkerrechts. Besieht man sich die Konstruktion der UN-Charta näher, so steht zunächst die Sicherung des zwischenstaatlichen Friedens ganz im Vordergrund. Das Gewaltverbot und die dafür zentralen Befugnis-

---

[1] Siehe etwa M. Virally 1972: 464, der der Charta „une priorité de ce qu'on pourrait appeler la paix 'physique', cést-à-dire le silence des armes" attestierte. Vgl. auch K. Schmalenbach 2005: 637ff.

se nach Kapitel VII der Charta, das Voraussetzungen und Umfang militärischer Zwangsmaßnahmen statuiert, dienen in dieser Perspektive klar und deutlich allein dem Ziel der Wahrung und Wiederherstellung des internationalen Friedens (vgl. J. Abr. Frowein / N. Krisch 2002: 705f., Rdnrn.12/13). Die Sicherung des zwischenstaatlichen Friedens aber ist – wie schon erwähnt – eng verkoppelt mit dem Schutz der staatlichen Souveränität (man lese nur Art. 2 Nr. 4 UN-Charta). Sieht man sich jedoch die Funktion des Grundsatzes der staatlichen Souveränität im modernen Völkerrecht an, so steht dahinter zuvörderst das Prinzip der Selbstbestimmung der Völker. Der völkerrechtliche Schutz der Souveränität der Staaten wird insoweit in der (vor allem politikwissenschaftlichen) Literatur vielfach verkannt, wenn behauptet wird, hier handle es sich letztlich nur noch um eine leere Hülle; diese Lesart übersieht, dass dem völkerrechtlichen Institut der Souveränität nach wie vor eine wichtige Funktion in der Institutionalisierung der (kollektiven) Selbstbestimmung politisch verfasster Gemeinschaften zukommt. Die „souveräne Gleichheit", die Art. 2 Nr. 1 der Charta postuliert, mag zwar in ‚realistischer' Perspektive völlig kontrafaktisch sein, mag an Etikettenschwindel grenzen; sie sichert aber wichtige Grundzüge der Völkerrechtsordnung, wie die prinzipielle Bindung der Rechtsetzung an den Konsens der Betroffenen und soll vor allzu krassen Manipulationen der internen Willensbildung schützen, insbesondere in Form gewaltsamer Einwirkung auf die politische Willensbildung von außen durch Einsatz militärischer Gewaltmittel oder vergleichbarer Machtinstrumente.

Der Schutz der Souveränität, und letztlich auch der Selbstbestimmung, hat aber seinerseits immer enger gezogene Grenzen. So ergibt sich aus Art. 1 Abs. 3 UN-Charta implizit, dass die völkerrechtlichen Kooperationsregeln, die sich in den letzten Jahrzehnten in so großer Zahl entwickelt haben, Ausdruck bestimmter kollektiver Interessen der Staatengemeinschaft sind, häufig so etwas wie ein ‚Gemeinwohl' der Völkergemeinschaft verkörpern (vgl. S. Oeter 2002a). Neben dieser Beschränkung von Souveränität und Selbstbestimmung im Blick nach ‚oben', auf die gesamte Staaten- und Völkergemeinschaft, tritt eine Beschränkung nach ‚unten', im Blick auf den einzelnen Menschen (vgl. H.-J. Blanke 1998: 257ff.; E. Denninger 2000: 192ff.; B. Fassbender 2003: 1ff.). Die im zweiten Absatz der Präambel der Charta so prominent hervorgehobenen Menschenrechte („unseren Glauben an die Grundrechte des Menschen, an Würde und Wert der menschlichen Persönlichkeit, an die Gleichberechtigung von Mann und Frau sowie von allen Nationen, ob groß oder klein, erneut zu bekräftigen") fungieren im System der Charta als Garant des unhintergehbaren Kernbereiches individueller Würde und Autonomie, sollen den Schutz des Einzelnen gegen unterdrückerische Formen despotischer oder oligarchischer Herrschaft bewirken, aber in bestimmtem Rahmen auch gegen die Diktatur der Mehrheit schützen. Daraus erwachsen in gewissem Umfang auch harte rechtliche Grenzen für das Handeln der

‚verfassten Staatengemeinschaft', wie der Grundsatz der „rule of law" in den internationalen Beziehungen (Art. 2 Nr. 2 UN-Charta) und der prinzipielle Verzicht auf Gewalt als Mittel der Politik (Art. 2 Nr. 4 UN-Charta), aber auch die Durchbrechung der klassischen Gebote der Nichteinmischung, stellt doch die Berufung auf menschenrechtliche Verpflichtungen und das Bemühen um deren Durchsetzung keine rein „innerstaatliche" Angelegenheit mehr dar, unterfällt heutzutage also nicht mehr der „domaine réservé" wie im klassischen Völkerrecht.

2. Kollektive Formen der humanitär motivierten Intervention im Rahmen des Kapitel VII

Dass es insoweit durchaus gute Gründe geben kann, die Durchsetzung der Menschenrechte, die Sicherung der Demokratie und den Kampf gegen brutale Unterdrückung durch verbrecherische Gewaltregime zu legitimen Zielsetzungen im Kontext der Anwendung militärischer Zwangsmittel nach Kapitel VII zu erklären, zeigt die jüngere Praxis des UN-Sicherheitsrates, die von sichtbaren Tendenzen einer Erweiterung des Art. 39 im Sinne der Inkorporation derartiger Zielsetzungen geprägt ist (vgl. A.F. Bauer 1996: 195ff.; U. Fink 1999, Teil 2: 566ff., 618ff., 707ff., 738ff., 790ff., 832ff.; H. Gading 1996: 91ff.; E. Leiß 2000: 78ff.; D. Schweigman 2001: 51ff.). Wie schon erwähnt, tritt das Schrifttum der europäischen und amerikanischen Völkerrechtslehre diesen Tendenzen einer erweiternden Auslegung mit großen Sympathien entgegen (vgl. u.a. B. Conforti 2000: 175ff.; K. Doehring 2004: 445, Rdnr.1010; T.M. Franck 1995: 224ff.; H. Gading 1996: 91ff.; M. Lailach 1998: 134ff.; N.D. White [2]1997: 42ff.). Solange das für Maßnahmen nach Kapitel VII prinzipiell zuständige Organ, der Sicherheitsrat, im Rahmen des vorgesehenen Verfahrens den nötigen Konsens über die Ergreifung von Gewaltmaßnahmen gegenüber einem Rechtsbrecher gefunden hat, der notorisch fundamentale Grundsätze des Völkerrechts mit Füßen tritt, wird man nur schwer Bedenken hinsichtlich der Rechtmäßigkeit auch militärischer Maßnahmen zur Durchsetzung der völkerrechtlichen Legalität äußern können.[2]

Will der Sicherheitsrat sich den Zugriff auf das Instrumentarium der Zwangsmaßnahmen nach Kapitel VII eröffnen, so muss er gemäß dieser Norm zunächst die Feststellung treffen, „ob eine Bedrohung oder ein Bruch des Friedens oder eine Angriffshandlung vorliegt". Von zentraler Bedeutung in der Pra-

---

[2] Eine vorsichtig-skeptische Bewertung der Tendenzen einer Ausdehnung des *threat to the peace* findet sich bei J.A. Frowein / N. Krisch 2002b: 724ff., Rdnrn. 19-22; S. Chesterman 2001: 140ff.; S.D. Murphy 1996: 283ff.; D. Murswiek 1996: 31, 41ff. Ablehnend gegenüber diesem Trend äußern sich M. Bothe 1993: 67, 72; A. Stein 1999: 299ff.

xis des Sicherheitsrates sind dabei vor allem die Varianten des „Friedensbruches" und insbesondere der „Friedensbedrohung". Bereits der Begriff des „Friedensbruches" ist deutlich weiter als der der „Angriffshandlung", er erfasst auch Gewalteinsätze unterhalb der Schwelle des „bewaffneten Angriffs" und enthält zudem keine Bewertung bzw. implizite Verantwortungszuweisung an eine bestimmte Seite. Zentraler Begriff unter Art. 39 aber ist das Merkmal der „Friedensbedrohung". Hier geht die Norm eindeutig über den Anwendungsbereich des Art. 51 hinaus, also die dezentralen Gewaltbefugnisse der einzelnen Staaten (vgl. J. Abr. Frowein / N. Krisch 2002a: 705, Rdnrn.11-13). Dürfen die Staaten nach dem System der Charta eigentlich nur reaktiv Gewalt einsetzen, in Abwehr schon eingetretener Friedensstörungen, so kann der Sicherheitsrat unter Kapitel VII auch präventiv tätig werden, in Abwehr drohender Gefahren für den Frieden (vgl. J. Abr. Frowein / N. Krisch 2002b: 722f., Rdnr.16). Auslöser können hier also schon ein nur in Zukunft den Frieden bedrohendes Ereignis bzw. dessen Folgewirkungen sein, soweit eine nicht unerhebliche Eintrittswahrscheinlichkeit der zu befürchtenden Folgen besteht. Dies macht den Tatbestand der „Friedensbedrohung" so reizvoll für Apologeten einer 'Weltordnung', lässt ihn zugleich aber auch als höchst gefährlich erscheinen in der Perspektive der potentiellen Opfer möglicher Zwangsmaßnahmen. Die ganz unterschiedliche Herangehensweise an die nähere Konkretisierung des Begriffs spiegelt diese Interessenlage wider. Während die US-amerikanische Völkerrechtslehre zu einem sehr großzügigen Umgang mit den Deutungsmöglichkeiten des Begriffes der „Friedensbedrohung" tendiert, neigen die Völkerrechtsberater kleinerer Drittweltstaaten zu einer möglichst restriktiven Handhabung des Begriffes. Streitig ist dabei vor allem das Schutzgut der Norm, der „Frieden" (vgl. H.-M. Empell 2003: 401ff.). Meint „Frieden" in Art. 39 UN-Charta einzig und allein – wie es die Entstehungsgeschichte der Norm nahe legt – den zwischenstaatlichen Frieden in einem ganz engen Sinne, rechtfertigt Art. 39 also nur präventives Handeln in Abwehr absehbarer gewaltsamer Auseinandersetzungen zwischen Staaten; oder ist „Frieden" heute in einem sehr viel weiteren Sinne, in Anlehnung an den „erweiterten Sicherheitsbegriff", als 'geordnetes Zusammenleben der Völker' (und Staaten) zu verstehen, ermächtigt Art. 39 also zu Maßnahmen der Abwehr einer recht breiten Palette möglicher Störungen der internationalen Ordnung?

Ein genauer Blick aus empirischer Perspektive auf die praktische Handhabung des Art. 39 in den vergangenen zehn bis fünfzehn Jahren, insbesondere natürlich in der Praxis des Sicherheitsrates selbst, relativiert stark die ursprünglich im System der Charta angelegte und von den Anhängern einer restriktiven Interpretation weiter hochgehaltene Begrenzung des Instrumentariums der Zwangsmaßnahmen nach Kapitel VII. Letztlich lassen sich, wenn man denn den entsprechenden Konsens im Sicherheitsrat zu erzielen vermag, – dies zeigt die Praxis des Sicherheitsrates – militärische Zwangsmittel im Rahmen des Kapitel

VII für ganz unterschiedliche politische Ziele einsetzen, zu denen durchaus auch der Schutz der (elementaren) Menschenrechte und die Sicherung der Demokratie gehören (vgl. A.F. Bauer 1996: 195ff.; U. Fink 1999, Teil 2: 566ff., 618ff., 707ff., 738ff., 790ff., 832ff.; H. Gading 1996: 91ff.; E. Leiß 2000: 78ff.; D. Schweigman 2001: 51ff.). Die Evolution, die der Begriff der „Friedensbedrohung" im Verlaufe der letzten gut zehn Jahre erfahren hat, sei hier nur ganz skizzenhaft nachgezeichnet. Der Prozess der ausweitenden Interpretation des Art. 39 begann 1991 mit den Resolutionen zum Nordirak, zum ehemaligen Jugoslawien und zu Somalia. Damals, also in den Jahren unmittelbar nach der politischen Zeitenwende von 1990, arbeitete man zunächst noch mit der (etwas bemüht wirkenden) Krücke der Flüchtlingsströme und der davon ausgehenden Destabilisierung der Nachbarstaaten, um vor allem den internationalen Charakter der von einer Bürgerkriegssituation ausgehenden „Bedrohung des Friedens" zu begründen. „Bedrohung des Friedens" meinte eben systematisch – so lautete zumindest die klassische Interpretation – „Bedrohung des *zwischenstaatlichen* Friedens" und bezweckte also die Absicherung des Gewaltverbotes in den internationalen Beziehungen, und nicht umfassende Sicherung der Gewaltfreiheit weltweit, etwa auch im Binnenbereich der Staaten. Vor einer so weit ausgreifenden Interpretation stehe – so meinte man traditionell – der Grundsatz des Art. 2 Nr. 7 UN-Charta, der mit den „Angelegenheiten, die ihrem Wesen nach zur inneren Zuständigkeit eines Staates gehören", das Interventionsverbot und mittelbar die Selbstbestimmung eines Volkes in seiner eigenen staatlichen Ordnung in Bezug nimmt und zum gleichberechtigten Schutzgut der Charta neben der Gewaltfreiheit erklärt (vgl. T.M. Franck 1995: 219; D. Schweigman 2001, 169f., 178f.; R. Cryer 1996: 161, 170). Das rhetorische Zugeständnis an das traditionelle Verständnis des Art. 39 war unabdingbar, wollte man im Sicherheitsrat überhaupt die Zustimmung von Staaten wie China erlangen. An einem wirklich prinzipiellen Konsens über das Verhältnis von Friedenssicherung (in einem weiten Sinne) und Wahrung der Souveränität mangelte es ersichtlich – und mangelt es bis heute, wie die immer wieder angebrachten Vorbehalte Chinas gegenüber UN-autorisierten Interventionen in Bürgerkriegen und inneren Wirren zeigen (vgl. J. Abr. Frowein / N. Krisch 2002a: 710, Rdnr.26; G. Nolte 2002: 154ff., Rdnrn. 16ff.; S. Lamb 1999: 361, 368ff.).

Erstmals deutlich andere Nuancen in den für die Feststellung einer „Friedensbedrohung" angeführten Gründen zeigte die Resolution 808 (1993) vom 22. Februar 1993, mit der die Einsetzung des Internationalen Strafgerichtshofs für das ehemalige Jugoslawien beschlossen wurde. Hier setzte der Sicherheitsrat unmittelbar bei den schwerwiegenden Menschenrechtsverletzungen an:

„Expressing once again its grave alarm at continuing reports of widespread violations of international humanitarian law occurring within the territory of the former

Yugoslavia, including reports of mass killings and the continuance of the practice of 'ethnic cleansing'".

Unmittelbar an diese Tatsachenfeststellung schloss er sodann die rechtliche Wertung an: „determining that this situation constitutes a threat to international peace and security". Damit waren alle Umwege über eventuelle mittelbare Auswirkungen auf benachbarte Staaten aus der Begründung herausgefallen; die „Friedensbedrohung" wurde nun unmittelbar mit dem Faktum schwerwiegender und systematischer Verletzungen der Menschenrechte bzw. des humanitären Völkerrechts begründet, deren Schwere allerdings ersichtlich in den Bereich des Genozids hineinragte. Auch die Rechtsfolge war innovativ, hätte man sich bis dato die Errichtung eines internationalen Strafgerichts auf der Grundlage der Befugnisse des Sicherheitsrates unter Kapitel VII doch nur schwer vorstellen können.

Gänzlich neuen Boden betrat der Sicherheitsrat mit der Haiti-Resolution 841 (1993) vom 16. Juni 1993, mit der ein Embargo über das Putschisten-Regime in Port-au-Prince verhängt wurde.[3] Der Begründung für den Rückgriff auf Kapitel VII sieht man die Bauchschmerzen an, die wichtige Mitglieder des Sicherheitsrates in dieser Situation im Blick auf die Annahme einer „Friedensbedrohung" i.S.d. Art. 39 hatten. Ausgangspunkt der Begründungsformel ist der „illegitime Charakter" der Regierung und der dahinter stehende Verstoß gegen das Demokratieprinzip: „Deploring the fact that, despite the efforts of the international community, the legitimate Government of President Jean Bertrand Aristide has not been reinstated". Zugespitzt in Richtung auf die Annahme einer „Friedensbedrohung" wird dieser Umstand mit der Formel:

„Concerned that the persistence of this situation contributes to a climate of persecution and economic dislocation, which could increase the numbers of Haitians seeking refuge in neighbouring Member States, and convinced that a reversal of this situation is needed to prevent its negative repercussions on the region (...)".

Damit taucht das ältere Begründungselement der Flüchtlingsströme erneut auf, das den internationalen Charakter der Bedrohung untermauern sollte. Doch nicht einmal diese Form einer zusätzlichen Begründung hätte wohl ausgereicht, die Vorbehalte widerstrebender Staaten wie China zu überwinden. So einigte man sich auf eine Formel, die unter Verweis auf das Hilfeersuchen der legitimen Regierung Aristide und die vorgängige Befassung der Organisation Amerikanischer Staaten (OAS) die Einzigartigkeit der Situation betonte:

---

[3] Zur widerstreitenden Bewertung der Resolution vgl. W.M. Reisman 1995: 794ff.; R. Falk 1995: 341ff.; U. Fink 1999, Teil 2: 831ff.; D. Schweigman 2001: 136ff. Zu den Hintergründen der Sicherheitsratsmaßnahmen vgl. A.F. Bauer 1996: 146ff.; U. Fink 1999, Teil 2: 799ff.; E. Leiß 2000: 103ff.

"Considering that the above-mentioned request of the representative of Haiti, made within the context of the related actions previously taken by the Organization of American States and by the General Assembly of the United Nations, defines a unique and exceptional situation warranting extraordinary measures by the Council in support of the efforts undertaken within the framework of the Organization of American States (...)".

Erst auf dieser Grundlage, und unter erneuter Betonung der Einzigartigkeit der Situation, war die Mehrheit des Sicherheitsrates bereit, Kapitel VII zu aktivieren: "Determining that, in these unique and exceptional circumstances, the continuation of this situation threatens international peace and security in the region".[4] Man sollte im Blick auf diese Formel die Resolution 841 (1993) als Präzedenzfall folglich nicht überinterpretieren, war sie doch ausdrücklich nicht als generalisierbar gedacht.

Etwas leichter tat man sich mit der zeitlich nahezu parallelen Entscheidung im Falle Angola. Das dort vom Sicherheitsrat nach Kapitel VII verhängte Embargo gegen die UNITA wurde mit den schwerwiegenden Folgen humanitärer, politischer und wirtschaftlicher Natur des militärischen Vorgehens der UNITA gerechtfertigt.[5] Konkret genannt wurden die Verletzungen des humanitären Völkerrechts durch die Einheiten der UNITA, die wiederholten Angriffe auf das humanitäre Hilfe leistende Personal von Hilfsorganisationen, aber auch das allgemeine Leid unter der Zivilbevölkerung, das durch die Militäraktionen der UNITA verursacht wurde. Weiterhin angeführt wurden die schweren Schäden, die der Volkswirtschaft Angolas durch den Friedensbruch der UNITA erwuchsen sowie die Beeinträchtigung des Demokratisierungsprozesses (vgl. E. Leiß 2000: 100ff.; D. Schweigman 2001: 112ff.). Alle diese Faktoren begründen in sich zwar keinen zwischenstaatlichen Charakter der Bedrohung. Da die Sanktionen sich aber gegen eine allenfalls als ‚de facto-Regime' einzustufende Rebellenfraktion richteten und die Autorität der anerkannten Regierung dadurch tendenziell gestärkt werden sollte, erhoben die Verteidiger der klassischen Prinzipien der Souveränität und Nicht-Intervention keine großen Einwände.

Im Lichte der weiteren Praxis seit 1994 verblasst die „Einzigartigkeit" der Fälle Haiti und Angola allerdings mehr und mehr. So stützte sich die Stationierung einer Schutztruppe in Albanien auf der Grundlage der Resolution 1101 (1997) vom 28. März 1997 auf die formelhafte Begründung, dass „die derzeitige Krisensituation in Albanien eine Bedrohung des Friedens und der Sicherheit in der Region darstellt" (vgl. E. Leiß 2000: 98ff.). Was die besonderen Umstände seien, die aus einer internen Krisensituation eine Bedrohung der regionalen Si-

---

[4] Zusammenfassend zu den Debatten im Sicherheitsrat über Res. 841 (1993) U. Fink 1999, Teil 2: 810ff.
[5] Siehe die Resolution des Sicherheitsrates 864 (1993) vom 15. Sept. 1993.

cherheit werden ließen, wird nicht weiter erläutert. Vergleichbar nichtssagend sind die Feststellungen der „Friedensbedrohung" in den Resolutionen zu Liberia und Sierra Leone (vgl. D. Schweigman 2001, 88ff., 144ff.), mit denen die dort stationierten Friedenstruppen der UN autorisiert wurden, aber auch in Resolution 1244 (1999), mit der die UN-Interimsverwaltung für das Kosovo begründet wurde (vgl. M. Bothe / T. Marauhn 2002: 217ff.; T. Garcia 2000: 61ff.; M. Ruffert 2001: 555ff.; C. Stahn 2001: 105ff.; C. Tomuschat 2002a: 323, 326ff.), wenn auch in diesem Fall ein klassischer zwischenstaatlicher Konflikt der Übergabe der Region an die Vereinten Nationen vorausgegangen war. Richtig erkennbar ist aus den neueren Begründungsformeln damit nicht mehr, ob der Dissens im Prinzipiellen, der den Sicherheitsrat über Jahre hinweg an einer offensiven Nutzung seiner Befugnisse in Situationen schwerwiegender Menschenrechtsverletzungen, undemokratischer und unterdrückerischer Regime sowie humanitärer Katastrophen gehindert hatte, mittlerweile tatsächlich aufgelöst wurde oder ob er – wofür einiges spricht – untergründig noch weiterschwelt (vgl. N.D. White 2002: 145f.; O. Kimminich 1995: 430ff.). Zumindest gestattet die phrasenhafte Formulierung der Feststellung einer „Friedensbedrohung" nach Art. 39, die die Resolutionen der letzten Jahre prägt, eine relativ ungehinderte Ausdehnung des Instrumentariums des Kapitels VII auf Situationen zunächst rein interner Krisen und Konflikte (vgl. J. Abr. Frowein / N. Krisch 2002b: 723f., Rdnr. 18; H.-M. Empell 2003: 399ff., insbes. 403). Seitdem in den Begründungsformeln für die Feststellung keine Darlegung eines grenzüberschreitenden Charakters der Bedrohung mehr gefordert wird, gibt es argumentativ kaum mehr ernsthafte Probleme, auch Fälle schwerwiegender Menschenrechtsverletzungen, der Missachtung elementarer demokratischer Mitwirkungsrechte oder der gewaltsamen Willkürherrschaft zu Ausgangspunkten einer Bedrohung des Friedens bzw. der internationalen Sicherheit zu erklären (vgl. J. Abr. Frowein / N. Krisch 2002b: 724f., Rdnrn. 19-22 m.w.N.).

Dies besagt nicht, dass es immer einfach sei, im Sicherheitsrat die erforderliche Zustimmung für entsprechende Resolutionen zu erlangen. Solange die Vorbehalte gegen eine weite Interpretation des Art. 39 seitens wichtiger Sicherheitsratsmitglieder wie der Volksrepublik China, aber auch nichtständiger Mitglieder aus Staaten des islamischen Raums, Asiens oder Afrikas nicht ausgeräumt sind, kann es immer wieder Schwierigkeiten bereiten, die entsprechende Gefolgschaft unter den Mitgliedern des Sicherheitsrates für ein Eingreifen nach Kapitel VII zu erreichen (vgl. N.D. White 2002: 143ff.). Der Mangel einer substantiellen Begründung im Kontext der Feststellung nach Art. 39 kann die Kompromissfindung dabei durchaus erleichtern. Vielleicht stellt der Verzicht auf weitergehende Begründungsansätze sogar den eigentlichen Formelkompromiss dar, der das Ausgreifen der Sicherheitsratspraxis unter Kapitel VII ermöglicht hat. Zur Vorhersehbarkeit und Berechenbarkeit der Handhabung des Art. 39 (und des Kapitel VII insgesamt) trägt diese Praxis aber nichts bei – im Gegenteil: Art. 39 mit seinem zentralen Tatbestandselement der „Friedensbedrohung" ist zu einer Art 'black box' geworden, entzieht sich mittlerweile fast vollständig allen Anforderungen diskursiver Rechtfertigung.[6] Natürlich verbleiben logische Grenzen der Konkretisierung des Tatbestandes: Nicht jede isolierte Verletzung (auch elementarer) Menschenrechte wird ohne weiteres zur „Friedensbedrohung" führen – und auch nicht jeder „gross and consistent pattern" derartiger Verletzungen, man denke nur an die problematische Todesstrafenpraxis einer Reihe von Staaten. Erst das Überschreiten einer (relativ hoch liegenden) Unrechtsschwelle lässt die Behauptung einer „Friedensbedrohung" plausibel erscheinen. Es muss sich um systematische Verstöße gegen Grundwerte der Staatengemeinschaft handeln – wann derartige Verstöße vorliegen, markiert mittlerweile das Völkerstrafrecht mit seinen Tatbeständen des Völkermordes und der „Verbrechen gegen die Menschlichkeit".

Sieht man genau hin, dann begrenzt letzten Endes die UN-Charta die Befugnisse des Kapitel VII wohl weniger materiell denn prozedural (vgl. J. Abr. Frowein / N. Krisch 2002b: 726f., Rdnr. 26). In der Anwendung der materiellen Voraussetzungen des Art. 39 wird man dem Sicherheitsrat nur schwer enge Fesseln anlegen können. Ihm kommen hier unweigerlich große Einschätzungs- und Interpretationsspielräume zu (vgl. U. Fink 1999: 872ff.). Was den exzessiven Gebrauch der Befugnisse nach Kapitel VII wirklich verhindert, ist im Kern das Entscheidungs*verfahren* im Sicherheitsrat, insbesondere das Erfordernis der Konsensbildung unter den fünf Ständigen Mitgliedern. Gerade der Fall der US-amerikanischen Irak-Intervention hat dies wieder mit aller Deutlichkeit gezeigt. Wenn sich die Mitglieder des Sicherheitsrates einig gewesen wären, hätte man durchaus zureichende Anknüpfungspunkte für eine Friedensbedrohung finden können, die allerdings eher im notorisch aggressiven und friedensunfähigen Charakter des irakischen Regimes als in Postulaten der Gewährleistung von Menschenrechten und Demokratie zu finden gewesen wären. Die – und sei es noch so massive – Verletzung der Menschenrechte durch das Regime in Bagdad, dessen undemokratischer und tyrannischer Charakter hätten hier wohl gerade nicht ausgereicht (vgl. C. Tomuschat 2003: 149, Fn. 28). Vielleicht hätte man sie 1991 zum Anlass nehmen können, das Regime des Saddam Hussein endgültig zu beseitigen. Aber die großen Massaker, insbesondere bei der Niederschlagung der Schiitenaufstände im Süden des Irak, schweigend hinzunehmen, um dann nach mehr als zehn Jahren die Menschenrechte der Opfer dieses Regimes schützen zu wollen, hätte doch mehr als einen schalen Nachgeschmack hinterlassen.

---

[6] Vgl. dazu U. Fink 1999: 864ff., der allerdings versucht, dem Tatbestand im Blick auf allgemeine Prinzipien wieder Konturen zu geben.

3. Humanitäre Intervention als unilaterale Durchsetzung elementarer Werte der Menschheit?

In der skizzierten prozeduralen Begrenzung der Handlungsermächtigung des UN-Sicherheitsrates liegt jedoch zugleich auch eine elementare Schwäche des Systems. Der Sicherheitsrat ist schon strukturell, aufgrund seiner Zusammensetzung und seines Verfahrens, nicht zur systematischen Durchsetzung der Grundwerte der Staatengemeinschaft geeignet. Manche Staaten sind von vornherein 'gleicher' als andere – Zwangsmaßnahmen gegen Russland (wegen der Vorgänge in Tschetschenien), China (wegen der brutalen Repression der Bevölkerung Tibets) oder auch gegen Israel (als Schützling der USA) sind in dem System der UN-Charta praktisch kaum denkbar. Doch auch in zahlreichen anderen Fällen wird sich nicht die nötige Mehrheit (unter Einschluss der ständigen Sicherheitsratsmitglieder) finden lassen, die ein Eingreifen voraussetzt. Die Mitglieder der Vereinten Nationen – und auch des Sicherheitsrats – sind in ihren Vorstellungen und Wertsystemen zu heterogen, um konsequent eine bestimmte Wertordnung durchzusetzen. Die UN-Charta statuiert eben keine verfassungsrechtliche Homogenitätsklausel, kennt keine 'Bundesintervention' zur Wahrung einer vorausgesetzten Homogenität, im Sinne der Sicherung und Herstellung der Demokratie (vgl. M. Byers / S. Chesterman 2000: 281ff.), sondern baut auf dem Minimalkonsens der Ächtung der Gewalt im zwischenstaatlichen Verhältnis auf, unter Respektierung der inhaltlich divergierenden Vorstellungen von gerechter Ordnung. Läse man in die UN-Charta eine solche ‚Homogenitätsklausel' mit der Möglichkeit des ‚Bundeszwanges' hinein, so hätte das weitreichende Konsequenzen für die Struktur der Staatengemeinschaft. Die für das moderne Völkerrecht zentrale Ächtung der Gewalt als Mittel der zwischenstaatlichen Konfliktaustragung wäre in der Konsequenz – zumindest im Verhältnis der ständigen Sicherheitsratsmitglieder zu den Staaten der Dritten Welt – weitgehend aus den Angeln gehoben, die Staatengemeinschaft zu erheblichen Teilen friedlos gelegt. Jeder Staat, der nicht die westlichen Postulate der Rechtsstaatlichkeit, Demokratie und Achtung der Menschenrechte getreulich erfüllt, müsste damit rechnen, irgendwann unter Einsatz militärischer Gewalt auf den ‚Pfad der Tugend' gebracht zu werden, also seine Regierung im Rahmen einer militärischen Intervention abgesetzt zu sehen und dann in der Folge unter Fremdverwaltung gestellt zu werden. Es mag eine ganze Reihe von Staaten geben, für die diese Aussicht durchaus heilsam wäre. Prämisse der damit angestrebten ‚Rekonstruktion' der Staatengemeinschaft wäre aber, dass alle Menschen dieser Welt wirklich die europäisch-nordamerikanischen Vorstellungen von Demokratie und Rechtsstaatlichkeit teilen. Ob diese Prämisse empirisch tatsächlich zutrifft, dürfte jedoch Zweifeln unterliegen.[7]

Dies legt zunächst eine gewisse Skepsis nahe, wenn proklamiert wird, im Falle der Untätigkeit des Sicherheitsrates müsse es – in einer Art ‚Ersatzvornahme' – auch einzelnen Staaten möglich sein, anstelle des Sicherheitsrates der Bedrohung des Weltfriedens entgegen zu treten, die von der Missachtung (und Verletzung) grundlegender Werte der Menschheit ausgehe (vgl. J. Delbrück 1999: 148ff.; K. Doehring 2004: 445, Rdnr. 1010). Zwar lässt sich das am Ausgang dieser These stehende Argument gut hören: Auf den Sicherheitsrat, und damit das System kollektiver Sicherheit im Sinne der UN-Charta, sei kein Verlass, wenn es darum gehe, grundlegende Werte der Staatengemeinschaft durchzusetzen, wie den Schutz fundamentaler Menschenrechte und das Verbot des Völkermordes. Der Sicherheitsrat sei in seinem realen Handeln viel zu stark von Erwägungen politischer Opportunität und Strategien imperialer Machtpolitik geprägt, um eine derartige Aufgabe erfüllen zu können.

Für Opfer völkerrechtswidriger Aggressionshandlungen sei diese begrenzte Handlungsfähigkeit durch das Selbstverteidigungsrecht des Art. 51 UN-Charta ausdrücklich abgefedert worden (vgl. K. Doehring 2004: 447, Rdnr. 1013):

> „Diese Charta beeinträchtigt im Falle eines bewaffneten Angriffs gegen ein Mitglied der Vereinten Nationen keinesweges das naturgegebene Recht zur individuellen oder kollektiven Selbstverteidigung, bis der Sicherheitsrat die zur Wahrung des Weltfriedens und der internationalen Sicherheit erforderlichen Maßnahmen getroffen hat."

Mit anderen Worten: Bleibt der Sicherheitsrat untätig, so lebt das Recht der (unilateralen) Gewaltanwendung zur Abwehr des rechtswidrigen Angriffes auf, auch in Form der kollektiven Beistandsleistung durch dritte Staaten.

Diese in die Charta aufgenommene Ausnahme vom Gewaltverbot greift allerdings nur in Fällen eines Bruches des Gewaltverbots, konkret: in Fällen der „armed attack", des bewaffneten Angriffs. Der Begriff des „bewaffneten Angriffs" wiederum setzt eine bestimmte Erheblichkeitsschwelle voraus – nicht jede Anwendung militärischer Gewalt stellt schon eine „armed attack" dar, sondern nur Gewaltakte, die aufgrund ihrer Anlage und Intensität im Ansatz so etwas wie eine Zwangswirkung auf den betroffenen Staat ausüben. Die Gewalt muss zudem von einem fremden Staat ausgehen und gegen Staatsorgane oder wichtige Rechtsgüter eines anderen Staates gerichtet sein (vgl. M. Bothe 2004: 601f.; H. Fischer 2004: 1086ff., Rdnr. 28). Akte privater Gewalt sind daher üblicherweise nicht unter den Begriff des „bewaffneten Angriffs" zu fassen und

---

[7] Vgl. aber auch die (mit sehr bedenkenswerten Argumenten operierende) Gegenposition von T.M. Franck 1999: 101ff., insbes. 145ff.

lösen folglich in der Regel auch kein Recht auf Selbstverteidigung aus – es sei denn, sie überschreiten die angedeutete Erheblichkeitsschwelle und sind dem Territorialstaat zurechenbar, in dem die handelnde Gewaltorganisation beheimatet ist oder zentrale Stützpunkte hat. Die erwähnte Zurechnungsschwelle wird unzweifelhaft überschritten, wenn ein Staat „effective control" über die Gewaltorganisation ausübt, was nicht ganz selten der Fall ist bei von Geheimdiensten geschaffenen und instrumentell benutzten Terrororganisationen. Schwierig wird es dagegen, wenn der betroffene Territorialstaat die fragliche Gewaltorganisation nur duldet – häufig bleibt ihm angesichts fehlender Machtmittel übrigens kaum etwas anderes übrig. Löst das dann schon die Zurechnung aller von der betreffenden Organisation verübten Gewaltakte an den Unterstützung gewährenden oder zumindest deren Aktivitäten duldenden Staat aus? Die Frage ist sehr umstritten, wird allerdings zunehmend in einem positiven Sinne beantwortet (vgl. T. Bruha 2002: 383ff.; A. Cassese 2001b: 993ff.; J. Abr. Frowein 2002: 879ff.; M. Krajewski 2002: 183ff.; S.D. Murphy 2002: 41, 45ff.).

Erst recht umstritten ist die Frage, ob neben dem „naturgegebenen Recht auf Selbstverteidigung" auch noch weitere Ausnahmen vom Gewaltverbot der UN-Charta bestehen. Erwähnt wird dabei immer wieder ein ungeschriebener Ausnahme- bzw. Rechtfertigungstatbestand, der in Fällen des „Notstandes" eingreifen soll. Neu ist dieser Rückgriff auf Kategorien des Notstands nicht; in z.T. ähnlichen Kategorien ist die Frage schon im 19. Jahrhundert diskutiert worden, anknüpfend an den berühmten Caroline-Fall[8] des 19. Jahrhunderts, in dessen Kontext die sog. „Caroline-Formel" postuliert wurde. Der Rückgriff auf Kategorien des Notstands ist demnach in Fällen zulässig, „in which the necessity (...) is instant, overwhelming and leaving no choice of means, and no moment for deliberation" (vgl. J.B. Moore 1906: 412; D. Murswiek 2003: 1014, 1016ff.). Eine wirkliche Lösung der aufgeworfenen Fragen bietet diese Formel jedoch nicht, lässt sie doch insbesondere offen, woraus die geforderte „necessity" zu bestehen hat – setzt sie eine unmittelbare Bedrohung eigener Rechtsgüter voraus oder

---

[8] Im Herbst 1837 kam es in der britischen Kolonie Upper Canada zu einer Rebellion unzufriedener Siedler, die innerhalb weniger Wochen niedergeschlagen wurde. Eine Gruppe verbliebener Rebellen suchte Zuflucht auf Navy Island, einer kleinen, auf der kanadischen Seite des Niagara River gelegenen Insel, und proklamierte dort die Republic of Canada. Von der Regierung der Vereinigten Staaten wurden die Rebellen zwar nicht offiziell unterstützt, doch unternahmen die US-Behörden auch nichts, um die Versorgung der Rebellen mit Waffen und Lebensmitteln von Seiten amerikanischer Sympathisanten im Grenzbundesstaat New York zu unterbinden. Vor diesem Hintergrund unternahm das britische Militär einen nächtlichen Überfall auf amerikanischem Territorium und zerstörte das zur Versorgung der Rebellen genutzte Dampfschiff *SS Caroline*, wobei ein US-Bürger ums Leben kam. Die Verletzung der territorialen Integrität der USA sowie der Tod des amerikanischen Staatsangehörigen hatten erhebliche diplomatische Verwicklungen zwischen den USA und Großbritannien zur Folge, in deren Verlauf man sich für die Zukunft auf die Beachtung der o.g. Grundsätze einigte. Diese Grundsätze fanden im 19. Jahrhundert Eingang in das Völkergewohnheitsrecht.

reicht es aus, dass fundamentale Rechtsgüter der Staatengemeinschaft in Mitleidenschaft gezogen zu werden drohen? Genau dies ist der Fall bei den klassischen Konstellationen der „humanitären Intervention". Durch die in Blick genommene Verletzungshandlung eines anderen Rechtsträgers werden in dieser Konstellation nicht spezifische Rechtsgüter des potentiellen Intervenienten betroffen, sondern zunächst primär Rechtsgüter von Teilen des eigenen Volkes des Verletzerstaates, indirekt dann allerdings auch Gemeinschaftsgüter und -werte der Staatengemeinschaft insgesamt, in Form der Menschenrechte und des Verbots des Völkermordes.

Der Terminus der „humanitären Intervention" stammt allerdings aus dem 19. Jahrhundert, also aus der Zeit weit vor Ausbildung der Menschenrechte und des Völkermordverbotes – ein Umstand, der zu einer gewissen Vorsicht im Umgang mit dem Begriff mahnen sollte (vgl. J.L. Holzgrefe 2003: 15, 18ff.). Die ursprüngliche Konzeption der „humanitären Intervention" ist praktisch nicht übertragbar auf die heutigen Verhältnisse, weil sie vor dem Hintergrund einer völlig anderen Völkerrechtsordnung entstanden ist, in Zeiten des „liberum ius ad bellum", also des freien Rechts auf Kriegführung. Fühlte man sich als Staat in seinen Rechten (oder auch nur seiner Ehre) verletzt, so stand es einem nach den Regeln des klassischen Völkerrechts des 19. Jahrhunderts frei, den anderen Staat mit Krieg zu überziehen. Einer Rechtfertigung im rechtstechnischen Sinne bedurften militärische Interventionen damals nicht, sondern einzig einer politischen Legitimation. „Humanitäre Intervention" kennzeichnete in dieser Situation – als Figur politischer Rechtfertigungsrhetorik – den behauptetermaßen ‚altruistischen' Einsatz der eigenen Truppen, im Gegensatz zu den klassischen Formen der 'Kanonenbootdiplomatie', die sonst durchgängig der Durchsetzung eigener Forderungen, der Gewinnung und Absicherung von Einflusszonen und Kolonien, dem Schutz eigener Staatsbürger und kommerzieller Interessen diente. Wenn man die eigene Öffentlichkeit schon nicht mit Argumenten der Staatsräson, der nationalen Interessen oder der 'Ehre der Nation' zum Eintritt in den Krieg motivieren konnte, so musste man zumindest eine humanitäre Notlage finden, ein Massaker an (in der Regel christlichen) Mitmenschen, um an das Gefühl der „compassion", des Mitleids appellieren zu können (vgl. B. Fassbender 2004: 241ff.).

Mit dem Kriegsverbot des Briand-Kellog-Paktes und dann endgültig mit dem umfassenden Gewaltverbot der UN-Charta verlor diese klassische Figur der „humanitären Intervention" ihre Grundlage. Wenn überhaupt, dann ging die Befugnis zur Anordnung derartiger Interventionen mit dem System der Charta auf den Sicherheitsrat über (vgl. M. Bothe 2004: 592ff.; H. Fischer 2004: 1071, Rdnr. 7ff.). Wenn man gleichwohl behaupten möchte, es gebe auch heute noch – oder gar heute wieder – ein eigenständiges völkerrechtliches Institut der „humanitären Intervention", so wird man die Existenz eines derartigen (ungeschriebenen) Ausnahmetatbestandes zum Gewaltverbot in den Kategorien moderner Rechtsquellenlehre zu begründen haben. Da die Charta selbst keine derartige Ausnahme vom Gewaltverbot in Bezug nimmt, und auch kein anderer Vertrag existiert, der die universelle Anerkennung eines derartigen Instituts festgeschrieben hätte, kann man diesbezüglich nur ungeschriebene Rechtsquellen heranziehen.

Eine nicht ganz selten zu hörende und zu lesende Auffassung verkündet zunächst, das Institut der „humanitären Intervention" habe seine Basis im Völkergewohnheitsrecht (vgl. M. Byers / S. Chesterman 2003: 177ff. m.w.N.; D. Deiseroth 1999: 3084, 3085; P. Dreist 2002: 68, 74; T.M. Franck 2003: 204ff.; C. Gray 2003: 595ff.). Bei genauerer Betrachtung erweist sich diese Position jedoch als problematisch. Als traditionelles Gewohnheitsrecht aus der Zeit vor Gründung der Vereinten Nationen könnte ein derartiges Institut, wie oben bereits erwähnt, schon aus systematischen Gründen kaum überdauert haben. Für die Bildung eines entsprechenden Gewohnheitsrechtssatzes nach 1945 spricht erst recht wenig, legt man die gängigen Maßstäbe von „opinio juris" und „consuetudo" an, also von Staatenpraxis und Rechtsüberzeugung. Militärische Interventionen, die sich als Präzedenzfälle deuten ließen, hat es zwischen 1945 und 1990 kaum gegeben; einschlägige Rechtsüberzeugung ist schon gar nicht nachweisbar, da die wenigen Fälle militärischer Interventionen, die in einem gewissem Umfang zumindest auch humanitär motiviert waren, praktisch nie in Kategorien der klassischen „humanitären Intervention" gerechtfertigt wurden. Erst die Zeit nach 1990 bringt hier eine größere Dichte an relevanten Beispielsfällen, wobei auch in dieser Phase die intervenierenden Staaten sehr vorsichtig waren, in Kategorien der „humanitären Intervention" zu argumentieren. Selbst für den berühmten – und immer wieder gerne als aktuelles Hauptbeispiel herangezogenen – Fall der Kosovo-Intervention mit den Bombardements Belgrads durch die NATO-Staaten fehlt es letztlich an Belegen für eine einschlägige Rechtsüberzeugung, sieht man sich nur einmal eingehend die entsprechenden Stellungnahmen der Außen- und Verteidigungsministerien der beteiligten NATO-Staaten an, wie der Bundesrepublik Deutschland. Das Auswärtige Amt etwa hat sich in diesem Fall gezielt jeder konkreten rechtlichen Stellungnahme enthalten, sondern hat nur ganz pauschal die Intervention für rechtmäßig erklärt, ohne diese Ergebnisbehauptung näher zu begründen (vgl. M. Bothe 2004: 606; ders. 2000: 177, 191ff.; C. Greenwood 2000: 926ff.; D.H. Joyner 2002: 597ff.; M. Kohen 1999: 122ff.; D. Thürer 2000: 1ff.; C. Tomuschat 1999b: 33ff.). Die Motive für eine derartige Vorgehensweise liegen auf der Hand – nur so ließ sich vermeiden, substantiierte Gegenstellungnahmen der Mehrzahl der Staaten auf sich zu ziehen und zudem unliebsame Präzedenzien für die Zukunft zu schaffen.

Häufig gewählter Ausweg war für das völkerrechtliche Schrifttum in dieser Situation, nicht einfach die (kaum zu belegende) Existenz eines einschlägigen

Satzes des Völkergewohnheitsrechts zu behaupten, sondern das Recht zur „humanitären Intervention" als gewohnheitsrechtliche Norm „in statu nascendi" zu deklarieren. Das Fehlen einer längeren Abfolge einschlägiger Staatenpraxis war bei dieser Argumentationslinie noch am ehesten zu verschmerzen, und die nötige Rechtsüberzeugung ließ sich in Form der „opinio necessitatis" ebenfalls leichter belegen als die klassische Rechtsüberzeugung, die in stetiger Übung eine gewisse Festigung erfahren haben muss (vgl. A. Cassese 1999a: 23ff.; ders. 1999b: 791ff.; kritisch hierzu P. Hilpold 2001: 437, 459ff.). Tatsächlich hat es in der zweiten Hälfte der Neunziger Jahre so etwas wie einen Stimmungsumschwung in den Industriestaaten gegeben, der mehrheitlich die Forderung aufkommen ließ, in derartigen Situationen könne die Staatengemeinschaft doch nicht stillschweigend dem Völkermord zusehen, sondern müsse handeln, und zwar (wenn erforderlich) auch militärisch – und wenn der UN-Sicherheitsrat dies nicht mandatiere, so müsse es auch einzelnen Staaten bzw. Staatengruppen möglich sein, hier stellvertretend einzugreifen. Doch reicht ein derartiger Bewusstseinswandel aus, den (laufenden) Prozess der Bildung einer einschlägigen Gewohnheitsrechtsnorm zu postulieren? Derartige Umschwünge in der öffentlichen Meinung sind zwar typischerweise die Grundsituation, in der – infolge einer qualitativ neuen „opinio necessitatis" – eine neue Regel als unabdingbar erforderlich postuliert wird und – bei Bestätigung durch eine entsprechend einhellige Folgepraxis – dann auch zur Bildung einer neuen Gewohnheitsrechtsnorm führen mag. Dies setzt jedoch die fast einhellige Zustimmung zur neu postulierten Rechtsüberzeugung und in deren Gefolge eine entsprechend gleichgerichtete Staatenpraxis voraus (vgl. W. Graf Vitzthum 2004a: 64ff.). Ein Blick auf die Reaktion eines Großteils der Drittweltstaaten, einschließlich Chinas, Indiens und Russlands, lässt an diesem Punkt Zweifel aufkommen. Die Behauptung der USA und ihrer Verbündeten, eine derartige Militäraktion sei nach Völkerrecht gerechtfertigt, stieß ersichtlich auf entschiedenen Widerstand – was in der Perspektive der klassischen Völkerrechtsquellenlehre eine Bildung neuen Gewohnheitsrechts eindeutig ausschließt.

Bleibt noch – als Auffangposition – die Frage nach der Existenz eines entsprechenden „allgemeinen Rechtsgrundsatzes". Zwar ist in der Völkerrechtslehre recht umstritten, welche Natur und Beschaffenheit derartigen „allgemeinen Rechtsgrundsätzen" zukommt; unstreitig ist einzig, dass es in (wenn auch sehr beschränktem Umfang) eine derartige Rechtsquelle gibt und es in bestimmten Situationen auch des Rückgriffes auf diese Rechtsgrundsätze bedarf. Nach der einen Auffassung handelt es sich dabei um anerkannte Rechtsprinzipien, die allen oder doch den meisten nationalen Rechtsordnungen gemeinsam sind, die ihren Ursprung also nicht im Völkerrecht, sondern in den staatlichen Rechtsordnungen haben; eine andere Auffassung bezieht in die „allgemeinen Rechtsgrundsätze" auch von den Staaten (implizit) anerkannte elementare Konstruktionsprinzipien der Völkerrechtsordnung ein, die das Völkerrecht selbst ausgebildet hat, ohne dass man – mangels Staatenpraxis – deswegen von einem Satz des Völkergewohnheitsrechts sprechen könne (vgl. W. Heintschel von Heinegg 2004: 213, Rdnr. 2). Das moderne Völkerrecht erkennt die Existenz einer derartigen Rechtsquelle in vielfältigen Zusammenhängen an, etwa in Art. 38 Abs.1 lit. c des IGH-Statuts als heranzuziehende Rechtsgrundlage für Entscheidungen des Internationalen Gerichtshofs.

Von besonderer Bedeutung im hier untersuchten Kontext ist dabei die Formel des Art. 51 UN-Charta, der das Recht der militärischen Selbstverteidigung als „inherent right" bzw. „droit naturel" der Staaten bezeichnet, also als ein vorpositives, der Charta vorausliegendes Recht, das man in Kategorien der modernen Rechtsquellenlehre – wenn man nicht mit der französischen Fassung unmittelbar auf 'Naturrecht' zurückgreifen möchte – noch am ehesten in Kategorien der „allgemeinen Rechtsgrundsätze" fassen kann. Für die Kategorie des „allgemeinen Rechtsgrundsatzes" spricht insoweit auch der vergleichende Blick in die Konstruktion nationaler Rechtsordnungen: Das Selbstverteidigungsrecht des Art. 51 UN-Charta spiegelt ein elementares Selbsthilferecht wider, das jede Rechtsordnung in Extremfällen gewährt, in denen es – trotz Gewaltmonopol des Staates – zu elementaren Gefährdungen fundamentaler Rechtsgüter kommt, die unter Rückgriff auf den staatlichen Gewaltapparat nicht rechtzeitig abgewehrt werden können. Da praktisch keine Rechtsordnung es für zumutbar hält, in dieser Situation dem Einzelnen aufzugeben, seine Belange dem Prinzip der Monopolisierung der Gewalt in Händen des Staates aufzuopfern – ein Prinzip, das ja durch den rechtswidrigen Angriff des Rechtsbrechers sowieso schon in Mitleidenschaft gezogen ist – gesteht man dem bedrohten Individuum hier allgemein das Recht der Abwehr der drohenden Rechtsgüterverletzung auch mit Gewalt zu (in unseren nationalen Kategorien: „Notwehr") und in gewissem Umfang ergänzend auch Dritten das Recht der Hilfeleistung mit Gewalt („Nothilfe"). Da genau diese Krise des Rechtsgüterschutzes im Völkerrecht noch weit wahrscheinlicher ist als in (funktionsfähigen) staatlichen Rechtsordnungen – besteht doch gar keine Monopolisierung der Gewaltmittel, sondern allenfalls ein Monopol der rechtsförmlichen Entscheidung über den Einsatz von Gewalt als Mittel der Rechtserzwingung – musste das Völkerrecht den Staaten unweigerlich dieses ‚Notwehr'- und ‚Nothilfe'-Recht zugestehen (vgl. Y. Dinstein 2001; C. Gray 2000; N. Krisch 2001).

Doch sind allein mit diesen beiden Prinzipien die potentiellen Krisen des Rechtsgüterschutzes bewältigt? Ein Blick in den Erfahrungs- und Formenschatz der nationalen Rechtsordnungen lässt insoweit eine erhebliche Skepsis aufkommen. Neben den Notwehr- und Nothilfekonstellationen kennen die Rechtsordnungen parallel auch noch die Notstandsproblematik, also die Krise des Rechtsgüterschutzes, in der eine unmittelbare Gefahr für elementare Rechtsgüter nicht anders abwendbar ist als durch die Aufopferung anderer Rechtsgüter („Pflichtenkollision"). Überwiegt die Wertigkeit der geschützten Rechtsgüter eindeutig die der aufgeopferten Rechtsgüter, so gestehen fast alle Rechtsordnungen hier dem Handelnden eine Rechtfertigung zu – trotz des zunächst unbestreitbaren Rechtsverstoßes. Dies setzt allerdings so etwas wie eine konsentierte Wertehierarchie voraus – ein Punkt, an dem die Übertragung des Rechtsgrundsatzes in das Völkerrecht Schwierigkeiten bereitet. Ob der Schutz der Menschenrechte wirklich von deutlich höherem Rang ist als das Prinzip der Souveränität (und dahinter des Selbstbestimmungsrechts), das Gewalt- und das Interventionsverbot, ist ganz und gar nicht evident, ist vielmehr zutiefst umstritten – und zwar mit guten Gründen. Zumindest die pauschale Berufung auf die Menschenrechte, selbst bei Verletzung ganz fundamentaler Menschenrechte, hilft hier nicht wirklich weiter, schon gar nicht die Berufung auf ein (noch gar nicht wirklich allgemein anerkanntes) Prinzip demokratischer Regierung. Gewalt- und Interventionsverbot, die die „souveräne Gleichheit" der Staaten und das Selbstbestimmungsrecht gegen gewaltsame Diktate fremder Herrschaftsgewalt schützen sollen, von ihrer elementaren Befriedungsfunktion für die Staatengemeinschaft ganz abgesehen, sind von so grundlegender Bedeutung für das Völkerrecht, das man sie kaum im Sinne eines als allgemeiner Rechtsgrundsatz konstruierten Prinzips der „Pflichtenkollision" bzw. des „Notstands" zur Aufopferung wird freigeben können. Gewalt- und Interventionsverbot dienen – so kann man mit Blick auf die moderne Rechts- und Staatsphilosophie formulieren – neben der Sicherung des Völkerrechts als Friedensordnung vor allem der Abschirmung der Selbstbestimmung der staatlich verfassten menschlichen Gemeinschaften in der Gestaltung ihres politischen und sozialen Lebens (vgl. S. Oeter 1998: 37, 50f.; ders. 2002: 259ff.; J.H. Jackson 2003: 782ff.). Selbst zeitweilige Verirrungen im politischen Prozess, Rückfälle in Diktatur und Despotie, rechtfertigen im Regelfall nicht die gewaltsame Intervention von außen, kann die demokratische Ordnung doch grundsätzlich nur von innen heraus wachsen (vgl. I. Maus 1998: 88ff.). Demokratie lässt sich – um es in den Kategorien des im englischsprachigen Raum meist für diesen Gedanken zitierten Autors, John Stuart Mill, zu formulieren – „nicht von außen aufzwingen, da sie dann etwas Fremdes bliebe" (vgl. M. Walzer 1977: 87ff.). Jedes Volk, jede menschliche Gemeinschaft muss ihre eigenen Lernprozesse durchlaufen. Militärische Intervention verfälscht jedoch notwendig diese Lernprozesse. Gewalt- und Interventionsverbot sollen im Kern mithin auch die „Autonomie der Lernprozesse" sichern, ein Schutzgut von hoher Bedeutung, kann doch nur so gewährleistet werden, dass ein Volk die seiner Geschichte, seinem Selbstverständnis wie seinen Traditionen und Bedürfnissen entsprechende politische Ordnung ausbildet.

Das Argument hat allerdings ersichtlich seine Grenzen. Die Berufung auf Selbstbestimmung und „Autonomie der Lernprozesse" wäre zynisch, führte man sie auch da noch an, wo ein despotisches Regime, das auf der gewaltsamen Herrschaft Weniger über ein gesamtes Volk beruht, Teile seiner eigenen Bevölkerung aus der Rechts- und Friedensordnung ausgrenzt, für „friedlos", ja zum „Feind" erklärt. Die Gefahr einer derartigen Entwicklung ist leider sehr viel größer als man bei unserer, an Verhältnissen geordneter europäischer Staatlichkeit geschulter Perspektive meinen könnte. In Verhältnissen ethnisch, kulturell, religiös zerklüfteter Gesellschaften (wie in weiten Teilen Asiens, Afrikas und Lateinamerikas) ist die Herrschaft ethnisch oder religiös geprägter kleiner Cliquen, die alle Schalthebel staatlicher Macht nur mit Angehörigen der eigenen Gruppe besetzen, eher die Regel als die Ausnahme. Gerät diese Herrschaft in Bedrohung, so kommt es leider immer wieder auch zum völligen ‚Ausrasten' der staatlichen Herrschafts- und Machtapparate, die dann konkurrierende Ethnien oder Gruppen als „Feinde" zu vernichten suchen. Die Berufung auf Selbstbestimmung und „Autonomie der Lernprozesse" hieße hier letztlich das 'Recht des Stärkeren' billigen, hieße hinzunehmen, dass die Clique, die über die Gewalt- und Machtapparate verfügt, die widerstrebenden Teile des Volkes vernichtet, auslöscht. Die Eigendynamik der zum Selbstzweck gewordenen staatlichen Gewalt hebt hier – so der gegen das Millsche Argument wiederholt in der angelsächsischen Literatur vorgebrachte Einwand – nicht nur die letzten Reste des Rechtszustandes auf, sondern entzieht der Selbstbestimmung selbst den Boden, indem erhebliche Teile der Träger des Selbstbestimmungsrechts ausgelöscht werden (vgl. M. Walzer 1977: 101ff.). Die ursprünglich rein humanitäre Argumentation der Verletzung individueller Menschenrechte schlägt damit um in eine Bedrohung der das Interventionsverbot im Kern rechtfertigenden Selbstbestimmung. Die Friedensfunktion der nationalen Rechtsordnung ist ebenfalls außer Kraft gesetzt, wird der staatliche Apparat der Rechtsdurchsetzung hier doch zur Begehung (völkerrechtlicher) Verbrechen missbraucht.

Zumindest für diese Konstellation, also die Situation des organisierten Völkermordes, wird man die Höherrangigkeit der mit den Prinzipien der „souveränen Gleichheit der Staaten", des Gewalt- und Interventionsverbotes geschützten Rechtsgüter der Völkergemeinschaft kaum mehr behaupten können. Der Dissens über die Rangfolge und Wertigkeit der vom Völkerrecht zu schützenden Rechtsgüter wird zwar auf absehbare Zeit kaum aufzulösen sein, doch wird man zumindest für die skizzierte Situation des Völkermordes eine Kollision jedenfalls gleichrangiger Rechtsgüter (und -pflichten) unterstellen können. Man ist dabei rechtssystematisch bei der Konstellation der fast allen Rechtsordnungen geläufigen (schuldausschließenden) „Pflichtenkollision" bzw. des „übergesetzlichen Notstandes". Die Rechtsordnung kann das Notstandshandeln des Einzelnen in einer solchen „Pflichtenkollision" zwar nicht immer ungeteilt billigen, muss das Dilemma der Entscheidungssituation aber zur Kenntnis nehmen und verarbeiten, indem sie zumindest die Vorwerfbarkeit des aus dem Dilemma entstandenen

Handelns abmildert bzw. ausschließt. Die mit den – hier rekonstruierten – Grundsätzen „überpositiven Notstands" gängigerweise verbundenen Rechtsfolgen weisen nun strukturell – interessanterweise – frappierende Gemeinsamkeiten mit dem empirisch feststellbaren Handeln der Staaten in Fällen einer derartigen „humanitären Intervention" (im engen, oben skizzierten Sinne) auf. Die handelnden Staaten – man sehe sich nur die Stellungnahmen der europäischen Außenministerien im Falle der Kosovo-Intervention an – scheuen davor zurück, die Figur der „humanitären Intervention" als Rechtfertigungstatbestand heranzuziehen (vgl. M. Bothe 2000: 186; G. Nolte 1999: 941, 944f.); die Mehrzahl der Drittstaaten bestreitet zugleich vehement, dass die angeführten humanitären Gründe das Handeln rechtfertigten, dass also derartige Formen der Intervention rechtmäßig seien. Zugleich herrscht das weitverbreitete Empfinden, man habe es hier mit einer 'lässlichen Sünde' zu tun – so ausdrücklich der deutsche IGH-Richter Bruno Simma 1999 (vgl. B. Simma 1999: 1, 21f.); zumindest vorwerfbar sei das Handeln den beteiligten Staaten also nicht wirklich – ein Reaktionsmuster, das auch schon in den (wenigen) älteren Fällen die Reaktionen der Staatengemeinschaft bestimmte, sei es bei der Intervention Indiens in Ostbengalen 1971, sei es bei der Intervention Tansanias in Uganda, durch die der sein Volk massakrierende Diktator Idi Amin abgesetzt wurde (um nur zwei Beispiele zu nennen).

Nicht verschwiegen werden sollte allerdings, dass eine derartige rechtliche Bewertung der „humanitären Intervention", die sie selbst in Fällen des Einschreitens gegen Völkermord in einer rechtlichen Grauzone belässt, innerstaatlich zu erheblichen Problemen führen kann. In Deutschland ist dies vor allem mit Blick auf die Normen des Art. 25 und Art. 26 GG unverkennbar. Die strafbare Vorbereitung und Beteiligung an einem Angriffskrieg schwebt insoweit wie ein Damoklesschwert über den betroffenen Militärs (vgl. B. Laubach 1999: 276ff.).

4. Humanitäre Intervention – eine Gefährdung des Weltfriedens?

Hinter den immer wieder lautstark geäußerten Vorbehalten der Mehrheit der Drittweltstaaten gegenüber einer Anerkennung der Figur der „humanitären Intervention" als eines gewaltsame Interventionen rechtfertigenden Instituts des Völkerrechts stehen nicht nur (vielleicht nicht einmal vorrangig) prinzipielle moral- und sozialphilosophische Überlegungen, sondern vor allem konkrete Befürchtungen praktisch-politischer Natur. Ein derartiges Institut, wäre es denn einmal als Rechtfertigungsgrund für militärische Interventionen anerkannt, schüfe ein enormes Missbrauchspotential in Händen großer und militärisch potenter Staaten. Es ist insofern ganz und gar kein Zufall, dass die Haltung des völkerrechtlichen Schrifttums zur „humanitären Intervention" ersichtlich variiert je nach Stellung der Heimatnation des Autors im internationalen Machtgefüge. US-amerikanische Autoren, die ihrem Staat gerne eine historische Mission im Sinne der Verbreitung von Demokratie und Menschenrechten zuschreiben, sehen die „humanitäre Intervention" nachvollziehbarerweise als Chance, dieser Mission auch ohne Ermächtigung des Sicherheitsrates nachzukommen. Potentielle Missbräuche im Kontext unilateralen Handelns kümmern sie weniger, eröffnete die Anerkennung eines Instituts der „humanitären Intervention" in ihrer Sicht doch eher Chancen einer verbesserten Durchsetzung ethischer Grundwerte als Risiken der Erosion völkerrechtlicher Grundprinzipien. Daraus resultiert eine relativ robuste Haltung zur Zulässigkeit „humanitärer Interventionen" (vgl. J. Brunnée / S.J. Toope 2004: 796; J.H. Jackson 2003: 782ff.; L. Henkin 1999: 824ff.; W.K. Lietzau 2004: 281, 297ff.; dazu auch E. Benvenisti 2004: 677ff.). In den mittelgroßen Staaten Kontinentaleuropas hat sich die Einstellung in den letzten Jahren (vor allem seit 1999) erheblich gewandelt. Kennzeichnete hier traditionell eine deutliche Skepsis die Literatur, so ist mit dem (politisch-militärischen) Wandel etwa Deutschlands vom Objekt zum Subjekt militärischen Handelns im Interesse humanitärer Belange eine deutliche Strömung aufgekommen, die die Zulässigkeit „humanitärer Interventionen" zu bejahen sucht (vgl. K. Doehring 2004: 447, Rdnr. 1013f.; K. Ipsen 1999: 19ff.; C. Tomuschat 1999b: 34). Ganz anders dagegen nach wie vor die Einstellung (und Interessenlage) der Völkerrechtler der Mittel- und Kleinstaaten des Südens. Da man weiß, dass man potentiell allein Objekt, kaum dagegen Subjekt militärischer Interventionen sein wird, rückt die Missbrauchsgefahr völlig in den Vordergrund (vgl. M. Byers / S. Chesterman 2003: 190ff.).

Die Praxis der Großmächte im Umgang mit derartigen Rechtfertigungsgründen ist – dies sollte man deutlich sehen – tatsächlich kaum dazu angetan, die Befürchtungen der potentiellen Opfer eines Missbrauchs zu zerstreuen. Mangels institutionalisierter Mechanismen der verbindlichen Beurteilung der Rechtfertigung durch neutrale Dritte zehrt die Funktionsfähigkeit des Gewaltverbots mit ihrem (möglichst engen) „numerus clausus" von Ausnahmetatbeständen vom Evidenzcharakter der Ausnahmetatbestände. Nur wenn die Beteiligten sich ohne große Mühe über die Evidenz des Vorliegens der ausnahmebegründenden Umstände einig werden können, vermag das System im ‚archaischen' Zustand der Selbstbeurteilung leidlich zu funktionieren. Wer erst mühsam konstruieren muss, warum die tatbestandsbegründenden Umstände vorgelegen haben sollen, hat sich in der Regel des Missbrauchs schon dekuvriert. Wer die Ausnahme dagegen zu Recht in Anspruch nimmt, kann in der Regel auf den Evidenzcharakter der den Ausnahmetatbestand begründenden Umstände vertrauen. Die nachträgliche Begründung kann dann sehr umstandslos ausfallen, bedarf es doch keiner großen Beweisführung mehr. Umgekehrt setzt man sich bei sehr komplizierten (und häufig leicht rabulistischen) Begründungen allzu leicht dem ‚Gelächter' der anderen Staaten aus, die die Rechtfertigungsversuche nicht recht Ernst nehmen, und bricht diese Bemühungen dann bald ab.

Doch funktioniert dieser ‚Lachtest', der für das Selbstverteidigungsrecht bislang prägend war, jedenfalls bis zum Aufkommen der Lehre von der „preemptive self-defense", auch im Falle der „humanitären Intervention"? Sind die bei der Beurteilung der humanitären Rechtfertigung einer militärischen Intervention anzustellenden (impliziten) Bewertungen nicht zu komplex und wertungsgebunden, um im Sinne eines Evidenztatbestandes funktionieren zu können? Für einen weiten Begriff der „humanitären Intervention" wird man dies sicherlich annehmen müssen. Soweit man schon „gross and consistent patterns of serious human rights violations" für ausreichend hält, um Interventionen zu legitimieren, geht der Evidenzcharakter des Tatbestandes weitgehend verloren. Behauptung und Gegenbehauptung werden sich dann im Geflecht der komplexen (und divergierenden) Bewertungen der behaupteten Menschenrechtsverletzungen verlieren. Einzig in der Anknüpfung an einen – simpler Evidenz fähigen – Tatbestand wie den des Völkermordes wird man vor Missbräuchen halbwegs schützende diskursive Hindernisse aufrichten können – wobei nicht verschwiegen sei, dass selbst der Völkermordtatbestand erhebliche begriffliche Unklarheiten aufweist (vgl. A. Cassese 2003: 96ff.; G. Nolte 1999: 952ff.).

Das allgemeine Misstrauen gegenüber unilateralen Aktionen einzelner Groß- oder Regionalmächte wird man in dieser Perspektive verstehen müssen. Wenn es diskursiv so etwas wie eine Hürde gegen Missbrauch gibt, dann liegt diese im Zwang zur Bildung von Koalitionen – und dem darin implizierten Zwang, die Öffentlichkeiten der an der Koalition beteiligten Staaten zu überzeugen (allerdings lehrt das Beispiel der Irak-Intervention auch hier eine deutliche Skepsis). Wenn überhaupt, dann wird die Staatengemeinschaft eher geneigt sein, multilateralen Interventionen ein gewisses Vertrauen entgegen zu bringen als rein unilateralen Interventionen. Daher die allgemeine Präferenz für die Intervention von Regionalorganisationen, wenn schon nicht der Sicherheitsrat selbst tätig wird (vgl. J. Delbrück 1999: 153; D. Thürer 2000: 8). Wenn sich – wie im Falle Liberias – alle anderen Staaten der Region einig sind, es müsse gehandelt werden, dann ist es schwer für die Außenwelt, die – wie der Sicherheitsrat – selbst nicht zum Handeln bereit war – Kritik an der Intervention zu üben. Die erforderliche Konsensbildung innerhalb der Organisation zwingt zur Darlegung der politischen Motive, die ein Eingreifen erforderlich machen sollen, zum offenen Argumentieren und bedingt letztlich so etwas wie wechselseitige Kontrolle. Schon im Mächtekonzert des 19. Jahrhunderts, das ja noch unter den Bedingungen des freien Kriegführungsrechts existierte, bestand ein tiefes Misstrauen gegenüber einseitigen Interventionen, während man die im Mächteverbund abgestimmten Interventionen als weniger gefährlich ansah (vgl. W.G. Grewe 1984: 580).

Das Problem der Missbrauchsgefahren setzt sich fort in der Frage der operativen militärischen Ausgestaltung der Intervention. Dem klassischen Bild der „humanitären Intervention" entspräche es eigentlich, den Völkermord begehenden Truppen und Organen des verbrecherischen Regimes unmittelbar durch militärische Gewalt in den Arm zu fallen, sie also durch militärische Operationen an der Weiterführung der Verbrechen zu hindern und aus dem betroffenen Gebiet herauszudrängen. Bei Fortsetzung der Kämpfe – und ungebrochenem Kampfeswillen des Regimes – wird dies unter Umständen bis zur völligen Niederringung und Beseitigung des verbrecherischen Regimes führen müssen. Doch ist es zulässig, die militärische Gewalt von vornherein weitgehend allein gegen die Hauptstadt und den Regierungs- und Industrieapparat des Völkermord begehenden Staates zu richten, wie man dies 1999 im Falle Jugoslawiens getan hat, ohne größere militärische Aktionen in den Gebieten durchzuführen, in denen der Völkermord stattfindet? Und zwar primär unter dem Aspekt der Minimierung eigener Opfer, weil man bei einer Intervention mit Landtruppen, mit der man dem Völkermord begehenden Regime unmittelbar in den Arm fallen könnte, zu hohe eigene Verluste zu gewärtigen hätte? Ließe man dies zu, so näherte sich die „humanitäre Intervention" der allgemeinen Befugnis zur „Friedloslegung" des betroffenen Staates an – eine Befugnis, die eventuell dem Sicherheitsrat im Kontext des Kapitel VII zukommen kann, die aber schwerlich der „humanitären Intervention" eingeschrieben werden sollte. Lässt man dies zu, so ergeben sich daraus auch höchst problematische Folgewirkungen im Bereich des „ius in bello", also für die Regelungen des sogen. humanitären Völkerrechts. Die impliziten Grenzen für die Identifikation der zulässigen Objekte militärischer Gewalt, der sog. „militärischen Ziele", verschwimmen in dieser Konstellation allzu leicht, mit der Konsequenz, dass man auf eine schiefe Ebene hin zu Formen des ‚totalen Krieges' gelangt, in denen das für das moderne Konfliktrecht so fundamentale Gebot der Unterscheidung von militärischen Zielen und Zivilbevölkerung ausgehebelt wird (vgl. S. Oeter 1999: 105; D. Thürer 2000: 10ff.).

Hinzu kommen Folgeprobleme, die jede „humanitäre Intervention" unweigerlich nach sich zieht. Die Beseitigung der alten staatlichen Ordnung – und sei diese noch so zu Formen krimineller Organisation und des ‚Staatsterrorismus' degeneriert – führt zunächst zu einem Vakuum politischer Organisation und Herrschaft, das nur vom Intervenienten gefüllt werden kann, zumindest wenn der Zugriff einer Staatsmacht auf bestimmte Gebietsteile völlig ausgeschlossen wird. In der Folge entsteht eine Situation militärischer Besetzung, in der die Interventionsmacht vorläufig die Ausübung der Staatsmacht an sich zieht. Die provisorische Übernahme der Staatsgewalt ist dabei unter Aspekten der Souveränität und Selbstbestimmung weniger heikel als die Aufgabe, die Staatsgewalt des besetzten Gebietes so zu restrukturieren, dass nach Ablauf einer gewissen Zeit die Herrschaft wieder an den eigenen Staatsapparat des besetzten Staates übergeben werden kann. Mit guten Gründen zieht das klassische Recht der militärischen Besetzung der Besatzungsmacht hier sehr enge Grenzen – liefe doch jede grundlegendere Form von Umgestaltung der institutionellen Strukturen und der Verfassungsordnung auf ein – die Selbstbestimmung negierendes – Diktat von außen hinaus (vgl. M. Bothe 2004: 643f.). Da „humanitäre Intervention", jedenfalls in dem oben umrissenen, engen Sinne der Abwehr von Völkermord, fast durchgängig in Situationen ‚prekärer' bzw. ‚fragiler' Staatlichkeit erfolgt, wenn nicht des „failed state" (vgl. M. Ignatieff 2003: 299ff.; M. Herdegen 1995: 49ff.), lässt sich die grundlegende Umgestaltung der staatlichen Herrschafts- und Machtstrukturen nach einer „humanitären Intervention" oftmals aber nicht wirklich vermeiden. Die intervenierende Macht ist dann gezwungen, etwas zu tun, was sie nach Völkerrecht eigentlich nicht dürfte – die Staatsordnung des besetzten Staates grundlegend umzugestalten, ohne dazu das Einverständnis des betroffenen Volkes einholen zu können, denn demokratische Wahlen können immer erst im Gehäuse der neuerrichteten Ordnung stattfinden, in denen tragende Grundentscheidungen des neuen Systems aber gar nicht mehr zur Disposition gestellt werden können. Die Interventionsmacht hat damit aber – selbst wenn die Reorganisation erklärtermaßen auf die Abhaltung freier Wahlen hinausläuft – ein erhebliches Potential der folgenreichen Manipulation des politischen Prozesses in dem betroffenen Gemeinwesen (vgl. R.O. Keohane 2003: 275, 282ff.).

Die Legitimation für derartige grundlegende Umgestaltungen der Staats- und Verfassungsordnung lässt sich aus dem Institut der „humanitären Intervention", selbst wenn man es grundsätzlich akzeptiert, nicht so ohne weiteres ableiten. Zureichende Legitimation für derartige Akte der fundamentalen Umgestaltung einer Staats- und Verfassungsordnung lässt sich letztlich nur unter Rückgriff auf die weltumfassenden Organisationsstrukturen der UN-Organisation erlangen. Die intervenierenden Staaten sind also gut beraten, spätestens an diesem Punkt um eine Ermächtigung des Sicherheitsrates nach Kapitel VII nachzusuchen, wie man dies etwa im Kontext der Kosovo-Intervention 1999 getan, im Kontext der Irak-Intervention 2003 jedoch unterlassen hat.

5. Schlussfolgerungen

Im Verlauf der vorstehenden Überlegungen sollte deutlich geworden sein, vor welchem grundlegenden Dilemma die Völkerrechtsordnung heute steht. Eine militärische Intervention aus humanitären Motiven ist nach dem System der UN-Charta nicht völlig ausgeschlossen, ist unter dem normativen Gefüge der UN-Charta aber eigentlich dem Sicherheitsrat in seinem Handeln nach Kapitel VII vorbehalten. Ob und in welchem Umfang man von dieser prinzipiellen Zentralisierung der Befugnis legitimer Gewaltanwendung Ausnahmen zulässt, hängt von der generellen Einstellung und intellektuellen Konstruktion des UN-Systems ab, der man jeweils anhängt. Die traditionelle deutsche Betonung der Befugnisse des UN-Sicherheitsrates, bis hin zur Zuschreibung eines in Händen der Vereinten Nationen liegenden 'Gewaltmonopols', enthält deutlich überschießende Elemente einer völkerrechtspolitischen Utopie. Nicht nur sind die Vereinten Nationen, mit dem Sicherheitsrat als Entscheidungsorgan, weit davon entfernt, über eine mit dem staatlichen Gewaltmonopol vergleichbare Zentralisierung der Mittel organisierter militärischer Gewaltsamkeit zu verfügen; der Sicherheitsrat ist auch ein Organ, dessen Konstruktion – im Kern als ‚Direktorium' der zentralen Siegermächte des Zweiten Weltkriegs – zum einen die für eine 'Weltregierung' nötige Repräsentativität für die Völker der Erde vermissen lässt, dessen Ausrichtung an den machtpolitischen Opportunitäten der fünf ständigen Mitglieder zugleich Zweifel an der Eignung als Organ zur umfassenden und nachhaltigen Wahrung und Durchsetzung des Völkerrechts nährt (vgl. aber E.-O. Czempiel 1994: 17ff.). Es gibt wohl keine wirkliche Alternative zur Konstruktion des Systems der kollektiven Sicherheit (und implizit des Sicherheitsrates). Dem Sicherheitsrat die alleinige Befugnis zur Wahrung des Völkerrechts zuzuschreiben, wäre aber sicherlich eine höchst gefährliche Strategie. Zwar konnten die elementaren Blockaden, die den Sicherheitsrat (und damit das Instrumentarium des Systems der kollektiven Sicherheit) über Jahrzehnte gelähmt hatten, mittlerweile so weit aufgelöst werden, dass der Sicherheitsrat nunmehr – in beschränktem Umfang – zu effektivem Handeln in der Lage ist. Ob und in welcher Form der Sicherheitsrat handelt, ist allzu oft aber immer noch nicht von prinzipiellen Belangen der Wahrung der Durchsetzung der Völkerrechtsordnung bestimmt, sondern von partikularen Interessen der „permanent 5" (und in bestimmtem Umfang daneben auch der anderen Mitglieder des Sicherheitsrates) (vgl. aber I. Johnstone 2003: 437ff.).

Ergebnis dieser in Teilen durchaus defizitären Struktur des Friedenssicherungssystems ist, dass man sich als Staat (und als Volk) noch immer nicht vorbehaltlos allein auf das Funktionieren der institutionellen Mechanismen des UN-Systems verlassen kann. In nicht unerheblichem Umfang bedarf es weiter der dezentralen Selbsthilfebefugnisse – und der dazu erforderlichen einzelstaatlichen Kapazitäten im militärischen und politischen Bereich. Dies gilt nicht nur für die Sicherung des eigenen Bestandes und des der mit einem verbündeten Staaten, sondern gilt in erheblichem Umfang auch für Fragen der Durchsetzung wichtiger Grundwerte und elementarer Prinzipien des Völkerrechts. Die Diskussion um die „humanitäre Intervention" ist Ausdruck dieses Dilemmas. Bei völliger Verneinung dezentraler Interventionsbefugnisse müsste in allen Fällen, in denen sich der Sicherheitsrat aus politischen Gründen als nicht handlungsfähig erweist, den schlimmsten völkerrechtlichen Verbrechen tatenlos zugesehen werden. Dies ist aus der Perspektive der insofern zunehmend sensibilisierten Öffentlichkeiten vor allem des Nordens so kaum hinnehmbar, zumindest nicht in Situationen offenen Völkermordes.

Erteilt man umgekehrt den militärisch potenten Staaten uneingeschränkt die Befugnis zur Intervention in Notlagen massiver Menschenrechtsverletzungen, so droht dies, erheblichem Missbrauch Tür und Tor zu öffnen – so jedenfalls die Befürchtungen, die immer noch die Haltung der großen Zahl von Drittweltstaaten (und deren Völkerrechtslehre) prägen. Als grundlos erweisen sich diese Vorbehalte bei eingehender Analyse keineswegs – im Gegenteil: Die neuere Staatenpraxis belegt eher erhebliche Gefahren einer missbräuchlichen Ausnutzung eines derartigen Interventionstitels durch Groß- und Regionalmächte, die imperiale Ziele verfolgen. Eine Kompromissformel, die es ermögliche, zwischen Scylla und Charybdis der gegenwärtigen Friedensordnung hindurchzumanövrieren, ist so leicht nicht zu finden. Ein eng begrenzter Interventionstitel, eingegrenzt auf krasse Fälle des offenen Völkermords, käme einer solchen (potentiell konsensfähigen) Kompromissformel noch am ehesten nahe.

Doch setzte dies etwas voraus, was bislang kaum gegeben ist – nämlich so etwas wie einen globalen Konsens über die Hierarchisierung der 'Wertordnung' des Völkerrechts. Solange Souveränität, Gewalt- und Interventionsverbot einerseits, Menschenrechte und Völkerstrafrecht andererseits völlig unterschiedlich relationiert werden, ist wohl kaum ein Konsens über einen (und sei es auch nur höchst engen) Kerntatbestand einer „humanitären Intervention" zu erzielen. Völkern, die betont anderen Konzepten von „gerechter Herrschaft" als der der europäischen Tradition anhängen, etwa im islamischen Raum, müsste 'zwangsweise Beglückung' nach dem Muster einer „humanitären Intervention" unweigerlich als Fremdbestimmung erscheinen, der Kampf gegen diese Fremdherrschaft als 'Befreiungskampf'. Dementsprechend ist die Befürchtung nicht ganz von der Hand zu weisen, dass der Versuch einer gewaltsamen Durchsetzung 'westlicher Werte' wie Demokratie, Rechtsstaatlichkeit, Menschenrechte den Katalysator des berühmt-berüchtigten „Kampfes der Kulturen" (vgl. S.P. Huntington 1996) darstellen könnte.

Man mag gegen eine solche Interpretation einwenden, die Volksmassen auch des islamischen Raumes, so wie praktisch der gesamten Welt, sehnten sich nach Demokratie und Menschenrechten; der Diskurs um divergente Vorstellungen „gerechter Ordnung" sei ein Ablenkungsmanöver betrügerischer Eliten, die nur ihre Herrschaft zu befestigen suchten. Als ganz abwegig wird man diesen Einwand nicht abtun dürfen (vgl. T.M. Franck 1999: 147f.). Doch sind die Modelle der Demokratie und des Rechtsstaates, die der Westen üblicherweise im Gefolge seiner Interventionen etabliert, wirklich frei von strategischen Verformungen und Manipulationen, vermögen sie wirklich die Massen dieser Welt zu überzeugen? Die Erfahrungen der letzten Jahrzehnte geben hier durchaus Anlass zur Zurückhaltung. Die überkommene Völkerrechtsordnung hat daraus den (skeptischen) Schluss gezogen, die tradierten Ordnungsstrukturen der Staaten dieser Welt seien ‚grosso modo' zu respektieren in den bestehenden Formen – wenn die herrschenden Regime nicht völlig über die Stränge schlagen und entweder mit Gewalt über ihre Nachbarn herfallen oder mit exzessiver Gewalt das Überleben ihrer eigenen Bürger gefährden.[9] Die Prinzipien der Gewaltfreiheit und der Nichtintervention sind die ehernen Grundsätze dieser auf Koexistenz unterschiedlicher staatlicher Systeme aufgebauten Ordnung (vgl. aber auch M. Zürn 2000: 19, 23ff.; D. Senghaas 1993: 48ff.) – und man muss die Frage stellen, ob die Welt wirklich schon den nötigen Gleichklang ideologischer und kultureller Ordnungsvorstellungen aufweist, derer es bedarf, um so etwas wie materiale Homogenität der staatlichen Ordnungen einzufordern und durchzusetzen (vgl. V. Zanetti 1998: 297ff.).

Denkt man die gestellte Frage zu Ende, so sprechen ganz pragmatische Gründe politischer Klugheit gegen eine erhebliche Ausweitung der Ausnahmetatbestände zulässiger dezentraler Gewaltanwendung gegen fremde Staaten, insbesondere im Blick auf Formen ‚struktureller Gewalt' im Innern der Staaten, wie die Missachtung elementarer Menschenrechte, die Vorenthaltung demokratischer Partizipation, die Willkürherrschaft und die Unterdrückung weiter Teile der Bevölkerung.. Die Erfahrungen der jüngsten Zeit zeigen, dass selbst eine Supermacht wie die USA Schwierigkeiten hat, die gleichzeitige Rekonstruktion mehrerer Staaten wie des Irak und Afghanistans militärisch abzusichern. Mehr als zwei solcher ‚gescheiterter' Staaten wären militärisch zur gleichen Zeit nicht zu befrieden, vom Wiederaufbau staatlicher Strukturen ganz zu schweigen, der enorme Ressourcen verschlingt. Die Konsequenz ist misslich, aber unvermeidbar: Das Vorgehen gegen undemokratische und unterdrückerische Regime kann notwendig nur sehr selektiv erfolgen. Die Selektion der Anwendungsfälle aber bringt unweigerlich auch Erwägungen politischer Opportunität ins Spiel – und unterminiert damit auf Dauer die Glaubwürdigkeit des Systems der Friedenssicherung, in einem weiten Sinne verstanden.[10] Wenn überhaupt, dann wird sich ein sinnvolles Konzept der „humanitären Intervention" nur auf eine sehr eng gefasste Kategorie evidenter völkerrechtlicher Verbrechen beschränken dürfen, im Kern insbesondere des Völkermordes, will man nicht die allmähliche Erosion des Gewaltverbotes durch vorgeblich humanitär motivierte Militäraktionen potenter Groß- und Regionalmächte in Kauf nehmen. Von der „souveränen Gleichheit" der Staaten bliebe dann im Ergebnis nichts mehr übrig; die Welt würde zerfallen in ein Gefüge partikularer Hegemonialordnungen, mit der „humanitären

---

[9] Dies könnte man als die moderne Reformulierung des klassischen Souveränitätsprinzips bezeichnen. Vgl. dazu S. Oeter 2002b: 259ff.
[10] Vgl. zur brüchigen Legitimität des Sicherheitsrates als ‚Repräsentant' der Staatengemeinschaft D.D. Caron 1993: 552ff.; H. Neuhold 2000: 73, 103ff.

Intervention" als der zentralen Eingriffsberechtigung zu Händen der jeweiligen Vormächte.

Literatur

Ballestrem, Karl Graf / Sutor, Bernhard (Hrsg.) (1993): Probleme der internationalen Gerechtigkeit. München: R. Oldenbourg.
Bauer, Andreas F. (1996): Effektivität und Legitimität. Die Entwicklung der Friedenssicherung durch Zwang nach Kapitel VII der Charta der Vereinten Nationen unter besonderer Berücksichtigung der neueren Praxis des Sicherheitsrats. Berlin: Duncker & Humblot.
Benvenisti, Eyal (2004): The US and the Use of Force: Double-edged Hegemony and the Management of Global Emergencies. In: European Journal of International Law 15, Heft 4: 677-700.
Blanke, Hermann-Josef (1998): Menschenrechte als völkerrechtlicher Interventionstitel. In: Archiv des Völkerrechts 36: 257-284.
Bothe, Michael (1993): Les limites des pouvoirs du Conseil de Sécurité. In: Dupuy (1993): 67-81.
Bothe, Michael (2000): Die NATO nach dem Kosovo-Konflikt und das Völkerrecht. In: Schweizerische Zeitschrift für Internationales und Europäisches Recht 10, Heft 1: 177-195.
Bothe, Michael (2004): Friedenssicherung und Kriegsrecht. In: Vitzthum (2004b): 589-667.
Bothe, Michael / Marauhn, Thilo (2002): UN Administration of Kosovo and East Timor: Concept, Legality and Limitations of Of Security Council-Mandated Trusteeship Administration. In: Tomuschat (2002b): 217-242.
Bowett, Derek William (1958): Self-Defence in International Law. Manchester: Manchester Univ. Press.
Brownlie, Ian (1963): International Law and the Use of Force by States. Oxford: Clarendon Press.
Brugger, Winfried et al. (Hrsg.) (2002): Gemeinwohl in Deutschland, Europa und der Welt. Baden-Baden: Nomos.
Bruha, Thomas (2002): Gewaltverbot und humanitäres Völkerrecht nach dem 11. September 2001. In: Archiv des Völkerrechts 40: 383-421.
Brunkhorst, Hauke (Hrsg.) (1998): Einmischung erwünscht? Menschenrechte und bewaffnete Intervention. Frankfurt/Main: Fischer.
Brunnée Jutta / Toope, Stephen J. (2004): The Use of Force: International Law after Iraq. In: The International and Comparative Law Quarterly 53, Heft 4: 785-806.
Byers, Michael (2003): Preemptive Self-Defense: Hegemony, Equality and Strategies of Legal Change. In: The Journal of Political Philosophy 11, Heft 2: 171-190.
Byers, Michael / Chesterman, Simon (2000): „You, the People": Pro-democratic Intervention in International Law. In: Fox et al. (2000): 259-292.

Byers, Michael / Chesterman, Simon (2003): Changing the Rules about Rules? Unilateral Humanitarian Intervention and the Future of International Law. In: Holzgrefe et al. (2003): 177-203.
Caron, David D. (1993): The Legitimacy of the Collective Authority of the Security Council. In: American Journal of International Law 87, Heft 4: 552-588.
Cassese, Antonio (1991): Kommentierung zu Art. 51. In: Cot et al. (1991): 771-795.
Cassese, Antonio (1999a): *Ex iniuria ius oritur*: Are We Moving towards International Legitimation of Forcible Humanitarian Countermeasures in the World Community? In: European Journal of International Law 10, Heft 1: 23-30.
Cassese, Antonio (1999b): A Follow-Up: Forcible Humanitarian Countermeasures and *Opinio Necessitatis*. In: European Journal of International Law 10, Heft 4: 791-799.
Cassese, Antonio (2001a): International Law. Oxford u.a.: Oxford Univ. Press.
Cassese, Antonio (2001b): Terrorism is Also Disrupting Some Crucial Legal Categories of International Law. In: European Journal of International Law 12, Heft 5: 993-1001.
Cassese, Antonio (2003): International Criminal Law. Oxford u.a.: Oxford Univ. Press.
Chesterman, Simon (2001): Just War or Just Peace? Humanitarian Intervention in International Law. Oxford u.a.: Oxford Univ. Press.
Chwaszcza, Christine / Kersting, Wolfgang (Hrsg.) (1998): Politische Philosophie der internationalen Beziehungen. Frankfurt/Main: Suhrkamp.
Conforti, B. (2000):The Law and Practice of the United Nations. 2. Auflage. The Hague u.a.: Kluwer Law International.
Cot, Jean-Pierre / Pellet, Alain (Hrsg.) (1991): La Charte des Nations Unies. 2. Auflage. Paris: Economica.
Cremer, Hans-Joachim et al. (Hrsg.) (2002): Tradition und Weltoffenheit des Rechts. Festschrift für Helmut Steinberger. Berlin u.a.: Springer.
Cryer, Robert (1996): The Security Council and Article 39: A Threat to Coherence?, Journal of Armed Conflict Law 1, Heft 2: 161-195.
Czempiel, Ernst-Otto (1994): Die Reform der UNO: Möglichkeiten und Missverständnisse. München: C.H. Beck.
Deiseroth, Dieter (1999): Humanitäre Intervention und Völkerrecht. In: Neue Juristische Wochenschrift 52, Heft 42: 3084-3088.
Delbrück, Jost (1999): Effektivität des Gewaltverbots. Bedarf es einer Modifikation der Reichweite des Art.2 (4) UN-Charta? In: Die Friedens-Warte 74, Heft 1: 139-158.
Denninger, Erhard (2000): Menschenrechte, Menschenwürde und staatliche Souveränität. In: Zeitschrift für Rechtspolitik 33, Heft 5: 192-196.
Dinstein, Yoram (2001): War, Aggression, and Self-Defence. 3. Auflage. Cambridge: Cambridge Univ. Press.
Doehring, Karl (2004): Völkerrecht. 2. Auflage. Heidelberg: C.F. Müller.
Dreist, Peter (2002): Humanitäre Intervention – Zur Rechtmäßigkeit der NATO-Operation ALLIED FORCE. In: Humanitäres Völkerrecht 15, Heft 2: 68-77.
Dupuy, Pierre-Marie (1997): The Constitutional Dimension of the Charter of the United Nations Revisited. In: Max Planck Yearbook of United Nations Law 1: 1-33.
Dupuy, René-Jean (Hrsg.) (1993): Le développement du rôle du Conseil de Sécurité. Dordrecht u.a.: Martinus Nijhoff Publ.

Empell, Hans-Michael (2003): Die Staatengemeinschaftsnormen und ihre Durchsetzung: Die Pflichten *erga omnes* im geltenden Völkerrecht. Heidelberg: City-Druck.

Evans, Malcolm David (Hrsg.) (2003): International Law. Oxford u.a.: Oxford Univ. Press.

Falk, Richard (1995): The Haiti Intervention: A Dangerous World Order Precedent for the United Nations. In: Harvard International Law Journal 36, Heft 2: 341-358.

Fassbender, Bardo (2003): Der Schutz der Menschenrechte als zentraler Inhalt des völkerrechtlichen Gemeinwohls. In: EuGRZ 30, Heft 1-3: 1-16.

Fassbender, Bardo (2004): Die Gegenwartskrise des völkerrechtlichen Gewaltverbotes vor dem Hintergrund der geschichtlichen Entwicklung. In: Europäische Grundrechte-Zeitschrift 31, Heft 9-12: 241-256.

Fink, Udo (1999): Kollektive Friedenssicherung. Kapitel VII UN-Charta in der Praxis des Sicherheitsrats der Vereinten Nationen. Teil 2. Frankfurt/Main u.a.: Lang.

Fischer, Horst (2004): Friedenssicherung und friedliche Streitbeilegung. In: Ipsen (2004): 1065-1194.

Fleck, Dieter (Hrsg.) (1999): The Handbook of Humanitarian Law in Armed Conflicts. Oxford u.a.: Oxford Univ. Press.

Fox, Gregory H. / Roth, Brad R. (Hrsg.) (2000): Democratic Governance and International Law. Cambridge u.a.: Cambridge Univ. Press.

Franck, Thomas M. (1995): Fairness in International Law and Institutions. Oxford: Clarendon Press.

Franck, Thomas M. (1999): The Empowered Self. Law and Society in the Age of Individualism. Oxford u.a.: Oxford Univ. Press.

Franck, Thomas M. (2003): Interpretation and Change in the Law of Humanitarian Intervention. In: Holzgrefe et al. (2003): 204-231.

Frowein, Jochen Abr. (2002): Der Terrorismus als Herausforderung für das Völkerrecht. In: Zeitschrift für ausländisches öffentliches Recht und Völkerrecht 62: 879-905.

Frowein, Jochen Abr. / Krisch, Nico (2002a): Introduction to Chapter VII. In: Simma (2002): 701-716.

Frowein, Jochen Abr. / Krisch, Nico (2002b): Comment on Art. 39. In: Simma (2002): 717-729.

Gading, Heike (1996): Der Schutz grundlegender Menschenrechte durch militärische Maßnahmen des Sicherheitsrates – das Ende staatlicher Souveränität? Berlin: Duncker & Humblot.

Garcia, Thierry (2000): La mission d'administration intérimaire des Nations Unies au Kosovo (MINK). In: Revue générale de droit international public 104, Heft 1: 61-71.

Goodwin-Gill, Guy S. / Talmon, Stefan (Hrsg.) (1999): The Reality of International Law: Essays in Honour of Ian Brownlie. Oxford: Clarendon Press.

Gray, Christine (2000): International Law and the Use of Force. Oxford u.a.: Oxford Univ. Press.

Gray, Christine (2003): The Use of Force and the International Legal Order. In: Evans (2003): 589-619.

Greenwood, Christopher (1995): The United Nations as Guarantor of International Peace and Security: Past, Present and Future: A United Kingdom View. In: Tomuschat (1995): 59-75.
Greenwood, Christopher (2000): International Law and the NATO Intervention in Kosovo. In: International and Comparative Law Quarterly 49, Heft 4: 926-934.
Grewe, Wilhelm G. (1984): Epochen der Völkerrechtsgeschichte. Baden-Baden: Nomos.
Hannikainen, Lauri (1988): Peremptory Norms (Jus Cogens) in International Law: Historical Development, Criteria, Present Status. Helsinki: Lakimiesliiton Kustannus.
Heintschel von Heinegg, Wolff (2004): Die weiteren Quellen des Völkerrechts. In: Ipsen (2004): 210-256.
Henkin, Louis (1999): Kosovo and the Law of "Humanitarian Intervention". In: American Journal of International Law 93, Heft 2: 824-828.
Herdegen, Matthias (1995): Der Wegfall effektiver Staatsgewalt im Völkerrecht: „The Failed State". In: Berichte der Deutschen Gesellschaft für Völkerrecht 34: 49-85.
Hilpold, Peter (2001): Humanitarian Intervention: Is There a Need for a Legal Reappraisal? In: European Journal of International Law 12, Heft 3: 437-467.
Hobe, Stephan (1999): Die Zukunft des Völkerrechts im Zeitalter der Globalisierung, In: Archiv des Völkerrechts 37: 253-282.
Hobe, Stephan / Kimminich, Otto (2004): Einführung in das Völkerrecht. 8. Aufl. Tübingen: Francke.
Holzgrefe, J.L. (2003): The Humanitarian Intervention Debate. In: Holzgrefe et al. (2003): 15-52.
Holzgrefe, J.L. / Keohane, Robert O. (Hrsg.) (2003): Humanitarian Intervention. Ethical, Legal, and Political Dilemmas. Cambridge u.a.: Cambridge Univ. Press.
Huntington, Samuel P. (1996): The Clash of Civilizations and the Remaking of World Order. New York: Simon & Schuster.
Ignatieff, Michael (2003): State failure and Nation-building. In: Holzgrefe et al. (2003): 299-321.
Ipsen, Knut (1999): Der Kosovo-Einsatz – Illegal? Gerechtfertigt? Entschuldbar? In: Die Friedens-Warte 74, Heft 1: 19-23.
Ipsen, Knut (2004): Völkerrecht. 5. Auflage. München: C.H. Beck.
Jackson, John H. (2003): Sovereignty-Modern: A New Approach to an Outdates Concept. In: American Journal of International Law 97, Heft 4: 782-802.
Johnstone, Ian (2003): Security Council Deliberations: The Power of the Better Argument. In: European Journal of International Law 14, Heft 3: 437-480.
Joyner, Daniel H. (2002): The Kosovo Intervention: Legal Analysis and a More Persuasive Paradigm. In: European Journal of International Law 13, Heft 3: 597-619.
Kadelbach, Stefan (1992): Zwingendes Völkerrecht. Berlin: Duncker & Humblot.
Kelsen, Hans (1950): The Law of the United Nations. A Critical Analysis of its Fundamental Problems. New York: Praeger.
Keohane, Robert O. (2003): Political Authority after Intervention: Gradations in Sovereignty. In: Holzgrefe et al. (2003): 275-298.
Kimminich, Otto (1995): Der Mythos der humanitären Intervention. In: Archiv des Völkerrechts 33: 430-458.

Kohen, Marcelo G. (1999): L'emploi de la force et la crise du Kosovo: vers un nouveau désordre juridique international. In: Revue Belge du Droit Internationale 32, Heft 1: 122-148.
Krajewski, Markus (2002): Selbstverteidigung gegen bewaffnete Angriffe nichtstaatlicher Organisationen – Der 11. September 2001 und seine Folgen. In: Archiv des Völkerrechts 40: 183-214.
Kreijen, Gerard et. al. (Hrsg.) (2002): State, Sovereignty, and International Governance. Liber Amicorum P. Kooijmans. Oxford u.a.: Oxford Univ. Press.
Kreß, Claus (1999): Staat und Individuum in Krieg und Bürgerkrieg. In: Neue Juristische Wochenschrift 52, Heft 42: 3077-3084.
Krisch, Nico (2001): Selbstverteidigung und kollektive Sicherheit. Berlin: Springer.
Lailach, Martin (1998): Die Wahrung des Weltfriedens und der internationalen Sicherheit als Aufgabe des Sicherheitsrates der Vereinten Nationen. Berlin: Duncker & Humblot.
Lamb, Susan (1999): Legal Limits to United Nations Security Council Powers. In: Goodwin-Gill et al. (1999): 361-388.
Laubach, Birgit (1999): Angriffskrieg oder Humanitäre Intervention? Völkerrechtliche Aspekte der NATO-Luftschläge in Jugoslawien. In: Zeitschrift für Rechtspolitik 32, Heft 7: 276-279.
Leiß, Elisabeth (2000): Interventionen des Sicherheitsrates bei innerstaatlich begangenen Menschenrechtsverletzungen nach Kapitel VII der Charta der Vereinten Nationen. Frankfurt/Main u.a.: Lang.
Lietzau, William K. (2004): The Role of Military Force in Foreign Relations, Humanitarian Intervention and the Security Council. In: Zeitschrift für ausländisches öffentliches Recht und Völkerrecht 64: 281-304.
Malanczuk, Peter (1997): Akehurst's Modern Introduction to International Law. 7. Auflage. London u.a.: Routledge.
Maus, Ingeborg (1998): Volkssouveränität und das Prinzip der Nichtintervention in der Friedensphilosophie Immanuel Kants. In: Brunkhorst (1998): 88-116.
Menzel, Ulrich (Hrsg.) (2000): Vom ewigen Frieden und vom Wohlstand der Nationen. Festschrift für Dieter Senghaas. Frankfurt/Main: Suhrkamp.
Moore, John Bassett 1906: A Digest of International Law. Bd. II. Washington: Gov. Print Office.
Murphy, Sean D. (1996): Humanitarian Intervention. The United Nations in an Evolving World Order. Philadelphia: Univ. of Pennsylvania Press.
Murphy, Sean D. (2002): Terrorism and the Concept of "Armed Attack" in Article 51 of the UN Charter. In: Harvard International Law Journal 43, Heft 1: 41-51.
Murswiek, Dietrich (1996): Souveränität und humanitäre Intervention. In: Der Staat 35, Heft 1: 31-44.
Murswiek, Dietrich (2003): Die amerikanische Präventivkriegstrategie und das Völkerrecht. In: Neue Juristische Wochenschrift 56, Heft 14: 1014-1020.
Neuhold, Hanspeter (2000): Collective Security after „Operation Allied Force". In: Max Planck Yearbook of United Nations Law 4: 73-106.
Nida-Rümelin, Julian (1998): Zur Philosophie einer globalen Zivilgesellschaft, in: Chwaszcza et al. (1998): 223-243.

Nolte, Georg (1999): Kosovo und Konstitutionalisierung: Zur humanitären Intervention der NATO-Staaten. In: Zeitschrift für ausländisches öffentliches Recht und Völkerrecht 59, Heft 2: 941-960.
Nolte, Georg (2002): Comment on Art.2 (7), in: Simma (2002): 148-171.
Oeter, Stefan (1998): Humanitäre Intervention und Gewaltverbot: Wie handlungsfähig ist die Staatengemeinschaft? In: Brunkhorst (1998): 37-60.
Oeter, Stefan (1999): Methods and Means of Combat. In: Fleck (1999): 105-207.
Oeter, Stefan (2002a): Gemeinwohl in der Völkerrechtsgemeinschaft. In: Brugger et al. (2002): 215-243.
Oeter, Stefan (2002b): Souveränität – ein überholtes Konzept? In: Cremer et al. (2002): 259-290.
Randelzhofer, Albrecht (2002): Comment on Art. 51. In: Simma (2002): 788-806.
Reisman, W.M. (1995): Humanitarian Intervention and Fledgling Democracies. In: Fordham International Law Journal 18.
Ruffert, Matthias (2001): The Administration of Kosovo and East Timor by the International Community. In: International and Comparative Law Journal 50, Heft 3: 613-631.
Schmalenbach, Kirsten (2005): Recht und Gerechtigkeit im Völkerrecht. In: Juristen Zeitung 60, Heft 13: 637-644.
Schweigman, David (2001): The Authority of the Security Council under Chapter VII of the UN Charter: Legal Limits and the Role of the International Court of Justice. The Hague u.a.: Kluwer Law International.
Senghaas, Dieter (1993): Internationale Gerechtigkeit. Überlegungen im Lichte des zivilisatorischen Hexagons. In: Ballestrem et al. (1993): 48-68.
Simma, Bruno (1999): NATO, the UN and the Use of Force: Legal Aspects. In: European Journal of International Law 10, Heft 1: 1-22.
Simma, Bruno (Hrsg.) (2002): The Charter of the United Nations. A Commentary. Bd. 1. 2. Auflage. München: C.H. Beck.
Sofaer, Abraham D. (2003): On the Necessity of Pre-emption. In: European Journal of International Law 14, Heft 2: 209-226.
Stahn, Carsten (2001): International Territorial Administration in the former Yugoslavia: Origins, Developments and Challenges ahead. In: Zeitschrift für ausländisches öffentliches Recht und Völkerrecht 61: 107-172.
Stein, Andreas (1999): Der Sicherheitsrat der Vereinten Nationen und die Rule of Law. Baden-Baden: Nomos.
Thürer, Daniel (2000): Der Kosovo-Konflikt im Lichte des Völkerrechts. In: Archiv des Völkerrechts 38: 1-22.
Tomuschat, Christian (1999a): International Law: Ensuring the Survival of Mankind on the Eve of a New Century. Recueil des Courses 281.
Tomuschat, Christian (1999b): Völkerrechtliche Aspekte des Kosovo-Konflikts. In: Die Friedens-Warte 74, Heft 1: 33-37.
Tomuschat, Christian (2002a): Yugoslavia's Damaged Sovereignty over the Province of Kosovo. In: Kreijen et al. (2002): 323-347.
Tomuschat, Christian (2003): Iraq – Demise of International Law? In: Die Friedens-Warte 78, Heft 2-3: 141-160.

Tomuschat, Christian (Hrsg.) (1995): The United Nations at Age Fifty. A Legal Perspective. The Hague u.a.: Kluwer Law International.
Tomuschat, Christian (Hrsg.) (2002b): Kosovo and the International Community. A Legal Assessment. The Hague u.a.: Kluwer Law International.
Virally, Michel (1972): L'organisation mondiale. Paris: Colin.
Vitzthum, Wolfgang Graf (2004a): Begriff, Geschichte und Quellen des Völkerrechts. In: Vitzthum (2004b): 1-77.
Vitzthum, Wolfgang Graf (Hrsg.) (2004b): Völkerrecht. 3. Auflage. Berlin: De Gruyter Recht.
Walzer, Michael (1977): Just and Unjust Wars: A Moral Argument with Historical Illustrations. New York: Basic Books.
White, Nigel D. (1997): Keeping the Peace: The United Nations and the Maintenance of International Peace and Security. 2. Auflage. Manchester u.a.: Manchester Univ. Press.
White, Nigel D. (2002): The United Nations System. Toward International Justice. Boulder, Col. u.a.: Lynne Rienner.
Wolfrum, Rüdiger (2002): Introduction to Art. 1. In: Simma (2002): 39-47.
Yakpo, Emile / Boumedra, Tahar (Hrsg.) (1999): Liber amicorum Judge Mohammed Bedjaoui. The Hague u.a.: Kluwer Law International.
Zanetti, Veronique (1998): Ethik des Interventionsrechts. In: Chwaszcza et al. (1998): 297-324.
Zürn, Michael (2000): Vom Nationalstaat lernen. Das Zivilisatorische Hexagon in der Weltinnenpolitik. In: Menzel (2000): 19-44.

Humanitäre Intervention – ein trojanisches Pferd?

Christian Tomuschat

1. Einleitung

Der Luftkrieg der NATO-Streitkräfte gegen die Bundesrepublik Jugoslawien (BRJ) begann am 24. März 1999. Er dauerte bis zum 10. Juni 1999. Ziel dieser Operationen, denen kein einziger Angehöriger der NATO-Streitkräfte zum Opfer fiel, auf Grund deren aber Hunderte von Serben, meist Zivilisten, den Tod fanden, war es, die serbischen Sicherheitskräfte von ihrem willkürlichen Vorgehen gegen die albanische Bevölkerung im Kosovo abzubringen. Die Einzelheiten sind umstritten – wie könnte es in einer Lage, die bis zum Äußersten gespannt war, auch anders sein. Aber es steht fest, dass das serbische Regime seit über zehn Jahren, nachdem die Autonomie des Kosovo aufgehoben worden war (März 1989), mit äußerster Härte im Kosovo herrschte und die Provinz in ein System der Apartheid verwandelt hatte, wo die Albaner als die große Mehrheit der Bevölkerung keinerlei gesicherten Rechtsstatus besaßen und ständig von willkürlicher Verhaftung, Tötung und Vertreibung bedroht waren (vgl. J. Kokott 2002). Die BRJ war von den Organen der Vereinten Nationen zuvor wiederholt gewarnt worden. Sowohl der Sicherheitsrat[1] wie auch die Generalversammlung[2] hatten die Regierung in Belgrad mit deutlichen Worten aufgefordert, von ihrem menschenverachtenden Tun abzulassen. Trotz dieser unmissverständlichen deutlichen Hinweise aus New York verhärtete sich die Position der serbischen Machthaber immer mehr, nachdem sich mittlerweile auch eine albanische „Befreiungsarmee" (*Kosovo Liberation Army*, KLA oder UCK) gebildet hatte, die nun ihrerseits darauf ausging, die Serben aus der Provinz zu vertreiben.[3]

Es ist nur allzu verständlich, dass die westlichen Mächte diesem erneuten Ausbruch von Nationalitätenhass und Mordlust an zentraler Stelle in Europa nicht länger zusehen wollten. Bei einer Konferenz in Rambouillet, die in zwei Etappen vom 9. bis zum 23. Februar und vom 15. bis zum 19. März 1999 stattfand, wurde nochmals versucht, ein Einlenken der serbischen Seite bei gleichzei-

---

[1] Vgl. insbesondere die Resolutionen 1160 (1998), 31.3.1998; 1199 (1998), 23.9. 1998; 1203 (1998), 24.10.1998.
[2] Vgl. insbesondere die Resolution 53/164, 9.12.1998.
[3] Der Sicherheitsrat verurteilte gleichzeitig auch die Gewalttaten der albanischen Extremisten (vgl. Anm. 1).

tiger Disziplinierung der albanischen Kräfte zu erreichen. Es kam jedoch nicht zu einer Einigung (vgl. E. Decaux 2002). Bemühungen, im Sicherheitsrat der Vereinten Nationen ein Mandat für einen Truppeneinsatz zu erreichen, schlugen fehl. Russland und China ließen erkennen, dass sie einer Militäraktion gegen die BRJ nicht zustimmen würden. Daraufhin beschloss der NATO-Rat, einseitig gegen die BRJ vorzugehen. Die Bombenangriffe gegen Ziele auf jugoslawischem Boden, insbesondere in der Hauptstadt Belgrad, zeigten der jugoslawischen Regierung, dass sie jedenfalls gegenüber der militärischen Übermacht der NATO hilflos war und auch von Russland und China keine tatkräftige Unterstützung erwarten konnte. Daraufhin gab sie den an sie gerichteten Forderungen nach. Noch am selben Tage (10. Juni 1999) erließ der Sicherheitsrat die Resolution 1244 (1999), durch welche die näheren Einzelheiten für die Verwaltung des Kosovo in der Übergangszeit bis zu einer endgültigen Lösung festgelegt wurden (vgl. T. García 2000; C. Tomuschat 2002a).

Angesichts des umfassenden Gewaltverbots der Charta der Vereinten Nationen (Art. 2, Nr. 4) bedurfte es für die Luftangriffe der NATO-Staaten gegen die BRJ einer besonderen Ermächtigung. Grundsätzlich untersagt die genannte Bestimmung jede Anwendung oder auch nur Androhung von militärischer Gewalt. Wenn der Sicherheitsrat keine Ermächtigung zur Gewaltanwendung erteilt, kommt in erster Linie das Recht der Selbstverteidigung nach Art. 51 der UN-Charta in Betracht. Im Falle des Kosovo war Selbstverteidigung – die sowohl individueller als auch kollektiver Art sein kann – eher fernliegend.[4] Primär kam als Rechtfertigungsgrund die „humanitäre Intervention" in Betracht. Mit diesem Begriff bezeichnet man das militärische Eingreifen eines Staates zur Sicherung der elementaren Lebensrechte einer Bevölkerungsgruppe gegenüber ihrer eigenen Regierung. Es geht also nicht um die Rettung eigener Staatsangehöriger aus Geiselhaft, die sich in vielen Fällen unter Art. 51 der UN-Charta bringen lässt.[5] Vielmehr macht sich ein Staat zum Anwalt der Nöte und Ängste einer Bevölkerungsgruppe in einem fremden Staat, die zur Zielscheibe organisierter Angriffe gegen ihre Existenz geworden ist, indem er das schärfste Mittel einsetzt, das sich überhaupt denken lässt, nämlich das Mittel einer gewaltsamen Militäraktion. Es macht wenig Sinn, auch vorangegangene Bemühungen um einen friedlichen Ausgleich als humanitäre Intervention zu bezeichnen, weil sie nicht dieselbe rechtliche Problematik aufwerfen. Jeder Staat kann heute als befugt angesehen werden, einen anderen Staat auf Missstände in seiner menschenrechtlichen Praxis hinzuweisen und Abhilfe zu verlangen. Dies gilt nicht nur für Rechtsverhält-

---

[4] Siehe aber Abschnitt 5.3.1.
[5] Als markantestes Beispiel gilt bis heute die im Juli 1976 erfolgte Rettung israelischer Staatsangehöriger, die auf dem ugandischen Flughafen Entebbe im Zusammenspiel einer terroristischen Palästinenser-Gruppe mit den ugandischen Behörden festgehalten wurden.

nisse einer gemeinsamen Mitgliedschaft in völkerrechtlichen Vertragswerken wie dem *Internationalen Pakt über bürgerliche und politische Rechte*. Auch das Netz der gewohnheitsrechtlich fundierten menschenrechtlichen Verpflichtungen ist heute so ausgedehnt, dass sich keine Regierung mit dem lange Jahre gebräuchlichen Einwand in die Deckung zurückziehen kann, es handele sich um innere Angelegenheiten, in die von außen nicht eingegriffen werden dürfe (vgl. C. Tomuschat 2003: 114-128). Aber selbstverständlich ist zwischen den unterschiedlichen Aktionsmitteln zu unterscheiden. Vorhaltungen in diplomatischen Noten und persönlichen Gesprächen sind anders zu beurteilen als militärische Gewaltmaßnahmen. Diese letzteren machen die besondere Problematik der humanitären Intervention aus. In einer perfekten Welt, wo jede Regierung die Rechte ihrer Bürger achtet, wäre für die humanitäre Intervention kein Raum.

2. Geschichte der humanitären Intervention – Eine Skizze

Die geschichtlichen Wurzeln der humanitären Intervention werden vor allem in gewissen Militäroperationen der westlichen Mächte zum Schutze christlicher Gemeinschaften im Osmanischen Reich gesehen. Immer wieder wird auf die Entsendung französischer Truppen nach Syrien in den Jahren 1860-1861 verwiesen (vgl. U. Beyerlin 1995: 927). Dem Völkermord an den Armeniern, begangen im Jahre 1915, trat allerdings keine der europäischen Mächte entgegen. Im übrigen gibt es kritische Betrachtungen zu fast allen angeführten Beispielsfällen, in deren Zentrum vor allem die Frage steht, ob bei den eingreifenden Staaten tatsächlich eine altruistische Absicht bestanden hat oder ob sie im Grunde lediglich zur Erweiterung ihrer Machtsphären gehandelt haben. Im einzelnen brauchen diese Fragen nicht untersucht zu werden. Denn zumindest bis zum Jahre 1929, als der Briand-Kellogg-Pakt[6] über das Verbot des Angriffskrieges in Kraft trat, gab es im Völkerrecht keinen allgemeinen Grundsatz, nach dem zwischenstaatliche Gewaltanwendung verboten gewesen wäre. Interessant wären daher Beispielsfälle, die sich nach dem Jahre 1929 und insbesondere nach dem Inkrafttreten der UN-Charta ereignet haben. Jeder solche Beispielsfall ist geeignet, Beweis dafür zu erbringen, dass trotz der Geltung eines Kriegsverbots (1929-1945) und seitdem des darüber hinausgehenden allgemeinen Gewaltverbots Staaten sich die Freiheit herausgenommen haben, militärisch zum Schutze der elementaren Lebensrechte bedrohter Minderheitsgruppen einzuschreiten.

Wieweit aber die humanitäre Intervention vor allem nach 1945 tatsächlich praktiziert worden ist, lässt sich nur schwer mit einiger Verlässlichkeit feststellen. Es liegt auf der Hand, dass einem Militäreinsatz meist ein ganzes Motivbün-

---

[6] Vertrag über die Ächtung des Krieges, 27.8.1928, Reichsgesetzblatt 1929 II: 97.

del zugrunde liegt und dass eine rein altruistische Handlungsweise in der Wirklichkeit nur ganz selten auszumachen ist. Vor kurzem haben sowohl Thomas M. Franck als auch Ingo Liebach eine Übersicht über die Geschehnisse gegeben, die als Beispielfälle in Betracht kommen (T.M. Franck 2002: 139-170; I. Liebach 2004: 173ff.; vgl. auch N. Ronzitti 2000a: 8-10). Der Bogen spannt sich dabei von der Intervention Indiens in Ostpakistan im Jahre 1971 über den Einmarsch tansanischer Truppen in Uganda (1978/79) und die Intervention Vietnams in Kambodscha (1978/79) sowie die von Frankreich, den USA und dem Vereinigten Königreich im Jahre 1991 ergriffenen Maßnahmen zum Schutze der Kurden bis hin zur Intervention der *Economic Community of West African States* (E-COWAS) in Sierra Leone (1997/98). Nach Auffassung Liebachs hat in all diesen Fällen der Rechtsgrund „humanitäre Intervention" wenn überhaupt, so doch nur eine marginale Rolle gespielt. Sein Fazit lautet, „keine" der untersuchten Interventionen habe der Gewährleistung des menschenrechtlichen Mindeststandards gedient. „Ausschlaggebend waren vielmehr strategische und machtpolitische Interessen" (I. Liebach 2004: 192; vgl. dagegen T.M. Franck 2002: 171-191). Es ist sicher richtig, dass die humanitäre Komponente in allen Fällen durch andere Rechtfertigungsversuche überschattet wurde. Aber sie war doch in fast keinem der Fälle völlig abwesend. Zu bedenken ist auch, dass eben die „humanitäre Intervention" als Rechtsinstitut jedenfalls vor dem Kosovo-Einsatz der NATO einen unsicheren Stand hatte, so dass Regierungen es auf jeden Fall vorzogen, sich auf andere Rechtsgründe, wie insbesondere die Selbstverteidigung, zu berufen, die in der UN-Charta einen festen Platz einnehmen. Auf jeden Fall ist die Debatte erst im Jahre 1999 im Zusammenhang mit den Luftangriffen auf die BRJ mit ausführlichen Überlegungen in Gang gekommen. Als vorläufiges Ergebnis lässt sich festhalten, dass auch dann, wenn die Bilanz nicht so mager ausfällt, wie sie von Liebach geschildert wird, zuzugeben ist, dass die Empirie nur Ergebnisse liefert, die keine eindeutigen Schlüsse gestatten (vgl. G. Nolte 1999: 945; N. Ronzitti 2000a: 10-11).

3. Die Konfliktslage

Über die Wesensmerkmale der Konfliktslage brauchen keine langen Worte verloren zu werden. Auf der einen Seite stehen als Schutzgüter die staatliche Souveränität mit der Unverletzlichkeit des Staatsgebietes und das in ihr verkörperte Selbstbestimmungsrecht wie auch der Friede in den internationalen Beziehungen, der durch jede militärische Aktion gestört wird. Auf der anderen Seite stehen elementare menschliche Güter wie Leben, körperliche Unversehrtheit und Freiheit, und zwar nicht nur in einem Einzelfall, sondern zehntausendfach, hunderttausendfach oder sogar millionenfach. Niemand behauptet, dass die humanitäre Intervention zur Rettung von Einzelpersonen vor ungerechter, rechtsstaatswidriger Behandlung zulässig sein könnte. Stets muss es sich um Extremsituationen handeln, in denen ein Staat seinem Grundauftrag, das Leben und die Freiheit seiner Bürger zu schützen, nicht nachkommt und sich möglicherweise sogar in eine Mordmaschinerie verwandelt, wie dies in Deutschland das nationalsozialistische Terrorregime getan hat. Wenn überhaupt von humanitärer Intervention die Rede sein soll, muss feststehen, dass ganze Gruppen verfolgt werden und dass den betroffenen Menschen schwerste Schäden drohen. So schlimm es etwa sein mag, wenn in einer Diktatur die Meinungsfreiheit aller oppositioneller Kräfte unterdrückt wird, so wenig reichen doch auch nach Auffassung der Befürworter der humanitären Intervention solche Menschenrechtsverletzungen als Grundlage für ein militärisches Eingreifen aus, sofern sich nicht die Unterdrückung der politischen Freiheiten mit Angriffen gegen die physische Existenz der Opfer verbindet. Bei der humanitären Intervention geht es um die Sicherung eines absoluten Mindeststandards, des Rechts auf Leben, auf körperliche Unversehrtheit und Freiheit (von willkürlicher Verhaftung) wie auch um die Verbindung des Menschen zu seiner angestammten Heimat: auch die Vertreibung oder „ethnische Säuberung" gibt Anlass zu der Frage, ob nicht ein Eingreifen zum Schutze der in ihrer Existenz bedrohten Menschen von Rechts wegen die gebotene Lösung sein kann.

Muss die Antwort in jedem Falle Respekt vor der Souveränität des fremden Staates lauten? Bei der Suche nach einem Ausweg aus der offensichtlichen Spannungslage darf man sich nicht mit formalistischen Argumenten begnügen. Der Begriff „Staat" ist ja lediglich eine Kurzformel für ein kompliziertes Gesamtgebilde, bei dem sich in jedem Falle zwei Hauptkomponenten erkennen lassen, das Volk und die Regierung. Wenn eine Regierung eine ihrem Schutz anvertraute Bevölkerungsgruppe verfolgen lässt, bricht sie selbst den Zusammenhalt zwischen der herrschenden Schicht und den Beherrschten auf. Unter diesen Umständen lässt sich nicht ohne weiteres sagen, dass Maßnahmen fremder Staaten zum Schutze der Unterdrückten gegen die durch das Völkerrecht geschützte Staatlichkeit verstoßen. Aus der Sicht der Opfer erscheint die humanitäre Intervention als eine willkommene Rettungsmaßnahme, die endlich rechtsstaatliche Verhältnisse und vor allem die Gleichheit vor dem Gesetz sichern soll. Auf der anderen Seite darf man in keinem Falle übersehen, dass fast jeder militärische Einsatz mit Verlusten an Menschenleben verbunden ist, und zwar auf beiden Seiten. Dass die ‚Retter' keine Verluste zu beklagen haben, dürfte ein einmaliges Ereignis bleiben. Unvermeidlich gibt es hingegen in dem Staat, der das Ziel einer humanitären Intervention wird, Tote und Verletzte, und zwar nicht allein unter den verantwortlichen Militär- und Sicherheitsverbänden, sondern auch in der Zivilbevölkerung, wie dies jüngst der Kosovo-Konflikt gezeigt hat. Verfehlt erscheint es daher in jedem Fall, sich in eine Euphorie der humanitären

Intervention hineinzureden. Vor allem wegen der potentiellen Opfer, die keine auch noch so wohlüberlegte Strategie von vornherein ausschließen kann, darf die Entscheidung für ein militärisches Eingreifen immer nur als ultima ratio verstanden werden.

4. Rechtliche Vorüberlegungen

4.1. Recht und Moral

Freilich sind die soeben vorgestellten Überlegungen eher politischer Art. Will man die Zulässigkeit der humanitären Intervention überprüfen, muss man dies mit juristischen Methoden tun und dabei vor allem sehr klar die rechtlichen Anknüpfungen aufzeigen, selbst wenn man sich hier in einem Grenzgebiet bewegt. In keiner seiner Teildisziplinen ist das Recht der Notwendigkeit enthoben, eine Grenzlinie hin zu Moral und Ethik zu definieren. Diese Grenzlinie kann aber niemals als eine unübersteigbare Trennmauer begriffen werden. Recht und Moral beruhen auf denselben Grundlagen, und wenn das Recht seine moralischen Wurzeln abschneidet, muss es jedenfalls auf längere Sicht hin verdorren. Wo es um den Schutz menschlicher Existenz geht, stellt sich vielfach eine osmotische Beziehung ein. Der Internationale Gerichtshof hat dies vor über einem halben Jahrhundert in seinem Gutachten zur Zulässigkeit von Vorbehalten zur Völkermord-Konvention der Vereinten Nationen mit folgenden Worten zum Ausdruck gebracht (International Court of Justice 1951: 15, 23):

> „(…) the principles underlying the Convention are principles which are recognized by civilized nations as binding on States, even without any conventional obligation."

Auch wenn also Antworten im geltenden Recht gesucht werden müssen und nicht in politisch-moralischen Erwägungen, so muss man sich doch der Tatsache bewusst sein, dass das Recht in diesem Bereich eine ethische Offenheit besitzt, die ihm etwa im Grundbuchrecht – zu Recht – nicht zuerkannt wird.

4.2. Militärisches Eingreifen durch den Sicherheitsrat

Zu unterscheiden von der humanitären Intervention allein durch einen Staat oder eine Staatengruppe sind Aktionen, die durch den Sicherheitsrat der Vereinten Nationen genehmigt werden. Nach Kapitel VII der UN-Charta besitzt der Sicherheitsrat umfassende Befugnisse zur Friedenssicherung. Er kann sich nicht nur mit bindenden Entscheidungen an die Mitgliedstaaten der Weltorganisation wenden, sondern darüber hinaus auch diese Entscheidungen durchsetzen, entweder durch sog. „friedliche" Sanktionen (Art. 41) oder, falls nötig, auch mit Waffengewalt (Art. 42). Da der Sicherheitsrat bisher über keine eigenen militärischen Verbände verfügt, ist er im letzteren Falle darauf angewiesen, dass sich eine Gruppe von Staaten zusammenfindet, die bereit ist, auf Grund einer ihr erteilten Ermächtigung die mit dem Einsatz verbundenen Lasten auf sich zu nehmen. Allerdings spricht Art. 39, der die Grundvoraussetzungen für die Anwendbarkeit des Kapitels VII festlegt, von der Wahrung oder Wiederherstellung des Weltfriedens und der internationalen Sicherheit („international peace and security"). Im Hinblick auf diese textliche Fixierung stellt sich die Frage, ob es für den Sicherheitsrat überhaupt jemals rechtmäßig sein kann, in einen internen Konflikt einzugreifen. Ursprünglich wurde in der Tat die Rolle des Rates als die eines Organs begriffen, das lediglich für zwischenstaatliche Streitigkeiten zuständig ist, wo also auf beiden Seiten Akteure mit Staatsqualität stehen (vgl. J.Abr. Frowein 1991: Rdnr. 8, 21). Zumindest wurde in den einschlägigen Resolutionen des Sicherheitsrates festgestellt, dass ein interner Konflikt nachteilige Auswirkungen auf einen Nachbarstaat habe und dass deswegen der Weltfrieden und die internationale Sicherheit bedroht seien. So glaubte der Sicherheitsrat nach dem Ende des zweiten Golfkrieges, eine Resolution vom 5. April 1991, welche die Repression gegen die kurdische Bevölkerung im Irak verurteilte, mit dem Hinweis rechtfertigen zu müssen, dass diese Repressionsmaßnahmen eine massive Fluchtbewegung über internationale Grenzen ausgelöst und zu Grenzüberfällen geführt hätten.[7] Schon kurze Zeit später indes wurde diese enge Sichtweise aufgegeben. In seiner Resolution zu Somalia vom 3. Dezember 1992 begründete der Sicherheitsrat sein Tätigwerden mit der Feststellung, dass allein schon die Notlage in dem Lande die Voraussetzungen des Art. 39 der UN-Charta erfülle (vgl. Resolution 794 (1992), Präambel § 3):

„*Determining* that the magnitude of the human tragedy caused by the conflict in Somalia, further exacerbated by the obstacles being created to the distribution of humanitarian assistance, constitutes a threat to international peace and security."

Diese Linie hat der Sicherheitsrat auch in der Folgezeit beibehalten.[8] Ganz offensichtlich fasst er das Merkmal „international" nicht in einem räumlichen Sinne

---

[7] Resolution 688 (1991), Präambel § 3: „*Gravely concerned* by the repression of the Iraqi civilian population in many parts of Iraq, including most recently in Kurdish-populated areas, which led to a massive flow of refugees towards and across international frontiers and to cross-border incursions which threaten international peace and security in the region".
[8] Vgl. aus neuester Zeit etwa die Resolution 1608 (2005) vom 22.6.2005, die mit folgenden Präambelerwägungen eine Gefahr für den Weltfrieden und die internationale Sicherheit bejaht (ebd.: 7) „*Underlining* that pervasive poverty is an important cause of unrest in Haiti (...)." (Ebd.: 9) „*Recall-*

auf, sondern in einem normativen: da die Menschenrechte heute zur internationalen Ordnung gehören, stellen jedenfalls schwerwiegende Verletzungskonstellationen eine Bedrohung des Weltfriedens und der internationalen Sicherheit dar.

Auch wenn der Sicherheitsrat keiner institutionell gefestigten internationalen Kontrolle unterworfen ist, wäre es doch verfehlt, die Auffassung zu vertreten, dass jeder seiner Rechtsakte sogleich in verbindliche Rechtskraft erwachse.[9] Aber seine Entscheidungspraxis hat mittlerweile ungeteilte Zustimmung gefunden. Während etwa im Jahre 1993 bei Peter Malanczuk das Eingreifen des Sicherheitsrates bei internen Notstandssituationen im Rahmen einer monographischen Behandlung des Themas noch als ein ernstliche Zweifel aufwerfendes Problem behandelt wurde (vgl. P. Malanczuk 1993: 12-26), hat jetzt vor allem der Bericht der „16 Weisen" über die Reform der Vereinten Nationen die feste Überzeugung geäußert, dass der Sicherheitsrat zum Eingreifen berechtigt sei. Ausdrücklich heißt es in dem Bericht, der Sicherheitsrat dürfe als ultima ratio auch zum Mittel der Militärintervention greifen:

> „in the event of genocide and other large-scale killing, ethnic cleansing or serious violations of international humanitarian law which sovereign Governments have proved powerless or unwilling to prevent".[10]

Es ist fast selbstverständlich, dass der Bericht gleichzeitig eine Reihe restriktiver Voraussetzungen formuliert, denn ein Einschreiten des Sicherheitsrates soll nicht zum Alltagsgeschäft werden, es darf keinen leichtfertigen Umgang mit solch einschneidenden Maßnahmen geben. Fünf Kriterien sind es, an denen die Legitimität („legitimacy") gemessen werden soll (ebd.: § 207), eine bemerkenswerte Wortwahl, die durchaus bewusst getroffen worden ist und einen klaren Gegensatz zum Begriff der Rechtmäßigkeit („legality") markieren soll.[11] Die „16 Weisen" wollen nicht die Rechtsmacht des Sicherheitsrats einschränken, sondern ihm lediglich bestimmte Orientierungshilfen geben. Nach der Kriterienliste soll zunächst (a) die Ernsthaftigkeit der Bedrohungslage geprüft werden. Der Zweck einer Intervention darf nur sein, die festgestellte Bedrohung abzuwenden (b). Nur als letztes, äußerstes Mittel darf die militärische Aktion gewählt werden (c). Zu

---

ing that security, political reconciliation, and economic reconstruction efforts remain key to the stability of Haiti (...)."
[9] So hat etwa der Internationale Strafgerichtshof für das ehemalige Jugoslawien genau geprüft, ob die Sicherheitsratsresolution, mit der er ins Leben gerufen worden war, mit der UN-Charta vereinbar sei. Vgl. International Criminal Tribunal for the Former Yugoslavia 1996: 35.
[10] High-Level Panel on Threats, Challenges and Change 2004: § 203.
[11] In Deutschland wird die Unterscheidung zwischen Legalität und Legitimität im allgemeinen auf Carl Schmitt zurückgeführt (vgl. C. Schmitt 1958a). Aber die Unterscheidung ist nicht neu. So hat schon der französische *homme de lettres* Nicolas de Chamfort (1740-1794) die Maxime geprägt (N. Chamfort 1961: 73): „Il est plus facile de légaliser certaines choses que de les légitimer."

beachten ist der Grundsatz der Verhältnismäßigkeit (d), und schließlich müssen in den Abwägungsprozess auch die zu erwartenden ungünstigen Folgen eingestellt werden (e). In seinem abschließenden Bericht, der die Ergebnisse der „16 Weisen" kommentiert und sie in eigene Zielvorstellungen ummünzt, nimmt der damalige UN-Generalsekretär Kofi Annan zustimmend zu diesen Anregungen Stellung. Ausdrücklich stellt er die rhetorische Frage, ob nicht Völkermord, ethnische Säuberung und ähnliche schwere Verbrechen gegen die Menschlichkeit eine Bedrohung des Weltfriedens und der internationalen Sicherheit darstellen, die in den Aufgabenbereich des Sicherheitsrates fallen. Er macht überdies den Vorschlag, der Sicherheitsrat solle die für sein Handeln maßgebenden Kriterien in einer allgemeinen Resolution offen legen und seine Absicht verkünden, sich in seiner künftigen Praxis von diesem Katalog leiten zu lassen (vgl. Annan 2005: §§ 125-126).

In der Resolution 60/1 vom 16. September 2005, welche die Ergebnisse des Weltgipfels zur Reform der Vereinten Nationen widerspiegelt, wird ausdrücklich festgehalten, dass die Weltgemeinschaft willens sei, in den geschilderten Lagen schwerster Verletzungen der Menschenrechte durch den Sicherheitsrat gemeinsam zu handeln (§ 139). Es ist also heute völlig unbestritten, dass es dem Sicherheitsrat neben seinen primären Aufgaben im zwischenstaatlichen Bereich auch obliegt, geeignete Maßnahmen zu treffen, wenn anders ein menschenverachtendes Regime nicht von seinem verbrecherischen Tun abgehalten werden kann.

4.3. Human Security

Ganz offensichtlich hat zu dieser neuen Sichtweise, welche staatliche Souveränität nur noch als eine von der internationalen Gemeinschaft kontrollierte Funktion, aber nicht mehr als einen *rocher de bronce* staatlicher Unberührbarkeit versteht, die Entwicklung des Konzepts „responsibility to protect" beigetragen als einer Teilkomponente der Leitvorstellung von „human security" (vgl. C. Tomuschat 2003: 55-57).[12] Aus einer UNDP-Initiative hervorgegangen (vgl. D. Wolter / J. Müller 2005: 333, 335), die in der Folgezeit dann vor allem von Kanada und den nordischen Staaten gefördert wurde,[13] haben diese Begriffe inzwischen in

---

[12] Siehe dazu auch die Literaturangaben bei Wilfried von Bredow (vgl. W.v. Bredow 2005: 9) sowie im Internet unter http://www.humansecuritycentre.org/index.php?option=content&task=view&id=49 (Stand: 15.02.2007).
[13] Die kanadische Regierung berief im September 2000 die *International Commission on Intervention and State Sovereignty* ein, die ihren Bericht *The Responsibility to Protect* (www.iciss.ca/pdf/ Commission-Report.pdf) im Jahre 2001 vorlegte. Es folgte im Januar 2001 auf Initiative der japanischen Regierung die Einsetzung der *Commission on Human Security*, die ihren Bericht *Human Security Now* am 1. Mai 2003 vorlegte.

einem raschen Siegeszug die internationalen Foren erobert.[14] Obwohl sie in der neueren Menschenrechtsdoktrin angelegt waren, die zunehmend die Schutzpflichten des Staates betont, beleuchten sie eben die kollektive Dimension eines angemessenen Rahmengefüges, innerhalb dessen sich Grundrechte und Grundfreiheiten entfalten können. In der Tat ist es ja nicht damit getan, dem Einzelnen bestimmte Rechtspositionen zuzusprechen und den staatlichen Instanzen insoweit bestimmte Unterlassungsverpflichtungen aufzuerlegen; diese Instanzen sollten gleichzeitig einen Raum der Sicherheit und der Freiheit gewährleisten. Diese Postulate werden nun nicht mehr bloß als Erzeugnisse einer bestimmten Verfassungsrechtskultur betrachtet, sondern sollen weltweit gelten.

An der Schlüssigkeit und Eleganz der Denkfiguren „human security" und „responsibility to protect" ist nichts auszusetzen. Sie runden das Denkgebäude der Menschenrechte in einer eindrucksvollen Weise ab. Aber sie stellen ganz offensichtlich die ganz überwiegende Mehrzahl der Staaten der Dritten Welt vor ernsthafte Probleme. Wo die gesamte öffentliche Verwaltung mitsamt dem Justizsystem Gebrechlichkeiten aufweist, die auf vielerlei Ursachen zurückgehen, sich jedenfalls nicht von heute auf morgen beheben lassen, fällt es naturgemäß schwer, neben der Sicherung der Freiheit des Bürgers darüber hinaus auch noch weitere Bedürfnisse zu befriedigen, die ebenfalls für ein Leben in Würde als wesentlich angesehen werden können. Insofern kann die mit den Zentralbegriffen „human security" und „responsibility to protect" umschriebene Lehre bei misstrauischer Betrachtung als ein Versuch der früheren Kolonialmächte erscheinen, die von den Ländern der Dritten Welt erst vor wenigen Jahrzehnten erworbene Unabhängigkeit schon wieder zu relativieren.[15] Festzuhalten bleibt allerdings, dass eben bisher in den jetzt vorgetragenen Überlegungen zur humanitären Intervention lediglich von Völkermord und anderen schweren Verbrechen die Rede ist, während die bloße Vernachlässigung der Schutzpflicht gegenüber den Bürgern nicht als Rechtfertigung genannt wird. Im Übrigen sei hervorgehoben, dass statt des etwas kantigeren Begriffs der „duty to protect" durchweg nur der Begriff „responsibility to protect" gebaucht wird, der sich zur Not auch der moralisch-politischen Ebene zuordnen lässt.

---

[14] Sie bilden das Herzstück des Berichts der „16 Weisen" (vgl. High-Level Panel on Threats, Challenges and Change 2004: §§ 29-30) und sind in das Schlussdokument des UN-Weltgipfels, die Resolution 60/1 der Generalversammlung vom 16. September 2005, eingegangen. Mittlerweile gibt es eine *Human Security Unit* im Generalsekretariat der Vereinten Nationen.

[15] Symptomatisch erscheint insoweit, dass die von den „16 Weisen" empfohlene *Peacebuilding Commission* (§ 263) in den Vorschlägen des damaligen UN-Generalsekretärs Annan selbst nicht mehr auftauchte (vgl. Annan 2005). Das Schlussdokument des Weltgipfels vom 16. September 2005 hat sich allerdings für die Einsetzung einer solchen Kommission entschieden.

5. Versuch einer Klärung der Rechtslage

Weder die „16 Weisen" noch der damalige UN-Generalsekretär Annan in seinem abschließenden Bericht, der nunmehr der geplanten UN-Reform als Grundlage dienen soll, haben sich an die humanitäre Intervention im eigentlichen engeren Sinne gewagt. Auch im bereits erwähnten Schlussdokument des UN-Weltgipfels vom 16. September 2005 ist davon nicht die Rede. Dies ist verständlich, obschon das Geschehen im Kosovo ganz unmissverständlich klargemacht hatte, dass es historische Lagen geben kann, in denen der Sicherheitsrat gelähmt ist, weil einzelne ständige Mitglieder für das potentielle Zielland einer kollektiven Aktion Partei ergreifen. Es gilt daher, nach möglichen rechtlichen Argumentationselementen Ausschau zu halten, die einem Recht zur humanitären Intervention als Stütze dienen könnten. Selbstverständlich wäre es außerordentlich begrüßenswert, wenn es gelänge, die relevanten rechtlichen Kriterien in einer Resolution der Generalversammlung zu definieren. Aber insoweit besteht keinerlei Hoffnung. Im Einzelfall mag die internationale Gemeinschaft durchaus der Auffassung zuneigen, dass etwas geschehen müsse, selbst ohne Sanktionierung durch den Sicherheitsrat. Aber es ist doch etwas anderes, in genereller Form die Rechtsansicht zum Ausdruck zu bringen, dass die einseitige humanitäre Intervention prinzipiell zulässig sein solle, wenn auch unter sehr engen Voraussetzungen. Damit könnte in der Tat das Tor zur Verfolgung von Hegemonialbestrebungen aufgestoßen werden. Der einfache Verstand lehrt, dass Liechtenstein und Andorra gewiss nicht in Kampagnen ziehen werden, um Menschen in fremden Ländern gegen ihre kriminellen Regierungen zu unterstützen. Von einer durch das Völkerrecht erteilten Ermächtigung können naturgemäß nur Groß- oder Supermächte Gebrauch machen. Die humanitäre Intervention trägt also auch unvermeidlich das Risiko der Aufspaltung der internationalen Gemeinschaft in eine Zweiklassengesellschaft in sich.

5.1. Der Fall Kosovo

Zu der Kosovo-Operation hat es vielfältige divergierende Stimmen gegeben. Die NATO-Staaten haben sich durchweg gescheut, das Stichwort „humanitäre Intervention" als solches in die Debatte zu werfen,[16] aber in der Sache liefen die von ihnen verwandten Argumente doch auf nichts anderes hinaus.[17] Im Sicherheitsrat

---

[16] Freilich bekannte sich das britische *Foreign and Commonwealth Office* schon vor der NATO-Operation im Kosovo offen zur Zulässigkeit militärischen Eingreifens „on grounds of overwhelming humanitarian necessity" (Note vom 7.10.1998, abgedruckt in N. Ronzitti 2000: 17).
[17] Vgl. vor allem die Debatte im Sicherheitsrat am 23.3.1999, UN-Dok. S/PV. 3988, mit den Stellungnahmen der USA, Kanadas, der Niederlande, Frankreichs, des Vereinigten Königreichs („The

scheiterte der Resolutionsentwurf Russlands, der eine Verurteilung der NATO-Operation forderte; er erhielt zusätzlich nur die Stimmen Chinas und Namibias.[18] Aber die mangelnde Unterstützung der russischen Position lief doch nicht auf ungeteilte Zustimmung zu der westlichen Position hinaus.[19] Zu beachten ist überdies, dass sich die lateinamerikanischen Staaten der Rio-Gruppe ablehnend äußerten, ganz offensichtlich in Erinnerung an eine Vergangenheit, in der US-amerikanische Interventionen vor allem in Zentralamerika immer wieder die eigenständige Entwicklung im Sinne der Interessen des nördlichen Nachbarn umbogen.[20] Dennoch bleibt, dass noch am Tage des Endes der Luftangriffe auf die BRJ, am 10. Juni 1999, der Sicherheitsrat die bereits genannte Resolution 1244 (1999) verabschieden konnte, die bis zum heutigen Tage den Rechtsstatus des Kosovo bestimmt (vgl. u.a. C. Tomuschat 2002a). Zwar spricht sich die Resolution nicht über Legalität oder Illegalität der NATO-Operation aus. Hätte es sich aber bei dem Einsatz gegen die BRJ um eine Aggression gehandelt, also um ein Verbrechen gegen den Frieden, wie es im Nürnberger Prozess zu den Anklagepunkten gehört hatte, so hätten weder der Sicherheitsrat noch die Generalversammlung von einer Stunde zur nächsten zur Tagesordnung übergehen können. Die vorbehaltlose Verabschiedung der Resolution 1244 (1999)[21] zeigt vielmehr, dass es im Grunde doch ein hohes Maß zumindest an Verständnis für die NATO-Operation gab. In der Tat liefen die diplomatischen Vorgänge nach dem amerikanisch-britischen Überfall auf den Irak ganz anders ab. Erst weit über einen Monat nach Ende der Kämpfe verabschiedete am 22. Mai 2003 der Sicherheitsrat die Resolution 1483 (2003), die sich mit peinlicher Sorgfalt darum bemüht, jeden Anschein einer Rechtfertigung der Invasoren zu vermeiden.

Im Schrifttum finden sich die unterschiedlichsten Meinungen.[22] Die Kontroverse ist nicht neu, sie hatte schon früher im Zusammenhang mit dem Biafra-Krieg die internationalen Juristen beschäftigt, nur fühlte man sich seinerzeit in

---

action being taken is legal. It is justified as an exceptional measure to prevent an overwhelming humanitarian catastrophe.") und Deutschlands (als Sprecher für die EU).

[18] UN-Dok. S/PV. 3989, 26.3.1999: 6.

[19] So brachten in der Debatte vom 23.3.1999 Brasilien und Gabun gewisse Vorbehalte zum Ausdruck. Als Beobachter äußerte sich vor allem Indien ablehnend. Vgl. UN-Dok. S/PV. 3988: 15.

[20] Vgl. UN-Dok. A/53/484 – S/1999/347, 26.3.1999. Man stellt freilich eine gewisse Diskrepanz zwischen den Äußerungen Argentiniens im Sicherheitsrat einerseits und im Schoße der lateinamerikanischen Solidarität andererseits fest. Vgl. im übrigen auch die ablehnende Reaktion der Blockfreien Staaten (NAM 1999: Nr. 171): „We reject the so-called ‚right of humanitarian intervention' which has no legal basis in the UN Charter or in the general principles of international law."

[21] Nur China enthielt sich bei der Abstimmung der Stimme.

[22] In dem von Dieter S. Lutz herausgegebenen Sammelband *Der Kosovo-Krieg* sind Stellungnahmen aus überwiegend rechtlicher Sicht zusammengetragen (vgl. D.S. Lutz 2000), während Frank Schirrmacher in einem parallelen Sammelband mit dem Titel *Der westliche Kreuzzug* vornehmlich Stimmen von Literaten gesammelt hat (vgl. Schirrmacher 1999). Für eine Übersicht über das internationale Schrifttum vgl. C. Tomuschat 1999: 218-226.

Deutschland offenbar noch so weit vom Ort des Geschehens entfernt, dass es nicht zu einer grundsätzlichen intellektuellen Auseinandersetzung kam. Besonders bemerkenswert erscheint aber noch heute der Zusammenstoß entgegengesetzter Meinungen bei einem Treffen amerikanischer Völkerrechtsjuristen im Jahre 1972, als W. Michael Reisman von der *Yale University* ein leidenschaftliches Plädoyer dafür hielt, dem Schutz von Leben und körperlicher Unversehrtheit den Vorrang einzuräumen (vgl. W.M. Reismann 1973: 168ff.), während der Brite Ian Brownlie diesem Pathos mit der kühlen Feststellung entgegentrat, in der Vergangenheit habe der Begriff „humanitäre Intervention" häufig zur Bemäntelung bloßer Machtinteressen gedient; deshalb müsse es bei dem uneingeschränkten Verbot des Einsatzes militärischer Handlungsmittel bleiben (vgl. I. Brownlie 1973: 146, 148).

Auch in der seit 1999 geführten Debatte stehen sich Verfechter menschenrechtlicher Positionen und Anhänger einer eher staatenorientierten Konzeption des Völkerrechts gegenüber. Hervorgehoben sei noch, dass beileibe nicht von einem großen Gegensatz von Nord und Süd die Rede sein kann. Es gibt eine ganze Reihe von Stimmen aus der Dritten Welt, welche die humanitäre Intervention prinzipiell bejahen, und zwar gerade deshalb, weil sie wollen, dass die Rechte der Menschen in der Dritten Welt einen Schutzmantel erhalten, der sie zumindest vor extremen Missbräuchen bewahrt.[23] Die Begriffe „human security" und „responsibility to protect" werden aus der Sicht der Regierungen anders wahrgenommen als aus der Sicht derjenigen, die keinen Anteil an den Regierungsfunktionen haben.

5.2. Unmittelbare Rechtfertigung der humanitären Intervention?

Lässt man sich nun näher auf spezifisch juristische Gedankengänge ein, so ist an erster Stelle zu untersuchen, ob sich irgendwo in dem Gebäude des Völkerrechts ein Rechtssatz finden lässt, der die humanitäre Intervention unmittelbar gestattet. Sofern hier das Ergebnis negativ ausfällt, bleibt dann zu prüfen, ob nicht auf indirektem Wege doch noch eine Rechtfertigung gewonnen werden kann.

5.2.1. Rechtfertigung aus dem Vertragsrecht?

Im *Vertragsbereich* bedarf die Untersuchung keiner langen Mühe. Die UN-Charta kennt den Begriff der „humanitären Intervention" nicht. Er ist dort an

---

[23] Besonders instruktiv waren in diesem Zusammenhang die Äußerungen Gambias im Sicherheitsrat am 23.3. und 10.6.2005. Vgl. S/PV.3988: 7 bzw. S/PV.4011: 20.

keiner Stelle erwähnt. Es gibt auch außerhalb der UN-Charta kein Vertragswerk, das der humanitären Intervention als Grundlage dienen könnte. Bereits erwähnt wurde, dass wegen vielfältiger Ängste, die sich aus historischer Erfahrung nähren, gegenwärtig jedenfalls auch nur die Formulierung und Verabschiedung einer Deklaration der Generalversammlung mit klarstellender Funktion als wirklichkeitsfernes Ziel erscheinen muss.

5.2.2. Rechtfertigung aus dem Gewohnheitsrecht?

Auf dem Boden des *Gewohnheitsrechts* lassen sich keine so schnellen Urteile abgeben. Nach der durchaus treffsicheren Definition, wie sie sich in Art. 38 Abs. 1 Buchst. b) des Statuts des Internationalen Gerichtshofs findet, besteht Gewohnheitsrecht aus zwei Bestandteilen, einer Praxiskomponente und einer intellektuellen Komponente, der Rechtsüberzeugung. Im Zuge neuerer Entwicklungen sind Zweifel aufgetaucht, ob die Definition sich auch für das moderne Völkerrecht eignet, das insbesondere auch den Einzelmenschen einbezieht. Die tatsächliche Übung von 192 Staaten gegenüber ihren Bürgern und den sonstigen Gewaltunterworfenen, d.h. millionenfache Vorgänge jeden Tag, lässt sich kaum mit empirischen Methoden beobachten. Hier allerdings geht es um echte zwischenstaatliche Rechtsverhältnisse zwischen einem Staat, der sich angesichts massiver Menschenrechtsverletzungen als Hüter des Gemeinwohls berufen fühlt, und einem anderen Staat, dem diese Rechtsverletzungen vorgeworfen werden. Dabei handelt es sich um Vorgänge, die angesichts ihrer begrenzten Zahl durchaus als historische Phänomene festgehalten werden können und ja auch zahlreiche Schilderungen erfahren haben.

Nach der Rechtsprechung des Internationalen Gerichtshofs im Streit um den Festlandsockel in der Nordsee sind an eine Praxis; die einen Gewohnheitsrechtssatz fundieren soll, bestimmte Anforderungen zu stellen. Das Urteil aus dem Jahre 1969, das heute noch immer als maßgebend betrachtet wird, spricht davon, dass eine Praxis „extensive and virtually uniform" sein müsse (vgl. International Court of Justice 1969: 43). Diese Präzisierung kann freilich nicht automatischblind angewendet werden, sondern bedarf stets einer Würdigung im Lichte der jeweils besonderen Sachverhaltskonstellation. Dabei ist zwischen Routinevorgängen zu unterscheiden, die sich in der völkerrechtlichen Praxis häufig wiederholen – wie das etwa für die Gewährung von Immunitäten zutrifft –, und Vorgängen, die ihrer Natur nach nur selten auftreten können. Es liegt auf der Hand, dass eine humanitäre Intervention in einer gefestigten Staatenwelt eine Ausnahmeerscheinung bleiben wird. Aus diesem Grunde kann es nicht entscheidend darauf ankommen, dass die Zahl der Aktionen, die für eine Rubrizierung als humanitäre Intervention überhaupt nur in Betracht kommen, relativ gering ist.[24]

Schon angedeutet wurde im Verlaufe der bisherigen Darstellung, dass das sehr schneidige Urteil von Liebach, dem zufolge in keinem der zur Erörterung stehenden Beispielfälle von einer echten Motivation im Sinne altruistischen Einsatzes für eine verfolgte Minderheit die Rede sein kann, die historische Komplexität der einzelnen Geschehnisse allzu sehr vereinfacht. Es ist nur natürlich, dass jeweils Nachbarstaaten eingreifen. So wird Deutschland, sofern nicht von einer internationalen Organisation dazu aufgefordert, sich allein schon aus Unkenntnis der genaueren Zusammenhänge wenn irgend möglich davor hüten, sich in einen Konflikt in einem fremden Erdteil einzumischen. Allgemein hat sich ja auch die Erkenntnis durchgesetzt, dass, wer eingreift, eine Verantwortung übernimmt, die ihn dazu nötigt, nach dem unmittelbaren Ende der Kampfhandlungen sein Engagement möglicherweise noch jahrelang unter den Bedingungen eines prekären Friedens fortzusetzen. Nachbarstaaten kennen in der Regel die Gründe und Hintergründe eines internen Konfliktes, sie sind gleichzeitig auch die Hauptbetroffenen – vor allem, aber nicht allein, wegen der ihnen obliegenden humanitären Pflicht, Flüchtlinge und Vertriebene aufzunehmen und deren existentielle Lebensbedingungen zu sichern. Ganz eindeutig haben also Nachbarstaaten in aller Regel sehr klar identifizierbare Interessen an einer Beseitigung der Spannungsursachen. Das trifft insbesondere zu für die Intervention Indiens in Ostpakistan wie auch das Eingreifen Tansanias in Uganda. Wer also glaubt, die humanitäre Intervention setze eine kristallin reine altruistische Zielsetzung voraus, verfolgt eine Piste, die sich mit den Realitäten der Weltpolitik nicht in Einklang bringen lässt. Gewaltregime, die in ihrem Innern politische Gegner und ganze ethnische Gruppen verfolgen, stellen im allgemeinen gleichzeitig eine Gefahr für ihre Umwelt dar. So betreibt ein Staat, der sich des Loses der verfolgten Menschen annimmt und mit Waffengewalt deren Überleben zu gewährleisten sucht, in aller Regel auch Selbstschutz zur Sicherung seiner eigenen Interessen (so auch T.M. Franck 2002: 189). Trotzdem ist zuzugeben, dass die empirische Basis unterschiedlich gedeutet werden kann. Zu jedem einzelnen der Beispielfälle ließen sich aller Wahrscheinlichkeit nach historische Studien heranziehen, die dann ihrerseits wieder ein differenziertes Bild ergeben würden.

Der entscheidende Punkt ist freilich die Rechtsüberzeugung. Denn es geht ja nicht in erster Linie um die Anschauungen der intervenierenden Staaten, viel-

---

[24] Als Präzedenzfälle kommen nach den Feststellungen von Franck, Liebach und Nolte (vgl. T.M. Franck 2002; I. Liebach 2004: 173; G. Nolte 1999: 945) folgende Vorgänge in Betracht: Intervention Indiens in Ostpakistan (1971); Intervention Vietnams in Kambodscha (1978/79); Intervention Tansanias in Uganda (1979), Intervention Frankreichs in der Zentralafrikanischen Republik (1979); Intervention von ECOWAS-Truppen in Sierra Leone (1997/98) sowie in Liberia (1990); Eingreifen der USA und des Vereinigten Königreichs zum Schutze der Kurden und Schiiten im Irak (1991).

mehr kommt es auf die insgesamt in der internationalen Gemeinschaft vorherrschenden Ansichten an. Indien wie Tansania oder schließlich auch die USA und das Vereinigte Königreich mögen im besten Glauben gehandelt haben, zu ihrem Eingreifen berechtigt gewesen zu sein. Dennoch müssen sie sich der Beurteilung durch die Staatengesamtheit stellen. Insofern scheinen die Vorschläge der „16 Weisen" wie auch die darauf aufbauenden Empfehlungen des damaligen UN-Generalsekretärs Annan am Puls der Zeit zu hängen. Die Tatsache, dass sie für den Fall von Völkermord und ethnischer Säuberung wie auch sonstiger Verbrechen gegen die Menschlichkeit lediglich eine Zuständigkeit des Sicherheitsrates befürworten – so auch das Schlussdokument des Weltgipfels vom 16. September 2005 – und diese Zuständigkeit – wenn auch nur aus Gründen der Legitimität – an eine Reihe fester Kriterien binden wollen, spricht jedenfalls implizit dafür, dass sie eine einzelstaatliche Befugnis, auch außerhalb einer Ermächtigung durch den Sicherheitsrat handeln zu dürfen, ablehnen.[25] Es trifft zwar zu, dass es nach strenger Lehre auf die Rechtsüberzeugung der Staaten selbst und nicht auf diejenige irgendwelcher Experten ankommt. Aber die „16 Weisen" waren eben nicht ‚irgendwelche' Experten, sondern durchweg hochrangige Politiker, entsandt aus allen Teilen der Welt, die mit den Regierungen ihrer jeweiligen Heimatstaaten institutionell in enger Verbindung standen. Überdies sei nochmals auf die ablehnende Haltung der lateinamerikanischen Staatengruppe hingewiesen. Schließlich hat es eben auch im Plenarorgan der Vereinten Nationen keine Zustimmung für ein einseitiges Vorgehen einzelner Staaten gegeben. Von einer positiven, die humanitäre Intervention tragenden Rechtsauffassung kann demnach wohl keine Rede sein.

5.3. Rechtfertigung aus Grundprämissen der heutigen Völkerrechtsordnung?

Dennoch ist damit die Argumentationskette noch nicht abgeschlossen. Denn es fragt sich, ob nicht doch aus der Systematik der heutigen Völkerrechtsordnung heraus die humanitäre Intervention als Rechtfertigungsgrund zugelassen werden muss, nicht im Sinne eines eigenständigen Rechtssatzes, sondern als Ableitung aus Rechtsregeln, die ihrerseits eine unangefochtene Existenz besitzen. Begreift man die Völkerrechtsordnung als ein kohärentes System, das eine innere Logik besitzt, so liegt es jedenfalls nahe, dass sich aus gewissen Prämissen bestimmte Folgerungen ergeben müssen.

---

[25] Freilich verwenden die „16 Weisen" in ihrem Bericht die Formulierung, es gehe für den Sicherheitsrat darum, „to authorize or endorse the use of military force" (§ 207). Damit wird zumindest nahegelegt, dass auch eine nachträgliche Genehmigung zulässig sein solle.

5.3.1. Rechtfertigung aus dem Recht auf Selbstverteidigung?

Die erste Denkfigur, die sich im Zusammenhang mit Völkermord und ähnlichen schweren Verbrechen aufdrängt, ist die *Selbstverteidigung* im Sinne des Art. 51 der UN-Charta. Selbstverteidigung hat eine individuelle wie auch eine kollektive Dimension. Nicht nur das bedrohte Opfer darf sich wehren, es ist ihm auch gestattet, Freunde und Verbündete zu Hilfe zu rufen. Richtig ist, dass Art. 51 nach seinem Wortlaut das Selbstverteidigungsrecht ausschließlich Mitgliedern der Vereinten Nationen zubilligt, also Staaten, denn nur Staaten können Mitglieder der Weltorganisation sein (Art. 3, 4). Aber der Einwand berücksichtigt nicht die Durchschlagswirkung, welche die völkerrechtlichen Verbotsnormen haben, welche die Kategorie der internationalen Verbrechen konstituieren. Wird eine Tat als internationales Verbrechen eingestuft, so bedeutet dies, dass alle einzelstaatlichen Rechtsvorschriften beiseite treten müssen. Die Strafbarkeit ist gegeben, selbst wenn das nationale Recht die Begehung der Tat nicht nur rechtfertigen, sondern sogar fordern sollte. Dies war bereits im Statut des Internationalen Militärgerichtshofs in Nürnberg (Art. 8) festgelegt (vgl. I.v. Münch 1968: 45) und hat heute seinen Niederschlag im Römischen Statut des Internationalen Strafgerichtshofs gefunden (Art. 21). Mit anderen Worten: für die internationale Gemeinschaft sind sämtliche Rechtsregeln und Anordnungen, welche die Begehung eines internationalen Verbrechens legitimieren oder vorschreiben, unwirksam, ja man darf beruhigt von Nichtexistenz im normativen Gebäude des Rechts sprechen. Aus dieser Prämisse ergibt sich zwingend die Schlussfolgerung, dass Einzelpersonen und Gruppen, die mit Handlungen des Völkermords überzogen werden, ein Widerstandsrecht haben müssen (vgl. schon C. Tomuschat 1984). Keine staatliche Maßnahme, die sie in den Abgrund des Völkermords hinabstoßen würde, kann ihnen gegenüber Bestand haben. Es ist eine andere Frage, ob ein Staat, der durch seine Bediensteten solche schwerwiegenden Verbrechen begehen lässt, die Berufung auf das Widerstandsrecht gelten lassen würde. Bekanntlich ist das Völkerrecht arm an Erzwingungsmechanismen. Wer ein aus dem Völkerrecht resultierendes Widerstandsrecht geltend macht, wird in den meisten Fällen allein stehen, also gerade zu der Zeit, wo das Recht seinen vollen Sinn erfüllen würde. Wenn nach dem Ende diktatorischer Herrschaft die Rechtsstaatlichkeit wiederhergestellt ist, braucht man an sich das Widerstandsrecht als Rechtsfigur nicht mehr. Allerdings kann den Betroffenen nachträglich für die Schäden, die sie in und wegen der Ausübung eines Rechts erlitten haben, Wiedergutmachung geleistet werden.

Wenn den Betroffenen ein Widerstandsrecht zugebilligt werden muss, das ja auf der individuellen Ebene nichts anderes als ein Recht der Selbstverteidigung oder Notwehr ist, liegt es auch nahe, dass sie dann nicht auf sich allein gestellt bleiben dürfen, sondern ähnlich wie ein angegriffener Staat auch berechtigt sein müssen, fremde Hilfe herbeizuholen, gegebenenfalls auch militärische Unterstützung durch einen fremden Staat. Die Logik scheint unerbittlich, dass aus der Rechtswidrigkeit des Angriffs die Rechtmäßigkeit der Verteidigung mit allen Mitteln folgt. In diesem Sinne hat sich Karl Doehring geäußert (vgl. K. Doehring 2004: 448, Rdnr. 1015). Aber es kommt doch einer Qualitätsverschiebung gleich, wenn von der individuellen Ebene aus Schlussfolgerungen für die zwischenstaatliche Ebene gezogen werden. Wenn der Dritte, der eingreift, ein Staat ist, ergeben sich unvermeidlich schwere Gefahren für den Weltfrieden und die internationale Sicherheit, die sich zu Verlusten auswachsen können, die möglicherweise das zu bekämpfende ursprüngliche Übel weit übersteigen. Die Notwehrrechte einer verfolgten Gruppe von Einzelmenschen und die Notwehrrechte eines angegriffenen Staates dürfen also nicht ohne weiteres miteinander gleichgesetzt werden, zumal es ja gerade Aufgabe des Sicherheitsrates ist, solche Konfliktslagen zu bereinigen.

5.3.2. Rechtfertigung infolge von Güterabwägung?

Damit sind freilich die möglichen Wege einer rechtlichen Argumentation noch nicht erschöpft. Es bleibt vor allem die Frage, ob sich nicht aus einer *Güterabwägung* eine Rechtfertigung ergeben kann, die das deutsche Strafgesetzbuch in seinem § 34 als „rechtfertigenden Notstand" bezeichnet. Dem Völkerrecht sind Güterabwägungen, obwohl sie eher eine Domäne des nationalen Verfassungsrechts bilden, keineswegs fremd. So wird etwa bei konkurrierenden nationalen Zuständigkeiten darauf abgestellt, zu welchem der in Betracht kommenden Staaten die engere Beziehung besteht (American Law Institute 1987: 244, § 403). Nach der Regelung des Notstandes, wie sie in Art. 25 der ILC-Artikel über die völkerrechtliche Verantwortlichkeit[26] ohne nähere Unterscheidung zwischen Rechtfertigung und bloßer Entschuldigung[27] ihren Niederschlag gefunden hat, wird einem Staat die Haftung für an sich rechtswidriges Handeln erspart, wenn er ein „wesentliches Interesse" („essential interest") gegen eine schwere dringliche Gefahr verteidigt. Freilich muss hier jeweils genau nach Typen von Sachverhaltskonstellationen oder sogar jeweils im Einzelfall unterschieden werden. Es geht nicht an, aus der Verletzung einer Norm, die man dem *jus cogens* zuzurechnen hat, pauschal zu schließen, dass damit die üblichen völkerrechtlichen Regelungen über die Folgen von Rechtsverletzungen außer Kraft gesetzt seien. Vielmehr sind die Ebene der Primärnormen und diejenige der Sekundärnormen

---

[26] Zur Kenntnis genommen durch Resolution 56/83 der UN-Generalversammlung, 12.12.2001.
[27] Vgl. T.M. Franck 2002: 191. Er neigt eher zur Annahme eines lediglich entschuldigenden Notstandes.

sorgfältig zu trennen. Wenn eine Regel des *jus cogens*, wie z.B. das Verbot des Völkermordes, verletzt worden ist, besteht zwar Anlass zu der Überlegung, ob diese Verletzung nach den allgemeinen Regeln über die Rechtsfolgen rechtswidrigen Tuns zu behandeln ist. Aber der tatbestandliche Befund ist eben nur der Ausgangspunkt für weitere Überlegungen, ob nicht die Schwere des Unrechts gewisse Modifikationen des Regimes der Staatenverantwortlichkeit erzwingt. Dabei ist vor allem zu berücksichtigen, dass ja das Völkerrecht schon von seiner Geschichte her keineswegs nur auf einen ‚Normalfall' von Rechtsverletzungen eher harmloser Art abgestimmt ist, sondern Gewaltanwendung und ihre Folgen gleichsam zu seinen Alltagserscheinungen rechnen kann. So ist auch das Kapitel VII der UN-Charta aus dem Bewusstsein heraus entstanden, dass es trotz des in Art. 2 (4) verankerten Friedensgebots auch künftig zu kriegerischen Auseinandersetzungen zwischen den Staaten kommen würde.

Die Notwendigkeit, jede Konfliktlage sehr konkret zu betrachten, führt letzten Endes zu einer Gegenüberstellung der Rechtsgüter „staatliche Souveränität" und „territoriale Integrität" einerseits und „Schutz elementarer menschlicher Existenzrechte" andererseits. Die Sicherung der staatlichen Souveränität gehört zu den klassischen Aufgaben des Völkerrechts, hat allerdings erst mit der Einführung des umfassenden Gewaltverbots durch die UN-Charta ihre Vollendung erfahren. Die Menschenrechte sind als Bestandteil des Völkerrechts ebenfalls mit der UN-Charta entstanden. Nach dem Text von 1945 war ihre Stellung freilich schwach. Die Charta spricht von den Menschenrechten in ihrer Präambel (Abs. 2) und nennt sie bei der Aufzählung ihrer Ziele (Art. 1 Abs. 3). Aber sie selbst stellt keine Rechtsinstrumente zu ihrer Gewährleistung zur Verfügung, wenn man nicht die blasse Erwähnung einer Kommission „für die Förderung der Menschenrechte" in Art. 68 als einen solchen Mechanismus werten will. Dem steht entgegen, dass die Gewichte sich im Laufe der Entwicklung über sechs Jahrzehnte entscheidend verschoben haben. Die Vereinten Nationen haben nicht nur die Setzung materieller Schutznormen vorangetrieben – stichwortartig mögen hier Hinweise auf die *Allgemeine Erklärung der Menschenrechte* von 1948 und die beiden Weltpakte von 1966 ausreichen –, sondern haben auch in ständiger Praxis die Kontrolle über die Einhaltung der Menschenrechte fortlaufend verstärkt. Während in den ersten drei Jahrzehnten der Weltorganisation der Einwand, die Beschäftigung mit Menschenrechtsfragen greife in die inneren Angelegenheiten des betroffenen Mitgliedstaates ein, durchaus noch ernst genommen wurde, trat mit der Chile-Krise seit dem Jahre 1973 ein totaler Umschwung ein. Seitdem steht fest, dass nach Auffassung der Generalversammlung wie auch des Sicherheitsrats, die gar nicht mehr ernsthaft bestritten wird, Menschenrechtsfragen eben nicht mehr zu den Angelegenheiten gehören, die ihrem Wesen nach zur inneren Zuständigkeit eines Staates gehören. Demzufolge wurde auch außerhalb der großen Vertragswerke ein komplexes System der Berichterstattung mit Länderberichterstattern und thematischen Berichterstattern geschaffen, welches der Menschenrechtskommission und der Generalversammlung als Grundlage für die Bewertung der Verhältnisse in den unter die Lupe genommenen Ländern dient. Die internationale Gemeinschaft hat auf diese Weise ihre Hochschätzung der Menschenrechte als der notwendigen Bausteine einer internationalen Friedensordnung unterstrichen. Mit anderen Worten: als geschützte Rechtsgüter stehen die Menschenrechte weder nach ihrer allgemeinen Bedeutung noch nach ihrem sachlichen Gewicht der staatlichen Souveränität in irgendeiner Weise nach.

Damit steht fest, dass in einer Lage, in der eine Minderheitsgruppe in einem Land mörderische Verfolgung erleidet, zwei vom Völkerrecht in gleicher Weise hochgehaltene Rechtsgüter miteinander kollidieren. Es erscheint verfehlt, automatisch stets der einen Seite den Vorrang einzuräumen. Richtig ist, dass primär den Sicherheitsrat die Verpflichtung trifft, angesichts solcher Umstände einzuschreiten. Wenn er aber zur Handlungsunfähigkeit verdammt ist, weil eines seiner ständigen Mitglieder von seinem Vetorecht Gebrauch macht, kann dies nicht das Ende aller rechtlichen Vernunft sein. Geschichtliche Rückblicke, die leider nicht nur akademischer Phantasie entspringen, zeigen dies mit aller Deutlichkeit. Wenn es in einem Lande jemals wieder zu einer Politik wie im nationalsozialistischen Deutschland kommen sollte, wo Millionen von Menschen in Gaskammern geschickt wurden, kann man sich kaum ernstlich vorstellen, dass die abhilfebereiten Staaten von Rechts wegen am Eingreifen gehindert sein sollten, wenn wegen gewisser komplizenhafter Bande zwischen dem verbrecherischen Regime und einem ständigen Mitglied des Sicherheitsrates ein Beschluss dieses höchsten Gremiums der Staatengemeinschaft nicht zustande kommen sollte. Die Respektierung der territorialen Integrität würde in einer solchen Lage der Verbeugung vor einem Gesslerhut gleichkommen. Nach heutiger Auffassung beruht die Respektierung der staatlichen Souveränität auf der Annahme – und damit auch der Voraussetzung –, dass ein jeder Staat innerhalb seiner Grenzen für Ordnung und Sicherheit und damit auch für die Einhaltung der Menschenrechte sorgt. Wird er dieser Aufgabe nicht gerecht, so vermindert sich sein Schutzanspruch und kann gegebenenfalls ganz entfallen (vgl. C. Tomuschat 1981).

Von einem abstrakten Standpunkt aus betrachtet kann es keinen Unterschied machen, ob ein einzelner Staat sich gegen die Untätigkeit des Sicherheitsrates stellt oder ob sich eine Gruppe von Staaten entschließt, einzugreifen. Denn weder im einen noch im anderen Fall kommen die allgemein anerkannten Gründe für die Anwendung von militärischer Gewalt zum Zuge. Dennoch sollte es auch bei der rechtlichen Bewertung eine Rolle spielen, ob lediglich ein einzelner Staat das vorhandene – oder nur behauptete – Unrecht als so gravierend ansieht, dass er ein Handeln ohne Autorisierung des Sicherheitsrats befürwortet, oder ob eine ganze Staatengruppe sich zu einer kollektiven Aktion entschließt. Die NATO-Operation gegen Jugoslawien hat exemplarisch gezeigt, welches Potential an *checks and balances* aktiviert wird, wenn im Rahmen eines Bündnisses beraten wird, ob sich die Entscheidung für einen militärischen Einsatz rechtfertigen lässt. Ein einzelner Staat hingegen kann sich veranlasst sehen, recht willkürlich nach eigenem Gutdünken loszuschlagen: noch heute schrecken die amerikanischen Überfälle auf Panama und Grenada. Freilich ist die kollektive Form des Handelns keine absolute Garantie für Richtigkeit, vor allem dann nicht, wenn ein Militärbündnis – wie früher der Warschauer Pakt – unter dem hegemonialen Einfluss einer einzigen Großmacht steht. Trotz dieser Missbrauchsgefahr wird man doch im allgemeinen davon ausgehen können, dass die Aktion einer Staatengruppe erst nach sorgfältigen Beratungen nicht nur der politischen Aspekte, sondern auch der rechtlichen Seite beschlossen worden ist. Wenn eine ganze Gruppe von Staaten eine humanitäre Intervention durchführt, fehlt grundsätzlich jener Verdacht der Willkürlichkeit, der unweigerlich jeder allein von einem Staat getragenen Intervention anhaftet.

Entscheidend ist aber letztlich die Abwägung anhand der konkreten Umstände des Einzelfalles. Hier können keine genauen Zahlenangaben gemacht werden. Präzisieren lassen sich nur gewisse äußerste Eckdaten, zwischen denen dann der Umschlagspunkt bestimmt werden muss. Fällt eine Einzelperson rassistischer Verfolgung zum Opfer, so ist dies wie jeder solche Vorfall bedauerlich, da jedes einzelne Menschenleben zählt, würde aber auf keinen Fall das militärische Eingreifen dritter Staaten rechtfertigen können. Ist hingegen eine zahlreiche Gruppe von Völkermord und ethnischer Säuberung bedroht, so sollte es an der Berechtigung der humanitären Intervention keinen Zweifel geben. Im übrigen müssen freilich auch hier die Kriterien gelten, die von den „16 Weisen" wie auch vom ehemaligen UN-Generalsekretär näher spezifiziert worden sind. Was schon bei Maßnahmen des Sicherheitsrates als Legitimitätsschranke zur Anwendung kommt, muss erst recht beachtet werden, wenn eine Kontrolle durch das Verfahren des Sicherheitsrates nicht ausgeübt worden ist. Die humanitäre Intervention kann immer nur ultima ratio sein.

6. Schlussbemerkungen

Juristen haben von Berufs wegen die Neigung, ihre Ausführungen mit einer klaren Aussage im Sinne des Ja-Nein-Schemas abzuschließen. Eine Diskussion über die Zulässigkeit der humanitären Intervention kann nicht zu solch eindeutigen Ergebnissen gelangen.[28] Wie dargestellt, lassen sich vielfache Gründe gegen die Rechtmäßigkeit anführen. Andererseits muss aber auch der Skeptiker anerkennen, dass es, wie ebenfalls gezeigt, Gründe gibt, die sich zugunsten der humani-

---

[28] Vgl. auch das Meinungsbild in J.L. Holzgrefe / R. O. Keohane 2003.

tären Intervention anführen lassen. Eine unbestreitbare Antwort zu geben, erweist sich aus den verschiedensten Gründen als außerordentlich schwierig. Ganz offensichtlich ist die Rechtslage im Fluss. Die Argumente, die einer humanitären Intervention als Stütze dienen können, haben gerade durch den Kosovo-Konflikt an Gewicht gewonnen. Einstweilen ist keine Rechtsprechungsinstanz genötigt gewesen, sich in verbindlicher Weise über die Problemlage zu äußern. So ist auch der rechtliche Entwicklungsprozess nicht angehalten worden. Je mehr sich die Doktrin von der Schutzaufgabe des Staates verfestigt, um so schwerer wird es einem Unrechtsregime fallen, einer humanitären Intervention mit dem Vorwurf der Völkerrechtswidrigkeit entgegenzutreten.[29]

Literatur

American Law Institute (Hrsg.) (1987): Restatement of the Law Third: The Foreign Relations Law of the United States. Bd. 1. St. Paul, Minn.: American Law Institute Publishers.
Annan, Kofi (2005): In Larger Freedom: Towards Development, Security and Human Rights for All. UN-Dok A/59/2005, 21.3.2005.
Bernhardt, Rudolf (Hrsg.) (1995): Encyclopedia of Public International Law. Bd. 2. Amsterdam u.a.: North-Holland Publishing Co.
Beyerlin, Ulrich (1995): Humanitarian Intervention. In: Bernhardt (1995): 926-933.
Bredow, Wilfried von (2005): Aufstieg eines neuen Sicherheitskonzepts. In: FAZ v. 24.6.2005: 9.
Brownlie, Ian (1973): Thoughts on Kind-Hearted Gunmen. In: Lillich (1973): 139-148.
Chamfort, Nicolas de (1961): Maximes et anecdotes. Paris: Livre Club du Libraire.
Cot, Jean-Pierre et al. (Hrsg.) (2005): La Charte des Nations Unies. Commentaire article par article. 3. Auflage. Bd. 1. Paris:Economica.
Decaux, Emmanuel (2002): La Conférence de Rambouillet: Négociation de la dernière chance ou contrainte illicite? In: Tomuschat (2002b): 45-64.
Doehring, Karl (2004): Völkerrecht. 2. Auflage. Heidelberg: C.F. Müller.
Franck, Thomas M. (2002): Recourse to Force. State Action Against Threats and Armed Attacks. Cambridge u.a.: Cambridge University Press.
Frowein, Jochen Abr. (1991): Kommentar zu Art. 39. In: Simma (1991): 559-571.
García, Thierry (2000): La mission d'administration intérimaire des Nations Unies au Kosovo. In: Revue générale de droit international public 104, Heft 1: 61-71.
High-level Panel on Threats, Challenges and Change (2004): Report of the High-level Panel on Threats, Challenges and Change. UN-Dok. A/59/565, 2.12.2004.
Holzgrefe, J.L. / Keohane, Robert O. (Hrsg.) (2003): Humanitarian Intervention. Ethical, Legal, and Political Dilemmas. Cambridge u.a.: Cambridge Univ. Press.

---

[29] Vgl. N Schrijver 2005: 449: „En cas d'urgence humanitaire avérée, on ne saurait exclure une telle intervention humanitaire unilatérale (...)".

International Court of Justice (1951): Reservations to the Convention on the Prevention and Punishment of the Crime of Genocide. ICJ Reports. Leiden: A.W. Sijthoff.
International Court of Justice (1969): North Sea Continental Shelf, Judgment 20 February 1969. ICJ Reports.Leiden: A.W. Sijthoff.
International Criminal Tribunal for the Former Yugoslavia (1996): Urteil der Berufungskammer vom 2. 10.1995 in der Sache *Tadic*. In: International Legal Materials 35, Heft 1: 35.
Kokott, Juliane (2002): Human Rights Situation in Kosovo 1989-1999. In: Tomuschat (2002b): 1-35.
Kreijen, Gerard et al. (Hrsg.) (2002): State, Sovereignty and International Governance. Oxford u.a.: Oxford University Press.
Liebach, Ingo (2004): Die unilaterale humanitäre Intervention im „zerfallenen Staat" („failed State"). Köln u.a.: Heymann.
Lillich, Richard B. (Hrsg.) (1973): Humanitarian Intervention and the United Nations. Charlottesville: University Press of Virginia.
Lutz, Dieter S. (Hrsg.) (2000): Der Kosovo-Krieg. Rechtliche und rechtsethische Aspekte. Baden-Baden: Nomos.
Malanczuk, Peter (1993): Humanitarian Intervention and the Legitimacy of the Use of Force. Amsterdam: Het Spinhuis.
Münch, Ingo v. (Hrsg.) (1968): Dokumente des geteilten Deutschland. Quellentexte zur Rechtslage des Deutschen Reiches, der Bundesrepublik Deutschland und der Deutschen Demokratischen Republik. Stuttgart: Kröner.
Nolte, Georg (1999): Kosovo und Konstitutionalisierung: Zur humanitären Intervention der NATO-Staaten. In: Zeitschrift für ausländisches öffentliches Recht und Völkerrecht 59, Heft 4: 941-960.
The Non-Aligned Movement (1999): Final Communique of the Meeting of Ministers for Foreign Affairs and Heads of Delegation of the Non-Aligned Movement, held in New York on 23 September 1999. <http://www.nam.gov.za/minmeet/newyorkcom.htm> (07.03.2007).
Reismann, W. Michael (1973): Humanitarian Intervention to Protect the Ibos. In: Lillich (1973): 167-195.
Ronzitti, Natalino (2000a): Uso della forza e intervento di umanità. In: Ronzitti (2000b): 1-29.
Ronzitti, Natalino (Hrsg.) (2000b): NATO, conflitto in Kosovo e Costituzione italiana. Milano: Giuffrè.
Schirrmacher, Frank (Hrsg.) (1999): Der westliche Kreuzzug. 41 Positionen zum Kosovo-Krieg. Stuttgart: Deutsche Verlags-Anstalt.
Schmitt, Carl (1958a): Legalität und Legitimität (1932). In: Schmitt (1958b): 263-350.
Schmitt, Carl (1958b): Verfassungsrechtliche Aufsätze. Berlin: Duncker & Humblot.
Schrijver, Nico (2005): Kommentierung des Art. 2 (4). In: Cot et al. (2005): 437-464.
Simma, Bruno (Hrsg.) (1991): Charta der Vereinten Nationen. Kommentar. München: C.H. Beck.
Tomuschat, Christian (1981): Gewalt und Gewaltverbot als Bestimmungsfaktoren der Weltordnung. In: Europa-Archiv 36: 325-334.

Tomuschat, Christian (1984): The Right of Resistance and Human Rights. In: UNESCO (1984): 13-33.
Tomuschat, Christian (1999): International Law: Ensuring the Survival of Mankind on the Eve of a New Century. Recueil des Courses 281.
Tomuschat, Christian (2002a): Yugoslavia's Damaged Sovereignty over the Province of Kosovo. In: Kreijen et al. (2002): 323-347.
Tomuschat, Christian (2003): Human Rights. Between Idealism and Realism. Oxford u.a.: Oxford University Press.
Tomuschat, Tomuschat (Hrsg.) (2002b): Kosovo and the International Community. A Legal Assessment. The Hague u.a.: Kluwer Law International.
UNESCO (Hrsg.) (1984): Violations of Human Rights: Possible Rights of Recourse and Forms of Resistance. Paris: Unesco.
Wolter, Detlev / Müller, Jörn (2005): The United Nations at Sixty: Getting Serious With Conflict Prevention? In: Die Friedens-Warte 80, Heft 3-4: 333-357.

Humanitäre militärische Interventionen. Eine politikwissenschaftliche Evaluation

Herfried Münkler

Die Euphorie, von der die Idee der humanitären militärischen Intervention nach dem Ende des Ost-West-Konflikts getragen wurde, ist inzwischen verflogen. Geblieben sind eine Reihe von Auslandseinsätzen militärischer und humanitärer Art, bei denen völlig unklar ist, wie lange sie dauern werden und was die Maßstäbe sind, nach denen sie als erfolgreich oder gescheitert zu begreifen sind. Einmal mehr hat sich die politische Realität den hochfliegenden Idealen gegenüber als überaus zählebig erwiesen. So kommt es nicht von ungefähr, dass wir auf humanitäre Katastrophen im Gefolge von Kriegen und Bürgerkriegen inzwischen wieder eher mit resigniertem Achselzucken reagieren als mit der engagierten Bereitschaft, auf der Stelle etwas dagegen zu unternehmen. Das von Albert Hirschman (1984) beobachtete zyklische Schwanken der Menschen zwischen Engagement und Enttäuschung zeigt sich auch an dem Projekt eines bei schweren Menschenrechtsverletzungen umgehend erfolgenden Intervenierens der Weltgemeinschaft – oder doch zumindest der interventionsfähigen Staaten: Hatte Ulrich Beck Ende der 1990er Jahre noch in expliziter Absetzung gegen die Clausewitzsche Kriegsdefinition erklärt, der Krieg sei zu einer „Fortsetzung der *Moral* mit anderen Mitteln" geworden, worunter er „eine neue postnationale Politik des *militärischen Humanismus*" verstand, „des Einsatzes transnationaler Militärmacht mit dem Ziel, der Beachtung der Menschenrechte über nationale Grenzen hinweg Geltung zu verschaffen" (U. Beck 1999: 987), so besteht das Problem des UN-Generalsekretärs inzwischen darin, dass er selbst in Fällen allseits unstrittiger schwerer Menschenrechtsverletzungen bei den interventionsfähigen Staaten vergeblich um die Bereitstellung von Truppen bittet und die Zusagen, die er schließlich doch noch bekommt, allenfalls für symbolische Präsenz, aber nicht für effektive humanitäre militärische Interventionen hinreichen. Die neue Skepsis gegenüber einer aktiven Menschenrechtspolitik, die notfalls auch mit militärischen Mitteln erfolgt, findet auch darin ihren Niederschlag, dass von vornherein mehr über Exitoptionen als über die Voraussetzungen für den Erfolg der Intervention nachgedacht wird. Das Konzept einer Konstabularisierung bzw. Verpolizeilichung des Militärs, wie es von Morris Janowitz bereits auf dem Höhepunkt des Kalten Krieges als Alternative zum klassischen Gebrauch des Militärs in der symmetrischen Konfrontation gleichartiger Akteure entworfen worden ist (M.

Janowitz 1960: 419f.), ist, zumindest was ein humanitäres Eingreifen bei Menschenrechtsverletzungen anbetrifft, gescheitert, bevor es überhaupt richtig implementiert werden konnte. Dass es daneben auch eine Form der Konstabularisierung des Militärs gibt, die dem Erhalt imperialer Ordnungen dient (D. Priest 2003), steht auf einem anderen Blatt.

Man kann die Entwicklung der letzten Jahre freilich auch mit der entgegengesetzten Akzentuierung beschreiben, nämlich als Rückkehr zu einer nüchternen Abwägung von Nutzen und Kosten militärischer Interventionen. Die zuletzt vermehrt zu beobachtende Zurückhaltung bei dem Entschluss zur Intervention ist danach nicht Ausdruck von Resignation und Enttäuschung nach einer Phase gesteigerten Engagements und hochgespannter Erwartungen (V. Zanetti 2000: 93ff.), sondern vielmehr die Rückbesinnung auf eine realistische Beurteilung der Gelingensbedingungen von Projekten, die mit erheblichen Risiken für die Beteiligten verbunden sind und in jedem Fall hohe Kosten verursachen: Man geht nicht mehr in einen Konflikt hinein, ohne sich vorher überlegt zu haben, wie man aus ihm für den Fall einer bedrohlichen Zuspitzung auch wieder herauskommt, und man schätzt inzwischen sehr viel genauer ab, mit welchen Kräften im Interventionsgebiet man kooperieren muss, wenn das Eingreifen Erfolgschancen haben soll und die damit verbundenen Gefahren kalkulierbar bleiben müssen. Dahinter steht die Einsicht, dass man sich aus Konflikten, die man nicht befrieden kann, sondern in denen man nur eine weitere Konfliktpartei darstellt, besser heraushalten sollte. Allgemein haben wir es hier mit einer Abkehr von Glaubenssätzen zu tun, wonach es eine allgemeine Pflicht gebe, zu jeder Zeit und an jedem Ort dieser Welt humanitäre Standards zu verteidigen. Statt dessen wird über humanitäre Einsätze auf der Grundlage einer sorgsamen Kalkulation ihrer Erfolgschancen entschieden.

Diese Sichtweise lässt sich auch als Rückkehr zu der von Clausewitz entwickelten Trias von Zweck, Ziel und Mittel begreifen, bei der entweder anhand der verfügbaren Mittel die militärischen Ziele und politischen Zwecke festgelegt werden oder auf der Grundlage gegebener politischer Zwecke die militärischen Ziele und mit Blick darauf der Umfang der zu ihrer Erreichung erforderlichen Mittel ermittelt werden (C. v. Clausewitz 1980: 214ff.). Diese nach Clausewitz vor der Eröffnung von Kriegshandlungen anzustellende Überlegung, mit der geklärt werden soll, ob man den Waffengang wagen solle oder nicht, gilt danach auch für humanitäre militärische Interventionen. Der Umstand, dass sie gemäß ihrer Definition nicht im Interesse der Interventionsmacht, sondern in dem der im Krisengebiet lebenden Menschen erfolgen, dass ihnen also eher moralische Motive als politische Absichten zu Grunde liegen, ändert an diesem Erfordernis der Relationierung von Zweck, Ziel und Mittel nichts. Der Entschluss zu einer humanitären militärischen Intervention muss dieser Sicht zufolge denselben Standards genügen wie die Entscheidung für einen herkömmlichen Waffengang.

Diesen Test hatte eine überwiegend moralische Betrachtungsweise zunächst verhindert: Humanitäre militärische Interventionen sollten nicht einem schnöden Kosten-Nutzen-Kalkül unterworfen sein, zumal sich damit obendrein die Furcht verband, dass über solche Kalküle zwangsläufig die Eigeninteressen der Interventionsmächte ins Spiel kommen würden.

Diese konträren Sichtweisen auf die allmähliche Erosion der mit dem Konzept der humanitären militärischen Intervention verbundenen Erwartungen grundieren gegenwärtig die politische Diskussion über das Für und Wider einer Entsendung von Truppen zur Durchsetzung humanitärer Ziele. Wurde die Debatte der 1990er Jahre noch ganz von völkerrechtlichen Fragen geprägt, bei denen es darum ging, unter welchen Umständen die Souveränität der Staaten und das Gewaltverbot in der internationalen Politik, wie es in Art. II, Abs. 4 der UN-Charta formuliert ist, mit der Pflicht zum Schutz elementarer Menschenrechte in Einklang gebracht werden könne (H. F. Köck 2000: 25ff.), so drehen sich die heutigen Debatten vor allem um die Lastenverteilung zwischen den an der Intervention beteiligten Staaten, um die Identifizierung mächtiger Vetospieler in der Region, die vermutliche Dauer des Einsatzes und die für seinen Erfolg erforderliche Truppenstärke sowie nicht zuletzt um die Art der Kooperation zwischen Militär und zivilen Hilfsorganisationen beim Aufbau einer neuen Infrastruktur im Interventionsgebiet (J. C. Irlenkaeuser 2006: 242ff.). Die Moral- und Rechtsdebatte ist von der Beschäftigung mit den Problemen der Wiederherstellung von Staatlichkeit im Krisengebiet (C. Hille 2004; T. Debiel 2003) abgelöst worden. Man kann darin auch einen Prozess der Normalisierung sehen.

1. Rechtsgründe, Moralpflichten und die klassische Imperialismustheorie

Für einige Zeit hatte es den Anschein, als müsse zur Rechtfertigung humanitärer militärischer Interventionen eine völlig neue Form rechtlicher Begründung entwickelt werden, liefen diese doch auf eine Aufweichung des Souveränitätsprinzips der Staaten hinaus. Die Kritiker von Interventionen zum Schutz der Menschenrechte wiesen darauf hin, dass man damit womöglich einen Prozess in Gang setzte, der immer weitere gute Gründe für die Aufweichung der staatlichen Souveränität zu Tage förderte, und am Schluss hätte man das Souveränitätsprinzip aufgehoben, ohne es durch ein anderes Prinzip als Grundlage der Völkerrechtsordnung ersetzen zu können. Man war sich über die Probleme, die aus dem Prinzip staatlicher Souveränität erwuchsen, sehr wohl im Klaren, aber man verfügte über kein rechtspolitisches Ordnungsprinzip, das an dessen Stelle treten konnte. So konnten die humanitären Einsätze der 1990er Jahre durchaus als illegale Eingriffe in die staatliche Souveränität der betreffenden Länder verstanden werden, die gegen die Grundsätze des Völkerrechts verstießen. Menschenrechtspolitik konnte stabilitätsgefährdend sein und mehr negative als positive Effekte hervorbringen (M. Ignatieff 2002).

Sodann ging es um einen mit ganz konkreten Interessen geführten Machtkampf, war doch klar, dass der Anspruch auf eine notfalls auch bewaffnete Durchsetzung der Menschenrechte auf eine weitgehende Interventionsbefugnis für die *westlichen Staaten* hinauslaufen würde: erstens weil diese aufgrund ihrer politischen, sozio-ökonomischen und kulturellen Entwicklung den Menschenrechten eine herausgehobene Bedeutung einräumten, während China etwa den Grad der Geltung von Menschenrechten vom ökonomischen Entwicklungsniveau abhängig machte bzw. darauf bestand, das es in Ostasien ein eigenes, nichtwestliches Verständnis von Menschenrechten gebe. Zweitens waren nur die westlichen Staaten im Falle von Menschenrechtsverletzungen tatsächlich interventionsfähig und entschieden damit, wo interveniert wurde und wo nicht. Die Debatte über universale Rechte war also von Anfang an von der Befürchtung durchzogen, dass sie im Ergebnis zu einer Begünstigung partikularer Akteure führen werde.

In Deutschland entwickelte sich daraus eine eigentümliche Diskussionssituation, bei der die einen den Anspruch erhoben, einen epochalen moralischen Fortschritt der Menschheit zu befördern, während die Gegenseite in einer interventionsbewehrten Menschenrechtspolitik nichts anderes als eine neue Maske des alten Imperialismus sah, der unter dem Deckmantel moralisch anspruchsvoller Begründungen die Interessen der Metropolen verfolgte, die notfalls auch mit Waffengewalt an der Peripherie durchgesetzt wurden (D. Harvey 2005). Die Konfliktkonstellationen zeigen, dass dies eine Debatte innerhalb der politischen Linken unter Einbezug linksliberaler Intellektueller war (und ist): Für die einen eröffnete sich hier die einmalige Chance, die politische Macht und ihren nach dem Ende des Ost-West-Konflikts ohne rechte Aufgaben dastehenden Erzwingungsapparat in den Dienst des moralischen Fortschritts zu stellen, während die anderen in der Moraldebatte über Interventionsbefugnis und Interventionsverpflichtung nur ein Vehikel sahen, mit dem der klassische Imperialismus nach dem Ende seiner Blockierung durch die Sowjetunion wieder flott gemacht werden konnte. Die Befürworter humanitärer militärischer Interventionen waren danach nichts anderes als die „nützlichen Idioten" (Lenin) des Imperialismus.

Angesichts dieser Diskussionslage drehte sich schon bald alles um die Frage, wie humanitäre gegen politisch-ökonomische Zielsetzungen abgesichert werden konnten, wie man sich der politischen Macht bedienen konnte, ohne deren womöglich ganz anders gearteten Zielen und Absichten zum Opfer zu fallen. Wie nicht anders zu erwarten, wurde und wird diese Debatte im Wesentlichen mit Blick auf die Rolle der USA in der neuen oder eben nicht so neuen Weltordnung geführt, sind die USA doch die einzige Macht, die in globalem Maßstab interventionsfähig ist und haben sie obendrein seit der Präsidentschaft Jimmy

Carters am Ende der 1970er Jahre in Absetzung von der zuvor betriebenen Realpolitik die weltweite Förderung der Demokratie und die Durchsetzung der Menschenrechte zu ihrer politischen Leitlinie gemacht. Die Durchsetzung der Menschenrechte auf die politische Agenda der Weltgemeinschaft zu setzen, würde also, so die Befürchtung der Kritiker, zwangsläufig darauf hinauslaufen, den Vereinigten Staaten die Direktorenrolle in der Weltgemeinschaft zuzuweisen. – Wie also war es möglich, einerseits den moralischen Fortschritt gegen das politisch konservative Prinzip der Staatssouveränität und der Nichteinmischung in deren innere Angelegenheiten zu befördern, ohne andererseits den USA die moralische Aufsicht über die Weltgemeinschaft zuzugestehen? Eine naheliegende Lösung lag darin, die UNO zum Wächter der Respektierung von Menschenrechten zu bestellen und den USA die Aufgabe zuzuweisen, notfalls im Auftrag der UNO – aber eben *nur* im Auftrag der UNO – zum Schutz der Menschenrechte auch mit militärischen Mitteln tätig zu werden. Der Konflikt zwischen den Vereinten Nationen und den Vereinigten Staaten von Amerika war damit programmiert, und tatsächlich ist er spätestens seit Mitte der 1990er Jahre zur Grundierung der weltpolitisch bedeutsamen Fragen geworden.

Wollte man nicht, wie die neuen Anhänger der alten Imperialismustheorien, das Konzept einer aktiven, notfalls auch mit militärischen Mitteln betriebenen Menschenrechtspolitik blockieren, so zeichnete sich schon bald ein Rückgriff auf die Theorien des gerechten Kriegs ab, wie sie in der Antike von Aristoteles, Cicero und Augustin entwickelt (vgl. K.M. Girardet 2007) und danach im Anschluss an Thomas von Aquin vor allem von der spanischen Völkerrechtsschule der Neuscholastik ausgestaltet worden sind (vgl. O. Kimminich 1980: 206ff.; G. Kreis; S. Krause 2008, in diesem Band). Mit seinem Buch *Just and Unjust Wars* hatte Michael Walzer (1977) den Weg in diese Richtung gewiesen.

Danach mussten Kriege, um als gerecht akzeptiert werden zu können, vier Kriterien genügen: Sie mussten einen gerechten Grund (*causa iusta*) aufweisen, was zumeist hieß, dass es um die Wiedergutmachung eines zuvor begangenen Unrechts ging; sie mussten in aufrichtiger Absicht (*intentio recta*) geführt werden, was hieß, dass es nur um die Wiedergutmachung dieses Unrechts gehen sollte und nicht noch andere Motive in die Kriegführung eingemischt waren; sie durften nur von dazu ausdrücklich legitimierten Personen oder Institutionen geführt werden (*auctoritas principis / forma iuris*); schließlich musste die dabei ausgeübte Gewalt dem Prinzip der Verhältnismäßigkeit von Zweck und Mitteln entsprechen. Diese auf die Antike zurückgehende und dann vor allem von den spanischen Neuscholastikern Vitoria, de Soto und Suárez entwickelte Lehre des gerechten Krieges wurde zur Folie der meisten Diskussionen darüber, wie sich humanitäre gegen gänzlich anders geartete Interventionen abgrenzen ließen. Aber so klar und eindeutig sich beides in einer analytischen Definition voneinander separieren ließ, so verwirrend wurden die Dinge, sobald in einem konkreten Fall zu entscheiden war, ob die vier Kriterien nun vorlagen oder nicht. Vor allem die Frage der aufrechten Absicht war und ist ein Problem bei der Verwandlung der Theorie des gerechten Krieges in eine militärische Interventionsbefugnis, ist doch in der Regel erst im Nachhinein zuverlässig feststellbar, ob die Militäraktionen allein um humanitärer Zwecke willen durchgeführt wurden oder ob es dabei wesentlich auch um die Schwächung eines Widerparts bzw. die Kontrolle strategischer Positionen ging.

Das Eingreifen der USA und der NATO in den dritten jugoslawischen Zerfallskrieg, den Krieg in Bosnien, war dafür ein Beispiel: Ging es *ausschließlich* darum, die fortgesetzten Menschenrechtsverletzungen vor allem der serbischen Seite zu beenden oder beabsichtigte man auch, die Entstehung eines starken Akteurs auf dem Balkan zu verhindern, um eine politisch fragmentierte Region dem Zugriff des Westens auszuliefern? Oder griff man nur ein, weil die bosnischen Muslime zunehmend durch Freiwillige aus dem arabischen Raum, insbesondere so genannte ‚Afghanistanveteranen', unterstützt wurden, was an der weichen Südostflanke Europas unter allen Umständen verhindert werden sollte? So manche dieser Vermutungen, mit denen die humanitären Absichten der Interventionsmächte in Zweifel gezogen wurden, mögen heute absurd erscheinen (als Beispiele P. Handke 1996 und H. Hofbauer 2001), haben aber in der damaligen Debatte eine beachtliche Rolle gespielt. Noch schärfer trat dieses Problem im Falle der Kosovo-Intervention hervor, zumal hier noch hinzukam, dass eine Autorisierung durch die UNO fehlte, das dritte Kriterium des *bellum iustum* (dazu R. Merkel 2000): Die NATO handelte ohne UN-Mandat, nachdem dieses in Folge russischen und chinesischen Widerstandes im Sicherheitsrat nicht zustande gekommen war. Dabei war freilich klar, dass die Position der damaligen Mandatsgegner wesentlich durch Partikularinteressen motiviert war – im Falle Russlands war es die traditionelle Rolle der serbischen Schutzmacht mit dem dahinter stehenden Interesse, Einfluss auf die Balkanangelegenheiten zu bekommen, im Falle der Chinesen war es die aus der Taiwanfrage erwachsende strikte Ablehnung eines jeglichen Separatismus' –, während die NATO angesichts drohender Vertreibungen und der Erinnerung an die Massaker des Bosnienkrieges (vgl. J. Bogoeva/ C. Fetscher 2002) zumindest eine generalisierungsfähige Begründung der Intervention für sich geltend machen konnte (D. Rieff 1995; N. M. Naimark 2004: 175ff.). Freilich scheinen auch hier die tatsächlichen Entscheidungsprozesse anders gelaufen zu sein, als dies von einer an der strikten Befolgung der *bellum iustum*–Lehre orientierten Interventionsbefugnis her vorgesehen gewesen wäre (A. A. Steinkamm 2000: 185ff.).

Nach heutigem Völkerrechtsverständnis werden vier Gründe als Rechtfertigung für militärisches Eingreifen anerkannt. Den Bestimmungen der UN-Charta, der Genfer Konventionen sowie dem Statut des Internationalen Gerichtshofs (ICC) in Den Haag zufolge gehören dazu als Straftatbestände erstens Völkermord, zweitens Verbrechen gegen die Menschlichkeit sowie drittens Kriegsverbrechen im Allgemeinen. „Völkermord" wird dabei als Verbrechen im Sinne der Genozid-Konvention verstanden, als Vorhaben oder Versuch, „eine nationale, ethnische oder religiöse Gruppe ganz oder teilweise zu vernichten". Dies entspricht der Genozid-Definition in den Art. II und III der *Konvention über Verhütung und Bestrafung des Völkermordes* vom 9. Dezember 1948 (C. Tomuschat 2004: III, 11). Als „Verbrechen gegen die Menschlichkeit" werden vor allem systematische Angriffe gegen die Zivilbevölkerung verstanden, wie sie im *IV. Genfer Abkommen zum Schutze von Zivilpersonen in Kriegszeiten* sowie den beiden Zusatzprotokollen definiert sind (C. Tomuschat 2004: VIII, 35). Dazu zählen Mord, Ausrottung, Versklavung, Deportation, Folter, Vergewaltigung, Zwangsprostitution, erzwungene Mutterschaft und Zwangssterilisation. Im Unterschied zu den Nürnberger Prozessen gelten Verbrechen gegen die Menschlichkeit heute als eigenständige Straftatbestände, die nicht im Zusammenhang mit einem Krieg begangen worden sein müssen. Nach Art. 8 Abs. 2a des ICC-Statuts rechtfertigen schwere Kriegsverbrechen militärische Interventionen zu deren Beendigung. Zu ihnen zählen nicht nur Deportationen, Geiselnahmen und Folter, sondern auch absichtliche Angriffe auf die Zivilbevölkerung sowie Umweltverbrechen.

Neben den drei völkerrechtlichen Delikten hat der Sicherheitsrat der Vereinten Nationen außerdem Sklaverei, Rassismus und Apartheid als massive Menschenrechtsverletzungen definiert, die ebenfalls militärische Zwangsmaßnahmen rechtfertigen. So hat der Sicherheitsrat in der Resolution 134 vom 1. April 1960, die sich mit den Massakern von Sharpeville in Südafrika befasst, festgestellt, dass die Rassenpolitik „eine Gefahr für den Frieden und die internationale Sicherheit" darstelle. Auch wenn militärische Zwangsmaßnahmen zur Beendigung der Apartheid nicht ernstlich in Erwägung gezogen wurden, sondern es bei einem freilich erst sehr viel später verhängten Waffenembargo gegen Südafrika blieb (Resolution 418 vom 4. November 1977), hätte die Option eines humanitär-militärischen Eingreifens angesichts der Beschlusslage doch grundsätzlich offengestanden.

Einen weiteren Interventionsgrund formuliert Resolution 794 vom 3. Dezember 1992: Darin erklärt der UN-Sicherheitsrat die humanitäre Katastrophe in Somalia in Folge fehlender Staatlichkeit zur Gefahr für die Sicherheit der Region und des Weltfriedens. Auch wenn in der Präambel dieser Resolution der einzigartige Charakter der somalischen Verhältnisse unterstrichen und das Fehlen einer Regierung ausdrücklich erwähnt wird, nahm der Sicherheitsrat damit doch eine deutliche Ausweitung des Begriffs der Friedenbedrohung vor, insofern er den Umfang der menschlichen Tragödie, die durch Staatszerfall und innergesellschaftlichen Krieg ausgelöst wurde, als Ursache seines Handelns bestimmte. Daneben gelten seit den 1970er Jahren massive Flüchtlingsbewegungen nicht mehr als ausschließlich innere Angelegenheit des Herkunftslandes. Spätestens seit der im Zusammenhang mit dem ersten Irak-Krieg verabschiedeten Resolution 688 vom 5. April 1991 werden grenzüberschreitende Flüchtlingsströme ausdrücklich als Friedensbedrohung gewertet. Entsprechend verweist Resolution 814 vom 26. März 1993 auf das somalische Flüchtlingsproblem als Bedrohung für die Sicherheit in der Region. Auch in der Sicherheitsresolution zu Haiti wird mehrfach auf die Lasten verwiesen, die den Nachbarstaaten durch die massenhafte Flucht aus Haiti entstünden. Vor diesem Hintergrund entspann sich dann eine Debatte, wonach der Souveränitätsanspruch eines Staates relativiert werden müsse, wenn dieser durch von ihm ausgehende Flüchtlingsströme die Souveränität eines anderen Staates beeinträchtige.

Bei der Ausformulierung einer neuen Interventionstheorie reproduzierten sich freilich eine Reihe von Problemen, mit denen bereits die Theorie des gerechten Krieges konfrontiert gewesen ist und auf die sie eine Antwort zu geben versucht hat. Das größte Problem war und ist dabei, dass sich nicht eindeutig festlegen lässt, ob es sich bei den Instrumenten der Gewaltnormierungen eher um eine *Legitimierung* oder doch stärker eine *Limitierung* der Gewalt handelt. Von Seiten derer, die diese Theorien entwarfen, waren sie fast immer als eine Form der Gewalt- und Kriegslimitierung intendiert, aber im faktischen Gebrauch haben sie nicht selten die Funktion gehabt, das Eingreifen mächtiger Akteure in die politischen Fragen ihrer Peripherie zu legitimieren (H. Münkler 2006: 264ff.). Das hat damit zu tun, dass die Theorien des gerechten Krieges wie die der humanitären militärischen Intervention fast immer in Konstellationen entworfen wurden, in denen es einen mächtigen Akteur im Zentrum der politischen Ordnung gab, der sich als deren Garant und Aufseher verstand (vgl. J. Fisch 1984). Man kann diese politischen Ordnungen auch als solche der Imperien verstehen (H. Münkler 2005), womit jedoch fast immer eine Distanzierung, wenn nicht kritische Ablehnung verbunden ist. Das hängt damit zusammen, dass symmetrische Politikkonstellationen auf einer Reziprozität der beteiligten Akteure beruhen, diese sich also gegenseitig als Gleiche anerkennen und deswegen weder die Vorstellung eines gerechten Krieges noch die einer humanitär begründeten Militäraktion greifen kann. Die bedingungslose Geltung des Souveränitätsprinzips ist der völkerrechtliche Ausdruck solcher symmetrischen Strukturen, während sich die normativen Asymmetrien des gerechten Krieges oder der humanitären militärischen Intervention mit faktischen Asymmetrien der Machtlagerung und der militärischen Fähigkeiten verbinden, wie sie eher für imperiale Ordnungen typisch sind (Münkler 2006: 271ff.).

Die Grundintuition der *prinzipiellen Kritik* an einer Politik des humanitär motivierten Interventionismus, der zufolge dieser in einer engen Verbindung mit imperialen Strukturen steht, ist also durchaus richtig. Die Frage dagegen ist, ob dies prinzipiell negativ zu akzentuieren ist, wie dies die Imperialismustheorien tun, indem sie auf das Expansionsinteresse des Zentrums und das Bestreben der Metropolen nach einer ökonomischen Ausplünderung der Ränder und der Peripherie abheben und grundsätzlich nicht in Erwägung ziehen, inwieweit das imperiale Zentrum auch kollektive Güter wie Frieden, Sicherheit und wirtschaftliche Prosperität hervorbringt, die anderweitig nicht oder nicht in gleicher Weise bereitgestellt würden. Gerade darin bestand eine der tragenden Rechtfertigungen imperialer Ordnungsstrukturen, wie man sie bei den Historikern und Dichtern des augusteischen Kreises, bei Dante Alighieri, aber auch bei Tommaso Campanella und anderen findet. In Europa zumindest scheint sich im Verlauf des 18. Jahrhunderts eine tiefgreifende Wende in den Vorstellungen von der anzustrebenden sozio-politischen Ordnung vollzogen zu haben, in deren Gefolge nicht nur die Vorstellung vom gerechten Krieg, sondern auch die einer zentrumsfixierten Ordnung mit Interventionsbefugnis an der Peripherie allmählich auf die Negativseite des politischen Imaginationsraums geriet und sich statt dessen die Idee einer polyzentrisch-pluriversen Staatenwelt als Ordnungsnorm durchsetzte. Im Gefolge dieses Paradigmenwechsels sind dann die Imperialismustheorien entstanden, die seit der Wende vom 19. zum 20. Jahrhundert eine politisch-kulturelle Hegemonie innehaben (H.-C. Schröder 1973: 40ff.; S. Bollinger 2004: 7-44). Eine Politik des humanitären Interventionismus muss, wenn sie systematisch begründet werden soll, sich mit der Diskurs- und Imaginationshegemonie des plurizentrischen Staatensystems auseinandersetzen und sie zumindest relativieren. Das ist auch insofern geschehen, als man versucht hat, neben den Rechtfertigungsmustern einer Theorie des gerechten Krieges humanitäre Mindeststandards aufzulisten (vgl. u.a. M. Walzer 1996), die gewährleistet sein müssen, um weiterhin von einer wirksamen Souveränität und bestehenden Staatsmacht sprechen zu können (vgl. ICISS 2001). Man hat damit den Begriff der Souveränität inhaltlich präzisiert bzw. normativ aufgeladen. Zu diesen humanitären Mindeststandards gehört auch der Schutz der Bürger vor größeren Gefahren, wie etwa Massaker, Hungerkatastrophen, Epidemien und ethnische Säuberungen. Man kann in der Verbindung des Souveränitätsanspruchs mit der *responsibility to protect* eine bloße Präzisierung der Hobbesschen Formel *pro protectione oboedientia* sehen, ebenso aber auch ein Unter-Aufsicht-Stellen der Staaten, deren Souveränitätsqualität nunmehr von einem politischen Oberaufseher kontrolliert wird, der dadurch zum einzig wirklichen Souverän avanciert. Letzteres läuft wiederum auf den Imperialismusverdacht hinaus, der sich bei allen Versuchen, Menschen- gegen Souveränitätsrechte in Stellung zu bringen, geltend machen lässt. Das Aufflackern der euphorischen Unterstützung für eine neue Weltordnung, die nicht mehr auf dem Souveränitätsprinzip der Staaten, sondern dem Prinzip individueller Rechte beruhen sollte, und deren schnelles Ermatten nach Auftauchen der ersten nennenswerten Schwierigkeiten ist nicht zuletzt auf das ungelöste Problem der Diskurs- und Imaginationshegemonie zurückzuführen, in der die Orientierung an staatlicher Souveränität und der Verdacht, humanitäre Interventionen könnten imperialistische Absichten transportieren, dominant sind. Die Lösung für die Ambivalenz der Interventionsbefugnis zwischen Gewaltlimitierung und Kriegslegitimation, nämlich die Einsetzung der Vereinten Nationen als Instanz bei der Erteilung von Interventionsbefugnissen, ist zwar eine politisch kluge Lösung, insofern in ihr die Normgeltung des Souveränitätsprinzips (Generalversammlung) und die Dominanz einiger Mächte mit großem Gewicht (Sicherheitsrat) zusammengeführt worden sind, aber sie macht die Mandatserteilung letzten Endes von einer weitgehenden Interessenübereinstimmung der Vetomächte im Sicherheitsrat abhängig und blockiert dadurch Interventionen gerade dort, wo sie aus humanitären Gründen dringend angezeigt wären. Der humanitäre Interventionismus ist dadurch mandatierungspolitisch von den realpolitischen Interessen der großen Mächte abhängig geworden, und das hat zwangsläufig zu einer Fülle von Norminkohärenzen geführt, die das ganze Projekt unglaubwürdig gemacht haben. Das beginnt bei humanitären militärischen Interventionen, die ohne UN-Mandat durchgeführt wurden bzw. werden mussten, wofür die Kosovo-Intervention nach wie vor das prominenteste Beispiel ist, und endet bei den Krisen und Bürgerkriegen, bei denen Interventionen angezeigt gewesen wären, aber aufgrund sich gegenseitig blockierender Interessen im Weltsicherheitsrat nicht zustande gekommen sind. Die in großem Stil betriebene Politik der Vertreibungen und Massaker in Darfur (Sudan) ist dafür ein Bespiel: Die Probleme und der Handlungsbedarf sind bekannt, es wurde in New York beraten, aber letzten Endes haben sich die großen Mächte gegenseitig blockiert, und das amerikanische Interesse am Westsudan war nicht stark genug, um, wie in einigen anderen Fällen, einen Alleingang zu unternehmen (vgl. G. Prunier 2006).

2. Die Dynamik der neuen Kriege und die Rolle der Medien bei humanitären militärischen Interventionen

Eine wesentliche Voraussetzung für die normative Plausibilität und das faktische Funktionieren der Staatenordnung auf der völkerrechtlichen Grundlage des Souveränitätsprinzips ist freilich, dass die Staaten den geographischen Raum ihrer Ausdehnung tatsächlich kontrollieren, so dass sie für alles, was von ihrem Staatsgebiet aus gegen andere Staaten unternommen wird (insbesondere natürlich feindselige Handlungen), politisch verantwortlich sind. In der klassischen europäischen Staatenordnung des so genannten Westfälischen Systems, also der Ordnung, die im Westfälischen Frieden von 1648 begründet wurde und die bis 1918, dem Ende des Ersten Weltkriegs, die europäischen Verhältnisse bestimmte, war diese Staatenverantwortlichkeit auf die zwischenstaatlichen Beziehungen beschränkt, und die innergesellschaftliche Ordnung blieb dem Gestaltungswillen der Staaten überlassen; in der politischen Ordnung, wie sie sich nach dem Ende des Ost-West-Konflikts entwickelt hat, ist in der bereits angesprochenen Formel einer *responsibility to protect* die innere Ordnung der Staaten in die weltpolitische Gesamtordnung aufgenommen worden – zumindest in der Form, dass die Staaten verpflichtet sind, ihren Bürgern Schutz und Sicherheit zu gewähren, um dem Anspruch auf Souveränität auch zu genügen. Das hat normative und politisch-praktische Gründe. Innergesellschaftliche Kriege, die in der zweiten Hälfte des 20. Jahrhunderts deutlich zugenommen haben und inzwischen die Anzahl der zwischenstaatlichen Kriege weit überwiegen (vgl. W. Schreiber 2001: 10f.), erodieren die Ordnung der Staaten und schaffen politische Vakuen, die dann zwangsläufig von den benachbarten Mächten gefüllt werden. Das wiederum hat zur Folge, dass sich innerhalb des Staatensystems neue Hegemonien herausbilden, in deren Gefolge es zu einer Verlagerung von Machtzentren und damit zu einer erhöhten Gefahr massiver militärischer Konfrontationen kommt. Das Staatensystem muss also seinen Funktionsimperativen entsprechend solche innergesellschaftlichen Kriege beenden und Staatenzerfall verhindern, um eine epidemische Ausbreitung der Gewalt möglichst frühzeitig zu blockieren. Es muss dies aber auch tun, weil eine Politik der ethnischen Vertreibungen und der Massaker an seinen Rändern die normative Selbstbeschreibung des Staatensystems in Frage stellen und demzufolge zu einer Normerosion führen würde. Ein Staatensystem muss also aus Gründen der eigenen Selbsterhaltung, zumindest aber um seiner politischen Stabilität willen, gegen innergesellschaftliche Kriege und Staatszerfall innerhalb seines Ordnungsbereichs vorgehen. Es muss intervenieren; es wird dies zunächst politisch tun, dann zu wirtschaftlichen Sanktionen greifen, und schließlich kann es Truppen entsenden, um den Bürgerkrieg zu stoppen. Das jedenfalls ist die mögliche Abfolge von Schritten in Reaktion auf Bürgerkriege und Staatszerfall. Handelt es sich dabei um einen einmaligen und zeitlich begrenzten Vorgang, so hat dieses Eingreifen einer Mehrheit der Staaten in die inneren Verhältnisse eines anderen Staates keine weiterreichenden Folgen für die Ordnung des Staatensystems. Wiederholen sich solche Interventionen aber immer wieder und bleibt es nicht bei befristeten Einsätzen, sondern ziehen diese sich in die Länge, so hat das Rückwirkungen auf das Staatensystem selbst: Die reziproke Grundstruktur löst sich auf, und es entstehen Staaten mit politischen Einflusssphären außerhalb des eigenen Staatsgebiets. Dadurch werden entweder einige Staaten zu Garanten der Gesamtordnung, haben also eine höhere Stellung als andere, oder aber das Staatensystem entwickelt eine Peripherie, an der sein internes Ordnungsprinzip der symmetrischen Reziprozität außer Geltung gesetzt ist und statt dessen nichtreziproke Asymmetrien vorherrschen. Michael Ignatieff hat letzteres als die Entstehung eines „Empire lite" bezeichnet (M. Ignatieff 2003).

Entgegen der vorherrschenden Sichtweise der Imperialismustheorien, die Interventionen aus den politischen oder wirtschaftlichen Motiven der Eliten im Zentrum erklären, zeigt sich bei einer genaueren Betrachtung der Peripherie, dass von dort eine Interventionsdynamik ausgeht, der sich die interventionsfähigen Mächte des Zentrums zumeist nicht entziehen können, auch wenn sie dies häufig versuchen. Die Folge dessen ist, dass sich die Staatenwelt in zwei Gruppen teilt: in die Staaten, die den Standards für die Akzeptanz von Souveränität genügen, und jene, bei denen dies nicht der Fall ist, weil sie entweder in inneren Kriegen zerfallen sind und nur noch ‚auf dem Papier', also auf politischen Karten, existieren oder weil sie große Teile ihres Territoriums zu kontrollieren nicht mehr in der Lage sind (vgl. K. Schlichte 2005: 284ff.). Dies ist keine markante und sonderlich trennscharfe Unterscheidung, weil die Übergänge fließend und die Unterschiede innerhalb beider Gruppierungen erheblich sind, aber sie zeigt doch immerhin, auf welch prekären Fiktionen eine dem Souveränitätsprinzip verpflichtete Staatenordnung ruht. Mit einer beschleunigten Erosion von Staatlichkeit, für die es gegenwärtig eine Fülle von Indikatoren gibt (M. v. Creveld 1999: 373ff.; W. Reinhard 1999, S. 480ff.), werden sich auch die Fälle mehren, in denen aus Gründen der Selbststabilisierung des Staatensystems bei humanitären Katastrophen und Verbrechen interveniert werden muss. Aber es ist schon jetzt vorhersagbar, dass die Staatengemeinschaft keineswegs überall, wo dies angezeigt wäre, intervenieren wird. Sie wird vielmehr Entscheidungen treffen, die eher durch politische als humanitäre Erwägungen bestimmt sein werden. Bereits jetzt ist es zu einer Zweiteilung der Bürgerkriegsregionen und zerfallenden Staaten gekommen: diejenigen, bei denen interveniert wird und entsprechende Anstrengungen zur Wiederherstellung einer staatlichen Ordnung unternommen werden, und diejenigen, wo nichts dergleichen der Fall ist und die bewaffneten Auseinandersetzungen endlos weitergehen, weil sich keiner findet, der in ihre Beendigung investiert, sondern sich nur diejenigen einmischen, die am Fortgang des Krieges interessiert sind. In letztgenannten Gebieten werden die neuen Kriege (vgl. H. Münkler 2002) zu einer Lebensform, auf die sich die Menschen einstellen und in der sie sich einrichten.

Verallgemeinernd wird man sagen können: Je näher ein Krisengebiet zu den Stabilitäts- und Prosperitätszonen liegt, desto höher ist die Wahrscheinlichkeit, dass eine Stabilisierungsintervention stattfindet, während mit dem geographischen Abstand die Bereitschaft dazu deutlich abnimmt. Das Verhängnis der sozio-politischen Entwicklung im subsaharischen Afrika während der letzten zwei Jahrzehnte erwuchs vor allem daraus, dass keine der interventionsfähigen Mächte des Nordens, weder die USA noch die Europäer, zu längerfristigen, von politischen und wirtschaftlichen Aufbauprogrammen flankierten Interventionen bereit war. Nach dem Scheitern der Pazifizierungsintervention in Somalia hat auch der Völkermord in Ruanda oder der Umstand, dass im Kongo der verlustreichste

Krieg seit 1945 stattfand, daran nichts ändern können. Statt dessen verfolgten einige große Konzerne eine Politik der selektiven Unterstützung einzelner Bürgerkriegsparteien, wobei die Auswahlkriterien nach dem Ende des Ost-West-Konflikts wesentlich von wirtschaftlichen Interessen, also dem Zugriff auf bestimmte Rohstoffe, geprägt waren. Die Folge dessen ist, dass Afrika in einer Reihe von innergesellschaftlichen, aber auch transnationalen Kriegen versinkt, die zu den am längsten währenden und verlustreichsten nach dem Zweiten Weltkrieg gehören (B. Grill 2003: 201ff.; T. Tielke 2006).

Die politische Bereitschaft zu humanitären militärischen Interventionen ist also durchaus beschränkt und bemisst sich an dem unmittelbaren Ausmaß der Folgen, die Bürgerkriege und zerfallende Staatlichkeit für die Stabilitäts- und Prosperitätszonen haben. Wo sich die Flüchtlingsströme bis in die wirtschaftlichen Zentren hinein ergießen, wie im Falle der Balkankriege, oder die Räume zerfallener Staatlichkeit zu Knotenpunkten von Terrornetzen werden, wie im Falle Afghanistans, kommt es zu Interventionen, die dann auch auf größere Dauer angelegt und politisch so robust sind, dass sie nicht nach den ersten Verlusten wieder abgebrochen werden. Wo dieses politische Interesse der intervenierenden Staaten dagegen nicht vorhanden ist, handelt es sich bei den Interventionen eher um symbolische Akte, die bei den ersten Problemen abgebrochen werden bzw. von vornherein so angelegt sind, dass es keine Probleme geben wird.

Halten wir fest: Grundsätzlich waren es weniger die Interessen der Eliten in den weltpolitischen und weltwirtschaftlichen Zentren, sondern die Krisen und Gewaltausbrüche an der Peripherie, die zu einer Politik des humanitären Interventionismus geführt haben. Aber die Entscheidung darüber, in welchen Konflikten interveniert wird und in welchen nicht, hat sehr viel mit den unmittelbaren Auswirkungen dieser Kriege auf die Prosperitätsregionen zu tun. Dass sich eine strikte Selektivität nach geographischer Nähe und politischen bzw. wirtschaftlichen Interessen dennoch nicht durchgesetzt hat, ist vor allem eine Folge des Einflusses der Medien auf die Entscheidung für oder gegen eine humanitäre militärische Intervention: Immer wieder sind es vor allem Bilder, weniger Berichte von Massakern, Flüchtlingslagern und Elendsgebieten (wobei das Zusammenspiel von Hunger, Seuchen und Kriegsgewalt fast immer eine entscheidende Rolle spielt), die in der politischen Öffentlichkeit der westlichen Länder einen solchen Druck aufbauen, dass man die Vorgänge nicht länger ignorieren kann und zum Handeln gezwungen ist. In der Regel wird dann aber zunächst auf das Engagement ziviler Hilfsorganisationen verwiesen, es werden Beschlüsse internationaler Organisationen herbeigeführt, Waffenembargos verhängt, Hilfsprogramme zur Versorgung der Flüchtlinge mit Lebensmitteln und Medikamenten aufgelegt, und erst, wenn dies alles keine Wirkung zeitigt und die Konfliktregion während der gesamten Zeit im Fokus der öffentlichen Aufmerksamkeit geblieben ist, beginnt man auch über humanitäre militärische Interventionen nachzudenken.

Freilich wird dabei von vornherein großer Wert auf die klare Definition der Aufgaben und die zeitliche Begrenzung der Einsatzdauer gelegt, was diese Interventionen deutlich von denen an den unmittelbaren Rändern der Prosperitätszonen unterscheidet. Dennoch: Wenn sie überhaupt zustande kommen, so hat dies mehr mit einem über die Medien aufgebauten Druck der politischen Öffentlichkeit als mit strategischen Interessen politischer und wirtschaftlicher Eliten in den weltpolitischen Zentren zu tun.

Man wird also mindestens zwei Typen humanitärer militärischer Interventionen unterscheiden müssen: solche, bei denen die ganz fraglos vorhandenen humanitären Absichten und Ziele der Intervention durch starke politische Interessen der Interventionsstaaten unterbaut sind, und solche, auf die sich die Entsendestaaten eher unwillig und nur unter starkem Druck von außen eingelassen haben und die sie so schnell wie möglich wieder beenden wollen. Erstere sind längerfristig angelegt und robust ausgestattet; letztere werden von Anfang an zeitlich eng begrenzt und haben eine eher symbolische als operative Relevanz. Man könnte erstere darum auch als politisch veranlasste und humanitär begründete militärische Interventionen bezeichnen, letztere dagegen als wesentlich humanitär motivierte militärische Interventionen. Das heißt freilich nicht, dass im Falle der ersteren humanitäre Motive keine Rolle spielen würden; das tun sie sehr wohl, aber sie werden durch politische (und wirtschaftliche) Interessen der Entsendestaaten flankiert, während dies bei letzteren nicht der Fall ist. Auch das ist keine sonderlich trennscharfe Unterscheidung, aber doch eine, die sich bei der öffentlichen Debatte über den Entschluss zur Beteiligung an einer Intervention immer wieder sehr deutlich zeigt. Dabei ist das politische Interesse keine gleich bleibende Größe; es kann stärker und schwächer sein. Generell gilt, dass es mit der geographischen Nähe wächst. Umgekehrt lässt es mit der geographischen Entfernung jedoch nicht in gleichem Maße nach: Zentralasien und das subsaharische Afrika sind von Europa etwa gleich weit entfernt, aber Zentralasien spielt interventionspolitisch eine sehr viel gewichtigere Rolle als das Afrika südlich der Sahara.

Wenn nun die Medien die in den metropolitanen Wohlstandszonen fehlende Bereitschaft konterkarieren, sich auf humanitäre militärische Interventionen auch abseits ihrer direkten Interessenszonen einzulassen, so heißt dies doch nicht, dass sie in der Lage wären, eine effektive und nachhaltig angelegte Politik zur politischen und wirtschaftlichen Stabilisierung dieser Gebiete zu erzwingen. So ist kaum von der Hand zu weisen, dass die Staaten bzw. die Staatengemeinschaft dem medial aufgebauten Druck zu Interventionen zwecks Beendigung grausamer Massaker oder fortgesetzter Vertreibungen zwar nachgeben, aber dabei eine eher symbolische als effektive Politik betreiben. Die Gründe für das Scheitern einer Reihe humanitärer militärischer Interventionen sind auch darin zu suchen, dass sie von vornherein mehr in Form symbolischen denn effektiven Handelns angelegt waren. Andererseits sind die Medien, die durch ihre Berichterstattung solche Interventionen gleichsam erzwingen, an dieser Entwicklung auch nicht schuldlos. Für eine durchhaltefähige humanitäre militärische Intervention bedarf es mehr als einer kurzzeitigen moralischen Empörung, die wesentlich medial hervorgebracht ist und gesteuert wird. Dafür ist, zumal dann, wenn im Interventionsgebiet mit entschlossenen Gegenakteuren zu rechnen ist, ein gehärteter politischer Willen vonnöten, der nicht beim ersten Widerstand oder den ersten Opfern sogleich resigniert.

Hier ist festzuhalten, dass der Begriff der Politik zwei Komponenten aufweist, die beide bei humanitären militärischen Interventionen zum Tragen kommen: zunächst handelt es sich dabei um das Administrieren von Wohlstand, zu dem neben wirtschaftlicher Prosperität auch Frieden und Sicherheit hinzuzuzählen sind; sodann geht es aber auch um die Fähigkeit und Bereitschaft, den eigenen Willen gegen einen ihm entgegenstehenden Willen durchzusetzen und dabei notfalls auf das Mittel der Gewalt zurückzugreifen. Gerade im Falle humanitärer militärischer Interventionen kommt die zweite Komponente des Politikbegriffs zum Tragen, die freilich in Europa zuletzt zu Gunsten der anderen Komponente stark in den Hintergrund getreten ist. Das Problem ist, dass die politische Öffentlichkeit der Entsendeländer vor allem im Fall humanitär motivierter humanitärer militärischer Interventionen auf diese zweite Komponente des Politikbegriffs nicht vorbereitet ist, sondern eher davon ausgeht, dass die Entsendung eigener Streitkräfte in ein Krisengebiet dort zu einem unmittelbaren Ende der Gewalt, einer baldigen Stabilisierung der Verhältnisse und zu einem schnellen wirtschaftlichen Aufschwung führen werde. Schließlich handelt man ja aus Großherzigkeit und Hilfsbereitschaft, und nicht, um einen eigenen Willen durchzusetzen, bei dem man eher mit Widerstand rechnen würde. Dass es im Interventionsgebiet auch Akteure gibt, die von Krieg und Gewalt profitieren, zumindest davon leben und also kein Interesse an der Kriegsbeendigung haben (H. Münkler 2002: 131ff.), wird kaum zur Kenntnis genommen. Die Vorstellung, die Krisengebiete bestünden aus einer Agglomeration von Opfern, die allesamt auf Hilfe von außen warten, wie sie in den westlichen Öffentlichkeiten zumeist vorherrscht, ist wiederum ein Produkt der Medien bzw. der spezifischen Art, in der die Medien den Konflikt als humanitäre Katastrophe darstellen: Berichtet wird von flüchtenden Frauen, hungernden und kranken Kindern, hilflosen Alten – und nur am fernen Horizont tauchen kurz die Gewaltakteure auf, von denen aber klar ist, dass sie beim Eintreffen gut ausgerüsteter Streitkräfte umgehend verschwinden werden. Die medial erzeugte Vorstellung von den Krisen- und Bürgerkriegsgebieten dreht sich um zwei strikt voneinander getrennte Welten: die der Opfer, die auf unmittelbare Hilfe angewiesen sind, und die der Täter, die von außen in die Opferwelt einbrechen und sie verwüsten. Es wird die Erwartung aufgebaut, mit militärischen Mitteln die Opferwelt schützen und die Gewaltakteure von ihr fernhalten zu können. Daraus resultiert die Hoffnung, dass dies eine Aufgabe sei, die mit begrenzten Mitteln und innerhalb eines überschaubaren Zeitraums ausgeführt werden könne.

Das Problem bei der Pazifizierung von Bürgerkriegsgebieten besteht aber gerade darin, dass es diese getrennten Welten der hilflosen Opfer und gewaltbereiten Täter so nicht gibt; vielmehr sind beide Welten ineinander verwoben: Wer Opfer und wer Täter ist, hängt oftmals nur vom Augenblick und Ort der Betrachtung ab und kann bei nächster Gelegenheit sich ganz anders darstellen. Die Präsentation von Hunger und Elend kann, auch wenn es um wirklichen Hunger und tatsächliches Elend geht, Bestandteil einer Bürgerkriegsökonomie sein, die auf einen permanenten Zufluss von Nahrungsmitteln und Medikamenten von außen angewiesen ist, so dass die humanitäre Reaktion auf die Katastrophe dazu beiträgt, dass der bewaffnete Konflikt weitergeht. Die Ökonomie der Bürgerkriege und transnationalen Kriege, gegen die humanitäre militärische Interventionen gerichtet sind, ist in jedem Fall sehr viel komplexer und vor allem unübersichtlicher, als dies in der medialen Vermittlung dargestellt wird (vgl. F. Jean / J.-C. Rufin 1999; W. Ruf 2003; S. Kurtenbach / P. Lock 2004). Das Scheitern vieler humanitärer militärischer Interventionen ist darauf zurückzuführen, dass den Szenarien keine angemessene Analyse der Kriegsökonomien und des daraus erwachsenden Interesses vieler Akteure an der Fortdauer des Krieges zu Grunde lag, dass man in Folge dessen eine falsche Vorstellung davon hatte, gegen wen und gegen wie viele man die Beendigung der Gewalt erzwingen und auf welche Kompromisse man sich dabei einlassen bzw. wie viel Gewalt man zur Durchsetzung des eigenen Willens einsetzen musste. Das wohl größte Problem dabei ist, dass diejenigen, die in der medialen Vermittlung des Krisengebiets als die ärmsten und hilflosesten Opfer dargestellt werden, plötzlich an vorderster Front der Gegenakteure stehen können: dann nämlich, wenn aus Kindern Kindersoldaten werden (P. Russmann 2005). Dass auf Kinder nicht geschossen werden darf, gehört zu den Grundüberzeugungen der Interventionskräfte. Gerade deswegen stellen Warlords Kindersoldaten in die erste Linie, wenn sie ihren Willen gegen den der Interventen durchsetzen wollen. Die mediale Präsentation hatte die verworrenen Konstellationen von Bürgerkriegen, die uns eigentlich bekannt und entsprechend analysiert sind (H.-W. Krumwiede / P. Waldmann 1998; I. v. Treskow 2005), als relativ übersichtlich und klar strukturiert dargestellt. Das war zumeist falsch, und vor allem hatte es verheerende Folgen für die Vorstellung der politischen Öffentlichkeit hinsichtlich der Probleme einer Intervention und des Widerstands gegen sie. Die Folge dessen ist, dass in der politischen Öffentlichkeit keine angemessene Vorstellung von den Schwierigkeiten und Risiken humanitärer militärischer Interventionen besteht, weswegen man bei Auftreten der ersten größeren Probleme oder gar eigener Verluste sehr schnell das Interesse am Engagement verliert und auf Rückzug drängt. Die Lage im Krisengebiet ist nach einer gescheiterten Intervention jedoch in der Regel schlimmer als zuvor. Deswegen ist sorgfältig abzuwägen, ob man sich auf eine solche Intervention einlassen will oder nicht – aber wenn man eine positive Entscheidung getroffen hat, muss man auch die Entschlossenheit aufbringen, sie umzusetzen. Die Rolle der Medien ist während des gesamten Zeitraums ambivalent: Einerseits spielen sie eine wichtige Rolle dabei, bestimmte Konflikte, die ansonsten vergessen würden, auf die politische Agenda zu setzen oder zumindest doch die Aufmerksamkeit auf sie zu lenken. Andererseits gelingt ihnen dies aber nur um den Preis einer dramatischen Vereinfachung, die falsche Vorstellungen von den Problemen einer Intervention hervorbringt. Nicht selten setzen die Medien die Politik dabei unter Zugzwang, sich auf Interventionen einzulassen, auch wenn bekannt ist, dass sie eigentlich nur scheitern können. Der moralische Dauerstress, unter den die Politik von den Medien gesetzt wird, führt also keineswegs umstandslos dazu, dass die Politik mehr humanitäre Projekte und nicht bloß solche aus Eigeninteresse verfolgt, sondern sie hat immer wieder auch eine Erosion der politischen Urteilskraft und das Aufkommen eines erfolglosen Aktionismus bzw. symbolischer Politik zur Folge. Die von Hirschman (1984) beobachteten Konjunkturen von Engagement und Enttäuschung werden durch die mediale Einwirkung auf die Frage humanitären Eingreifens verstärkt und beschleunigt.

Nicht selten kommt zur Resignation gegenüber dem Projekt humanitären Eingreifens aber noch hinzu, dass bei Interventionen, deren Gründe und Ziele wesentlich politischer und/oder wirtschaftlicher Art sind, eine humanitäre Komponente buchstäblich dazu erfunden und medial verbreitet wird, die es in dieser Form gar nicht gibt. Das Vorschieben humanitärer Interventionsgründe dient dann dazu, in der Öffentlichkeit des Interventionslandes Zustimmung und Unterstützungsbereitschaft zu mobilisieren, wie es sie beim Geltendmachen der politischen Gründe für die Intervention nicht geben würde (B. Scheufele 2005: 353ff.). Dabei werden solche Täuschungsmanöver keineswegs nur von den Regierungen der Interventionsstaaten vorgenommen, sondern häufig auch von Akteuren im Interventionsgebiet, die sich vom Eingreifen eines mächtigen Dritten Vorteile versprechen und die, um diesen zum Eingreifen zu bringen, Berichte über Massaker lancieren. Eines der spektakulärsten Beispiele dieser Vorgehensweise stellt bis heute der Fall der vermeintlich von den irakischen Invasoren getöteten kuwaitischen Brutkastenbabies dar, von dem sich später herausstellte, dass er zusammen mit anderen Berichten über angebliche irakische Kriegsgreuel von einem amerikanischen Werbeunternehmen im Auftrag der kuwaitischen Exilregierung erfunden und in der Öffentlichkeit gestreut worden war (J. R. Mac-Arthur 1993: 46ff.). Seitdem sehen sich Greuelbilder oder Berichte über Massaker, die im Zusammenhang mit der Durchführung einer humanitären militärischen Intervention verbreitet werden, fast immer dem Verdacht ausgesetzt, erfunden oder gefälscht zu sein. Im Vorfeld der NATO-Intervention im Kosovo spielte dieses Problem auch in Deutschland eine Rolle.

3. Gründe für humanitäre militärische Interventionen aus der Sicht der intervenierenden Staaten

Es gibt viele Gründe, warum es im Interesse der Menschen eines zerfallenden Staates oder eines Bürgerkriegsgebietes liegt, dass äußere Mächte intervenieren, um den selbstläufigen Prozess der Konflikteskalation zu stoppen und die offene Gewaltoption der Konfliktparteien zu blockieren. Bürgerkriege sind durch ein weitgehendes Fehlen von internen Stoppmechanismen gekennzeichnet (P. Genschel / K. Schlichte 1997: 501ff.), was zur Folge hat, dass ohne die Präsenz eines übermächtigen Dritten die Gewalt tendenziell endlos weitergehen kann. Seitdem obendrein geschlossene durch offene Bürgerkriegsökonomien abgelöst und die neuen Kriege an die Kanäle der Schattenglobalisierung angeschlossen wurden, ist die endlose Dauer eines Krieges, zuvor bloß eine Denkmöglichkeit, zur realen Perspektive geworden. Das gilt erst recht, wenn die zunächst innergesellschaftlichen Kriege aufgrund ethnischer oder religiöser Verbindungen oder aus ökonomischen Gründen die staatlichen Grenzen überspringen und sich in transnationale Kriege als Mischform zwischen Bürger- und Staatenkrieg verwandeln. Bei den Kriegen in Zentralasien und Afrika handelt es sich fast durchweg um solche transnationalen Kriege.

Aber was im wohlverstandenen Interesse der Bevölkerungsmehrheit in den Krisengebieten liegt, muss darum noch lange nicht mit den Interessen der intervenierenden Staaten identisch sein. Schließlich sind Interventionen teuer, und vor allem sind sie politisch riskant. Die Regierung, die Truppen in ein Krisengebiet entsendet, muss mit überraschenden Gegenaktionen regionaler Akteure, Fehlern bzw. Fehlverhalten der eigenen Kräfte sowie einem plötzlichen Sinneswandel bei Verbündeten und Partnern rechnen, und all das in einer Situation, in der ihre Aktivitäten unter medialer Dauerbeobachtung stehen. Erfolge, die erzielt werden, schlagen eher geringfügig zu Buche, während Misserfolge oder Fehlschläge größte Aufmerksamkeit auf sich ziehen. Die Entscheidung für eine humanitäre militärische Intervention zieht für die verantwortlichen Politiker mehr Risiken als Chancen nach sich, und für die Bevölkerung der Interventionsstaaten stellt sie sich in der Regel als ein weiterer Kostenfaktor bei ohnehin leeren Staatskassen dar. Interventionsentscheidungen sind also alles andere als beliebt, und dementsprechend suchen die meisten Regierungen sich um sie zu drücken. Entgegen den Annahmen der klassischen Imperialismustheorien geht die Dynamik, die schließlich zur Intervention führt, fast immer von der Peripherie und nicht vom Zentrum aus. Was also kann eine Regierung dazu veranlassen, Truppen für eine solche Intervention zur Verfügung zu stellen und dabei gar die Führungsrolle zu übernehmen? Und was kann eine Bevölkerung dazu bringen, eine solche Entscheidung nicht nur gutzuheißen, sondern sie auch über Jahre hinaus zu unterstützen?

Die Bündelung und Verkettung von Motiven, die hierbei eine Rolle spielen, lassen sich auf vier Faktoren reduzieren. Da sind zunächst *politische und/oder wirtschaftliche Interessen*, die zu einer Interventionsentscheidung führen können, wobei zwischen einem offensiven und einem defensiven Rekurs auf eigene Interessen zu unterscheiden ist. Mit defensiv ist eine Intervention gemeint, die eine Situation beenden soll, die bei längerer Dauer dem eigenen Staat Schaden zufügen würde. Das ist etwa der Fall, wenn ein Konflikt große Flüchtlingsbewegungen hervorbringt und diese sich zu einer erheblichen Belastung des Wohlstands und der Stabilität in den Aufnahmestaaten auswachsen. Von einer offensiven Interessenwahrnehmung wird man dagegen dann sprechen können, wenn die Krise dazu genutzt werden soll, um im Interventionsgebiet Veränderungen herbeizuführen, die im Interesse des intervenierenden Staates liegen (was im übrigen nicht heißen muss, dass sie deswegen den Interessen der Bevölkerung im Interventionsgebiet entgegenlaufen). Die Krise einer politischen bzw. sozioökonomischen Ordnung in einer bestimmten Region entwickelt sich hier als eine Chance für den intervenierenden Staat, Veränderungen zu veranlassen, die seine Position dort stärken. Das ist der Fall, bei dem am ehesten bezweifelt werden kann, dass humanitäre Erwägungen für die Intervention den Ausschlag gegeben haben. Auch taucht in diesem Fall immer wieder der Verdacht auf, die intervenierende Macht habe die Krise selber ausgelöst oder doch verschärft, um dadurch die Chance zum Eingreifen zu erhalten.

Davon zu unterscheiden sind Interventionen, die allein und ausschließlich aus *humanitären Gründen* unternommen werden und bei denen keine, zumindest keine erkennbaren Interessen der Interventionsmacht im Spiele sind. Die Intervention ist also allein durch die Gewalt und das Unrecht verursacht, denen sie ein Ende setzen soll. Solche Interventionen kommen häufig durch gesellschaftlichen Druck zu Stande, und dabei spielen die Medien jene Rolle, wie sie oben beschrieben wurde. Diese Interventionen haben an ihrem Anfang eine große Unterstützung durch die Bevölkerung, die aber bei den ersten Problemen schnell nachlässt. Mitleid und Mitgefühl sind politisch wenig belastbar. Die Regierung hat dem öffentlichen Druck nachgegeben, ist von Sinn und Erfolgschancen der Intervention aber nicht überzeugt. Sie antizipiert das schnell schwindende Interesse an dem Fall und organisiert das Eingreifen so, dass beeindruckende Bilder davon entstehen, aber daraus keine größeren Verpflichtungen erwachsen. Vor allem aber achtet sie darauf, dass ihre Interventionskräfte nicht die Interessen eines mächtigen Akteurs im Interventionsgebiet stören und deswegen zum Ziel von Angriffen werden. Vielmehr werden mit diesen Akteuren, die ihrerseits das

Problem im Interventionsgebiet darstellen, weil sie den Staatszerfall verursacht haben oder Parteien des Bürgerkriegs sind, Absprachen getroffen, denen zufolge das Gewaltlevel im Interventionsgebiet für einige Zeit gesenkt wird, um angesichts dieses Erfolgs die eigenen Truppen nach geraumer Zeit wieder abziehen zu können. Die Einhaltung dieser Absprachen lässt man sich etwas kosten. An den strukturellen Ursachen der Krise, die zu der Intervention geführt hat, hat sich damit nichts geändert. Aber man hat für einige Zeit verbesserte Bedingungen für die Versorgung von Flüchtlingscamps durch humanitäre Hilfsorganisationen geschaffen, die sanitären Verhältnisse in den Camps verbessert und einen zumindest zeitweiligen Waffenstillstand zwischen den regionalen Konfliktparteien zustande gebracht, bei dem nicht ausgeschlossen ist, dass er auch nach dem Abzug der fremden Truppen Bestand haben wird. Es ist nicht ausgeschlossen, dass solche Interventionen nachhaltige Effekte haben, insofern die zeitweilige Anwesenheit fremder Akteure die Handlungskonstellationen in der Region dauerhaft verändern. Aber wahrscheinlich ist das nicht.

Zwischen diesen beiden Interventionstypen, bei denen entweder die Interessen des Entsendelandes oder die der Menschen im Interventionsgebiet die ausschlaggebende Rolle spielen, wobei die Einmischung der jeweils anderen Komponente von unterschiedlicher Relevanz sein kann, gibt es noch einen vierten Typus von Intervention, bei dem bündnispolitische Verpflichtungen oder der ‚Freikauf' von anderen Verpflichtungen für die Interventionsentscheidung ausschlaggebend sind. Nennen wir sie *Interventionen des kalkulierten Tauschs*, weil hier weder die unmittelbaren Interessen des Entsendelandes noch die des Interventionsgebiets ausschlaggebend sind, sondern dritte Akteure ins Spiel kommen, die den Ausschlag für die Entsendung von Truppen geben. Dabei kann es sich um die Funktionsfähigkeit eines Bündnissystems handeln, die Festigung oder Verbesserung der politischen Beziehungen zwischen zwei an der Intervention beteiligten Ländern oder bloß die Demonstration von Handlungsfähigkeit in den Augen der Weltgemeinschaft, also die Steigerung des politischen Prestiges. Genauso kann es bei der Beteiligung an einer Intervention aber auch darum gehen, dadurch von Erwartungsdruck bei der nächsten Interventionsentscheidung freigestellt zu sein: Man sagt im einen Falle ja, um im anderen besser nein sagen zu können, ohne dadurch an Ansehen und politischem Gewicht zu verlieren.

Selbstverständlich handelt es sich bei den hier beschriebenen Entscheidungsmotivationen für Interventionen um Idealtypen, die in dieser reinen Form selten oder gar nicht auftauchen. Statt dessen begegnen wir Mischformen, bei denen sich kaum präzise feststellen lässt, in welchem Maße die drei Idealtypen in den Entscheidungsprozess Eingang gefunden haben. Diese Mischungsverhältnisse sind um so komplexer, je mehr Instanzen und Akteure auf den Entscheidungsprozess Einfluss genommen haben. In Demokratien dürften also immer alle drei Motivations- und Begründungsstränge eine Rolle spielen, und das der Entscheidung vorgeschaltete Deliberationsverfahren führt dazu, dass die zuvor noch nach Institutionen und Parteien identifizierbaren Positionen kräftig durchmischt werden. Dabei werden dann zwangsläufig diejenigen, die aus politischen Interessen eine Intervention befürworten, sich humanitärer Argumentationen bedienen, um zusätzliche Unterstützung zu gewinnen, und auch die Anhänger einer rein humanitären Argumentation werden, wenn die Zustimmung zum Interventionsbeschluss knapp zu werden droht, auf politische Interessen, Bündnisverpflichtungen und die Risiken anderer Einsätze verweisen. Der politische Prozess, der zum Interventionsbeschluss (oder seiner Verweigerung) führt, hat den Effekt, dass keiner der hier idealtypisch rekonstruierten Argumentationsstränge allein ausreicht, um eine entsprechende Entscheidung herbeizuführen. Das stärkt den Rückhalt der entsandten Kräfte und mindert das Risiko, dass sie als bloßes Zahlungsmittel beim Erwerb politischen Prestiges eingesetzt werden. Das ist der Nutzen längerfristig angelegter Deliberationen im Vorfeld von Interventionsentscheidungen.

Aber diesem Nutzen steht ein Preis gegenüber, und der besteht darin, dass unter diesen Umständen nicht schnell und unmittelbar auf Krisen reagiert werden kann, sondern abgewartet werden muss, bis sie einen gewissen Intensitätsgrad erreicht haben, durch den sie ins Bewusstsein einer größeren Öffentlichkeit gedrungen sind. Erst dann nämlich kommen die humanitären Begründungen und die Abwägungen des Tauschkalküls ins Spiel, ohne die eine Interventionsentscheidung kaum durchsetzbar ist. Genau in dieser Zeit aber schreitet der Staatszerfall im potentiellen Interventionsgebiet voran, und der Bürgerkrieg frisst sich immer tiefer in die Strukturen der Gesellschaft hinein. Die Folge dessen ist, dass die Erfolgsaussichten der Intervention immer geringer bzw. der Zeitraum, den sie dauern muss, um erfolgreich zu sein, immer größer wird. Die Zeitrhythmen, denen die verantwortliche Vorbereitung einer Intervention und deren positive Effekte im Interventionsgebiet gehorchen, folgen entgegengesetzten Imperativen: Je gründlicher und sorgfältiger eine Intervention vorbereitet, politisch abgesichert und strategisch geplant wird, desto geringer werden aufgrund des mit großer Geschwindigkeit ablaufenden politisch-sozialen Erosionsprozesses im Interventionsgebiet ihre Erfolgsaussichten, und je schneller und zügiger auf einen sich abzeichnenden Bürgerkrieg seitens gewaltblockierender Interventen reagiert wird, desto geringer ist die politische und moralische Unterstützung dieser Intervention im Entsendeland, bis hin zu dem dann leicht zu lancierenden Verdacht, es habe überhaupt keinen Bürgerkrieg gegeben, sondern man habe aus ökonomischen oder geopolitischen Interessen heraus Truppen in eine Region entsandt, wo sie nichts zu suchen hätten.

Das also ist das Grundproblem der gegenwärtigen Praxis humanitärer militärischer Interventionen: dass sie erst erfolgen, wenn ihre Erfolgsaussichten gering geworden sind, und dass sie, solange diese Erfolgsaussichten hoch sind, aus guten Gründen nicht erfolgen können. Die Folge dessen ist, dass sich humanitäre Interventionen, um effektiv zu sein, nach einiger Zeit in ein langfristiges Projekt des *nation building* bzw. der *state formation* verwandeln (J. Hippler 2004; F. Fukuyama 2004), während die Interventionen, die gemäß ihrem zeitlichen Fahrplan als zeitlich eng begrenztes Eingreifen zu humanitären Zwecken und ohne Anspruch auf eine Umgestaltung der politischen und sozio-ökonomischen Strukturen der Region durchgeführt werden, eher eine Form symbolischer Politik darstellen: eine Aktivität, die verdecken soll, dass nicht gehandelt wird. Wie aus diesem Dilemma herauszukommen ist, ist vorerst nicht zu sehen.

Literatur

Beck, Ulrich (1999): Über den postnationalen Krieg. In: Blätter für deutsche und internationale Politik, Heft 8: 984-990.
Bollinger, Stefan (Hrsg.) (2004): Imperialismustheorien. Historische Grundlagen für eine aktuelle Kritik. Wien: Promedia.
Bogoeva, Julija / Fetscher, Caroline (Hrsg.) (2002): Srebrenica: Ein Prozess. Dokumente aus dem Verfahren gegen General Krstić vor dem Internationalen Strafgerichtshof für das ehemalige Jugoslawien in Den Haag. Frankfurt/Main: Suhrkamp.
Clausewitz, Carl von [1832] (1980): Vom Kriege. 19. Aufl. Mit erneut erw. histor.-krit. Würdigung von Werner Hahlweg. Bonn: Dümmler.
Creveld, Martin van (1999): Aufstieg und Untergang des Staates. Aus dem Engl. von Klaus Fritz und Norbert Juraschitz. München: Gerling-Akademie-Verlag.
Debiel, Tobias (2003): UN-Friedensoperationen in Afrika. Weltinnenpolitik und die Realität von Bürgerkriegen. Bonn: Dietz.
Fisch, Jörg (1984): Die europäische Expansion und das Völkerrecht. Die Auseinandersetzungen um den Status der überseeischen Gebiete vom 15. Jahrhundert bis zur Gegenwart. Stuttgart: Steiner.
Frech, Siegfried / Trummer, Peter I. (Hrsg.) (2005): Neue Kriege. Akteure, Gewaltmärkte, Ökonomie. Schwalbach/Ts.: Wochenschau-Verlag.
Fukuyama, Francis (2004): Staaten bauen. Die neue Herausforderung internationaler Politik. Aus dem Engl. von Hartmut Schickert. Berlin: Propyläen.
Genschel, Philipp / Schlichte, Klaus (1997): Wenn Kriege chronisch werden: der Bürgerkrieg. In: Leviathan 25, Heft 4: 501-517.
Girardet, Klaus M. (2007): Gerechter Krieg – Von Ciceros Konzept des *bellum iustum* bis zur UNO-Charta. In: Richter et al. (2007): 191-221.
Grill, Bartholomäus (2003): Ach, Afrika. Berichte aus dem Inneren eines Kontinents. Berlin: Siedler.
Gustenau, Gustav (Hrsg.) (2000): Humanitäre militärische Intervention zwischen Legalität und Legitimität. Baden-Baden: Nomos.
Handke, Peter (1996): Eine winterliche Reise zu den Flüssen Donau, Save, Morawa und Drina oder Gerechtigkeit für Serbien, Frankfurt/Main: Suhrkamp.
Harvey, David (2005): Der neue Imperialismus. Aus dem Amerikan. von Britta Dutke. Hamburg: VSA-Verlag.

Hille, Charlotte (Hrsg.) (2004): State Building. Challenges Between Theoretical Necessity and Political Reality. Leiden: Hille.
Hippler, Jochen (Hrsg.) (2004): Nation-Building: Ein Schlüsselkonzept für friedliche Konfliktbearbeitung? Bonn: Dietz.
Hirschman, Albert O. (1984): Engagement und Enttäuschung. Über das Schwanken der Bürger zwischen Privatwohl und Gemeinwohl. Übers. von Sabine Offe. Frankfurt/Main: Suhrkamp.
Hofbauer, Hannes (2001): Balkankrieg. Zehn Jahre Zerstörung Jugoslawiens. Wien: Promedia.
Ignatieff, Michael (2002): Die Politik der Menschenrechte. Aus dem Engl. übers. von Ilse Utz. Hamburg: Europäische Verlags-Anstalt.
Ignatieff, Michael (2003): Empire lite. Nation-building in Bosnia, Kosovo and Afghanistan. London: Vintage.
International Commission on Intervention and State Sovereignty (2001): The Responsibility to Protect. Report of the International Commission on Intervention and State Sovereignty. Ottawa: International Development Research Centre.
Irlenkaeuser, Jan C. (2006): Zivil-militärische Zusammenarbeit als Aufgabe für die Bundeswehr. In: Krause / Irlenkaeuser (2006): 237-250.
Janowitz, Morris (1960): The Professional Soldier. A Social and Political Portrait. Glencoe: Free Press.
Jean, François / Rufin, Jean-Christophe (Hrsg.) (1999): Ökonomie der Bürgerkriege. Aus dem Franz. von Birgit Sommer. Hamburg: Hamburger Edition.
Kimminich, Otto (1980): Der gerechte Krieg im Spiegel des Völkerrechts. In: Steinweg (1980): 206-223.
Köck, Heribert Franz (2000): Die humanitäre Intervention. In: Gustenau (2000): 25-57.
Krause, Joachim / Irlenkaeuser, Jan C. (Hrsg.) (2006): Bundeswehr – die nächsten 50 Jahre. Anforderungen an deutsche Streitkräfte im 21. Jahrhundert. Opladen: Verlag Barbara Budrich.
Krause, Skadi (2008): Gerechte Kriege – ungerechte Feinde. Die Theorie des gerechten Krieges und ihre moralischen Implikationen. In diesem Band.
Kreis, Georg (Hrsg.) (2006): Der „gerechte Krieg". Zur Geschichte einer aktuellen Denkfigur. Basel: Schwabe Verlag.
Krumwiede, Heinrich-W. / Waldmann, Peter (Hrsg.) (1998): Bürgerkriege: Folgen und Regulierungsmöglichkeiten. Baden-Baden: Nomos.
Kurtenbach, Sabine / Lock, Peter (Hrsg.) (2004): Kriege als (Über)Lebenswelten: Schattenglobalisierung, Kriegsökonomien und Inseln der Zivilität. Bonn: Dietz.
MacArthur, John R. (1993): Die Schlacht der Lügen. Wie die USA den Golfkrieg verkauften. Aus dem Amerikan. von Friedrich Griese. München: dtv.
Merkel, Reinhard (Hrsg.) (2000): Der Kosovo-Krieg und das Völkerrecht. Frankfurt/Main: Suhrkamp.
Münkler, Herfried (2002): Die neuen Kriege. Reinbek bei Hamburg: Rowohlt.
Münkler, Herfried (2005): Imperien. Die Logik der Weltherrschaft – vom alten Rom bis zu den Vereinigten Staaten. Berlin: Rowohlt Berlin.
Münkler, Herfried (2006): Der Wandel des Krieges. Von der Symmetrie zur Asymmetrie. Weilerswist: Velbrück Wissenschaft.

Naimark, Norman M. (2004): Flammender Hass: Ethnische Säuberungen im 20. Jahrhundert. Aus dem Amerikan. von Martin Richter. München: C.H. Beck.
Priest, Dana (2003): The Mission. Waging War and Keeping Peace with America's Military. New York u. London: W. W. Norton.
Prunier, Gérard (2006): Darfur. Der „uneindeutige" Genozid. Aus dem Engl. von Gennaro Ghirardelli. Hamburg: Hamburger Edition.
Rabehl, Thomas / Schreiber, Wolfgang (Hrsg.) (2001): Das Kriegsgeschehen 2000. Daten und Tendenzen der Kriege und bewaffneten Konflikte. Opladen: Leske + Budrich.
Reinhard, Wolfgang (1999): Geschichte der Staatsgewalt. Eine vergleichende Verfassungsgeschichte Europas von den Anfängen bis zur Gegenwart. München: C.H. Beck.
Richter, Emmanuel et al. (Hrsg.) (2007): Res Publica und Demokratie. Die Bedeutung von Cicero für das heutige Staatsverständnis. Baden-Baden: Nomos.
Rieff, David (1995): Schlachthaus. Bosnien und das Versagen des Westens. Aus dem Amerikan. von Yvonne Badal. München: Luchterhand.
Ruf, Werner (Hrsg.) (2003): Politische Ökonomie der Gewalt: Staatszerfall und die Privatisierung von Krieg und Gewalt. Opladen: Leske + Budrich.
Russmann, Paul (2005): Kindersoldaten. In: Frech et al. (2005): 101-118.
Scheufele, Bertram (2005): Mediale Legitimierung von Kriegen durch Rollen-Zuschreibung. Eine explorative Studie zur Berichterstattung deutscher Nachrichtenmagazine über den Kosovo-Krieg. In: Medien & Kommunikationswissenschaft 53, Heft 2-3: 352-368.
Schlichte, Klaus (2005): Der Staat in der Weltgesellschaft. Politische Herrschaft in Asien, Afrika und Lateinamerika. Frankfurt/Main u. New York: Campus.
Schreiber, Wolfgang (2001): Die Kriege in der zweiten Hälfte des 20. Jahrhunderts und danach. In: Rabehl et al. (2001): 11-46.
Schröder, Hans-Christoph (1973): Sozialistische Imperialismusdeutung. Studien zu ihrer Geschichte. Göttingen: Vandenhoeck & Ruprecht.
Steinkamm, Armin A. (2000): Politische Chronologie und Bewertung des Kosovo-Einsatzes der NATO. In: Gustenau (2000): 185-201.
Steinweg, Reiner (Red.) (1980): Der gerechte Krieg: Christentum, Islam, Marxismus. Frankfurt/Main: Suhrkamp.
Thielke, Thilo (2006): Krieg im Lande des Mahdi. Darfur und der Zerfall des Sudan. Essen: Magnus Verlag.
Tomuschat, Christian (Hrsg.) (2004): Völkerrecht. 2. Aufl. Baden-Baden: Nomos.
Treskow, Isabella von et al. (Hrsg.) (2005): Bürgerkrieg. Erfahrung und Repräsentation. Berlin: Trafo.
Walzer, Michael (1977): Just and Unjust Wars. A Moral Argument with Historical Illustrations. New York: Basic Books.
Walzer, Michael (1996): Lokale Kritik – globale Standards. Zwei Formen moralischer Auseinandersetzung. Aus dem Amerikanischen von Christina Goldmann. Hamburg: Rotbuch.
Zanetti, Véronique (2000): Menschenrechte und humanitäre Interventionspflicht. In: Gustenau (2000): 93-107.

Gerechte Kriege, ungerechte Feinde – Die Theorie des gerechten Krieges und ihre moralischen Implikationen

Skadi Krause

> *Wer gerecht herrscht unter den Menschen, wer herrscht in der Furcht Gottes, der ist wie das Licht des Morgens, wenn die Sonne aufgeht, am Morgen ohne Wolken. Und wie das Gras nach dem Regen aus der Erde bricht, so ist mein Haus fest bei Gott; denn er hat mir einen ewigen Bund gesetzt, in allem wohl geordnet und gesichert. All mein Heil und all mein Begehren wird er gedeihen lassen. Aber die nichtswürdigen Leute sind allesamt wie verwehrte Disteln, die man nicht mit der Hand fassen kann; sondern wer sie angreifen will, muss Eisen und Spieß in der Hand haben; sie werden mit Feuer verbrannt an ihrer Stätte.*
>
> 2. Samuel 23

Einleitung

Gerade in Kriegszeiten ist die diskursive Auseinandersetzung über Fragen der Moral ein sinnvolles Unterfangen. Sie zeigt, dass der Krieg nicht als moralfreier Raum menschlichen Handelns betrachtet werden kann. Vielmehr ist er, wie Michael Walzer in *Gibt es den gerechten Krieg?* ausführt, die härteste Bewährungsprobe für unsere moralischen Anschauungen (vgl. Walzer 1982: 17).

Ein Blick in die Ideengeschichte belegt denn auch, dass die Realität des Krieges seit altersher Gegenstand moralischer Auseinandersetzungen gewesen ist. Geführt wurden diese Auseinandersetzungen nicht nur über die Frage nach der Gerechtigkeit der Kriegsgründe, sondern auch darüber, wie die zerstörerischen Auswirkungen des Krieges auf Mensch und Güter zu mildern sind. Überall dort, wo Kriege nicht mehr zu einem Vernichtungskrieg ausarteten und der Kriegsgegner als politisch gleichrangig anerkannt wurde, entstanden Regeln mit dem Ziel, dem Gewaltgebrauch Grenzen zu setzen. Solche Regeln finden sich in allen Kulturkreisen.

Die Auseinandersetzung mit der moralischen Dimension des Krieges erfolgte dabei nicht selten im Rahmen einer historischen Darstellung vergangener Kriege, vor deren Hintergrund Kampfmittel und -methoden der Kriegsparteien auf ihre moralische Zulässigkeit hin beurteilt und entsprechende Empfehlungen formuliert wurden. Dabei wurde der Krieg in der Regel nicht als solcher in Frage gestellt, sondern es wurden lediglich seine historischen Erscheinungsformen analysiert und die Möglichkeiten seiner Hegung erörtert.

Ihren ideengeschichtlich wirkmächtigsten Ausdruck fanden die Auseinandersetzungen über die moralische Legitimität von Kriegen und die Möglichkeiten ihrer Begrenzung dabei in der Lehre vom gerechten Krieg, die ihren Ursprung in der Antike hatte und ihren Höhepunkt im europäischen Völkerrecht der Neuzeit fand. Grundlegend für diese Tradition ist die Unterscheidung zwischen dem eigentlichen Kriegsrecht, dem Recht im Krieg (ius in bello), das jene völkerrechtlichen Gewohnheitsgrundsätze und Kodifikationsregelungen umfasst, die die Formen der Austragung des Krieges zwischen zwei Staaten regeln, und dem Recht zum Krieg (ius ad bellum), das die Prinzipien und Kriterien zur Beurteilung der Kriegsgründe enthält. Das ius in bello bezieht sich im Gegensatz zum ius ad bellum also nur auf jene Handlungen, die im Kriegszustand als legitim zu betrachten sind. Es sagt nichts darüber aus, ob ein Staat überhaupt zu Gewaltmaßnahmen schreiten darf oder nicht. Es verbietet mithin den Krieg nicht, sondern kommt erst dann zur Geltung, wenn sich bewaffnete Auseinandersetzungen tatsächlich ereignen, gleichgültig aus welchem Grund. Dagegen umfasst das ius ad bellum all jene Gründe, die die Anwendung militärischer Gewalt gegenüber anderen rechtfertigen und einen Krieg legitimieren sollen. Das ius ad bellum bildet den eigentlichen Kern der Theorie des gerechten Krieges (bellum iustum), insofern es bereits den Rückgriff auf das Mittel des Krieges an bestimmte Voraussetzungen zu binden sucht, während das ius in bello lediglich die Modalitäten der Kriegführung behandelt. Gleichwohl sind sowohl das ius ad bellum als auch das ius in bello inhärente Bestandteile der Theorie des gerechten Krieges, denn ein Krieg, der zwar aus legitimen Gründen aber mit unlauteren Mittel geführt wird, kann, wie noch zu zeigen ist, in der Tradition des bellum iustum ebenfalls nicht als gerecht betrachtet werden.

Im Zentrum des Interesses dieses Beitrags steht indes das in der Lehre vom gerechten Krieg angelegte Problem der moralischen Asymmetrie. Geht das ius in bello von der Prämisse der moralischen Gleichwertigkeit der Kriegsgegner aus, so stellt das ius ad bellum diese Prämisse gerade infrage. Dies wirft die Frage auf, ob ein Rekurs auf die Lehre vom gerechten Krieg und die mit ihrer Hilfe formulierten Kriterien legitimer Kriegführung mit den normativen Grundlagen der ihrem Selbstverständnis nach auf den Prinzipien der Selbstbestimmung und der Gleichwertigkeit gegründeten internationalen Politik überhaupt noch vereinbar ist.

1. Die Lehre vom gerechten Krieg in der Antike

Die Wurzeln der Theorie des gerechten Krieges reichen zurück bis in die griechische Antike (vgl. U. Kleemeier 2003: 11-18). Tatsächlich lässt sich der Begriff des „gerechten Krieges" (polemos dikaios) schon bei Aristoteles (384-322 v. Chr.) nachweisen (vgl. Aristoteles 1994: I, 8, 1256b). Zwar fällt es schwer, bei den entsprechenden Stellen in der *Politik* von einer ausgearbeiteten Theorie des gerechten Krieges zu sprechen, doch lassen sich bereits bei Aristoteles zwei Elemente nachweisen, denen im Verlauf der weiteren Theorieentwicklung eine prägende Rolle zukommt.

Ein gerechter Krieg ist für Aristoteles erstens ein Krieg gegen Barbaren, also ein Krieg gegen jene Gemeinschaften, die der griechischen Sprache und politischen Kultur als nicht zugehörig und eben darum auch als unterlegen angesehen werden. Diese werden von den Hellenen unterschieden, mit denen die Athener kulturell, wirtschaftlich und politisch in engem Kontakt standen und mit denen sie auch durch Verträge verbunden waren. Der gerechte Krieg erscheint bei Aristoteles also als ein seiner moralischen Natur nach asymmetrischer Krieg, der gegen einen politisch und kulturell als unterlegen bzw. als nicht gleichwertig betrachteten Gegner geführt wird. So erklärt Aristoteles jede Art eines rechtlich geregelten Austausches mit den Barbaren für unmöglich. Die Barbaren sind für ihn „von Natur aus" zum Dienen bestimmt (Aristoteles 1994: III, 14, 1285a), insofern sie nicht über die politische Kunst des gegenseitigen Herrschens und Beherrschtwerdens verfügen und somit über die Fähigkeit der Selbstbindung, die ihnen Verträge abverlangen. „Man muss nämlich", schreibt Aristoteles, „die Kriegskunst anwenden sowohl gegen die wilden Tiere als auch gegen diejenigen Menschen, welche durch die Natur zum Regiertwerden (árchesthai) bestimmt sind und dies doch nicht wollen" (Aristoteles 1994: I, 8, 1256b). Damit spricht Aristoteles den Barbaren jede Fähigkeit zur Politik ab. Der Krieg gegen sie ist kein Krieg, bei dem man gegen einen gleichrangigen Gegner kämpfen und Ruhm und Ehre gewinnen könnte. Er ist, sofern er nicht zur eigenen Verteidigung geführt wird, vielmehr ein Beutezug, der der Versklavung eben dazu bestimmter Menschen dient (vgl. auch Aristoteles 1994: VII, 2, 1324b; VII, 14, 1333b).

Allerdings warnt Aristoteles davor, und das ist der zweite Punkt, den es mit Blick auf die Tradition der Lehre vom gerechten Krieg zu beachten gilt, die naturgegebene Überlegenheit über die Barbaren zu missbrauchen. So dürfen die Griechen die Barbaren zwar mit kriegerischen Mitteln unter ihre Zwingherrschaft bringen, sie dürfen sie jedoch nicht wahllos töten. Und auch als Herren sieht Aristoteles die Griechen gegenüber den so gewonnenen Sklaven in der Pflicht. Da er das Herrschaftsverhältnis von Herren und Sklaven als ein individuelles und natürliches betrachtet, fordert er, dass es von „gemeinsamer Neigung" und zum „gegenseitigen Vorteil" geprägt sein sollte (Aristoteles 1994: I,

6, 1255b). Dabei geht es Aristoteles freilich nicht um die moralische Integrität des Gegners, sondern um die Bewahrung der moralischen Überlegenheit und Tugendhaftigkeit der Griechen. Denn eine Form der Kriegführung und Herrschaftsausübung, welche die elementaren moralischen Standards der Gemeinschaft aufgibt, muss seiner Ansicht nach unweigerlich zum Verfall der eigenen politischen Ordnung führen.[1]

Was den gerechten Krieg für Aristoteles mithin ausmacht, ist der Kampf gegen einen politisch und kulturell als ungleich bzw. minderwertig betrachteten Gegner, dessen Form der gemeinschaftlichen Organisation zwar nicht als Form politischer Herrschaft anerkannt wird, dem der Status des Menschseins aber gleichwohl nicht gänzlich abgesprochen werden kann. Auch der von Natur aus als legitim erachtete Krieg gegen die Barbaren erfordert für Aristoteles daher die Einhaltung eines Kriegsrechts – wenn auch vornehmlich zur Wahrung der individuellen Würde und zum Schutze der als überlegen angesehenen politischen Gemeinschaft der Athener bzw. Hellenen.

Cicero (106-43 v. Chr.) hat diese aristotelische Deutung des gerechten Krieges mit seiner Bestimmung des bellum iustum zur Auflösung gebracht. Ganz in der Tradition der römische Republik verwurzelt, welche die Unterworfenen als Bundesgenossen ansah und sie in Bündnisverträgen politisch an sich band, betrachtet Cicero die Kriegsgegner nicht mehr als Barbaren, sondern als (zumindest dem Prinzip nach) politisch Gleichrangige. Im Gegensatz zu Aristoteles gibt es für ihn daher auch kein natürliches ius ad bellum. Vielmehr hält er nur jene Kriege für gerecht, die auf Grundlage einer formalen Androhung (denuntiatio) und Erklärung (indictio) erfolgen sowie zur Wiedergutmachung eines erlittenen Schadens (repetitio) geführt werden (M.T. Cicero 1985: I, 11). Was er damit beschreibt, ist jedoch nur geltendes römisches Kriegsrecht. Der gerechte Krieg ahndet die Verletzung geltenden Rechts und dient der Wiederherstellung geteilter Rechtsgrundsätze. Sein Ziel ist deshalb ein von beiden Seiten unterzeichneter Vertrag. Weitere Rechtfertigungsgründe für das ius ad bellum gibt es bei Cicero nicht, denn im Gegensatz zur hellenistischen Staatenwelt kennt das römische Imperium keine natürlichen und damit unüberschreitbaren Grenzen.

Ausführlich erörtert Cicero deshalb nur das ius in bello. Sein Appell „im Krieg nicht grausam und nicht unmenschlich" zu handeln ist ebenso eine Deutung des Kriegsrechts wie seine Forderung, dass man für die, „die man mit Gewalt besiegt hat", sorgen muss und auch jene aufzunehmen verpflichtet ist, „die nach Niederlegung der Waffen beim Schutzversprechen des Feldherrn Zuflucht" suchen (M.T. Cicero 1985: I, 11). Auch seine Forderung, dass man fortan im Krieg zwischen den Schuldigen und ihren Untergebenen unterscheiden soll, ist

---

[1] Dies erklärt auch die von Aristoteles gehegten Bedenken gegen die Versklavung von Kriegsgefangenen, die nicht barbarischer Herkunft sind (vgl. Aristoteles 1994: I, 6, 1255a).

letztlich eine Ausdeutung des ius in bello. „Was Zerstörung und Plünderung von Städten angeht", schreibt er, „so ist eingehend zu überlegen, damit nichts verwegen, nichts grausam geschehe. Und es verrät den großen Mann, wenn alles drunter und drüber geht, die Schuldigen zu strafen, die Menge zu schonen, bei jedem Rang das Rechte und Ehrenhafte zu wahren" (M.T. Cicero 1985: I, 11).

Der Wahrung der Prinzipien des ius in bello weist Cicero dabei eine ähnliche Bedeutung zu, wie sie Aristoteles der Vermeidung unnötiger Grausamkeit gegenüber den Barbaren beilegt. Ihr Zweck besteht nicht in erster Linie darin, den unterlegenen Gegner zu schützen, sondern darin, einer Eskalation der Kriegshandlungen und damit auch der eigenen sittlichen Verrohung entgegenzuwirken. Die Aufrechterhaltung der eigenen Sittlichkeit aber ist für Cicero deshalb von elementarer Bedeutung, weil ihr Verlust seiner Meinung nach unweigerlich mit negativen Konsequenzen für die rechtliche Ordnung und die politische Stabilität der römischen Republik verbunden ist.

Ciceros Kriterien des ius in bello speisen sich aus zwei Quellen: Zum einen aus seinem durch die griechische Stoa geprägten Ideal von der in der Natur des Menschen verankerten Dignität, zum anderen aus der in der römische Republik weiterentwickelten aristotelischen Vorstellung von der genuin politischen Natur des Menschen. Die wichtigste Fortbildung dieser Vorstellung und damit zugleich auch die grundsätzliche Differenz gegenüber ihrem ursprünglichen Schöpfer liegt darin, dass nach der Ansicht Ciceros zumindest rechtlich ein Verhältnis der Reziprozität zwischen den Kriegsparteien herrscht, wodurch letztlich auch der Krieg als Mittel der Politik gedeutet werden kann. Die Konsequenz dessen ist, dass alle Kriege für gerecht erklärt werden, die geltendes Kriegsrecht wahren. Eine Theorie des gerechten Krieges im Sinne der Ausarbeitung von Kriegsgründen, die über einen Bruch der zwischen den Teilen und Verbündeten des römischen Imperiums geltenden Verträge und Abkommen hinausgehen, gibt es bei Cicero nicht.

2. Die christliche Lehre vom gerechten Krieg

Zu einer Wiederbelebung und Weiterentwicklung der Lehre vom gerechten Krieg kommt es in der christlichen Tradition. In ihrer durch Augustinus (354-430) geprägten Form, welche die durch die Antike geprägten Begriffe und Deutungsmuster aufnimmt, erachtet sie – an Cicero anknüpfend – nur solche Kriege als gerecht, die zur Wiedergutmachung eines vorausgegangenen Rechtsbruchs geführt werden: „Gerecht sind diejenigen Kriege zu nennen, die ein Unrecht sühnen, etwa wenn ein Volk oder Gemeinwesen, das mit Krieg überzogen werden soll, verabsäumt hat, die Missetaten der Seinen zu bestrafen oder das wieder zurückzugeben, was mittels jenes Unrechts geraubt worden ist" (zit. nach W.G.

Grewe 1984: 133). Wird der Krieg aus einem so beschaffenen gerechten Grund geführt, ist er für Augustinus ein notwendiges und geeignetes Mittel, um die durch den Rechtsbrecher gestörte Friedensordnung zu bewahren bzw. wiederherzustellen. Diese rechtswahrende Funktion kann der Krieg aber nur erfüllen, wenn er von der geschädigten Partei in unverfälschter Absicht (intentio recta), d.h. unbeeinflusst von weiteren politischen, militärischen oder ökonomischen Interessen geführt wird.

Diese ebenso klar wie eng gefasste Bestimmung hinsichtlich der Legitimität eines Krieges ist jedoch nicht die einzige, der man bei Augustinus begegnet. Anders verhält es sich nämlich, wenn es nicht um weltliche, sondern (auch) um geistliche Belange geht. Augustinus betrachtet den Krieg dann nicht mehr allein als Instrument, um einen Bruch irdischen Rechts zu ahnden, sondern als einen Akt der Sühne, um eine Verletzung der göttlichen Ordnung zu strafen. Das gerechtfertigte Übel des Krieges erhält damit die höheren Weihen eines Kampfes gegen das Böse. Als gerechter Grund eines Krieges wird in diesem Fall also eine Sünde wider Gott betrachtet. Die Konsequenz dieser Ansicht ist, dass ein Krieg nicht nur dann als gerecht betrachtet werden muss, wenn konkrete Rechtsvereinbarungen verletzt worden sind, sondern auch dann, wenn sich eine Gemeinschaft gegen die göttliche Ordnung versündigt und damit zu einem Instrument des Bösen wird. Damit zielt der Krieg nicht mehr auf die Wiedergutmachung bestimmter Taten und die Wiederherstellung eines status quo ante bellum, vielmehr richtet er sich gegen die sündhafte Lebensweise eines das göttliche Recht brechenden Gegners.

Dieses Verständnis des Krieges zeitigt auch Folgen für die Frage nach den legitimen Zielen und den Regeln des Krieges. Nach Augustinus darf das Ziel nicht in der Vernichtung des Gegners, sondern allein in seiner Bekehrung bestehen. Leitend ist dabei für ihn die Vorstellung, dass der Krieg letztendlich auch zum Besten des Gegners geführt werden muss. So soll einerseits die Verletzung der von Gott geschaffenen Ordnung gesühnt und zum andern dem Gegner die Möglichkeit genommen werden, weiterhin Böses zu tun. Dies kommt auch in seiner Auslegung des ius in bello zum Ausdruck. So plädiert Augustinus zwar dafür, sich grausamer Rachgier und Eroberungslust zu enthalten, doch hat er dabei neben der moralischen Integrität der kämpfenden Christen vor allem die Dauerhaftigkeit der wiederhergestellten Friedensordnung im Auge. Der wiederhergestellte Zustand der Ruhe und des Friedens soll nicht durch mutwillige Grausamkeiten, die unweigerlich den Wunsch nach Rache zur Folge haben müssen, unnötig aufs Spiel gesetzt werden. Die Sorge um das Wohl des Gegners ist demgegenüber nur von nachrangiger Bedeutung. Die Regeln, die Augustinus nennt, sind also nicht als Regeln zur Hegung eines Krieges zwischen prinzipiell gleichrangigen Parteien zu verstehen, sondern als selbstauferlegte Beschränkungen um der göttlichen Ordnung willen.

Die praktische Bedeutung der von Augustinus entwickelten Lehre vom gerechten Krieg für das Mittelalter kann nur schwer überschätzt werden. Einerseits findet sie – zu großen Teilen mit identischen Formulierungen – Eingang in das *Decretum Gratiani* und damit in das kanonische Recht,[2] andererseits dient sie machtbewussten Päpsten wie Gregor VII. oder Innozenz III. in der Folgezeit als Rechtfertigung für ihre Bestrebungen im Kampf gegen die inneren und äußeren Feinde der Christenheit.

Allerdings kommt es im späten Mittelalter zu heftigen Auseinandersetzungen über die Frage, wer den gerechten Krieg ausrufen darf bzw. wer die Deutungsmacht über das göttliche Recht besitzt. Für den bedeutenden Kanonisten Hostiensis (ca. 1194-1271) etwa ist es ausschließlich dem Oberhaupt der Christenheit vorbehalten, den gerechten Krieg, d.h. den Krieg der Christenheit gegen die Ungläubigen, zu führen (vgl. W.G. Grewe 1984: 136f.). Den gerechten Krieg (bellum iustum) unterscheidet Hostiensis dabei ausdrücklich vom rechtlichen Krieg (bellum iudiciale), d.h. dem Krieg zwischen christlichen Staaten, der vom Oberhaupt der christlichen Gemeinschaft zur Bewahrung und Wiederherstellung des Rechts geführt wird und in dem das Kriegsrecht auch Fürsten übertragen werden kann. Hostiensis grenzt ihn zudem auch vom rechtmäßigen Krieg (bellum auctoritate iuris) ab, d.h. einem durch die Rechtsordnung generell gebilligten und von weltlichen Füsten ausgerufenen Krieg, wozu er u.a. den Verteidigungskrieg zählt. Bei den letzten beiden Kriegsarten handelt es sich jedoch im engeren Sinne des Wortes nicht um gerechte Kriege, sondern lediglich um erlaubte Kriege, für die letztlich nur das ius in bello gilt.

Ihre für die zeitgenössische wie für die spätere Diskussion wichtigste Zusammenfassung haben die zunächst von Augustinus entwickelten und dann weiter interpretierten Grundsätze der mittelalterlichen Lehre vom gerechten Krieg durch Thomas von Aquin (1225/26-1274) erfahren. Für ihn gibt es drei Kriterien, die einen gerechten Krieg von einem ungerechten unterscheiden (vgl. T.v. Aquin 1966: 83f.): Erstens bedarf es einer höchsten politischen Autorität (auctoritas principis), die keinen höheren Richter mehr über sich hat als Gott. Nur sie darf den Krieg erklären und führen. Damit soll verhindert werden, dass auch niederen Fürsten und Territorialherren ein ius ad bellum zukommt. Zweitens verlangt Thomas, dass der Krieg auf einem gerechten Grund (causa iusta) basiert. Wie vor ihm Augustinus betrachtet auch Thomas den Krieg dabei als ein Mittel zur Strafe, doch während jener das zu bestrafende Unrecht vor allem im objektiven Bruch der Rechtsordnung verwirklicht sah, stellt Thomas demgegenüber stärker

---

[2] So betont das *Decretum Gratiani* in Übereinstimmung mit Augustinus ausdrücklich die Gerechtigkeit des gottgewollten Krieges (Decretum Gratiani XXIII, 2; VIII, 13) und stellt den Kämpfenden im Krieg gegen Ungläubige nicht nur göttliche Belohnungen in Aussicht, sondern gestattet es ihnen auch, sich der militärischen Ausrüstung und des privaten Besitzes der Gegner zu bemächtigen.

das subjektive Moment der mutwillig begangenen Tat heraus. Und drittens schließlich muss der Krieg für Thomas in rechter Absicht (intentio recta) ausgeführt werden, d.h. er muss das Gute bzw. die gottgewollte Ordnung fördern oder das Böse verhindern wollen. Der Krieg muss dementsprechend der Aufrechterhaltung der Sittlichkeit dienen und darf ihr nicht zuwider handeln. Damit gibt Thomas der Lehre vom gerechten Krieg ihre klassische Form, indem er das ius ad bellum und das ius in bello in einer Theorie zusammenbindet.

3. Die Lehre vom gerechten Krieg in der spanischen Spätscholastik

In Frage gestellt wird die mittelalterliche Lehre vom gerechten Krieg, als sich zwei ihrer wesentlichen politischen Rahmenbedingungen ändern. Das Approbationsrecht und die oberste Schiedsgerichtsbarkeit der Päpste, die noch Innozenz' III. während seines Pontifikats (1198-1216) gegenüber den Trägern der weltlichen Gewalt erfolgreich beansprucht hatte,[3] können schon während der Amtszeit Bonifaz' VIII. (1294-1303) nicht mehr geltend gemacht werden. Im Zuge des Niedergangs päpstlicher Machtfülle nehmen deshalb zunehmend die weltlichen Fürsten für sich in Anspruch, die höchste politische Autorität (auctoritas principis) in ihren Gebieten zu verkörpern. Damit wird das bis dahin zumindest dem Prinzip nach als für alle Christen verbindliche politische, rechtliche und moralische Urteil des Papstes grundsätzlich in Frage gestellt.

Zudem verändern sich die Grenzen der christlichen Welt seit dem 15. Jahrhundert in einem nie zuvor gekannten Ausmaß. Die Landnahme der neu entdeckten überseeischen Gebiete vergrößert die wirtschaftlichen und politischen Einflussbereiche der europäischen Königshäuser. Das juristische, politische und theologische Denken der Zeit kreist fortan um die Frage der Legitimität dieser Inbesitznahme. Die Theologen thematisieren diese Frage in zweierlei Hinsicht: Einerseits mit Blick auf das Recht der weltlichen Fürsten, mit anderen Ländern und Völkern Handel zu treiben, andererseits mit Blick auf die Rechtmäßigkeit der christlichen Mission und Eroberung. Vor allem an den Universitäten der um die neuen Kolonien rivalisierenden Seemächte Portugal und Spanien macht die Lehre vom gerechten Krieg bald einen der bevorzugten Gegenstände wissenschaftlicher Erörterung aus. Die entscheidende Frage, auf die sich die Aufmerksamkeit der Theologen aber auch der Juristen dabei konzentriert, ist die nach dem Recht der christlichen Könige, die Heiden der Neuen Welt mit militärischen Mitteln zu unterwerfen und zur Annahme des christlichen Glaubens zu bewegen.

Zu Beginn dieser Epoche, die Wilhelm G. Grewe als das „spanische Zeitalter" bezeichnet hat, lassen sich mit Blick auf die Weiterentwicklung der Lehre

---

[3] So u.a. 1202 in der Dekretale *Venerabilem*.

vom gerechten Krieg zwei parallele, aber gegenläufige Entwicklungslinien unterscheiden: Während die Lehre auf dem europäischen Kontinent zunehmend an Autorität verliert, insofern die weltlichen Herrscher die Deutungsmacht über die Gerechtigkeit von Kriegsgründen mehr und mehr für sich reklamieren, findet sie in der Neuen Welt im Zuge der Gründung und Ausdehnung des spanischen Imperiums zumindest nominell zunehmende Anerkennung. Diese Entwicklung ist insofern bezeichnend, als sie einen Trend fortschreibt, der sich bereits bei Aristoteles und auch in den Lehren von Augustinus und Thomas von Aquin beobachten ließ, nämlich die bevorzugte Anwendung der Lehre vom gerechten Krieg auf räumlich peripher gelegene und zudem als moralisch minderwertig vorgestellte Gemeinschaften.

3.1. Francisco de Vitoria und das Recht zum Krieg gegen die Barbaren

Besonders deutlich kommt die moralische Ambivalenz, welche der Lehre vom gerechten Krieg eignet, in den Werken jener spanischen Spätscholastiker zum Tragen, die sich mit den Rechtstiteln der spanischen Conquista und ihrer Legitimität befassen. Große Bedeutung kommt in diesem Zusammenhang den Ausführungen des an der renommierten Universität von Salamanca lehrenden Theologen Francisco de Vitoria (1483-1546) zu, der als einer der führenden Begründer des neuzeitlichen Völkerrechts gilt.[4] Vitoria unterscheidet zunächst die nichtrechtmäßigen Gründe (titulis non legitimis) von den rechtmäßigen Gründen (titulis legitimis), auf Grund derer die Völker der ‚neuen Welt' unter die Herrschaftsgewalt der Spanier kommen konnten. In einem ersten Schritt widerlegt Vitoria zunächst die vier gängigen Rechtfertigungsmuster der Eroberung. So legt er dar, dass die Barbaren weder der Herrschaftsgewalt des Kaisers noch des Königs von Spanien oder dem Papst unterstanden hätten, sondern vielmehr die „wahren Eigentümer" ihrer Person, ihres Besitzes und Landes gewesen seien. Eine Argumentation, die besagt, dass den Barbaren kein Recht auf Eigentum zustehe, da sie aufgrund ihres fehlenden Glaubens im Zustand der Todsünde lebten, weist er zurück (F. de Victoria 1952: 45). Auch die verweigerte Annahme des rechten Glaubens ist für ihn kein gerechter Kriegsgrund (F. de Victoria 1952: 69ff.). Und selbst in ihren fortgesetzten Verstößen gegen die Gesetze der Natur – Vitoria verweist u.a. auf die Praxis des Kannibalismus – vermag er solange keinen Rechtfertigungsgrund für einen Krieg zu sehen, wie keine spanischen Opfer zu beklagen sind (F. de Victoria 1952: 85f.). Den Völkern der Neuen Welt spricht

---

[4] Zu Vitorias Völkerrechtsverständnis und seiner Lehre vom gerechten Krieg vgl. J. Soder 1955; H.-G. Justenhoven 1991.

Vitoria damit – im Gegensatz zu seinen Vorgängern – einen völkerrechtlichen Status unabhängig von ihrem Glauben und ihrer sittlichen Verfasstheit zu. Zu den anzuerkennenden völkerrechtlichen Grundsätzen zählt Vitoria aber auch das von den Spaniern beanspruchte Recht, mit anderen Ländern Handel zu treiben und Handelsniederlassungen aufzubauen. Denn, so Vitoria unter Berufung auf den Text der *Institutiones* „[n]ach dem Naturrecht gehören die gemeinsamen Dinge, wie das fließende Wasser, das Meer und Häfen allen, und nach dem Völkerrecht dürfen die Schiffe überall landen" (F. de Victoria 1952: 95). Da niemand andere am Gebrauch dieser Dinge hindern dürfe, fügten die Barbaren den Spaniern ein Unrecht zu, „wenn sie diese aus ihrem Gebiet auswiesen" (F. de Victoria 1952: 95). Auf diese Weise legitimiert Vitoria schließlich doch noch die gewaltsame Eroberung der Neuen Welt. Denn sobald die Barbaren gegen die Spanier mit Gewalt vorgingen, dürften sich die Spanier „verteidigen und alles Notwendige zu ihrer Sicherheit unternehmen", da es erlaubt sei, „Gewalt mit Gewalt abzuwehren" (F. de Victoria 1952: 101).

„Aber", so Vitoria weiter, „nicht nur das können sie, sondern, wenn sie sich auf andere Weise keine Sicherheit verschaffen können, so können sie befestigte Gebäude und Werke anlegen, und wenn man ihnen Unrecht zufügt, so können sie dies mit Zustimmung ihres Fürsten mit Krieg verfolgen und auch von anderen Rechten des Krieges Gebrauch machen. Das geht daraus hervor, dass es einen Grund für einen gerechten Krieg abgibt, wenn man Unrecht abwehrt und rächt (…). Wenn die Barbaren den Spaniern die Rechte des Völkerrechts vorenthalten wollen, so fügen sie ihnen ein Unrecht zu. Wenn es daher zur Aufrechterhaltung des Völkerrechts notwendig ist, Krieg zu führen, so können sie dies zulässigerweise tun."

Ideengeschichtlich betrachtet kommt Vitorias Argumentation eine eigentümliche Zwischenstellung zu. Einerseits weist seine Begründung des gerechten Krieges in die Zukunft, indem sie sich an der Idee eines für Heiden und Christen gleichermaßen geltenden Naturrechts und am Grundsatz der völkerrechtlichen Gleichwertigkeit politischer Gemeinschaften bzw. Staaten orientiert. Überdies erkennt sie keine natürlichen Ursachen der Ungleichheit zwischen Menschen und Völkern an, sondern unterscheidet lediglich zwischen politischen Gemeinschaften bzw. Staaten, die das Völkerrecht achten und solchen, die ihm seine Anerkennung verweigern. Gerecht ist ein Krieg folglich dann, wenn er zur Wahrung oder Wiederherstellung der für alle als gleichermaßen verbindlich postulierten Grundsätze des Völkerrechts dient. Andererseits hält jedoch auch Vitoria weiterhin am moralischen Überlegenheitsanspruch des Christentums fest, insofern er zu den gerechten Kriegsgründen auch die „Sicherheit, das Evangelium zu verkünden" zählt, d.h. die Verteidigung der Möglichkeit, das Evangelium überall zu lehren und nach seinen Geboten zu leben (F. de Victoria 1952: 107). In letzter Konsequenz werden die Regeln des Völkerrechts damit dem universalen Missionierungsanspruch der Kirche unterworfen. Die von Vitoria angeführten Kriterien kranken daran, dass sie der willkürlichen Auslegung der gerechten Kriegsgründe viele Wege öffnen und daher leicht missbraucht werden können. Vitoria ist sich durchaus bewusst, dass die von ihm entwickelte Rechtfertigung eines gerechten Krieges nur an den Außengrenzen der christlichen Welt Anwendung finden kann. Er unternimmt daher den Versuch, der scholastischen Lehre vom gerechten Krieg auch eine den veränderten politischen Bedingungen Europas angepasste Form zu geben. Zwar fragt er auch weiterhin, ob der Krieg aus gerechtem Grund (causa iusta) und mit rechter Absicht (intentio recta) geführt wird, womit er an den scholastischen Grundbegriffen der Lehre vom gerechten Krieg (bellum iustum) festhält. Doch unterscheidet er nunmehr zwischen schuldhaftem und schuldlosem Unrecht. So dürfe ein Gegner, der sich objektiv im Unrecht befinde, aber aus subjektiv gutem Glauben handle, zwar niedergerungen, aber nicht bestraft werden. Das Grundproblem, das Vitoria damit aufwirft, ist das eines auf beiden Seiten gerechten Krieges, für das er den Begriff des bellum iustum ex utraque parte prägt (F. de Victoria 1952: 140). Könnte der Krieg aber von beiden Seiten aus gerechten Gründen geführt werden, dann läge die Deutungsmacht ausschließlich bei den Krieg führenden Gemeinschaften und weder der Kaiser noch der Papst könnten ein Urteil über sie sprechen. Das Bild einer aus souveränen Staaten bestehenden europäischen Staatengemeinschaft, in der das Recht zum Krieg seine moralische Verwerflichkeit verloren hat, zeichnet sich hier bereits ab. Vitoria sucht der damit verbundenen Gefahr einer endlosen Abfolge von Kriegen, die er mit dem Verlust objektiver Maßstäbe zur Bewertung von Kriegsgründen heraufdämmern sieht (vgl. F. de Victoria 1952: 142f.), dadurch zu begegnen, dass er an das Pflicht- und Rechtsbewusstsein der Fürsten und ihrer Ratgeber appelliert (F. de Victoria 1952: 139) und in Zweifelsfällen fordert, zugunsten des aktuellen Besitzers einer Sache zu entscheiden (F. de Victoria 1952: 141).

Wichtiger als sein aussichtsloses Unterfangen, das Kriterium der Objektivität zu retten, sind denn auch Vitorias Bemühungen, die Gerechtigkeit eines Krieges von der Einhaltung formaler Kriterien abhängig zu machen. So entwickelt Vitoria den von Thomas stammenden Grundsatz der höchsten Autorität weiter und verlangt, dass die Krieg führenden Parteien „vollendete Staaten" sein müssen, d.h. dass sie „keinen Teil eines anderen Staates" bilden dürfen und über eine eigene Legislative, Judikative und Exekutive verfügen müssen (F. de Victoria 1952: 127). Vor allem aber lenkt Vitoria sein Augenmerk vom Recht zum Krieg, für das er wie seine Vorgänger allein ein erlittenes und nicht anders zu sühnendes Unrecht anzuerkennen bereit ist (F. de Victoria 1952: 131), auf das Recht im Krieg, d.h. die in einem (gerechten) Krieg geltenden Kriegsregeln (iure belli). Am Ende seiner Ausführungen entwirft Vitoria drei Leitsätze. Erstens darf der Fürst, auch wenn er „die Macht zur Kriegführung" hat, nicht „zu allererst Gelegenheiten und Gründe für den Krieg suchen", sondern er soll, gemäß dem Paulus-Wort, „womöglich mit allen Menschen Frieden halten" (F. de Victoria 1952: 171). Zweitens darf der Krieg „nicht zu der Vernichtung des Volkes, gegen das er gerichtet ist, geführt werden", sondern lediglich „zur Durchsetzung des Rechts und zur Verteidigung des eigenen Vaterlandes und Staates" (F. de Victoria 1952: 171). Ziel des Krieges muss daher auch immer wieder ein stabiler Frieden sein. Und drittens soll nach Beendigung des Krieges der Sieg „mit Mäßigung und christlicher Bescheidenheit" (modestia Christiana) ausgenutzt werden. „Der Sieger soll sich so betrachten, dass er zwischen zwei Staaten zu Gericht zu sitzen hat", also nicht so sehr „in seiner Eigenschaft als Ankläger als in seiner Eigenschaft als Richter". In dieser Funktion hat er ein Urteil zu fällen, „wonach er dem verletzten Staat Genugtuung gibt, indem man, soweit möglich, dem schuldigen Staat ein Minimum von Verderben und Übel zufügt und die Schuldigen soweit züchtigt, als dies angemessen ist". Dies ist für Vitoria umso mehr geboten, als „meistenteils unter Christen die ganze Schuld bei den Fürsten liegt, während die Untertanen im guten Glauben für ihre Fürsten kämpfen" (F. de Victoria 1952: 171).

Thematisiert Vitoria hinsichtlich der überseeischen Gebiete vor allem die Kriegsgründe, die einen gerechten Krieg gegen die Barbaren rechtfertigen sollen, so fällt auf, dass er sich bei der Ausarbeitung eines Kriegsrechts für die europäischen Staaten hauptsächlich auf die formalen Kriterien, unter denen ein Krieg erfolgen darf, beschränkt. Im einen wie im anderen Fall aber ist Vitoria bereit, die Unvermeidbarkeit des Krieges als eines Mittels der Politik – zumindest implizit – anzuerkennen.

3.2. Vitorias Nachfolger und die Auffassung vom Krieg als Rechtsstreit ohne Richter

Vitorias Werk gibt die Richtung vor, in der die Problematik des gerechten Krieges in der spätscholastischen Völkerrechtslehre weiterverfolgt wird. Ihre Synthese erfährt sie im Werk von Francisco Suárez (1548-1617).[5] Wie seine Vorgänger erklärt Suárez den Verteidigungskrieg für rechtlich zulässig, denn er erfolgt nach dem völkerrechtlichen Grundsatz, dass es erlaubt ist, „Gewalt mit Gewalt abzuwehren" (De bello I, 4; zit. n. F. Suárez 1965: 121). Und auch der Angriffskrieg kann für Suárez „sittlich gut und sogar notwendig" sein (De bello I, 5; zit. n. F. Suárez 1965: 121). Bei der Beurteilung der Grundvoraussetzungen, die erfüllt sein müssen, damit ein Angriffskrieg gerechtfertigt ist, nennt er als erstes die

---

[5] Zu Leben, Werk und Wirkung von Suárez und seiner Bedeutung für die Entwicklung des Völkerrechts vgl. J. Soder 1973.

„rechtmäßige Gewalt" (legitima potestate), d.h. der Krieg muss vom Träger der höchsten Staatsgewalt unternommen werden (De bello I, 7; zit. n. F. Suárez 1965: 125) und darf nicht von Untergebenen oder Abhängigen geführt werden (De bello II, 2; zit. n. F. Suárez 1965: 127). Als zweite Voraussetzung nennt Suárez das Vorhandensein eines gerechten Grundes. „Kein Krieg kann gerecht sein", schreibt er, „wenn nicht ein rechtmäßiger und zwingender Grund vorliegt. [...] Dieser gerechte und hinreichende Grund ist aber ein erlittenes schweres Unrecht, das anders als durch einen Krieg nicht geahndet oder wieder gutgemacht werden kann" (De bello IV, 1; zit. n. F. Suárez 1965: 143).

Der Gedanke der Vergeltung eines erlittenen Unrechts ist für Suárez von zentraler Bedeutung. Suárez zufolge erlangt ein souveräner Fürst durch das Unrecht, das ihm von einem anderen Souverän zugefügt wird, in Ermangelung eines gemeinsamen Richters auch das Recht zur Bestrafung desselben (vgl. De bello II, 1; zit. n. F. Suárez 1965: 125). Zwar betont Suárez ausdrücklich, dass nicht jeder Rechtsbruch, sondern nur „ein schwerwiegender und die Schäden des Krieges aufwiegender Grund" in Frage kommt, weil es der Vernunft widerspreche, „nur wegen eines kleinen Unrechts so große Schäden zu verursachen" (De bello IV, 2; zit. n. F. Suárez 1965: 143). Wie schon vor ihm Molina verlangt Suárez damit eine sorgfältige Prüfung der Kriegsziele und des Kriegsgrundes sowie ein Abwägen zwischen den wahrscheinlichen Kriegsfolgen und dem zu erwartenden Nutzen. Und wie jener macht er geltend, dass die wahrscheinlichen Kriegsschäden zu der Schwere des erlittenen Unrechts in einem angemessenen Verhältnis stehen müssen. Doch vermag er kein Kriterium anzugeben, anhand dessen die Beurteilung der Kriegsgründe durch den Souverän einer rationalen Prüfung unterzogen werden kann. Die Beurteilung der Kriegsgründe und ihrer Rechtmäßigkeit bleibt so letzlich der subjektiven Einschätzung des einzelnen Souveräns überlassen.

Um die Auswirkungen des moralisch nicht eindeutig verwerflichen Krieges zu lindern, plädiert Suárez für die Einhaltung grundlegender Regeln der Kriegführung. Denn mag der Krieg auch „nicht an sich unsittlich sein, so gehört er doch wegen der vielen Leiden, die er mit sich bringt, zu den Unternehmungen, die oft sittlich schlecht ausgeführt werden. Er bedarf daher vieler besonderer Umstände, damit er sittlich gut werde" (De bello I, 7; zit. n. F. Suárez 1965: 125). Auf diese Weise spricht Suárez das Problem an, dass ein Krieg zwar aus gerechten Gründen begonnen, aber mit ungerechten Mitteln geführt werden kann. Zu den Vorraussetzungen eines gerechten Krieges gehört für ihn deshalb drittens die Einhaltung bestimmter Kriegsregeln im engeren Sinne. Wie auch andere Völkerrechtler seiner Zeit entwickelt Suárez aus diesem Grunde ein äußerst detailliert ausgearbeitetes ius in bello.

In Suárez hat die spätscholastische Lehre vom gerechten Krieg ihren letzten großen Vertreter gefunden. Seine Lehre nimmt die zukünftige Entwicklung bereits vorweg: Das Gebot der Vermeidung von Kriegen tritt immer mehr zurück hinter das prinzipiell anerkannte Recht der Staaten, Krieg zu führen. Ist der Krieg mit politischen und rechtlichen Mitteln nicht zu verhindern, so muss er mit aller gebotenen politischen und militärischen Bedachtsamkeit geführt und in seinem Umfang streng auf das zur Erlangung des Kriegszieles notwendige Maß limitiert werden.

4. Der Bedeutungsverlust der Lehre vom gerechten Krieg in der Neuzeit

Kündigt sich die moralische Entleerung des ius ad bellum bei Suárez und seinen Vorläufern bereits an, so wird sie durch Hugo Grotius (1583-1645) endgültig vollzogen. In seinem *De iure belli ac pacis libri tres* wird das Prinzip der Souveränität zur tragenden Säule der neuen internationalen Rechtsordnung.[6] Zu den Schlussfolgerungen, die Grotius aus der Rechtsnatur der Souveränität zieht, gehört die unbedingte Anerkennung eines uneingeschränkten Rechtes zum Krieg (ius ad bellum). Die noch von Vitoria und Molina verteidigte Rückzugsposition, dass ein Souverän sich auch über den gerechten Kriegsgrund täuschen kann bzw. ihn verkennt, die ihren Ausdruck in der Rechtsfigur des bellum iustum ex utraque parte gefunden hatte, wird von Grotius widerstandslos aufgegeben. An die Stelle eines objektiven Kriteriums tritt bei ihm der fundamentale Rechtsgrundsatz, dass kein Souverän für einen von ihm begonnenen Krieg zur Verantwortung gezogen werden darf. Demzufolge ist jeder Souverän berechtigt, Kriege zu beginnen, wann immer es in seinem Interesse liegt. Die Debatte um die iusta causa belli ist damit an einem vorläufigen Endpunkt angekommen:

> Wir haben angedeutet, schreibt Grotius, „dass ein Krieg bei rechtlich denkenden Schriftstellern nicht wegen der Ursache, aus der er entsprungen ist, gerecht genannt wird, auch nicht, wie sonst wohl, wegen der Größe der vollführten Taten, sondern wegen besonderer rechtlicher Wirkungen. Welcher Krieg ein gerechter ist, ergibt sich am besten aus der Bezeichnung der Kriegsfeinde bei den römischen Rechtsgelehrten. Pomponius sagt: ‚Kriegsfeinde sind die, welche gegen uns, oder gegen welche wir einen Krieg öffentlich beschließen. Alle anderen sind Straßenräuber und Diebe.' [...] Was hier von dem römischen Volke gesagt ist, gilt von jedem, der die höchste Gewalt im Staate innehat" (Grotius 1950: 439). Jeder Krieg, so Grotius radikale Konsequenz, den ein Souverän öffentlich und formell erklärt, muss als gerecht betrachtet werden (H. Grotius 1950: 441).

Die von Grotius gezogene Konsequenz hatte sich schon lange vorher abgezeichnet. Sie lag in der Zuspitzung auf die Kriterien der auctoritas principis und der

---

[6] Zur Rezeptionsgeschichte des Werkes und einer Wirkung vgl. R. Jeffrey 2006.

forma iuris als Grundvoraussetzungen für die Zulässigkeit von Kriegen. Während des Dreißigjährigen Krieges (1618-1648), der sowohl ein um den rechten Glauben geführter Religionskrieg als auch ein klassischer Staatenkonflikt um Hegemonie bzw. das Gleichgewicht zwischen den Mächten Europas war (vgl. J. Burkhardt 1992: 128ff.), offenbarte sich endgültig, dass das Kriterium des gerechten Grundes sich nicht mehr mit dem von der Lehre des gerechten Krieges geforderten Maß an Sicherheit und Objektivität bestimmen ließ. In der durch den Konflikt der Konfessionen und die immer offensiver vorgetragenen Machtansprüche der konkurrierenden Fürsten und Landesherren charakterisierten Welt des neuzeitlichen Europas war eine Fortsetzung der Diskussion über gerechte Kriegsgründe nicht länger möglich. Mit der Einheit des Glaubens war der gemeinsame Boden rationaler Auseinandersetzung verloren gegangen. Eine sinnvolle Diskussion konnte sich nur noch auf praxisrelevante Fragen der Einhaltung gewisser Beschränkungen der Kriegführung erstrecken, wie den Umgang mit erbeuteten Ländern und Gütern, die Behandlung von Gefangenen und Verwundeten oder die formalen Modalitäten zur Eröffnung oder Beendigung eines Krieges.

Im Anschluss an Grotius wird damit seit der Mitte des 17. Jahrhunderts die Enthaltsamkeit des Kriegsrechts in Bezug auf die innere Ordnung der Staaten zur zentralen Grundnorm des Völkerrechts in Europa. Die Entscheidung über Krieg und Frieden wird nunmehr zur inneren Angelegenheit der Staaten. Das Völkerrecht zielt nicht mehr auf die Beseitigung des Krieges, dieser wird vielmehr als ultima ratio, als ein „Zustand der Verfolgung des Rechts durch die Gewalt" (E. de Vattel 1959: III, 1, § 1, 367) grundsätzlich anerkannt. Ins Zentrum der Aufmerksamkeit der Völkerrechtslehrer rückt nun das ius in bello, das Kriegsrecht oder Kriegsführungsrecht. Mit seiner Hilfe soll dem als Mittel der Rechtsdurchsetzung anerkannten Krieg selbst ein rechtliches Korsett angelegt werden.

Einer der bedeutendsten Repräsentanten des neuen Ius Publicum Europaeum ist der Diplomat Emer de Vattel (1714-1767), dessen 1758 erschienenes Hauptwerk *Le droit des gens ou Principes de la loi naturelle*, ein für den praktischen Gebrauch bestimmtes Handbuch, bis zum Anfang des 20. Jahrhunderts als Bezugspunkt und Richtschnur der völkerrechtlichen Diskussion fungiert.[7] In seinem Werk hält Vattel zwar an der begrifflichen Unterscheidung von gerechten und ungerechten Kriegen fest (E. de Vattel 1959: III, 3, § 24ff., 379ff.), faktisch aber tendiert seine Lehre dazu, jeden formal korrekt erklärten Krieg als legitim anzuerkennen (vgl. E. de Vattel 1959: III, 3, § 40, 386), erstens, weil es über den Staaten keinen gemeinsamen Richter gibt (vgl. E. de Vattel 1959: Einleitung, § 21, 24f.) und zweitens, weil jeder Friedensschluss verhindert wird, wenn es mög-

---

[7] Zur Lehre Vattels und ihrer Wirkung vgl. E. Jouannet 1998. Zum geistesgeschichtlichen Hintergrund vgl. F.S. Ruddy 1975.

lich ist, ihn unter Berufung auf die Bedingungen seines Zustandekommens wieder in Frage zu stellen (vgl. E. de Vattel 1959: IV, 4, § 37, 540f.). Auch wenn es Kriege gibt, die auf zweifelhaften Rechtsgründen fußen, müssen sie letztlich dazu dienen, den Besiegten zu einem Vertrag zu zwingen, der die Feindseligkeiten beendet. Der Krieg hat dann zwar nicht den Rechtsstreit entschieden, aber die Bedingungen zu seiner politischen Beilegung geschaffen (vgl. E. de Vattel 1959: III, 3, § 38, 385). Das Ziel des gerechten Friedens, das der klassischen Lehre vom gerechten Krieg als Richtmaß diente, wird damit aufgegeben. Nicht mehr nur ein gerechter Frieden, sondern Frieden überhaupt wird von Vattel zum Ziel der Politik erklärt (vgl. E. de Vattel 1959: IV, 1, § 1, 523). Indem die Kriegsparteien auf die normative Bewertung ihrer Gründe und damit letztlich auch auf die ihres Gegners verzichten, soll es ihnen leichter werden, nach der Austragung des Krieges in den Zustand des Friedens zurückzukehren. Dem gleichen Zweck dient auch die von Vattel ebenso wie von Grotius angestrebte Verpflichtung der Kriegsparteien auf die Einhaltung normativer Mindeststandards der Kriegführung, die in weiten Teilen mit den Regeln des klassischen ius in bello übereinstimmen. Mit anderen Worten: Der Krieg soll den Frieden möglich machen. In diesem Paradox liegt die Pointe von Vattels Lehre.

In einem Fall aber machen sowohl Grotius als auch Vattel eine Ausnahme, nämlich im Fall eines Tyrannen, der sich anschickt, ein Volk zu vernichten. So hält Grotius nicht nur bewaffneten Widerstand gegen einen Herrscher, der „in feindseliger Absicht das ganze Volk in das Verderben führt" für erlaubt (H. Grotius 1950: I, 4, 12, 126), sondern gesteht auch anderen Staaten das Recht zu, zugunsten eines in solcher Weise bedrohten Volkes zu intervenieren (H. Grotius 1950: II, 25, 8, 407f.). Das Recht, auf das Grotius sich dabei beruft, ist das „Recht der menschlichen Gesellschaft" (ius humanae societatis). Zwar gibt Grotius zu bedenken, dass ein solch allgemeines Recht auch die Möglichkeit des Missbrauchs enthält, so dass die Begierde auf fremden Besitz die angebliche Verteidigung Unschuldiger als willkommenen Vorwand nutzt (H. Grotius: II, 25, 8, 409), doch hält er gleichwohl an der Erforderlichkeit eines solchen Notrechts fest. Das Kriterium, auf das er sich dabei beruft, dass nämlich das Unrecht so klar ist, dass „es kein gerechter Mann billigte" (H. Grotius 1950: II, 25, 8, 408) ist freilich schwankend. Der gleiche Fall findet auch bei Vattel Erwähnung, der erklärt: „[W]enn die Gewaltherrschaft unerträgliche Formen angenommen hat und das Volk sich deshalb erhebt, dann hat jede auswärtige Macht das Recht zu intervenieren und einem unterdrückten Volk auf sein Ersuchen hin beizustehen" (E. de Vattel 1959: II, 4, § 56, 210). Ergeht ein solches Gesuch und erhebt sich das Volk zum bewaffneten Widerstand, dann, so Vattel, „ist es nur gerecht und edel, diesen tapferen Freiheitskämpfern Hilfe zu leisten" (E. de Vattel 1959: II, 4, § 56, 210). Interessanter Weise greifen beide, Grotius als auch Vattel, zur

Kennzeichnung einer derart legitimierten Intervention auf den in seiner Bedeutung ansonsten ausgehöhlten Begriff des „gerechten Krieges" zurück. Doch so bedeutend die Ausnahme des gerechten Befreiungskrieges auch ist – sie bestätigt nur die Regel, statt sie zu durchbrechen. Die Frage nach dem gerechten Grund eines Krieges, die im Zentrum der klassischen Lehre des gerechten Krieges gestanden hatte, ist für das Zeitalter nach dem Westfälischen Frieden nur noch als Frage der politischen Moral interessant, für das Völkerrecht aber gegenstandslos. Im Zeitalter der ‚Kabinettskriege' wird die Entscheidung über Krieg oder Frieden nicht länger unter dem Aspekt der Gerechtigkeit, sondern unter dem der staatlichen Selbstbehauptung, der Staatsräson, erörtert. In den Fällen, in denen sich die Politik der Lehre vom gerechten Krieg und ihrer Terminologie nach wie vor bedient, geschieht dies vorrangig aus strategischem Kalkül: Im ‚großen Spiel' der europäischen Mächte fungiert die iusta causa belli als rhetorisches Feigenblatt zur notdürftigen Verhüllung ansonsten nackter Interessenpolitik.[8]

Während die Souveräne Europas den Austrag ihrer Feindseligkeiten kriegsrechtlichen Regeln unterwerfen, setzen sie diese Regeln in der Auseinandersetzung mit den nicht-europäischen Völkern außer Kraft. Das Völkerrecht der Neuzeit ist ein exklusives Recht, das dazu dient, den Verkehr der christlichen Nationen Europas untereinander zu regeln. Auf die heidnischen Völker findet es folglich keine Anwendung. Die Legitimationsgrundlage für die asymmetrische Handhabung des Völkerrechts hat sich gegenüber den theologisch fundierten Lehren der Spätscholastik allerdings merklich verschoben. Während die Bedeutung der Religion verblasst, tritt demgegenüber der Aspekt fehlender Staatlichkeit stärker hervor. Völker, die nicht im Zustand staatlicher Organisation existieren, erscheinen rechtlos und können – zu ihrem eigenen Besten – unterworfen und unter ‚Schutz' gestellt werden.

5. Die kurze Wiedergeburt der Lehre vom gerechten Krieg aus dem Geist der Französischen Revolution

Trotz dieser Entwicklungen kommt es am Ende des 18. Jahrhunderts noch einmal zu einer Wiederbelebung der Lehre vom gerechten Krieg. Den Rahmen dafür bildet die Französische Revolution, in deren Verlauf viele zentrale Begriffe und Konzepte der (alt)europäischen Politik eine Umdeutung und Neuauslegung

---

[8] „Von allen Kriegen die gerechtesten und unvermeidlichsten sind die Verteidigungskriege", schreibt etwa Friedrich II. (1712-1786) in seinem *Antimachiavell*. Doch fährt er fort: „Nicht weniger wohlbegründet als die genannten Kriege sind solche, mit denen ein Herrscher bestimmte Rechte oder bestimmte Ansprüche, die man ihm bestreiten will, behauptet." (Friedrich II. 1756: 56 / 111f.).

erfahren. Im Mai 1790 diskutieren die Abgeordneten der Nationalversammlung das Recht zur Entscheidung über Krieg und Frieden. In der politischen Praxis der europäischen Staaten wurde dieses Recht seit dem Westfälischen Frieden von den souveränen Fürsten ausgeübt. Gegen den Widerstand einer Minderheit (Archives Parlementaires: 50, 651ff.) überträgt die Mehrheit der Nationalversammlung dieses bisher ausschließlich dem König vorbehaltene Recht den Vertretern der Nation (Archives Parlementaires: 661). Mit dieser Selbstermächtigung verändern sie jedoch nicht nur das innere Machtgefüge Frankreichs, sondern auch das Koordinatensystem des Ius Publicum Europaeum. Gegen die herrschende Praxis, nach der jeder Souverän das uneingeschränkte Recht zum Krieg besitzt, macht die Nationalversammlung neuerlich Gebrauch von der normativen Unterscheidung zwischen einem Angriffskrieg und einem Verteidigungskrieg. Per Dekret erklären die Abgeordneten am 22. Mai 1790, dass ausschließlich Verteidigungskriege gerecht sind, legen den Begriff des Verteidigungskrieges dabei aber weit aus. Demnach sind alle Kriege rechtmäßig, die dazu dienen, einen unmittelbaren Angriff abzuwehren, einen Bündnispartner zu unterstützen oder eigenes Recht zu behaupten. Gleichzeitig verurteilt das Dekret alle Eroberungskriege und propagiert, dass die französische Nation „niemals die Waffen gegen die Freiheit eines anderen Volkes erheben wird" (Archives Parlementaires: 50, 662). Freimütig unterstellen die Abgeordneten dabei, dass alle Völker von sich aus niemals Krieg, sondern immer nur Frieden wollen.

Mit der Übertragung der Souveränität vom Monarchen auf die Nation und des Kriegsführungsrechts auf ihre Vertreter stellt das revolutionäre Frankreich die Grundsätze der seit dem Westfälischen Frieden geübten Praxis des europäischen Völkerrechts in Frage. Wie groß die Tragweite der Entscheidung ist, zeigt sich anhand von zwei Konflikten im Fortgang der Französischen Revolution. Der erste dieser Konflikte, der die Frage der staatlichen Zugehörigkeit des Elsaß betrifft, hatte seinen Ausgang bereits in der berühmten Nachtsitzung der Nationalversammlung vom 4. August 1789 genommen. Die dort getroffene Entscheidung zur Aufhebung der Feudalrechte ruft den entschiedenen Protest einiger deutscher Reichsfürsten, die Besitzungen im Elsaß haben, hervor. Während die deutschen Reichsfürsten die Anordnungen der Nationalversammlung für nichtig erachten und sich auf ihre vom Ancien Régime vertraglich gesicherten Rechtstitel berufen, bietet die Nationalversammlung ihnen zwar finanzielle Entschädigung an, beharrt aber zugleich auf der Rechtmäßigkeit ihres Beschlusses. Zur Begründung verweisen die Abgeordneten auf den freiwilligen Beitritt des Elsaß zur Föderation und propagieren unter Berufung auf die Souveränität jeder Nation das grundsätzliche Recht der Völker auf Selbstbestimmung. Die gleiche Argumentationsfigur liegt auch dem zweiten Konflikt zugrunde, in dessen Zentrum die päpstliche Enklave Avignon steht, wo prorevolutionäre Aufständische im Juni 1790 nach inneren Unruhen den Anschluss an Frankreich fordern. Nach langem Zögern nehmen die Abgeordneten der Nationalversammlung das Gesuch im September 1791 an und verkünden gegen alle geltenden völkerrechtlichen Grundsätze die Annexion der bis dahin päpstlichen Besitzungen.

Eine nochmalige theoretische Zuspitzung erfährt der revolutionäre Diskurs zur Rechtfertigung des Krieges, als sich das Kriegsglück im Herbst des Jahres 1792 den bis dahin im Abwehrkampf befindlichen Franzosen zuwendet und die vorrückenden Revolutionsarmeen Städte und Territorien besetzen, die nicht um eine Vereinigung mit Frankreich nachgesucht haben. Am 1. Oktober 1792 wird Speyer erobert, vier Tage später fällt Worms und am 21. Oktober ziehen die französischen Truppen auch in Mainz ein. Im November beginnt die Eroberung Belgiens und am 27. November erfolgt schließlich die Annexion Savoyens. Zur Legitimation des Krieges, der jetzt den Charakter eines Angriffskrieges trägt und sich unter Rekurs auf das Selbstbestimmungsrecht der Völker nicht mehr rechtfertigen lässt, nehmen die Abgeordneten des Konvents Zuflucht zu der bei Grotius und Vattel konstruierten Begründungsfigur des Befreiungskampfes. Per Dekret erklären sie am 19. November 1792, dass der Konvent „allen Völkern, die ihre Freiheit wiedererlangen wollen, Unterstützung und Brüderschaft bewilligt" (zit. n. W. Grab 1973: 126). Der Idee des Kampfes gegen einen Tyrannen legen die Propagandisten der Revolution allerdings eine sehr viel weiter reichende Bedeutung bei. So soll der Krieg nicht nur die ungerechte Herrschaft eines Despoten beenden, sondern die Herrschaft des Krieges selbst. Der Krieg soll den Frieden bringen, aber diesmal nicht den kurzzeitigen Frieden im Interesse der Staatsräson, sondern den ewigen Frieden im Interesse der Menschheit. Die entsprechende Rhetorik war bereits in früheren Debatten der Nationalversammlung zu hören gewesen und brauchte nicht erst erfunden zu werden:

> „Sagen wir Europa", so der Abgeordnete Honoré Maximin Isnard (1788-1825) bereits im November 1791, „dass, wenn die Kabinette die Könige in einen Krieg gegen die Völker verwickeln, wir die Völker in einen Krieg gegen die Könige verwickeln werden. Sagen wir ihm, dass alle Schlachten, die die Völker sich liefern werden, weil die Tyrannen es so wollen [...] wie die Schläge sind, welche zwei Freunde sich, aufgestachelt von einem heimtückischen Intriganten, in der Dunkelheit zufügen; sobald es heller Tag wird, werfen sie ihre Waffen beiseite, umarmen sich und nehmen Rache an dem, der sie täuschte; ebenso werden die Völker, wenn mitten im Kampf zwischen den feindlichen und unseren Armeen das Licht der Philosophie ihre Augen trifft, sich im Angesicht der entthronten Tyrannen, der getrösteten Erde, des befriedigt zuschauenden Himmels umarmen" (zit. n. W. Grab 1973: 94f.).

Die französischen Revolutionäre beleben aber nicht nur die völkerrechtliche Diskussion um das ius ad bellum neu, sie nehmen darüber hinaus auch eine folgenschwere Umdeutung des ius in bello vor. Durchdrungen von der missionarischen Vorstellung, die Völker Europas von ihren Tyrannen zu befreien, sehen sie in den feindlichen Soldaten nicht formal gleichberechtigte Gegner, sondern willfährige Werkzeuge der Despoten, mithin mitschuldige Verräter an der Menschheit. Die binäre Logik des Kampfes zwischen Freiheit und Tyrannei, die sich im revolutionären Diskurs durchsetzt, verbietet schließlich alle Versuche des diplomatischen Ausgleichs und der Mäßigung des Krieges. Die letzte Alternative lautet: Freiheit oder Tod. Das bedeutet im Umkehrschluss aber auch: Tod all jenen, die nicht für die Freiheit sind. So richtet sich der gerechte Krieg der Revolutionäre am Ende „nicht mehr nur gegen die monarchische Ordnung und ihre privilegierten Stände, sondern [...] gegen alle Völker, die den Krieg gegen das revolutionäre Frankreich schließlich unterstützen" (W. Kruse 2003: 153f.).

6. Das Verschwinden der Lehre vom gerechten Krieg im 19. und 20. Jahrhundert

Das Wiederaufleben der Lehre vom gerechten Krieg in den politischen und völkerrechtlichen Diskursen, wie sie sich im Zuge der Französischen Revolution ereignet, ist nicht von langer Dauer. Die Niederlage der napoleonischen Heere auf dem Schlachtfeld von Waterloo 1815 und die anschließende Restauration der europäischen Staatenwelt auf dem Wiener Kongress stellt auch die seit dem Westfälischen Frieden geltende Ordnung des Ius Publicum Europaeum wieder her. Als fundamentales Rechtsprinzip fungiert dabei nicht das Selbstbestimmungsrecht der Völker, seit 1789 das Ideal aller liberalen Vorkämpfer für nationale Einheit und Unabhängigkeit, sondern der Grundsatz der inneren und äußeren staatlichen Souveränität. Auf dieser Basis verpflichten sich die europäischen Großmächte wiederholt – u.a. im Rahmen der Quadrupelallianz von 1815 und der Pariser Friedenskonferenz von 1856 – zu einer Politik der Nichteinmischung. Diese Politik wird in der Praxis allerdings nicht strikt eingehalten. So kommt es in Reaktion auf Verfolgungen und Massakern an Christen, mit denen das Osmanische Reich auf Aufstände und Unabhängigkeitsbestrebungen u.a. in Griechenland (1821-1827), in Syrien (1860) sowie in Bosnien und in der Herzegowina (1875/76) reagiert, in einer Reihe von Fällen zu gemeinsamen militärischen Interventionen (vgl. C. Hillgruber 2001: 168ff.; H. Köchler 2001: 7ff.). Begründet werden diese Interventionen, denen keineswegs nur humanitäre Absichten, sondern auch handfeste Interessen zugrunde liegen, mit der Berufung auf „Rechte der Menschheit" (droits d'humanité), die zu achten jeder Staat auch innerhalb des Geltungsbereiches seiner Souveränität verpflichtet sei (vgl. H. Köchler 2001: 7).

Ungeachtet dieser punktuellen Durchbrechungen, die man aber nicht mehr mit dem Terminus des „gerechten Krieges", sondern mit dem bis heute gebräuchlichen Begriff der „humanitären Intervention" (intervention d'humanité) belegt, wird das Souveränitätsprinzip als Grundlage der Völkerrechtsordnung grundsätzlich eben so wenig in Frage gestellt wie das mit ihm verbundene Recht souveräner Staaten zur Kriegführung. Dieses Recht wird im 19. Jahrhundert allerdings nicht mehr allein als ein Vorrecht der christlichen Nationen Europas, sondern aller ‚zivilisierten' Nationen betrachtet. Damit erfährt der Geltungsbereich des Völkerrechts eine erhebliche Ausweitung. In den Kreis der europäischen Mächte, der zuvor schon um die USA erweitert worden war, treten nun eine Reihe weiterer Nationen, u.a. die südamerikanischen Staaten. Außerhalb dieses Kreises herrschen weiterhin nicht symmetrische, sondern asymmetrische Rechtsbeziehungen, die nun allerdings nicht mehr mit der Überlegenheit der christlichen Religion, sondern dem fortgeschrittenen Stand der kulturellen und moralischen Entwicklung der ‚zivilisierten' Nationen begründet werden (vgl. W.G. Grewe 1984: 520ff.). Das Völkerrecht des 19. Jahrhunderts bleibt ein Recht der Staaten, nicht der Völker, und findet folglich auch weiterhin keine Anwendung auf jene Teile und Bewohner der Welt, die keine staatliche Organisationsform aufweisen.

6.1. Die Fortschreibung des ius in bello zum humanitären Völkerrecht

Die Bemühungen um eine Hegung des Krieges konzentrieren sich denn auch in erster Linie darauf, die Regeln der Kriegführung zwischen den ‚zivilisierten' Nationen fortzuentwickeln. In dem wachsenden Interesse an einer Verrechtlichung des Staatenkrieges stimmen Politiker, Militärs und die jeweiligen nationalen Öffentlichkeiten der ansonsten miteinander rivalisierenden Mächte überein. Die wichtigsten Ursachen, die dem gemeinsamen Vorgehen zugrunde liegen, sind die enormen Fortschritte in der Waffentechnik, die zunehmende Professionalisierung der Streitkräfte und ihre Umwandlung in nationale Wehrpflichtigenarmeen. Diese Veränderungen, deren verheerende Konsequenzen u.a. auf den Schlachtfeldern der Krim und Italiens (1859), aber auch im amerikanischen Bürgerkrieg sichtbar geworden waren, hatten die Notwendigkeit einer geregelten und begrenzten Form der Kriegführung deutlich vor Augen geführt. Die Anstrengungen der Staaten zur Hegung des Krieges konzentrieren sich vor allem auf zwei Aspekte, nämlich die Unterscheidung von Kombattanten und Nicht-Kombattanten sowie eine Ächtung bestimmter Mittel und Formen der Kriegführung. Während diese Anstrengungen in den USA ihren Niederschlag im Lieber-Code (1863), der ‚Kriegsrechtsfibel' der nordamerikanischen Unionstruppen, finden, führen sie in Europa zu einer Reihe zwischenstaatlicher Abkommen und Erklärungen: Dem Genfer Abkommen zum Schutz der Verwundeten (1864), der Erklärung von St. Petersburg über die Beschränkung von Kampfmitteln und -methoden (1868) sowie der Brüsseler Deklaration über Rechte und Gebräuche

des Krieges (1874), vor allem aber den Haager Abkommen von 1899 und 1907 (vgl. C. Greenwood 1994: 15ff., Rdnr. 114ff.).
Aus diesen Verträgen entwickelt sich im 20. Jahrhundert das humanitäre Völkerrecht, dessen Geltungsbereich sich nach und nach auf eine immer größere Anzahl von Nationen erstreckt. Für die Entwicklung des humanitären Völkerrechts spielen vor allem die Erfahrungen des Ersten und Zweiten Weltkriegs eine maßgebliche Rolle. So kommt es im Ersten Weltkrieg mit dem Einsatz von Panzern, Flugzeugen und U-Booten nicht nur zur Anwendung neuer Kriegsmittel von bis dahin ungekannter Zerstörungskraft, sondern auch zur Verwendung erprobter Kriegstechnologien in einem völlig neuen Umfang, wie dem Einsatz von Maschinengewehren und Giftgasen. Eine völlig neue Herausforderung stellt schließlich auch die Anzahl der Kriegsgefangenen dar, die mit den Erwartungen auch die entsprechenden Vorkehrungen der Kriegsparteien übertrifft und teilweise zu unbeschreiblichem Elend in den Lagern führt. Diese Erfahrungen finden ihren Niederschlag in weiteren Abkommen, u.a. dem Genfer Protokoll über das Verbot der Verwendung von erstickenden, giftigen oder ähnlichen Gasen sowie von bakteriologischen Mitteln im Kriege (1925) sowie den Genfer Abkommen über die Behandlung der Kriegsgefangenen (1929). Unter dem Eindruck der noch verheerenderen Folgen des Zweiten Weltkrieges, der unter der Zivilbevölkerung annähernd die gleiche Zahl von Opfern an Soldaten und Zivilisten fordert, folgt 1949 die Verabschiedung eines neuen Genfer Abkommens, das erweiterte Bestimmungen zum Schutz von Verwundeten, Zivilisten und Kriegsgefangenen enthält und das vorangegangene Vertragswerk von 1929 ersetzt (vgl. C. Greenwood 1994: 18ff., Rdnr. 121ff.). Den vorläufigen Schlussstein im Gebäude des humanitären Völkerrechts bilden schließlich die sog. Genfer Zusatzprotokolle von 1977, durch die der Geltungsbreich der Regeln des ius in bello zumindest teilweise auch auf nicht-internationale Konflikte ausgeweitet wird. Wenn auch nicht de facto, so doch immerhin de jure ist der Krieg damit weltweit in einen verrechtlichten Zustand überführt.[9]

6.2. Der Abschied vom ius ad bellum

Während das ehemalige ius in bello im 20. Jahrhundert eine ständige Weiterentwicklung und Entgrenzung seines Geltungsbereichs erfährt, gelangt das ius ad bellum im gleichen Zeitraum an sein Ende. Das Recht zur Kriegführung, das man bis 1914 als selbstverständliches Recht jedes souveränen Staates betrachtet hatte, gerät unter dem Eindruck der Gräuel des Ersten Weltkriegs in die Kritik.

---

[9] Zu den Problemen der Durchsetzung des humanitären Völkerrechts vgl. M. Mohr 2001. Zu den besonderen Schwierigkeiten seiner Anwendung in innerstaatlichen Konflikten vgl. C. Daase 2001.

Zum Ausdruck kommt die gewandelte Haltung in der Satzung des Völkerbundes sowie insbesondere im 1928 verabschiedeten Briand-Kellogg-Pakt. Dort heißt es in Artikel I:

„Die Hohen Vertragschließenden Parteien erklären feierlich im Namen ihrer Völker, dass sie den Krieg als Mittel für die Lösung internationaler Streitfälle verurteilen und auf ihn als Werkzeug nationaler Politik in ihren gegenseitigen Beziehungen verzichten." Und in Artikel II: „Die Hohen Vertragschließenden Parteien vereinbaren, dass die Regelung und Entscheidung aller Streitigkeiten oder Konflikte, die zwischen ihnen entstehen könnten, welcher Art oder welchen Ursprungs sie auch sein mögen, niemals anders als durch friedliche Mittel angestrebt werden soll."

Der Vertrag wird nach seinem Inkrafttreten am 24. Juli 1929 von insgesamt 62 Nationen unterzeichnet.[10] Durch den Briand-Kellogg-Pakt wird jeder Angriffskrieg zu einer Völkerrechtsverletzung erklärt. Das Recht zur bewaffneten Selbstverteidigung sowie das Recht zum bewaffneten Beistand gegen einen Aggressor stehen den Staaten weiterhin zur Verfügung. Allerdings enthält der Vertrag keinerlei Vorkehrungen für den Fall eines Verstoßes gegen die Vertragsvorschriften, auch keine Strafmaßnahmen bei Vertragsbruch. Der Briand-Kellogg-Pakt ächtet den Angriffskrieg, ahndet ihn jedoch nicht als strafbares Verbrechen. Auch beschränkt sich die Ächtung nur auf die Form des Krieges, nicht jedoch auf die Androhung und Anwendung anderer Formen militärischer Gewalt.

Diese letzte Konsequenz wird von der internationalen Staatengemeinschaft erst in der UN-Charta von 1945 gezogen. Dort heißt es in Art. 2., Ziff. 4:

„Alle Mitglieder unterlassen in ihren internationalen Beziehungen jede gegen die territoriale Unversehrtheit oder politische Unabhängigkeit eines Staates gerichtete oder sonst mit den Zielen der Vereinten Nationen unvereinbare Androhung oder Anwendung von Gewalt [...] Und in Art. 2. Ziff. 6: „ Die Organisation trägt dafür Sorge, dass Staaten, die nicht Mitglieder der Vereinten Nationen sind, insoweit nach diesen Grundsätzen handeln, als dies zur Wahrung des Weltfriedens und der internationalen Sicherheit erforderlich ist."

Mit der Ausweitung des Kriegsverbots zum allgemeinen Gewaltverbot und der Ausdehnung seines Geltungsbereiches auf die gesamte Staatengemeinschaft entzieht das geltende Völkerrecht der Lehre vom gerechten Krieg die Grundlage. In einer Welt, in der jeder Krieg, der weder der Selbstverteidigung noch dem Beistand eines angegriffenen Staates dient, dem Prinzip nach einen Rechtsbruch

---

[10] Erstunterzeichner des Vertrages sind die USA, Australien, Kanada, die Tschechoslowakei, Deutschland, Großbritannien, Indien, der Freistaat Irland, Italien, Neuseeland und Südafrika. Vier weitere Staaten unterzeichnen den Vertrag noch vor der Proklamation: Polen, Belgien und Frankreich im März 1929 und Japan im April.

darstellt, erscheint jeder Rekurs auf moralische Maßstäbe obsolet, wenn nicht gar gefährlich.

7. Die Auferstehung der Lehre vom gerechten Krieg im Kalten Krieg und ihre Aktualität in der Diskussion um humanitäre Interventionen

Allen vorangegangenen Entwicklungen zum Trotz kommt es in der zweiten Hälfte des 20. Jahrhunderts zu einer Renaissance der Lehre vom gerechten Krieg, und zwar in den USA. Verantwortlich hierfür sind zwei Vorgänge, die die amerikanische Öffentlichkeit in den 1960er und 1970er Jahren bewegen und polarisieren, der Krieg der USA in Vietnam und das atomare Wettrüsten der beiden Supermächte. Konfrontiert mit der moralischen Fragwürdigkeit der Intensivierung und Entgrenzung der Kriegführung einerseits und der Produktion von Massenvernichtungswaffen andererseits rekurrieren eine Reihe von Theoretikern neuerlich auf die traditionellen Begriffe und Argumentationsfiguren der Lehre vom gerechten Krieg.[11] Die Auseinandersetzung mit der wiederentdeckten Tradition reißt in den Folgejahren nicht mehr ab,[12] erzeugt aber in den 1980er Jahren außerhalb der akademischen Öffentlichkeit keine all zu große Resonanz.

Dies ändert sich schlagartig, als mit dem Fall des Eisernen Vorhangs und dem damit verbundenen Ende der bipolaren Weltordnung neue politische Herausforderungen und Handlungsmöglichkeiten hervortreten.[13] Getragen von dem idealistischen Gedanken an die Machbarkeit einer Neuen Weltordnung kommt es in den 1990er Jahren wiederholt zu bewaffneten humanitären Interventionen der Staatengemeinschaft zum Schutz bedrohter Zivilisten, u.a. in Somalia, Bosnien und Haiti. Obwohl die Erfolgsbilanz dieser Interventionen insgesamt eher ernüchternd ausfällt, bleibt die Frage des bewaffneten Menschenrechtsschutzes auf der Tagesordnung der internationalen Politik und der völkerrechtlichen Diskussion. Was die theoretische Beschäftigung mit der Problematik betrifft, könnte man geneigt sein zu behaupten, dass sie durch das praktische Scheitern der Politik des humanitären Interventionismus sogar befördert wird. Die Zahl der Veröffentlichungen, die sich des Themas annehmen, ist schon Mitte der 1990er Jahre

---

[11] Den Stein ins Rollen bringt R.W. Tucker 1960. Ihm folgen P. Ramsey 1968 und M. Walzer 1977. Zu Walzers Reformulierung der Lehre vom gerechten Krieg, die die Diskussion bis heute maßgeblich bestimmt, vgl. S. Krause / K. Malowitz 1998; B. Orend 2000.
[12] Wichtige Titel aus den 1980er Jahren sind W.V. O'Brien 1981; J.T. Johnson 1981, 1984; J.D. Jones 1985.
[13] Stellvertretend für zahlreiche weitere Titel vgl. J. Kelsay / J.T. Johnson 1991; R.B. Miller 1991; J.B. Elshtain 1992.

enorm.[14] Die zentrale Frage, die im Zentrum vieler Publikationen steht, ist die nach den legitimen Durchführungsbedingungen humanitärer Interventionen und den Möglichkeiten ihrer völkerrechtlichen Verankerung. Die völkerrechtlichen Hilfskonstruktionen, mit denen der UN-Sicherheitsrat das Handeln der Staatengemeinschaft in den Fällen Somalia und Bosnien notdürftig legitimiert hatte, wird allgemein als unbefriedigend empfunden. Zwar stimmt eine Mehrheit von Völkerrechtlern und Diplomaten darin überein, humanitäre Interventionen, die über ein Mandat des Sicherheitsrates verfügen, als legal zu betrachten. Doch fehlt es an rechtsverbindlichen Regelungen für jene Fälle, in denen ein entsprechender Beschluss des Sicherheitsrates angesichts einer offensichtlichen humanitären Katastrophe gleichwohl ausbleibt. Als die Legitimation unilateraler humanitärer Interventionen durch das militärische Eingreifen der NATO im Kosovo-Konflikt im Frühjahr 1999 von einer theoretischen zu einer praktisch-politischen Frage wird, erfährt das Interesse an der Tradition des bellum iustum eine nochmalige Steigerung. Die Lehre vom gerechten Krieg, deren Diskussion sich in den 1990er Jahren vorrangig auf die USA beschränkte, kehrt zu Beginn des 21. Jahrhunderts nach Europa zurück. Zwar fehlt es nicht an kritischen Stimmen, die vor einem Wiederanknüpfen an eine in ihren Augen bellizistische Tradition warnen. Die Mehrzahl der Rezipienten aber, die an das alte Erbe anknüpfen, tun dies in affirmativer Absicht. Im Zentrum der Aufmerksamkeit stehen dabei die von den Vertretern des bellum iustum entwickelten Kriterien, insbesondere der gerechte Grund, die Verhältnismäßigkeit der Mittel, die rechtmäßige Durchführung und das Ziel eines gerechten Friedens. Unter Rekurs auf diese Kriterien versuchen Philosophen, Theologen, Juristen und politische Theoretiker, anerkennungsfähige Prinzipien für die Durchführung humanitärer Interventionen zu formulieren.

Den für die politische Diskussion bis heute wichtigsten Schritt auf diesem Weg stellt der im Dezember 2001 durch die *International Commission on Intervention and State Sovereignty* (ICISS) vorgelegte Bericht *The Responsibility to Protect* dar, der einen Großteil der diskutierten Argumente zusammenfasst, systematisiert und weiterentwickelt (ICISS 2001).[15] In ihrem Bericht entwickelt die Kommission eine Reihe von Bedingungen, unter denen bewaffnete humanitäre Interventionen als gerechtfertigt gelten sollen. Den Ausgangspunkt und zugleich

---

[14] Aus der Fülle der überwiegend amerikanischen Literatur seien u.a. genannt L.F. Damrosch 1993; J. Harris 1995; P.J. O'Halloran 1995; O. Ramsbotham / T. Woodhouse 1996. Aus der deutschen Diskussion, die zu diesem Zeitpunkt allerdings noch überwiegend von Vertretern des Völkerrechts geführt wird, vgl. u.a. K.O. Nass 1993; J. Isensee 1995; D. Murswiek 1996; M. Pape 1997.
[15] Die Kommission wurde auf Initiative des damaligen kanadischen Außenministers, Lloyd Axworthy, ins Leben gerufen. Co-Vorsitzende waren der frühere australische Außenminister Gareth Evans sowie Mohamed Sahnoun, Sonderbeauftragter des UN-Generalsekretärs. Eine pointierte Zusammenfassung der wichtigsten Aspekte des Berichts findet sich in G. Evans / M. Sahnoun 2002. Kritisch zu den Vorschlägen der ICISS äußert sich D. Chandler 2004.

das normative Fundament des Berichts bildet dabei der Grundsatz, dass es die Pflicht eines jeden Staates ist, in ihrem Inneren die Bürger vor größeren Gefahren zu schützen. Ist ein Staat dazu nicht (mehr) in der Lage oder verstößt er gar gegen diese Pflicht, wird er der Verantwortung für seine Bürger also nicht gerecht, so soll diese Verantwortung auf die internationale Gemeinschaft übergehen (vgl. ICISS 2001: 17). Implizit knüpfen die Autoren damit an die schon von Grotius entwickelte und im 19. Jahrhundert wiederbelebte Idee von einem die Souveränität der Staaten übergreifenden „Recht der Menschheit" an. Ausgehend von dieser Prämisse wird von ihnen angemahnt, dass eine militärische Intervention nur die letzte Stufe eines umfassenderen Prozesses sein darf, in dessen Verlauf zuvor alle zivilen und diplomatischen Mittel der Konfliktbearbeitung ausgeschöpft worden sein müssen. Dabei heben die Autoren ausdrücklich hervor, dass ein bewaffneter Eingriff ohnehin nur in solchen Ausnahmefällen als legitim gelten kann, in denen die humanitäre Katastrophe Ausmaße angenommen hat, die die internationale Sicherheit bedrohen oder das Gewissen der Menschheit schockieren. Als Beispiele nennt der Bericht gewalttätige Auseinandersetzungen in zerfallen(d)en Staaten, umfangreiche ethnische Säuberungen und Genozid (ICISS 2001: 31).

Während die genannten Bedingungen eine Antwort auf die Frage nach den gerechten Kriegsgründen geben sollen, sollen die weiteren Ausführungen der Autoren als Beitrag zur Diskussion um die Modalitäten der gerechten Kriegführung verstanden werden. Rechtmäßige Interventionen müssen demnach den folgenden vier Kriterien des klassischen ius in bello gehorchen: Sie sollen in aufrechter Absicht unternommen werden, das letzte Mittel sein, dem Grundsatz der Verhältnismäßigkeit folgen und vernünftige Erfolgsaussichten haben (ICISS 2001: 35) Außerdem fordert der Bericht die Schaffung operativer Voraussetzungen zur Gewaltprävention als auch zur Planung und Durchführung von Militärinterventionen. Zu den angemahnten Voraussetzungen gehören: Ein eindeutiges politisches Mandat mit entsprechenden Ressourcen und klar definierten Regeln; eine einheitliche und effektive militärische Kommandostruktur bei gleichzeitiger Gewährleistung der politischen Kontrolle; die Beschränkung der Interventionsziele auf die Durchsetzung und Wahrung von Menschenrechten und Rechtsstaatlichkeit; die Ausrichtung der Intervention an den Sicherheitsbedürfnissen der Bevölkerung; die Beachtung des humanitären Völkerrechts; die Bereitschaft zur entschlossenen Umsetzung der Interventionsziele; und schließlich die größtmögliche Kooperation zwischen militärischen und zivilen Organisationen (ICISS 2001: 67).

Abschließend regt der Bericht an, dass die UN-Generalversammlung feste Kriterien für ein internationales Interventionsrecht festlegen und verabschieden soll. Darüber hinaus soll der UN-Sicherheitsrat einheitliche Richtlinien zum Verfahren bei Militärinterventionen erstellen. Beides zusammen läuft auf die

Forderung nach einer Verrechtlichung humanitärer Interventionen hinaus (ICISS 2001: 74). Was den Report im Kontext der neuerlichen Diskussion über die Lehre vom gerechten Krieg so bedeutsam macht, ist weniger das große akademische Echo, das er hervorrief, als vielmehr das politische Interesse, auf das er gestoßen ist. Keine andere Publikation der letzten Jahre hat es vermocht, die Frage nach der Gerechtigkeit des Krieges mit so viel Nachdruck neuerlich auf die Agenda der internationalen Politik zu bringen. Auch wenn es nicht die Intention seiner Verfasser gewesen ist: Mit ihrem Bericht haben sie dazu beigetragen, dass die Frage nach der Legitimität der Kriegsgründe, die seit 1945 zumindest de iure mit einem Tabu belegt war, heute wieder diskussionswürdig ist. Die Rückkehr der Lehre vom gerechten Krieg in die Arena der internationalen Politik, die sich im wachsenden Rekurs auf die in ihrem Traditionsbestand gesammelten Kriterien manifestiert, bedeutet auch die Rückkehr des ius ad bellum im Gewand der humanitären Intervention. Damit stellt sich jedoch eine Gefahr, die langfristig gesehen kaum weniger schwerwiegend sein könnte, als das von einigen Kritikern immer wieder beklagte Problem der missbräuchlichen Durchführung vermeintlich humanitär motivierter Interventionen zu handfesten politischen Zwecken (vgl. N. Chomsky 2000). Es handelt sich um die schleichende Wiederkehr der asymmetrischen Formen moralischer und völkerrechtlicher Argumentationen, die der Lehre vom gerechten Krieg eingeschrieben sind. Ansätze dazu finden sich bereits: So werden humanitäre Einsätze dadurch gerechtfertigt, dass man den Gegnern die Politik- und damit auch Friedensfähigkeit abspricht. Staaten werden zu ‚Schurkenstaaten' oder als ‚zerfallen(d)e Staaten' degradiert und ihre völkerrechtliche Souveränität angezweifelt. Man bereitet den Boden für Rechtfertigungen humanitärer Interventionen, indem man punktuell die Unterscheidung zwischen innerer und äußerer Stabilität aufhebt und Gefährdungen der internationalen Sicherheit konstatiert, etwa durch das Problem der Flüchtlingsströme. Es erscheint fraglich, ob die von der ICISS entwickelten Vorschläge wirklich geeignet sind, die Schwierigkeiten und Mängel der gegenwärtigen Praxis humanitärer Interventionen zu beseitigen, oder ob sie nicht vielmehr dazu beitragen werden, das ohnehin schwache Fundament des Völkerrechts weiter auszuhöhlen. Die drei tragenden Säulen der gegenwärtigen Völkerrechtsordnung – die Souveränität der Staaten, das Gebot der Nichtintervention und das Verbot der Androhung oder Anwendung militärischer Gewalt – lassen sich mit den Prinzipien der Lehre vom gerechten Krieg nur schwer vereinbaren. Die gleiche Gefahr droht schließlich mit Blick auf die Regeln des humanitären Völkerrechts. Es steht zu befürchten, dass im Gefolge der Kriterien des gerechten Krieges auch die Figur des ungerechten Feindes auf die Bühne der internationalen Politik zurückkehrt. Das bedeutete, dass man auch die Gleichwertigkeit der Kombattanten wieder in Frage stellte. Auch wenn humanitäre Interventionen in einer bestimmten Situation politisch geboten sein können und international geteilte Kriterien militärischer Einsätze zu begrüßen wären, so sollte aus ihnen doch kein Recht zur Intervention abgeleitet werden.

Literatur

Aquin, Thomas v. (1966): Summa theologica. Vollständige, ungekürzte deutschlateinische Ausgabe, hg. v.d. Albertus-Magnus-Akademie Walberberg bei Köln, Bd. 17. Heidelberg u.a.: F.H. Kerle u.a.
Archives Parlementaires de 1787 à 1860. Receuil complet des débats législatifs et politiques des Chambres françaises, hg. v. Jérôme Mavidal und Émile Laurent, 1. Serie (1789-1799), Bd. 50.
Aristoteles (1994): Politik. Reinbek b. Hamburg: Rowohlt.
Burkhardt, Jakob (1992): Der Dreißigjährige Krieg. Frankfurt/Main: Suhrkamp.
Cicero, Marcus Tullius (1989): De officiis – Vom pflichtgemäßen Handeln, übersetzt, kommentiert und herausgegeben von Heinz Gunermann. Stuttgart: Reclam.
Chandler, David (2004): The Responsibility to Protect? Imposing the ‚Liberal Peace'. In: International Peacekeeping 11, Heft 1: 59-81.
Chomsky, Noam (2000): Der neue militärische Humanismus. Lektionen aus dem Kosovo. Zürich: Edition 8.
Daase, Christopher (2001): Das humanitäre Völkerrecht und der Wandel des Krieges. In: Hasse et al. (2001): 132-157.
Damrosch, Lori Fisler (Hrsg.) (1993): Enforcing Restraint. Collective Intervention in Internal Conflicts. New York: Council on Foreign Relations Press.
Elshtain, Jean Bethke (Hrsg.) (1992): Just War Theory. Oxford u.a.: Oxford University Press.
Evans, Gareth / Sahnoun, Mohamed (2002): The Responsibility to Protect. In: Foreign Affairs 81, Heft 6: 99-110.
Fleck, Dieter (Hrsg.) (1994): Handbuch des humanitären Völkerrechts in bewaffneten Konflikten. München: C.H. Beck.
Friedrich II., König von Preußen (1756): Antimachiavell, oder Versuch einer Critik über Nic. Machiavells Regierungskunst eines Fürsten: Nach des Herrn von Voltaire Ausg. ins Deutsche übers.; wobey aber die verschiedenen Lesarten u. Abweich. der ersten Haagischen, und aller andern Aufl. angefüg. worden. Hanover: Schmidt.
Gentili, Alberico (1933): De iure belli libri tres (1598). Nachdruck: Oxford u.a.: Clarendon Press.
Grab, Walter (Hrsg.) (1973): Die Französische Revolution. Eine Dokumentation. München: Nymphenburger Verlagshandlung.
Greenwood, Christopher (1994): Geschichtliche Entwicklung und Rechtsgrundlagen. In: Fleck (1994): 1-33.
Grewe, Wilhelm G. (1984): Epochen der Völkerrechtsgeschichte. Baden-Baden: Nomos.

Grotius, Hugo (1950): De jure belli ac pacis libri tres. - Drei Bücher vom Recht des Krieges und des Friedens (1625). Neuer deutscher Text und Einleitung von Dr. Walter Schätzel. Herausgegeben von Walter Schätzel. Tübingen: J.C.B. Mohr.
Harris, John (Hrsg.) (1995): The Politics of Humanitarian Intervention. London u.a.: Pinter.
Hasse, Jana et al. (Hrsg.) (2001): Humanitäres Völkerrecht. Politische, rechtliche und strafgerichtliche Dimensionen. Baden-Baden: Nomos.
Haus, Michael (2000): Die politische Philosophie Michael Walzers. Kritik, Gemeinschaft, Gerechtigkeit. Wiesbaden: Westdeutscher Verlag.
Hillgruber, Christian (2001): Humanitäre Intervention, Großmachtpolitik und Völkerrecht. In: Der Staat 40, Heft 2: 165-191.
International Commission on Intervention and State Sovereignty (ICISS) (2001): The Responsibility to Protect. Report of the International Commission on Intervention and State Sovereignty. Ottawa: International Development Research Centre.
Isensee, Josef (1995): Weltpolizei für Menschenrechte. Zur Wiederkehr der humanitären Intervention. In: Juristen Zeitung 50, Heft 9: 421-430.
Janssen, Dieter / Quante, Michael (Hrsg.) (2003): Gerechter Krieg. Ideengeschichtliche, rechtsphilosophische und ethische Beiträge. Paderborn: Mentis.
Johnson, James Turner (1981): Just War Tradition and the Restraint of War. A Moral and Historical Inquiry. Princeton: Princeton University Press.
Johnson, James Turner (1984): Can Modern War be Just? New Haven: Yale University Press.
Jones, John D. (Hrsg.) (1985): Just War Theory in the Nuclear Age. Lanham, Md. u.a.: University Press of America.
Jouannet, Emmanuelle (1998): Emer de Vattel et l'émergence doctrinale du droit international classique. Paris: Pedone.
Justenhoven, Heinz-Gerhard (1991): Francisco de Vitoria zu Krieg und Frieden. Köln: Bachem.
Kelsay, John / Johnson, James T. (Hrsg.) (1991): Just War and Jihad. Historical and Theoretical Perspectives on War and Peace in Western and Islamic Traditions. Westport, Conn. u.a.: Greenwood Press.
Kleemeier, Ulrike (2003): Krieg, Recht, Gerechtigkeit – Eine ideengeschichtliche Skizze: In: Janssen et al. (2003): 11-28.
Köchler, Hans (2001): The Concept of Humanitarian Intervention in the Context of Modern Power Politics. Is the Revival of the Doctrine of „Just War" Compatible with the International Rule of Law? Vienna: International Progress Organization.
Kruse, Wolfgang (2003): Die Erfindung des modernen Militarismus: Krieg, Militär und bürgerliche Gesellschaft im politischen Diskurs der Französischen Revolution 1789-1799, München: Oldenbourg.
Miller, Richard B. (1991): Interpretations of Conflict: Ethics, Pacifism, and the Just-War-Tradition. Chicago u.a.: Chicago University Press.
Mohr, Manfred (2001): Durchsetzungsmechanismen des humanitären Völkerrechts – eine aktuelle Bestandsaufnahme. In: Hasse et al. (2001): 158-177.
Murswiek, Dietrich (1996): Souveränität und humanitäre Intervention. Zu einigen neueren Tendenzen im Völkerrecht. In: Der Staat 35, Heft 1: 31-44.

Nass, Klaus Otto (1993): Grenzen und Gefahren humanitärer Interventionen. Wegbereiter für Frieden, Menschenrechte, Demokratie und Entwicklung? In: Europa-Archiv 48, Heft 10: 279-288.
O'Brien, William V. (1981): The Conduct of Just and Limited War. New York, N.Y.: Praeger.
O'Halloran, Patrick J. (1995): Humanitarian Intervention and the Genocide in Rwanda. London: Research Institute for the Study of Conflict and Terrorism.
Orend, Brian (2000): Michael Walzer on War and Justice. Cardiff: University of Wales Press.
Pape, Matthias (1997): Die humanitäre Intervention. Zur Bedeutung der Menschenrechte in den Vereinten Nationen. Baden-Baden: Nomos.
Ramsbotham, Oliver / Woodhouse, Tom (1996): Humanitarian Intervention in Contemporary Conflict. A Reconceptualization. Cambridge u.a.: Polity Press.
Ramsey, Paul (1968): The Just War. Force and Political Responsibility. New York: Scribner.
Robinson, Paul F. (Hrsg.) (2003): Just War in Comparative Perspective. Aldershot u.a.: Ashgate.
Ruddy, Frank Stephen (1975): International Law in the Enlightenment. The Background of Emmerich de Vattel's *Le droit des gens*. Dobbs Ferry, N.Y.: Oceana Publishing.
Russel, Frederick H. (1975): The Just War in the Middle Ages. Cambridge u.a.: Cambridge University Press.
Soder, Josef (1955): Die Idee der Völkergemeinschaft. Francisco de Vitoria und die philosophischen Grundlagen des Völkerrechts. Frankfurt/Main u.a.: Alfred Metzner.
Soder, Josef (1973): Francisco Suárez und das Völkerrecht. Grundgedanken zu Staat, Recht und internationalen Beziehungen. Frankfurt/Main: Alfred Metzner.
Suárez, Francisco (1965): Ausgewählte Texte zum Völkerrecht. Lateinischer Text nebst deutscher Übersetzung herausgegeben von Josef de Vries, S.J. Einleitung von Josef Soder, S.J. Tübingen: J.C.B. Mohr.
Tucker, Robert W. (1960): A Study in Contemporary American Doctrine. Baltimore: John Hopkins Press.
Victoria, Franciscus de (1952): De indis recenter inventis et de jure belli hispanorum in barbaros. Relectiones. Vorlesungen über die kürzlich entdeckten Inder und das Recht der Spanier zum Kriege gegen die Barbaren. 1539. Lateinischer Text nebst deutscher Übersetzung. Herausgegeben von Walter Schätzel. Einleitung von Paul Hadrossek. Tübingen: J.C.B. Mohr.
Vattel, Emer de (1959): Le droit des gens, ou Principes de la loi naturelle, appliqués à la conduite et aux affaires des nations et des souverains. – Das Völkerrecht oder Grundsätze des Naturrechts, angewandt auf das Verhalten und die Angelegenheiten der Staaten und Staatsoberhäupter (1758). Deutsche Übersetzung von Dr. Wilhelm Euler. Herausgegeben von Walter Schätzel. Tübingen: J.C.B. Mohr.

Zum Erfolg verdammt, zum Scheitern verurteilt? – Zur pragmatischen Komplexität humanitärer Interventionen[*]

Karsten Malowitz

Einleitung

Der Krieg als Mittel der Politik stellt seit jeher eine Provokation für die Moral dar. Die planmäßig betriebene massenhafte Tötung von Menschen ist ein moralisch so unerhörter Vorgang, dass sich die Frage nach der Möglichkeit seiner Rechtfertigung unmittelbar stellt.[1] Aus Sicht einer konsequenten Prinzipienethik, die dem Leben eines jeden einzelnen Menschen einen nicht aufrechenbaren Wert beimisst, ist eine solche Rechtfertigung undenkbar. Demnach ist es moralisch nicht zulässig, zum Schutz des Lebens einiger die – gezielte oder billigend in Kauf genommene – Tötung anderer Menschen anzubefehlen bzw. umzusetzen.[2] Eine solche Position ist – entgegen einem beliebten Vorurteil – nicht nur als Basis einer persönlichen Haltung respektabel, sondern kann darüber hinaus auch sehr wohl als normativer Orientierungspunkt politischen Handelns dienen. Als ein solcher Orientierungspunkt wird sie jedoch spätestens dann moralisch selbst problematisch, wenn sie mit dem Einsatz militärischer Gewalt von Seiten anderer konfrontiert ist und nicht-militärische Reaktionen versagt haben oder wirkungslos sind. Unter solchen Umständen, wie sie in der nicht-idealen Welt, in der wir leben, leider keine Seltenheit sind, ist ein moralisch einwandfreies Verhalten nicht länger möglich. Hält man nämlich an dem prinzipiell begründeten Verzicht auf den Einsatz militärischer Gewalt fest, nimmt man nicht nur den Tod von Menschen billigend in Kauf, sondern man gibt auch das Heft des politischen Handelns (weitgehend) aus der Hand.[3] Will man diese Konsequenz vermeiden,

---
[*] Für Hinweise, Anregungen und Kritik danke ich Michael Th. Greven und Claudia Landwehr.
[1] „Friede ist der Normalzustand, Krieg muss eigens begründet werden. Es soll nicht das Umgekehrte gelten und auch keine Gleichrangigkeit. *In dubio pro pace.*" (H. Wohlrapp 2000: 109) Vgl. auch R. Schmücker 2000: 320.
[2] Exemplarische Rechtfertigungen so einer pazifistischen Position bieten u.a. W.-D. Narr et al. 1999: 83ff.; H. Wohlrapp 2000; L. Calhoun 2001a; 2001b; R. Bittner 2004; H. Wohlrapp 2004.
[3] So auch die – von Kritikern (A. Klönne 1999; W.-D. Narr et al. 1999: 80f.) allerdings arg missdeutete und polemisch befehdete – Position von Michael .Th. Greven: „Der konsequente Pazifismus macht sich letztlich von den Entscheidungen und dem Handeln anderer [...] abhängig. Es ist naiv und

ohne alle moralischen Maßstäbe fahren zu lassen, so bleibt nur die Möglichkeit, die Haltung einer prinzipiell begründeten Gewaltvermeidung aufzugeben und sich auf den schwankenden und löchrigen Boden einer utilitaristisch bzw. konsequentialistisch argumentierenden moralischen Kasuistik zu stellen.[4] Auf diesem Boden aber lässt sich das, was im Friedenszustand kategorisch verboten ist – die Aufrechnung von Menschenleben durch die gezielte oder billigend in Kauf genommene Tötung einiger Menschen zum Schutze anderer – nicht mehr vermeiden.[5] Für welche Variante man sich auch entscheidet: Eine ‚saubere' Lösung gibt es nicht, die Hände werden im einen wie im anderen Fall ‚schmutzig'.[6]

Das moralische Malum, das dem Krieg unausweichlich zu eigen ist, macht ihn jedoch, entgegen anderslautender, aus Verzweiflung oder Zynismus geborener Äußerungen, nicht zu einem moral- oder rechtsfreien Raum. Die Geschichte des Krieges ist, wie insbesondere die Werke des klassischen Völkerrechts zeigen, immer auch die Geschichte der Bemühungen um seine moralische oder rechtliche Normierung bzw. Hegung. Als solche ist sie freilich alles andere als eine Erfolgsgeschichte. So blieben die diesbezüglich von den Vertretern des Ius Publicum Europaeum formulierten Grundsätze zwar nicht ohne Wirkung auf das öffentliche Bewusstsein, in der Praxis aber waren sie zumeist weiterhin Gegenstand willkürlicher Handhabung (vgl. C. Hillgruber 2001). Anfang des 20. Jahrhunderts brachten die im Anschluss an die Haager Friedenskonferenzen von

---

entgegen jeder historischen Erfahrung [...] anzunehmen, dass politische Freiheit und Selbstbestimmung gegen ein gewaltbereites und über ausreichende Machtmittel verfügendes Regime mit den dem Pazifismus zu Gebote stehenden gewaltfreien Strategien erfolgreich sein könnten." (M.Th. Greven 1999: 4)

[4] Dass ein solches Vorgehen konsequent prinzipienethisch orientierten Kritikern als „inkonsistent" erscheinen muss (H. Wohlrapp 2000: 129), versteht sich. Es ändert jedoch nichts an dem o.g. – von eben diesen Kritikern allerdings nur selten eingestandenen – Umstand, dass auch eine konsistente Haltung der prinzipiellen Gewaltlosigkeit nicht umhin kann, den – im Extremfall massenhaften – Tod von Menschen billigend in Kauf zu nehmen.

[5] Vgl. in diesem Zusammenhang auch die Argumentation von Wolfgang Kersting, der die hier skizzierte Problematik im Kontext humanitärer Interventionen diskutiert (W. Kersting 1999: 86ff.) und zu dem Schluss kommt: „Dort, wo Gewalt gegen Gewalt gesetzt werden muss, wo notwendigerweise auch die reagierende, der Quellgewalt Einhalt gebietende Gewalt gewalttätig vorgehen muss, müssen Rationalität und moralische Zulässigkeit ihres Vorgehens abwägenden, konsequentialistischen Überlegungen anvertraut werden. [...] *Mit der Entscheidung für eine militärische Intervention ist die moralische Normalorientierung an der absoluten Werthaftigkeit des Menschen, an der Unverrechenbarkeit des Menschenlebens ausgesetzt.*" (W. Kersting 1999: 88; Hervorhebung im Original)

[6] Dies entbindet die politisch und militärisch verantwortlich Handelnden selbstredend nicht von der moralischen Verpflichtung, die Kriegführung am Grundsatz der Verhältnismäßigkeit auszurichten und die Zahl ziviler Opfer so gering wie möglich zu halten. Schon gar nicht legitimiert sie eine ‚Strategie', die – wie im Falle des Kosovo-Krieges der NATO-Staaten – darauf abzielt, Verluste in den Reihen des eigenen militärischen Personals auf Kosten der Zivilbevölkerung des angegriffenen Staates zu minimieren oder auszuschließen. Vgl. in diesem Zusammenhang auch die Ausführungen von Michael Walzer und Reinhard Merkel zu den ‚Kollateraltötungen' im Kosovo-Krieg (M. Walzer 2003a: 121f.; R. Merkel 2004: 122ff.). Zum Problem der ‚schmutzigen Hände' vgl. L. Calhoun 2004.

1899 und 1907 formulierten Haager Abkommen zwar humanitäre Fortschritte hinsichtlich der für zulässig erklärten Mittel und Regeln der Kriegführung. Die Versuche einer völkerrechtlich verbindlichen Ächtung des Krieges, wie sie in der Satzung des 1920 ins Leben gerufenen Völkerbunds sowie im 1928 unterzeichneten Briand-Kellog-Pakt ihren Niederschlag fanden, scheiterten hingegen.

Einen entscheidenden Fortschritt erfuhren die moralisch motivierten Bemühungen um die völkerrechtliche Ächtung bzw. Hegung des Krieges erst mit der Gründung der Vereinten Nationen und den in ihrem Gefolge verabschiedeten Vertragswerken. An erster Stelle zu nennen ist hier das generelle Gewaltverbot der UN-Charta (Art. 2, Nr. 4) von 1945. Dieser Grundsatz markiert insofern eine fundamentale Wandlung des Völkerrechts – Otto Kimminich sprach sogar von einer „kopernikanischen Wende" –, als er es in ein „Friedensrecht" überführt (W. Kersting 2000: 59), das militärische Aktionen nur noch zur individuellen oder kollektiven Selbstverteidigung (Art. 51) bzw. zur Sicherung oder Wiederherstellung des gewaltsam bedrohten oder gebrochenen Friedens (Art. 39-50) für zulässig erachtet. Von großer Bedeutung sind darüber hinaus die Genfer Abkommen von 1949 samt der beiden 1977 verabschiedeten Zusatzprotokolle, die den Schutz von Wehrlosen (Gefangene, Verwundete, Zivilisten) in bewaffneten Konflikten regeln und zusammen mit den älteren Haager Abkommen die Säulen des heutigen humanitären Völkerrechts bilden. Sie können für sich nicht nur allgemeine öffentliche Zustimmung, sondern auch gewohnheitsrechtliche Geltung beanspruchen.

Freilich ist die von den Vereinten Nationen betriebene Umwandlung moralischer Forderungen in geltende völkerrechtliche Normen von deren weltweiter Durchsetzung auch gegenwärtig immer noch weit entfernt. So steht den Erfolgen bei der Begrenzung bzw. humanitären Hegung zwischenstaatlicher Kriege seit 1945 eine gestiegene Anzahl inner- bzw. substaatlicher Gewaltkonflikte (N.P. Gleditsch et al. 2002: 623f.; M.R. Sarkees et al. 2003: 60ff.) mit einer signifikant hohen Zahl von Opfern (M.R. Sarkees et al. 2003: 64ff.) gegenüber. Zudem spricht wenig dafür, dass Anzahl und Ausmaß dieser Konflikte in absehbarer Zeit zurückgehen werden. Gleichwohl lässt sich nicht leugnen, dass die Normen der UN-Charta und der Kodifikationen des humanitären Völkerrechts die moralische Beurteilung des Krieges und der Kriegführung seit dem Ende des Zweiten Weltkriegs nachhaltig verändert und die entsprechenden Kosten für Akteure, die den betreffenden Bestimmungen zuwiderhandeln, erhöht haben. Dies gilt in besonderem Maße für demokratische Staaten, in denen der Einsatz des Militärs zu Kriegszwecken öffentlicher und parlamentarischer Kontrolle unterliegt. Beobachten lässt sich dies sowohl an dem Aufwand, mit dem man sich auf Seiten der militärisch und politisch Verantwortlichen bemüht, entsprechende Verstöße rhetorisch zu verschleiern oder durch gezielte Nicht- bzw. Desinformationspolitik zu bemänteln, als auch an den empörten Reaktionen der Öffentlichkeit, wenn diese Verstöße gleichwohl bekannt werden.[7] Mit dem Ende des Kalten Krieges haben moralische Motive als Faktoren der internationalen Politik schließlich noch einmal einen merklichen Bedeutungszuwachs erfahren. Nicht ohne Grund meinen manche Beobachter gar einen „Aufstieg der Ethik" (L.H. Gelb / J.A. Rosenthal 2003) bzw. eine neue „Macht der Moral" (A. Hasenclever 2001) in den internationalen Beziehungen konstatieren zu können. Konzentrierte sich ein Gutteil der moralischen Forderungen mit Blick auf Fragen von Krieg und Frieden vor 1989 vor allem auf die Einhaltung der Grundsätze der Vereinten Nationen bzw. die Normen des humanitären Völkerrechts, so gehen sie seither immer häufiger darüber hinaus und mahnen nicht selten Reformen im Normen- und Institutionengefüge des internationalen Systems an. Einen Kristallisationspunkt der moralisch motivierten Kritik bildet dabei das in der UN-Charta niedergelegte Interventionsverbot (Art. 2, Nr. 7), das – mit Ausnahme vom Sicherheitsrat autorisierter Zwangsmaßnahmen der internationalen Staatengemeinschaft – jede militärische Einmischung in die inneren Angelegenheiten eines souveränen Staates verbietet. Gehörte es zusammen mit der 1970 von der Generalversammlung der Vereinten Nationen als Resolution Nr. 2625 (XXV) verabschiedeten *Friendly Relations Declaration* zu den tragenden Säulen der internationalen Friedensordnung der Nachkriegszeit, so gilt es einer wachsenden Zahl von Völkerrechtlern, Politikwissenschaftlern und Philosophen heute als Stein des Anstoßes.[8] Seine entschiedenen Verteidiger sind demgegenüber mittlerweile nicht nur zahlenmäßig in die Minderheit, sondern auch diskursstrategisch in die Defensive geraten.[9] Der Grund für diese bemer-

---

[7] Die moralische Rhetorik, der sich insbesondere die politisch Verantwortlichen in den NATO-Mitgliedsstaaten während des Kosovo-Krieges mit viel Pathos befleißigten, und die auf ihr Geheiß hin von professionellen Auftragskommunikatoren ins Werk gesetzte Medienkampagne zur Rechtfertigung des Luftkrieges und zur Verharmlosung seiner Auswirkungen kann hier ebenso als Beleg gelten wie die mit ungleich größerem ideologischem und medialem Aufwand betriebene Kampagne der Bush-Administration zur Legitimation des Irak-Krieges. Zur moralischen Argumentationslogik der Bundesregierung im Kosovo-Krieg vgl. M.Th. Greven 2003. Zur Rolle der Medien im Kosovo-Krieg vgl. T. Bussemer 1999; E. Claassen 1999; M. Ignatieff 2001: 183ff. Zur Rolle der Medien im Irak-Krieg vgl. P. Rutherford 2004.

[8] Zum Beleg dieser These seien aus der mittlerweile kaum noch zu überschauenden Literatur an dieser Stelle nur einige repräsentative Titel genannt. Charakteristisch für die gewandelte Sicht des Völkerrechts sind u.a. die Beiträge von C. Greenwood 1993; F.R. Tesón 1997, 2003; M. Pape 1997; H.F. Köck 2000; K. Ebock 2000; C. Tomuschat 2002; 2008, in diesem Band. Für die politikwissenschaftliche Diskussion kann u.a. auf die Titel von O. Ramsbotham / T. Woodhouse 1996; M.J. Glennon 1999; W. Kühne 2000; B. Ladwig 2000; N.J. Wheeler 2000; T. Nardin 2002; M. Walzer 2002, 2003b verwiesen werden. Kennzeichnend für die philosophische Sichtweise sind schließlich u.a. V. Zanetti 1998; 2000; J.-C. Merle / A. Pinzani 2000; R. Schmücker 2000; A. Buchanan 2003; J.-C. Merle 2003; W. Hinsch / D. Janssen 2006.

[9] Stellvertretend seien hier genannt A. Randelzhofer 1993; K. O. Nass 1993; J. Isensee 1995; I. Maus 1998; I. Brownlie / C.J. Apperley 2000.

kenswerte Verschiebung ist vor allem in einer deutlich stärkeren politischen Gewichtung des Menschenrechtsschutzes zu sehen. Stand dieses ebenfalls in der Charta der Vereinten Nationen (Art. 1, Nr. 3, Art. 13, Art. 55 und Art. 56) erklärte und in den nachfolgenden *Internationalen Menschenrechtspakten*[10] bekräftigte Ziel während des Kalten Krieges in der Praxis lange Zeit hinter der unbedingten Anerkennung des Souveränitätsprinzips (Art. 2, Nr. 1) zurück, so ist dies heute nicht mehr mit der gleichen Selbstverständlichkeit der Fall (vgl. D. Murswiek 1996). Angesichts der Anzahl und des Ausmaßes von Fällen aktiver oder geduldeter massenhafter Menschenrechtsverletzungen in weiten Teilen der Welt und ihrer negativen Auswirkungen auf die sicherheits-, wirtschafts- und entwicklungspolitischen Interessen zahlreicher, insbesondere westlicher Staaten, mehren sich auch im Kreis von Politikern und Diplomaten die Stimmen derer, die fordern, die Anerkennung staatlicher Souveränität von der Einhaltung menschenrechtlicher Mindeststandards abhängig zu machen.

Ihren bislang wirkmächtigsten Ausdruck fanden diese Bemühungen in dem 2001 unter dem Titel *The Responsibility to Protect* veröffentlichten Report der von Kanada initiierten *International Commission on Intervention and State Sovereignty* (ICISS) und dem zwei Jahre später publizierten Bericht *Human Security Now*, der die Ergebnisse einer auf Initiative Japans zusammengestellten *Commission on Human Security* zusammenfasste.[11] Beide Dokumente hatten maßgeblichen Anteil daran, dass die Mitgliedsstaaten der UN-Generalversammlung sich im September 2005 zu ihrer „Verantwortung für den Schutz der Bevölkerung vor Völkermord, Kriegsverbrechen, ethnischer Säuberung und Verbrechen gegen die Menschlichkeit" (Resolution 60/1, Nr. 138) bekannten. Damit nicht genug, erklärten sie zudem ihre Bereitschaft „im Einzelfall und in Zusammenarbeit mit den zuständigen Regionalorganisationen rechtzeitig und entschieden kollektive Maßnahmen über den Sicherheitsrat in Einklang mit der Charta, namentlich Kapitel VII, zu ergreifen, falls friedliche Mittel sich als unzureichend erweisen und die nationalen Behörden offenkundig dabei versagen, ihre Bevölkerung vor Völkermord, Kriegsverbrechen, ethnischer Säuberung oder Verbrechen gegen die Menschlichkeit zu schützen" (Resolution 60/1, Nr. 139). Zwar vermeidet es die Resolution wohlweislich, dem Sicherheitsrat ein Recht zur notfalls gewaltsamen Durchsetzung der entsprechenden Souveränitätspflichten einzuräumen. Doch kann sie als Beleg dafür gelten, dass die seit Anfang der 1990er Jahre insbeson-

---

[10] Gemeint sind der *International Covenant on Economic, Social and Cultural Rights* und der *International Covenant on Civil and Political Rights*, die 1966 von der UN-Generalversammlung verabschiedet wurden, jedoch infolge der schleppenden Ratifizierung durch die Mitgliedsstaaten erst zehn Jahre später in Kraft traten.
[11] Zur teilweise kontroversen Diskussion über die Ergebnisse des Berichts der ICISS vgl. u.a G. Evans / M. Sahnoun 2002; D. Chandler 2004; T. Debiel 2004; N. MacFarlane et al. 2004; I. Winkelmann 2006.

dere von Seiten der westlichen Staaten verfolgte und von der internationalen Staatengemeinschaft mehrheitlich zumindest nicht aktiv bekämpfte Strategie, vom Sicherheitsrat autorisierte humanitäre Interventionen als politisches Instrument zu legitimieren, nicht erfolglos geblieben ist. Auch wenn die humanitäre Intervention somit nach wie vor kein anerkanntes Institut des Völkerrechts ist, so hält eine Mehrheit der Völkerrechtler[12] ihre Durchführung zum Zweck des Schutzes vor massenhaften und gravierenden Menschenrechtsverletzungen doch mittlerweile für legal, sofern sie durch ein Mandat des UN-Sicherheitsrates gedeckt ist und in Übereinstimmung mit den Grundsätzen der Charta der Vereinten Nationen erfolgt.[13]

1. Legitimität und (wahrscheinlicher) Erfolg – Über einen vernachlässigten Zusammenhang

Betrachtet man diese jüngsten Entwicklungen im Zusammenhang mit den vorstehenden Bemerkungen zur moralischen und rechtlichen Normierung des Krieges, so ergibt sich ein paradox anmutender Befund: Demnach ist es gerade die Charta der Vereinten Nationen mit ihrem obersten Ziel der Bewahrung des Friedens, die jetzt dazu dienen soll, die Durchführung militärischer Zwangsmaßnahmen, und d.h. gegebenenfalls eben auch Kriege zu legitimieren.[14] Nun ist das

---

[12] Siehe Fußnote 8.

[13] Heftig umstritten ist demgegenüber nach wie vor die Frage, ob gegebenenfalls auch unilaterale humanitäre Interventionen bzw. humanitäre Interventionen ohne UN-Mandat moralisch zu rechtfertigen und mit dem Völkerrecht in Übereinstimmung zu bringen sind. Zur amerikanisch dominierten Minderheit der entschiedenen Verteidiger unilateraler humanitärer Interventionen zählen u.a. F.R. Tesón 1997: 150; W.M. Reisman 2000: 15; M. Walzer 2002: 31f., 2003b: 93ff. Bedingte Befürworter unilateraler humanitärer Interventionen in Ausnahmefällen sind die Vertreter des sog. „moralischen Exzeptionalismus". Zu diesen zählen u.a. T.M. Franck 1999, 2003; B. Simma 2000; J.E. Rytter 2001; M. Byers / S. Chesterman 2003; S. Chesterman 2003. Nicht zu vergessen ist schließlich auch die Gruppe derjenigen, die eine völkerrechtlich verbindliche Normierung der Durchführungsvoraussetzungen und -bedingungen humanitärer Interventionen anstreben und unilaterale humanitäre Interventionen als Mittel zur beschleunigten Durchsetzung eines solchen ‚erzwungenen Wandels' betrachten. Vertreter dieser Richtung sind u.a. M.J. Glennon 1999; A. Buchanan 2003. Auch Jürgen Habermas argumentierte anlässlich des Kosovo-Krieges in einer sehr ähnlichen Linie (J. Habermas 1999).

[14] Dass humanitäre Interventionen, wo sie auf hinreichend starken Widerstand stoßen, zu Kriegen ausarten können – wenn auch freilich zu Kriegen mit einem ganz besonderen Ziel, nämlich dem Schutz vor massenhaften und schwerwiegenden Menschenrechtsverletzungen –, wird in der wissenschaftlichen Diskussion kaum noch ernsthaft bestritten. Anders verhält es sich allerdings in der Politik, deren Repräsentanten, insbesondere hierzulande, sich nach wie vor schwer damit tun, die Dinge bei ihrem richtigen Namen zu nennen. Beispielhaft sei an dieser Stelle an die Worte erinnert, mit denen der damalige Bundeskanzler Gerhard Schröder in seiner Fernsehansprache vom 24. März 1999 die Intervention der NATO-Staaten im Kosovo zu rechtfertigen suchte: „Wir führen keinen Krieg.

Paradox allerdings kein echtes, das diesen Namen verdiente. Vielmehr handelt es sich um einen Zielkonflikt zwischen den in der UN-Charta gleichermaßen als normative Orientierungspunkte festgelegten Prinzipien der Friedenssicherung und des Menschenrechtsschutzes. Diese begriffliche Präzisierung nimmt dem Problem jedoch nichts von seiner sachlichen Schwere. Sowohl aus moralischer als auch aus völkerrechtlicher Sicht konkretisiert sich dieses Problem in der Frage nach den Bedingungen, unter denen ein gezielter Bruch bzw. eine qualifizierte Einschränkung des allgemeinen Gewaltverbots der UN-Charta sich rechtfertigen lassen.

Zur Beantwortung dieser Frage rekurriert ein Großteil derjenigen, die humanitäre Interventionen als (letztes) politisches Instrument zur Bewahrung elementarer menschenrechtlicher Mindeststandards in besonderen Notsituationen befürworten, auf die ideengeschichtliche Tradition der Lehre vom gerechten Krieg (bellum iustum).[15] Im Mittelpunkt des Interesses der modernen Autoren stehen dabei die Kriterien, die von den Vertretern der Lehre des gerechten Krieges zur Beurteilung der moralischen Rechtmäßigkeit eines Krieges und seiner Durchführung entwickelt wurden. Dazu gehören einerseits der gerechte Grund (causa iusta), die legitime Autorität (auctoritas principis) und die aufrechte Gesinnung (intentio recta) der Kämpfenden, andererseits die notwendige, rechtmäßige und im Verhältnis zum Kriegsziel eines gerechten Friedens proportional angemessene Durchführung des Krieges.[16] Während sich diese Kriterien in den Diskussionen über die moralische und völkerrechtliche Legitimität großer Aufmerksamkeit erfreuen, wird ein anderes Kriterium aus dem Traditionsbestand der Lehre des gerechten Krieges zwar stets genannt, hinsichtlich seiner Bedeutung aber kaum näher erörtert, nämlich das Kriterium des (wahrscheinlichen) Erfolges. Dieser Umstand ist insofern symptomatisch, als er auf ein grundsätzliches Problem des gegenwärtigen Interventionsdiskurses verweist, nämlich die vorrangige Thematisierung moralischer und völkerrechtlicher Legitimitätsbedingungen bei gleichzeitiger Vernachlässigung der Anwendungsbedingungen, nicht zuletzt der militärischen. Die Fixierung auf prinzipielle Fragen der moralischen und völkerrechtlichen Zulässigkeit und der weitgehende Verzicht auf die Behandlung von Fragen der politischen und militärischen Machbarkeit sind überdies Mängel,

---

Aber wir sind aufgerufen, eine friedliche (sic!) Lösung im Kosovo auch mit militärischen Mitteln durchzusetzen."
[15] Einen Überblick über die wichtigsten Stationen und Elemente der Lehre vom gerechten Krieg bieten J.T. Johnson 1991; U. Kleemeier 2003; S. Krause 2008, in diesem Band. Ausführliche Darstellungen finden sich bei J.T. Johnson 1981; W.G. Grewe 1988.
[16] Dies gilt u.a. für die Beiträge von O. Ramsbotham / T. Woodhouse 1996; N.J. Wheeler 2000; R. Schmücker 2000, 2005; M. Walzer 2002, 2003b; W. Hinsch / D. Janssen 2006. Kritisch zum außergewöhnlichen Erfolg der Lehre vom gerechten Krieg im gegenwärtigen Interventionsdiskurs äußern sich O. Asbach 1999; M. Walzer 2003c.

die sich nicht allein mit den Ansätzen in der Tradition des bellum iustum verknüpfen, sondern einer Vielzahl von Beiträgen anhaften. Besonders auffällig und zugleich irritierend ist dabei die äußerst zurückhaltende Auseinandersetzung mit den Anwendungsbedingungen humanitärer Interventionen auf Seiten ihrer prinzipiellen Befürworter. In polemischer Abwandlung von Palmströms bekanntem intellektuellem Kurzschluss, demzufolge nicht sein kann, was nicht sein darf, könnte man versucht sein, die mehrheitlich gezeigte Haltung dahingehend zusammenzufassen, dass man offenbar meint zu können, was man meint zu dürfen.

Meines Erachtens ist diese verkürzte Behandlung der Problematik, die einem übrigens nicht nur in der akademischen, sondern auch in der politischen Diskussion begegnet, sowohl falsch als auch gefährlich. Falsch ist sie, insofern sie von der unzutreffenden Voraussetzung ausgeht, dass normative Fragen des Sollens *in jedem Fall* unabhängig von praktischen Fragen des Könnens beantwortet werden sollen (und können). Dieser Voraussetzung zufolge kommt den (wahrscheinlichen) Erfolgsbedingungen für die Beantwortung der Frage nach der moralischen bzw. völkerrechtlichen Zulässigkeit humanitärer Interventionen nur eine nachgeordnete, aber keine grundlegende Bedeutung zu.[17] Demgegenüber hat u.a. Wolfgang Kersting mit Recht darauf hingewiesen, dass die negativen Folgen, die die Durchführung einer prinzipiell legitimen Handlung haben kann, die Durchführung eben dieser Handlung nicht nur instrumentell, sondern auch moralisch diskreditieren können. So kann, wie Kersting ausdrücklich betont, „nicht nur eine vorliegende Situation ein üblicherweise zweckmäßiges Instrument scheitern lassen", sondern es sind auch Umstände denkbar, in denen eine Handlung normativ versagen kann, „weil sie bei der Erfüllung der Ansprüche der einen Norm notwendigerweise die Ansprüche anderer ebenfalls relevanter und hier zuständiger Normen missachten muss" (W. Kersting 2000: 85). Gefährlich ist die Voraussetzung, insofern sie sowohl die politisch und militärisch Verantwortlichen als auch die Öffentlichkeit eines interventionsbereiten oder intervenierenden Staates dazu verleiten kann, sich auch noch in solchen Fällen mora-

---

[17] Der Gang der Argumentation führt an dieser Stelle über dünnes Eis, dessen Tragfähigkeit hier jedoch nicht detailliert geprüft werden kann. Um zwei besonders naheliegende Missverständnisse und entsprechend fehlgeleitete Einwände zu vermeiden, seien jedoch zwei Anmerkungen gestattet: Erstens ist dies kein Plädoyer für einen konsequenten Konsequentialismus. Es soll nicht behauptet werden, dass die moralische und völkerrechtliche Legitimität humanitärer Interventionen allein nach ihrem Erfolg zu beurteilen ist. Es soll lediglich behauptet werden, dass sie *nicht unabhängig* von ihren wahrscheinlichen Erfolgsaussichten beurteilt werden darf. Zweitens sollen weder Notwendigkeit noch Berechtigung idealer Theoriebildung prinzipiell in Frage gestellt werden. Es soll lediglich behauptet werden, dass die Frage des (wahrscheinlichen) Erfolges nicht nur pragmatischer, sondern selbst moralischer Natur ist. Dieser Ansicht nach sollte man, um eine pointierte Formulierung von Ulrich Steinvorth zu gebrauchen, „einen Krieg, der nicht klug ist, auch nicht für gerecht halten" (U. Steinvorth 2004: 29, Fußnote) – zumindest dann nicht, wenn es sich nicht um einen Verteidigungskrieg handelt.

lisch gerechtfertigt zu sehen, in denen die wahrscheinlichen oder tatsächlichen negativen Konsequenzen der Intervention beträchtlich sind oder den angestrebten Nutzen sogar überwiegen.[18] Wie bedeutsam ein solch vermeintlich ‚gutes Gewissen' sein kann, haben die Intervention im Kosovo sowie die Invasion der USA und ihrer Verbündeten im Irak gezeigt.[19]

Ausgehend von diesem Problembefund möchte ich im Folgenden eine Reihe eben jener praktischen Schwierigkeiten humanitärer Interventionen eingehender beleuchten, die in den Debatten um ihre moralische bzw. völkerrechtliche Legitimität so oft außer Acht gelassen werden. Dabei geht es einerseits darum, die behauptete Relevanz der Anwendungsbedingungen für die Beurteilung der moralischen und völkerrechtlichen Legitimität humanitärer Interventionen plausibel zu machen, andererseits soll das Bewusstsein für die Notwendigkeit einer verantwortungsethischen Haltung geschärft werden, die sich in Fragen der normativen Beurteilung von Krieg und Frieden nicht allein von Idealen, sondern auch von Realitäten leiten lässt und auf Wünschbarkeiten als Orientierungsgrundlage verzichtet. Abschließend werde ich darlegen, warum die prekären Erfolgsbedingungen humanitärer Interventionen aus meiner Sicht gegen ihre Verrechtlichung und für ein Festhalten an der von Fall zu Fall argumentierenden Praxis des moralischen Exzeptionalismus sprechen.

2. Risiken, Probleme, Dilemmata – Zu den prekären Anwendungsbedingungen humanitärer Interventionen

Wendet man sich den für die Frage des Erfolges wichtigen Anwendungsbedingungen humanitärer Interventionen zu, so kommt man nicht umhin, auf die Thesen und Befunde zweier Diskurse zu rekurrieren, deren Bedeutsamkeit für das in Frage stehende Thema insbesondere hierzulande noch immer nicht mit der notwendigen Aufmerksamkeit zur Kenntnis genommen wird.[20] Dies sind zum einen die Analysen und Befunde des Diskurses über die sog. „neuen Kriege", zum anderen die Thesen und Diagnosen des Diskurses über fragile und zerfallen(d)e Staaten und die sich daran anschließende Diskussion über neue Formen der Staatlichkeit. Die ebenso berechtigte wie strittige Frage, ob die in beiden Diskur-

---

[18] Dabei stellen die mit den Problemen der Praxis vertrauten militärischen Entscheidungsträger in der Regel weniger moralische Selbstgewissheit zur Schau als ihre politischen Pendants. Vgl. in diesem Zusammenhang u.a. die Ausführungen von A.M. Haig 2001.
[19] Nicht von ungefähr gibt es Bemühungen, die Invasion unter Rekurs auf moralische Argumente als humanitäre Intervention zu rechtfertigen. Vgl. in diesem Zusammenhang F.R. Tesón 2005. Kritisch dazu T. Nardin 2005.
[20] Zu den Ausnahmen, die die Regel bestätigen, gehören u.a. J. Hippler 1993; H. Münkler 2003; 236ff.; 2008, in diesem Band.

sen verhandelten Befunde tatsächlich die ihnen von einigen zugeschriebene neuartige Qualität besitzen, braucht hier nicht erörtert zu werden.[21] Entscheidend ist allein ihr Einfluss auf die Erfolgsbedingungen und damit auch ihre Bedeutung für die Frage der moralischen und völkerrechtlichen Zulässigkeit humanitärer Interventionen. Dass dieser Einfluss besteht, haben die humanitären Interventionen der letzten Jahre gezeigt. Ob in Somalia, Bosnien, Kosovo, Sierra Leone, Liberia oder in der Demokratischen Republik Kongo – an fast allen Orten, an denen in der jüngsten Vergangenheit Interventionstruppen eingesetzt wurden, sahen diese sich mit Bedingungen konfrontiert, deren Charakteristika große Übereinstimmungen mit den empirischen Befunden der beiden o.g. Diskurse aufwiesen. Da vieles dafür spricht, dass Situationen, die eine humanitäre Intervention erforderlich machen können, auch zukünftig – zumindest teilweise – durch eben diese Bedingungen gekennzeichnet sein werden, scheint es nicht nur erlaubt, sondern geradezu geboten, darüber nachzudenken, wie diese Bedingungen die wahrscheinlichen Erfolgsaussichten humanitärer Interventionen beeinflussen.

2.1. Das Dilemma des richtigen Zeitpunktes und das Problem der Opferzahlen

Nach der mehrheitlichen Überzeugung ihrer Befürworter sollen humanitäre Interventionen ausschließlich dem Schutz von Menschen vor massenhaften und gravierenden Menschenrechtsverletzungen dienen. Sie sind, wie Michael Walzer schreibt,

„nicht um der Demokratie, der freien Marktwirtschaft, der ökonomischen Gerechtigkeit, freiwilliger Vereinigungen oder irgendwelcher anderer gesellschaftlichen Praktiken oder Einrichtungen willen erlaubt, die wir für die Länder anderer Leute erhoffen oder sogar fördern können. Ihr Ziel ist seinem Charakter nach durch und durch negativ: Es soll ein Tun beendet werden, das, um den alten, aber zutreffenden Ausdruck zu verwenden, das ‚Gewissen der Menschheit schockiert'." (M. Walzer 2003b: 84f.)

Die Kriterien für das Vorliegen eines legitimen Grundes zur Durchführung einer humanitären Intervention so eng zu fassen, wie es zusammen mit Walzer die Mehrzahl ihrer Befürworter tut, hat einen guten Sinn. Es soll der Gefahr des

---

[21] Zur Diskussion um die „neuen Kriege" vgl. die Beiträge in A. Geis 2006. Prominente Vertreter der These von den „neuen Kriegen" sind u.a. M. Kaldor 2000; H. Münkler 2002. Kritisch äußern sich u.a. S. Chojnacki 2004; M. Kahl / U. Teusch 2004; K. Schlichte 2006. Zur Diskussion um fragile Staaten und neue Formen von Staatlichkeit vgl. u.a. die Beiträge R.I. Rotberg 2004; U. Schneckener 2004; T. Risse 2005; K. Schlichte 2005; R.H. Wade 2005; S. Leibfried / M. Zürn 2006.

Missbrauchs vorbeugen und dazu dienen, humanitäre Interventionen wirklich nur als letztes Mittel in extremen Notlagen zu gebrauchen. In der Praxis jedoch stellt die Berücksichtigung der Kriterien jeden interventionswilligen Akteur vor ein Dilemma. Pointiert formuliert besteht dieses Dilemma darin, dass eine humanitäre Intervention entweder zu früh oder zu spät erfolgt, aber niemals rechtzeitig. Wartet man mit einer humanitären Intervention, bis die massenhaften und gravierenden Menschenrechtsverletzungen, die ihre Durchführung rechtfertigen, vorliegen, kommt die Hilfe für Tausende von Opfern zu spät. Wie viele Tote aber braucht es, um eine humanitäre Intervention zu legitimieren? 10.000? 50.000? 100.000? Eine strenge Auslegung der Kriterien beinhaltet die absurde Möglichkeit, dass die Durchführung einer humanitären Intervention erst dann gerechtfertigt wäre, wenn sie für viele derjenigen, deren Schutz sie dienen soll, bereits zu spät käme. Suchen die interventionswilligen Akteure dieser unmenschlichen Logik dadurch zu entgehen, dass sie nicht zuwarten, bis massenhafte Opfer zu beklagen sind, setzen sie sich dem Vorwurf eines ungerechtfertigten Einsatzes militärischer Gewalt und dem Einwand fehlender moralischer bzw. völkerrechtlicher Legitimation aus.[22] Ein wahrscheinlicher Völkermord ist eben noch kein Völkermord, eine wahrscheinliche humanitäre Katastrophe ist eben noch keine humanitäre Katastrophe.

Besonders schwierig gestaltet sich das Problem in lang andauernden Bürgerkriegen bzw. sog. *low-intensity-conflicts*, in denen es zu gravierenden Menschenrechtsverletzungen kommt, die jedoch erst über einen längeren Zeitraum hinweg einen als massenhaft einzustufenden Umfang erreichen. Schreitet das Morden oder Sterben lassen kontinuierlich fort, ohne das Ausmaß zu erreichen, das nötig ist, um von den als moralische Seismographen der Öffentlichkeit fungierenden globalen Medien resonanzwirksam behandelt zu werden, ist auf seine baldige Beendigung kaum zu rechnen. *Low-intensity-conflicts* sind nicht nur Konflikte von vermeintlich geringer Intensität, sie sind auch Konflikte mit geringem Nachrichtenwert. Welche im wörtlichen Sinne fatalen Folgen dies für die Betroffenen hat, zeigen die Beispiele des „‚uneindeutigen' Genozids" in der Region Darfur sowie des ‚schleichenden' Völkermords in der Demokratischen Republik Kongo seit Jahren auf grausame Art und Weise.[23] Erschwerend kommt

---

[22] Eindrucksvoll illustriert wird dieses Problem etwa durch die Kontroverse, die sich an der Frage entzündete, ob der von der NATO begonnene Luftkrieg gegen die Bundesrepublik Jugoslawien die Übergriffe gegen die albanische Bevölkerung und ihre Vertreibung aus dem Kosovo, die er verhindern sollte, nicht überhaupt erst auslöste. Vgl. dazu u.a. U. Steinvorth 2004: 21ff.

[23] Die Schätzungen verschiedener Wissenschaftler und Internationaler Organisationen variieren. Gérard Prunier schätzt anhand der Daten unterschiedlicher Untersuchungen, dass dem Konflikt in der Region Darfur allein im Jahr 2004 ca. 300.000 Menschen zum Opfer gefallen sind (G. Prunier 2006: 195). Mit Blick auf den Bürgerkrieg in der Demokratischen Republik Kongo kommt Christian P. Scherrer für den Zeitraum von 1998 bis 2001 zu der Annahme von rund 3.000.000 Toten (C.P. Scherrer 2004: 254; 263).

hinzu, dass viele Opfer nicht an den direkten Folgen gewaltsamer Auseinandersetzungen, sondern an den durch diese verursachten Folgen wie Flucht, Hunger oder Krankheit sterben. Dies ist aber gerade in solchen Konflikten der Fall, die sich nach dem Muster der *low-intensity conflicts* über einen verhältnismäßig langen Zeitraum erstrecken und nach und nach immer größere Teile des Ordnungs- und Versorgungsgefüges eines Staates beeinträchtigen oder gänzlich zum Einsturz bringen. Diese ‚indirekten' Opfer eines durch sich abwechselnde Phasen offener und latenter Gewaltsamkeit gekennzeichneten Alltags finden nicht nur in Statistiken, sondern auch in der Öffentlichkeit kaum Beachtung.

Für den Fall, dass die massenhaften und gravierenden Menschenrechtsverletzungen nicht aus der Untätigkeit oder Unfähigkeit staatlicher Behörden resultieren, sondern die Folge von Gewalthandlungen sind, ist die Wahl des richtigen Zeitpunktes auch noch aus einem anderen, genuin praktischen Grund bedeutsam. So ist es in der Regel ein riskanteres und kostspieligeres Unterfangen, Gewalthandlungen in einem fortgeschrittenen Stadium einzudämmen, als vor oder kurz nach ihrem Ausbruch zu unterbinden. Je größer die Anzahl derjenigen Menschen ist, die erst einmal in den Sog der Gewalt geraten sind (vgl. M. Kaldor 2000: 169ff.), desto umfangreicher und massiver muss der Einsatz von Interventionstruppen ausfallen – und desto unwahrscheinlicher wird es – wie etwa gegenwärtig im Falle Darfurs –, dass die entsprechenden Truppen und Mittel in dem benötigten Umfang bereitgestellt werden und der Einsatz zustande kommt. Das Dilemma liegt auf der Hand: je eindeutiger die Bedingungen, die als Grundlage der moralischen oder völkerrechtlichen Legitimation einer humanitären Intervention dienen können, desto geringer sind ihre Erfolgsaussichten. Je größer ihre Erfolgsaussichten, desto geringer die Wahrscheinlichkeit, dass die Bedingungen ihrer moralischen oder völkerrechtlichen Legitimation zweifelsfrei gegeben sind.

2.2. Die Vielfalt sub-staatlicher Gewaltakteure und ihrer Motive

Warum dies so ist, wird deutlich, wenn man sich dem zweiten für den hier erörterten Zusammenhang relevanten Befund der Diskurse über neue Kriege und neue Formen von Staatlichkeit zuwendet. Dieser Befund hängt mit dem bereits angesprochenen Aspekt der langen Dauer vieler inner- und sub-staatlicher Konflikte zusammen und betrifft die Rolle sub-staatlicher Gewaltakteure in bewaffneten Auseinandersetzungen. Dass die Mehrzahl der heute geführten Kriege nicht mehr dem Muster des klassischen Staatenkrieges entspricht, ist ungeachtet aller definitorischen oder kategorialen Differenzen mittlerweile ein Gemeinplatz der Kriegsforschung. Woran es allerdings nach wie vor fehlt, sind Studien, die das Phänomen des kalkulierten strategischen Einsatzes militärischer und quasimilitärischer Gewalt durch mehr oder weniger organisierte sub-staatliche Gewaltakteure nicht nur konstatieren, sondern es in der Vielfalt seiner Erscheinungsformen untersuchen und seine Funktionsmechanismen analysieren.[24] Der Vielfalt sub-staatlicher Gewaltakteure, die von Guerilla- oder Rebellenbewegungen über lokale Milizen und paramilitärische Kampfverbände bis zu privaten Gewaltunternehmern wie Söldnern oder Warlords reichen, entspricht die Mannigfaltigkeit der von ihnen verfolgten Motive. So bildet die Durchsetzung eines politischen Willens – das zentrale Motiv des Einsatzes organisierter militärischer Gewaltsamkeit nach Clausewitz – in einem erheblichen Teil der bewaffneten Konflikte der Gegenwart nur noch einen Grund neben anderen, wenn überhaupt. An seine Seite, mitunter sogar an seine Stelle treten andere Gründe, wie die Durchsetzung territorialer Kontrollgewalt, die Verwirklichung ökonomischer Ziele, die Verteidigung sozialer Statusinteressen oder die Sicherung der bloßen Existenz.

Die mit Blick auf die Anwendungsbedingungen humanitärer Interventionen wichtige Konsequenz, die aus dieser Vielfalt von Akteuren und Motiven resultiert, liegt nun in der Einsicht, dass eine von schwerwiegenden und massenhaften Menschenrechtsverletzungen bedrohte Bevölkerung nicht mehr allein und mitunter nicht einmal in erster Linie vor den Institutionen oder Organen eines aggressiven bzw. handlungsunwilligen oder handlungsunfähigen Staates geschützt werden muss. Vielmehr sind die polizeilichen oder militärischen Verbände des Staates, auf dessen Territorium die Menschenrechtsverletzungen stattfinden, nicht selten nur noch ein Gewaltakteur neben anderen. Je größer jedoch die Anzahl der an einem Konflikt beteiligten sub-staatlichen Gewaltakteure wird, desto unübersichtlicher gestaltet sich der Konflikt. Dabei ist zweierlei zu berücksichtigen: Zum einen ist nicht nur die Anzahl der aktuell in den Konflikt verwickelten Gewaltakteure in Rechnung zu stellen, sondern auch die *potentieller* Gewaltakteure. Potentielle Gewaltakteure sind solche, für die der Einsatz von Gewalt zumindest eine Option zur Durchsetzung ihrer Ziele bzw. Interessen ist. Zum anderen muss berücksichtigt werden, dass nicht nur der Einsatz von Gewalt eine Strategie darstellen kann, sondern auch der Verzicht auf eben diesen Einsatz. Gewaltakteure, die sich den Gebrauch ihrer Gewaltoption abhandeln lassen, ohne die Option selbst zu verlieren, bleiben ein kaum zu kalkulierendes Risiko für jede Interventionsarmee.

Hat ein Konflikt erst einmal die Form einer Gemengelage angenommen, lässt sich eine eindeutige Zuordnung der an ihm beteiligten Akteure nach dem Freund-Feind-Schema durch die intervenierenden Mächte nicht länger vornehmen. Die Vielfalt der Akteure und der von ihnen verfolgten Ziele und Interessen erzeugt nämlich eine Situation, in der auch der Bruch eingegangener Bündnisse

---

[24] Vgl. in diesem Zusammenhang jetzt die interessanten empirischen Studien in J. Bakonyi et al. 2006.

und Verpflichtungen eine stete Alternative bleibt, weil sie nicht notwendig in die Isolation führt. Im Gegenteil: Sub-staatliche Gewaltakteure, die über eine Mehrzahl potentieller Kooperationspartner verfügen, können, wenn sie geschickt vorgehen, den Preis für die eigene Kooperationsbereitschaft in die Höhe treiben.[25] Unter diesen Bedingungen, unter denen Verbündete von heute schon morgen Gegner sein können und man außerdem damit rechnen muss, dass jedes neue Bündnis eine neue Splittergruppe erzeugt, wird es schwer, langfristige Strategien für einen nachhaltigen Erfolg zu entwickeln. Dabei wachsen die Schwierigkeiten in dem gleichen Maße, in dem die Institutionen des Staates, auf dessen Territorium die humanitäre Intervention durchgeführt wird, an Stärke verlieren. Zusammengefasst bedeutet das: Je größer die Anzahl der an einem Konflikt beteiligten Gewaltakteure und je vielschichtiger ihre Ziele und Interessen, desto geringer die Aussichten der intervenierenden Mächte, alle aktuellen oder potentiellen Gewaltakteure in eine tragfähige Friedensordnung einzubinden.

2.3. Das Verschwinden von Krieg und Frieden und die Emergenz neuer politischer, sozialer und ökonomischer Ordnungsmuster

Zusammen mit der ungeliebten, aber notwendigen Unterscheidung von Freund und Feind wird in langandauernden Konflikten mit einer Mehrzahl substaatlicher Gewaltakteure jedoch eine weitere konstitutive Differenz interstaatlicher Kriege zum Verschwinden gebracht, nämlich die von Krieg und Frieden. Dieser Umstand bildet, zusammen mit dem Entstehen neuer Formen politischer, sozialer und ökonomischer Ordnung, den dritten relevanten Befund, der sich den o.g. Diskursen entnehmen lässt.

Das Spezifikum dieser neuen „Gewaltordnungen" besteht darin, dass sich Zeiten des Krieges und des Friedens kaum noch voneinander unterscheiden lassen (D. Keen 2000). Wenn jedoch der Einsatz militärischer oder quasimilitärischer Gewalt keinen eindeutigen Anfang und kein definitives Ende kennt, die Gewalt vielmehr „chronisch" und zu einem Bestandteil des Alltags wird, wie es zumal in Bürgerkriegen häufig geschieht (vgl. P. Genschel / K. Schlichte 1997), werden auch andere kategoriale Unterscheidungen, die an die Existenz einer Friedensordnung gebunden sind, fragwürdig. Besonders auffällig zeigt sich dies an dem Verwischen der Grenzen zwischen legalen und illegalen Formen des Erwerbs und des Wirtschaftens. Wo es keinen effektiv agierenden Gewaltmono-

---

[25] Besonders markante Beispiele dafür sind das ‚Spiel' der regionalen Clanchefs mit den westlichen Interventionsmächten in Somalia oder die ständig wechselnden Bürgerkriegskoalitionen in der Demokratischen Republik Kongo. Die Mitglieder der ISAF-Mission in Afghanistan sehen sich ähnlichen Schwierigkeiten gegenüber.

polisten und damit auch nicht länger eine zwangsbewehrte Rechtsordnung gibt, findet sich ein guter Nährboden für parallele oder parasitäre Formen der Ökonomie.[26] Das Spektrum der Erwerbsstrategien in diesen sog. „Bürgerkriegsökonomien" ist äußerst vielfältig.[27] Es reicht von der Abschöpfung humanitärer Hilfsgüter und der ‚Besteuerung' der Zivilbevölkerung oder der Ausbeutung von Bodenschätzen in den Einflussgebieten sub-staatlicher Gewaltakteure über den Handel und Schmuggel illegaler Waren bis hin zum mehr oder weniger organisierten Raub (vgl. u.a. J.-C. Rufin 1999: 24ff.; M. Kaldor 2000: 161ff.).

Mit Blick auf die Frage der Anwendungsbedingungen humanitärer Interventionen ist nun der Umstand bedeutsam, dass Kriegsökonomien in Räumen begrenzter oder zerfallen(d)er Staatlichkeit, die nicht allein auf der destruktiven Strategie des Raubes fußen, nach einiger Zeit dazu tendieren, auch alternative Formen der politischen und sozialen Integration hervorzubringen (vgl. S. Neckel / M. Schwab-Trapp 1999; J. Bakonyi et al. 2006), u.a. nach dem Muster von Klientel- und Patronageverhältnissen. Auch wenn die daraus resultierenden politischen und sozialen Ordnungsmuster nach demokratischen Maßstäben keine oder bestenfalls eingeschränkte Legitimität besitzen, so darf doch nicht übersehen werden, dass sie nicht allein Abhängigkeitsverhältnisse, sondern mitunter auch Loyalitätsbeziehungen und Interessenkoalitionen zwischen den substaatlichen Gewaltakteuren und der Zivilbevölkerung begründen. Haben sich in Räumen eingeschränkter oder zerfallen(d)er Staatlichkeit im Gefolge einer funktionierenden Bürgerkriegsökonomie jedoch erst einmal alternative Formen der politischen und sozialen Integration herausgebildet, so ist deren Bindekraft – zumal wenn verstärkende Faktoren wie (geglaubte) ethnische oder religiöse Gemeinsamkeiten hinzukommen – in der Regel nicht nur größer als die empfundene Loyalitätsverpflichtung gegenüber einer entfernten und machtlosen Regierung, sondern nicht selten auch größer als die Gehorsamsbereitschaft gegenüber einer als fremd empfundenen Interventionsarmee. Wenn die Grenzen zwischen Tätern und Opfern verwischen, wie es insbesondere in langanhaltenden substaatlichen Konflikten geschieht, dürfen die ‚Befreier' nicht erwarten, von allen als solche begrüßt zu werden. Dies gilt insbesondere dann, wenn sich die Bemühungen der Intervenienten darin erschöpfen, illegale oder parasitäre Formen des

---

[26] Diese Formen der Ökonomie und ihre Verteilungsmechanismen sind in den letzten Jahren Gegenstand intensiverer Forschung und Diskussion geworden. Zu den wichtigsten Beiträgen in dieser internationalen Debatte gehören u.a. G. Elwert 1997; F. Jean / J.-C. Rufin 1999; P. Collier / A. Hoeffner 2000; M. Berdal / D.M. Malone 2000; F. Stewart / V. FitzGerald 2001; S. Kurtenbach / P. Lock 2004.

[27] Es gibt, wie Jean-Christophe Rufin ausführt, „kein typisches Modell, vielmehr eine Reihe pragmatischer Lösungswege, die von den politischen Zielen der Rebellen, von den wirtschaftlichen Bedingungen der Vorkriegszeit, von der geographischen Verteilung der Ressourcen, der Macht des Zentralstaats, der Zahl der am Kampf beteiligten bewaffneten Gruppen sowie vom Zugang zu politischer Unterstützung aus dem Ausland und deren Verlässlichkeit abhängig sind." (J.-C. Rufin 1999: 36)

Wirtschaftens zu unterbinden, ohne legale Alternativen bereit zu stellen. Der Aufbau einer sich selbst tragenden Friedensökonomie wird damit zu einem weiteren Prüfstein für den Erfolg einer humanitären Intervention (vgl. T. Debiel 2008, in diesem Band). Dies setzt auf Seiten der intervenierenden Staaten allerdings nicht nur die Bereitschaft zur Bereitstellung erheblicher zusätzlicher Finanzmittel über einen längeren Zeitraum voraus, sondern verlangt von ihnen unter Umständen auch die Bereitschaft zur Kooperation mit demokratisch nicht legitimierten und nach westlichen Vorstellungen mehr als zweifelhaften ‚Ordnungsgaranten' – mit allen bereits genannten Risiken.

2.4. Der Verlust der Front und das Ende der militärischen Entscheidungslogik in „kleinen" oder „asymmetrischen" Kriegen

Eine derart komplexe Situation, in der sowohl der Einsatz von Gewalt als auch der kalkulierte Bruch von Bündnissen für eine Reihe von Akteuren erfolgversprechende Mittel sein können, um die Berücksichtigung ihrer vielfältigen Interessen oder sogar deren Durchsetzung zu erzwingen, entzieht sich der Entscheidungslogik klassischer militärischer Konflikte nach dem Muster zwischenstaatlicher Kriege oder Befreiungskriege. Diesem Muster zufolge ringen die Konfliktparteien mit militärischen Mitteln entlang einer oder mehrerer Fronten um den militärischen Sieg und damit letztendlich um den politischen Erfolg. Wo mehrere Gewaltakteure miteinander konkurrieren, von denen einige Interessen verfolgen, die weder ausschließlich noch vorrangig auf die Durchsetzung politischer Ordnungsvorstellungen oder die Übernahme staatlicher Kontrolle abzielen, wird nicht nur der Frontverlauf unklar, auch die Möglichkeit einer dauerhaften militärischen Entscheidung und Beendigung der Gewaltsamkeiten wird unwahrscheinlich. Denn dort, wo die Kontrolle des Staatsapparates für sub-staatliche Gewaltakteure zur Durchsetzung ihrer Interessen entbehrlich ist, verfügen sie über taktische und strategische Optionen der Kriegführung, die den regulären Truppen der intervenierenden Mächte nicht zu Gebote stehen. In der kriegstheoretischen Forschung werden diese Formen des irregulären oder unkonventionellen Einsatzes militärischer oder quasi-militärischer Gewalt mittels der Begriffe des „kleinen Krieges" (C. Daase 1999: 91ff.) oder des „asymmetrischen Krieges" (H. Münkler 2006: 135ff.) diskutiert.

Der mit Blick auf die Problematik humanitärer Interventionen entscheidende Aspekt dieser Formen der irregulären oder unkonventionellen Kriegführung besteht nun darin, dass sie es Gewaltakteuren erlauben, einen hochgerüsteten und zahlenmäßig weit überlegenen Gegner zu zermürben. Die Intervenienten können, wenn sie ihr Ziel, nämlich die Verhinderung schwerwiegender und massenhafter Menschenrechtsverletzungen, nicht nur kurz-, sondern langfristig erreichen wollen, nicht umhin, sich um die Kontrolle oder den (neuerlichen) Aufbau staatlicher Strukturen zu bemühen. Eine Situation militärischer Unentscheidbarkeit bedeutet daher für sie eine ungleich größere Gefahr als für ihre vielfältigen substaatlichen Opponenten. Während die intervenierenden Staaten, um den von ihnen angestrebten politischen Erfolg zu erringen, nicht weniger als die vollständige militärische Kontrolle ausüben müssen, sind ihre Gegner in der Regel bereits dann erfolgreich, wenn es ihnen gelingt, sich dieser angestrebten militärischen Kontrolle zu entziehen.[28] Warlords, kriminelle Netzwerke, bewaffnete Banden oder andere ‚Gewaltunternehmer' können ihre profitablen Geschäfte sehr wohl oder sogar noch besser in Räumen eingeschränkter oder zerfallen(d)er Staatlichkeit abwickeln. Von der Notwendigkeit entbunden, eine militärische Entscheidung erzwingen zu müssen, können irregulär agierende sub-staatliche Gewaltakteure in asymmetrischen Konflikten daher flexibel über Ort, Zeit und Umfang des Einsatzes ihrer Gewaltmittel entscheiden und damit die Überlegenheit regulärer Truppen entwerten.[29] Ihre sub-staatlichen Protagonisten machen sich die Stärken ihres Gegners zunutze und verwandeln sie in Schwächen (C. Daase 1999: 94ff.; M. Kaldor 2000: 154ff.; H. Münkler 2003: 252ff.; 2006: 139ff.). Wo die militärische Auseinandersetzung nicht auf einem Schlachtfeld ausgetragen wird, sondern faktisch das gesamte Gebiet eines Staates oder einer Region sub-staatlichen Gewaltakteuren als Kampfzone dienen kann, wächst mit der Anzahl regulärer Interventionssoldaten auch die Anzahl potentieller Anschlagsziele und -opfer. Umgekehrt wächst in so einer Situation mit jedem Einsatz überlegener Militärtechnik durch die intervenierenden Mächte auch das Risiko sog. ‚Kollateralschäden'. In beiden Fällen droht den politisch und militärisch verantwortlichen Interventionskräften ein nachhaltiger Legitimationsverlust – im ersten Fall vorrangig gegenüber der heimischen Bevölkerung, im zweiten Fall gegenüber der zu schützenden Zivilbevölkerung des Einsatzlandes, und in beiden Fällen gegenüber der internationalen Öffentlichkeit. Rasche und zählbare Erfolge können humanitäre Interventionstruppen, die zur Beendigung von gewaltsam verursachten Menschenrechtsverletzungen eingesetzt werden, nur erzie-

---

[28] „Die Guerilla gewinnt, wenn sie nicht verliert. Die konventionelle Armee verliert, wenn sie nicht gewinnt." (H. Kissinger 1969: 214) Dieser unter dem Eindruck des Vietnam-Krieges geäußerte Befund Henry Kissingers hat mit Blick auf die Erfolgsbedingungen asymmetrischer Kriege nichts von seiner Gültigkeit verloren.
[29] Wie effektiv sich eine terroristische *hit and run*-Taktik gegen humanitäre Interventionstruppen einsetzen lässt, haben die bewaffneten Clans in den Auseinandersetzungen um die Kontrolle über die somalische Hauptstadt Mogadischu 1993 vorgeführt. In Darfur bedienen sich die bewaffneten Banden einer ähnlichen Strategie gegen die – freilich unterbesetzten und schlecht ausgerüsteten – Truppen der Afrikanischen Union. Auch die enormen Schwierigkeiten, denen sich die – freilich nicht humanitären – Interventions- bzw. Invasionstruppen derzeit in Afghanistan und im Irak gegenübersehen, unterstreichen die Gefahr, die von „kleinen" oder „asymmetrischen" Kriegen für reguläre Einheiten ausgeht.

len, wenn sie unter Bedingungen agieren, die eine eindeutige militärische Entscheidung und damit ein Ende der Kampfhandlungen erlauben. Wo dies nicht der Fall ist und Interventionstruppen unter guerillakriegsähnlichen Bedingungen zum Einsatz kommen, laufen sie Gefahr, in verlustreiche und ‚schmutzige' Auseinandersetzungen verwickelt zu werden, die mit wachsender Dauer nicht nur den militärischen Erfolg, sondern auch die moralische bzw. völkerrechtliche Legitimation der Mission in Frage stellen können.

2.5. Die Unvermeidlichkeit von Öffentlichkeit und die Unentbehrlichkeit von Legitimation

Die damit angesprochene Legitimationsproblematik, der fünfte der zu untersuchenden Aspekte, steht seit jeher in einem konstitutiven Zusammenhang mit der Frage der Öffentlichkeit. Dass Kriege zu ihrer Rechtfertigung auf Öffentlichkeit angewiesen sind, ist ein bekannter und mittlerweile auch außerordentlich gut untersuchter Topos der Forschung. So ist die Geschichte des Krieges spätestens seit der Französischen Revolution und den napoleonischen Feldzügen immer auch eine Geschichte der Medien und ihres Einsatzes zur Aufklärung oder Manipulation der Öffentlichkeit (vgl. M. Löffelholz 1993; 2001; K. Imhof / P. Schulz 1995; M. Ignatieff 2001; M. Beham 2005; M. Connelly / D. Welch 2005). Ohne ein Mindestmaß an öffentlicher Anerkennung wenigstens durch die eigene Bevölkerung lässt sich ein Krieg auf Dauer nicht führen. Dies gilt für freiheitliche Staaten und – mit gewissen Abstrichen – auch für autoritäre Regime. Freiheitliche Staaten sind darüber hinaus aber auch auf ein entsprechendes Maß an Anerkennung durch die internationale Öffentlichkeit angewiesen. Bleibt diese aus, haben sie es schwerer als autoritäre Regime, die Unterstützung bzw. Duldung der eigenen Bevölkerung aufrecht zu erhalten (vgl. C. Daase 1999: 220).

Dieser für klassische militärische Konflikte nach dem Muster von zwischenstaatlichen oder Befreiungskriegen zutreffende Befund ist für sub-staatliche Kriege allerdings nicht mehr in gleicher Weise gültig. Ist das Risiko des Legitimationsverlustes in zwischenstaatlichen Konflikten relativ gleichmäßig zwischen den Konfliktparteien verteilt, so sind die Legitimationslasten in militärischen oder quasi-militärischen Auseinandersetzungen unter Beteiligung sub-staatlicher Gewaltakteure deutlich zu deren Gunsten verschoben. Bewaffnete Gruppierungen, die nicht in staatlichem Auftrag agieren und auch nicht die Übernahme staatlicher Kontrolle anstreben, sind nur auf die Unterstützung ihrer eigenen Klientel angewiesen (vgl. C. Daase 1999: 217). Um sich dieser Unterstützung zu versichern, müssen sie zwar Erfolge bei der Realisierung ihrer Ziele und Interessen vorweisen können, doch unterliegen sie dabei verhältnismäßig geringen Handlungsbeschränkungen. Dies gilt nicht nur für taktische oder strategische

Fragen der Kriegführung, sondern auch für das Problem der Finanzierung des Krieges. Im Gegensatz zu regulären staatlichen Truppen oder in staatlichem Auftrag agierenden Truppen können sub-staatliche Gewaltakteure verbotene oder geächtete Mittel der Kriegführung ebenso nutzen wie illegale Formen der Kriegsfinanzierung.³⁰ Demgegenüber sind staatliche Gewaltakteure oder solche, die sich um die Kontrolle der Staatsgewalt bemühen, in der Regel auf ein Mindestmaß an Unterstützung sowohl durch die eigene Bevölkerung als auch durch die internationale Gemeinschaft angewiesen. Sie sind mithin nicht nur zum Erfolg verdammt, sondern auch dazu, ihn mit völkerrechtskonformen Mitteln zu erringen und ihn legal zu finanzieren.

Noch größer fällt dieses Ungleichgewicht aus, wenn an die Stelle staatlicher Truppen eine Interventionsarmee tritt. Warum dies so ist, wird ersichtlich, wenn man auf die unterschiedlichen Folgen reflektiert, welche die öffentliche Berichterstattung für die beteiligten Gewaltakteure zeitigt. Eine Interventionsarmee kann nur dann auf positive Schlagzeilen und entsprechende Anerkennung durch die eigene sowie die internationale Öffentlichkeit rechnen, wenn ihr Einsatz erfolgreich ist und innerhalb der völkerrechtlichen Grenzen verbleibt. In jedem anderen Fall ist es wahrscheinlich, dass sich die öffentliche Berichterstattung zu ihren Ungunsten auswirkt. Bleibt der militärische Erfolg aus und sind zudem kontinuierlich Opfer in ihren Reihen zu beklagen, laufen die Intervenienten Gefahr, sowohl die materielle als auch die ideelle Unterstützung durch die eigene Bevölkerung bzw. die Bevölkerung der Entsendeländer zu verlieren (M. Ignatieff 2003; H. Münkler 2003: 240f.; H. Münkler 2006: 203ff.). Überschreiten sie hingegen die Grenzen des völkerrechtlich Zulässigen und sind Opfer unter den eigentlich zu schützenden Zivilisten zu beklagen, droht den Intervenienten zusammen mit dem Verlust der Anerkennung durch die internationale Gemeinschaft auch die Entfremdung von der Bevölkerung des Ziellandes.³¹ Letzteres, der Vertrauensverlust durch die Zivilbevölkerung, steht aber auch dann zu befürchten, wenn es der Interventionsarmee nicht gelingt, den Schutz eben dieser Zivilbevölkerung zu gewährleisten. Mit Blick auf die Frage der Legitimation

---

³⁰ Vgl. diesbezüglich die Titel aus Fußnote 26, die zahlreiche empirische Belege und exemplarische Fallstudien enthalten. Einen Sonderfall stellt das Engagement sog. privater Militärfirmen (PMF) durch Regierungen in Räumen eingeschränkter Staatlichkeit dar, das sich mitunter in einer Grauzone zwischen legalen und illegalen Formen der Kriegführung und Finanzierung bewegt. Zur Rolle von PMF vgl. P.W. Singer 2001; H. Wulf 2005; S. Mair 2008, in diesem Band.
³¹ Auch hierfür kann die humanitäre Intervention in Somalia als Beispiel dienen. So war es nicht zuletzt die wachsende Zahl der von UN- und US-Truppen in ihren Gefechten mit Clan-Milizen getöteten Zivilisten, die die Bevölkerung Mogadischus mit der Zeit gegen die zunächst jubelnd begrüßten Interventionstruppen aufbrachte. Ähnliche Phänomene lassen sich derzeit wiederum im Zuge der – wie gesagt nicht humanitären – Interventionen in Afghanistan und im Irak beobachten, wo das mitunter rücksichtslose Vorgehen der Interventionstruppen nicht weniger für Verstimmungen und wachsende Distanz innerhalb der Zivilbevölkerung sorgt wie der ausbleibende Erfolg.

schlägt auf dem Konto der Intervenienten daher nicht nur jeder von ihnen, sondern auch jeder von sub-staatlichen Gewaltakteuren getötete Zivilist negativ zu Buche. Die systematische Ausübung von Gewalt gegen die Zivilbevölkerung wird für sub-staatliche Gewaltakteure in der Auseinandersetzung mit Interventionsarmeen so zu einem probaten Mittel, um deren Moral und Legitimation zu untergraben. Ist dieser Prozess der Delegitimation aber erst einmal in Gang gesetzt, wird es für die Interventionstruppen schwer, ihn aufzuhalten, geschweige denn umzukehren. Ohne das Vertrauen der Zivilbevölkerung des Ziellandes laufen die ‚Befreier' nämlich nicht nur Gefahr, bald als ‚Besatzer' wahrgenommen zu werden, sie riskieren zudem den vollständigen Verlust der ohnehin stets prekären territorialen Kontrolle. Gelingt es den Interventionstruppen nicht, sich die Kooperationsbereitschaft lokaler Autoritäten und Institutionen zu sichern, wird ihr Einflussbereich schwerlich weiter reichen als die Grenzen ihrer befestigten Lager.

2.6. Die Unmöglichkeit von Neutralität und die Notwendigkeit von Kooperation

Dies führt schließlich zum sechsten und letzten Aspekt, der Unmöglichkeit von Neutralität. Der Grundsatz, dass eine humanitäre Intervention, die den Schutz elementarer Menschenrechte zum Ziel hat, gegenüber den Interessen der beteiligten Parteien weitestgehende Neutralität wahren soll, ist – wenn überhaupt – nur in Ausnahmefällen praktikabel, taugt aber nicht als Regel. Die Regel lautet vielmehr: „Intervention ohne Parteinahme ist unmöglich." (J. Hippler 1993: 147) Diese Konsequenz wird nicht nur durch die fehlgeleitete Neutralitätspolitik der Interventionsmächte in Bosnien und Somalia nahegelegt, sie wird auch durch die empirischen Befunde und Analysen zahlreicher weiterer Gewaltkonflikte untermauert. Die Probleme, vor die sich die Interventionsmächte und ihre Truppen bei der Aufgabe der (Wieder-)Herstellung von Frieden und Sicherheit gestellt sehen, stehen in einem direkten Zusammenhang mit den o.g. Aspekten, insbesondere der Anzahl der sub-staatlichen Gewaltakteure, der Heterogenität ihrer Interessen und ihrer Verquickung mit der Zivilbevölkerung. Eine reguläre Interventionsarmee, die gezwungen ist, unter den geschilderten Bedingungen einer Gemengelage zu agieren, wird es schwer haben, sich erfolgreich zu behaupten, wird sie es doch kaum vermeiden können, den Zielen und Interessen zumindest einiger der beteiligten Gewaltakteure und ihrer Klientel zuwider zu handeln.

Erschwert wird die Situation dadurch, dass es für die Interventionsmächte in der Regel nicht ausreicht, sich gegen die Interessen einiger dieser Gewaltakteure zu stellen, sondern sie zudem langfristig darauf angewiesen sind, mit anderen zu kooperieren. Ohne soziale und politische Verankerung und ohne zumindest halbwegs stabile und funktionsfähige administrative Strukturen kann keine Interventionsarmee einen dauerhaften Frieden ermöglichen. Die Folge davon ist, dass eine humanitäre Intervention nur dann Aussicht auf nachhaltigen Erfolg bietet, wenn es den Intervenienten gelingt, alle relevanten Gewaltakteure politisch oder ökonomisch in eine Friedenslösung einzubinden oder militärisch zu entmachten. Im Umkehrschluss heißt dies jedoch nichts anderes, als dass bereits ein relevanter Gewaltakteur, dem es gelingt, sich militärisch gegen die intervenierenden Mächte zu behaupten, den Erfolg einer humanitären Intervention in Frage stellen kann. Unter den Bedingungen asymmetrischer Kriegführung können damit jedoch schon kleine Gruppierungen, sofern sie nur bereit sind, mit der notwendigen Rücksichtslosigkeit vorzugehen, in die privilegierte Position von Veto-Spielern kommen, die es sich leisten können, radikale oder maximale Positionen zu vertreten.

Während in der akademischen Diskussion, insbesondere im Völkerrecht und der Politikwissenschaft, gegenwärtig die Frage der Notwendigkeit und der Rechtmäßigkeit eingeschränkter Souveränitätsrechte für zerfallen(d)e Staaten diskutiert wird,[32] hat das Problem der Kooperation bislang kaum die ihm gebührende Aufmerksamkeit erfahren.[33] Dabei ist die praktische Frage, mit wem die Interventionsmächte vor, während und vor allem nach einer humanitären Intervention zusammenarbeiten und welche vorrangigen Minimalziele sie dabei verfolgen sollen, von kaum geringerer Bedeutung als die theoretische Frage nach den Bedingungen der moralischen und völkerrechtlichen Legitimation der Intervention selbst. Sie entzieht sich freilich einer allgemeinen Beantwortung und verlangt statt dessen nach einer sorgfältigen Analyse des jeweiligen Einzelfalles. Will man sich nicht auf den inkonsistenten Standpunkt zurückziehen, dass sich die moralische und völkerrechtliche Zulässigkeit einer humanitären Intervention unabhängig von den Gestaltungsmöglichkeiten einer tragfähigen politischen, sozialen und ökonomischen Nachinterventionsordnung beantworten lässt, kommt man um die Auseinandersetzung mit dieser Problematik nicht herum. Zentrale Bedeutung kommt dabei insbesondere der Frage zu, wie sich grundlegende Ordnungsfunktionen, also die Durchsetzung kollektiv-verbindlicher Entscheidungen, die Gewährleistung von Rechtssicherheit und die Versorgung mit lebensnotwendigen Gütern gewährleisten lassen. Das Problem der Privatisierung von Staatlichkeit im Zuge von *public-private-partnerships* stellt sich ganz anders dar, wenn man es nicht im Licht der OECD-Staaten, sondern im Schatten zerfallen(d)er Staaten betrachtet. Für die (wahrscheinlichen) Erfolgsbedingungen humanitärer Interventionen ist es ohne Frage schwerwiegend.

---

[32] Vgl. in diesem Zusammenhang insbesondere die Beiträge von S.D. Krasner 1999, 2005; R. Keohane 2003; S. Tierney 2005; R.H. Jackson 2006.
[33] Vgl. jedoch S. Chesterman et al. 2006.

3. Fazit

Die wahrscheinlichen Erfolgsaussichten einer humanitären Intervention, so die Ausgangsthese, dürfen bei der Beurteilung ihrer moralischen und völkerrechtlichen Zulässigkeit nicht außer Acht gelassen werden. Die vorstehenden Ausführungen zu den schwierigen Anwendungsbedingungen humanitärer Interventionen sollten gezeigt haben, dass es gute Gründe gibt, diesbezüglich mindestens skeptisch zu sein. Was folgt nun daraus für die Beurteilung ihrer moralischen und völkerrechtlichen Legitimität?

Was die moralische Legitimität anbelangt, so lassen die Schwierigkeiten und Unwägbarkeiten, die im Zuge der Durchführung einer humanitären Intervention auftreten können, es geboten erscheinen, das oftmals vernachlässigte Kriterium des (wahrscheinlichen) Erfolges stärker als bisher zu berücksichtigen. Die moralische Zulässigkeit sollte demnach nicht allein nach den Gründen, den Motiven, den Mitteln und den Zielen der Intervenienten beurteilt werden, sondern auch nach den durch ihr Handeln verursachten Folgen. Diese Auffassung richtet sich ausdrücklich gegen die Ansicht, der zufolge eine humanitäre Intervention bereits dann als erfolgreich anzusehen ist, wenn sie ihr Ziel, nämlich die Verhinderung oder Beendigung gravierender und massenhafter Menschenrechtsverletzungen kurzfristig erreicht hat. Vielmehr geht sie von der Voraussetzung aus, dass die intervenierenden Mächte mit Beginn der Intervention auch die Verantwortung zumindest für deren mittelfristige Folgen zu tragen haben (vgl. M. Walzer 2003b: 91f.; W. Hinsch / D. Janssen 2006: 113ff.). Freilich lassen sich diese Folgen nur schwer abschätzen, so dass ein gewisses Maß an Unsicherheit bei der Beurteilung der voraussichtlichen Erfolgsbedingungen nicht zu vermeiden ist. Dieses Maß an Unsicherheit muss, wenn man auf humanitäre Interventionen als Instrument der Politik nicht gänzlich verzichten will, in Kauf genommen und auch bei der Beurteilung ihrer moralischen Legitimität in Rechnung gestellt werden. Die voraussichtlichen Erfolgsbedingungen sind gewissenhaft zu prüfen und gegen die anderen Gründe abzuwägen. Unter dieser Voraussetzung können sie in extremen Fällen dazu führen, die moralische Zulässigkeit einer humanitären Intervention selbst dann in Frage stellen, wenn gravierende und massenhafte Menschenrechtsverletzungen zu beklagen sind. Das Gefühl, etwas tun zu müssen, weil die Konsequenzen der Untätigkeit moralisch unerträglich erscheinen, ist – so grausam es klingt – kein geeignetes Richtmaß verantwortlichen Entscheidens und Handelns. „Gut gemeint" wäre in diesem Fall tatsächlich das Gegenteil von „gut".

Dieses Plädoyer für eine stärkere Gewichtung des Erfolgskriteriums im Zuge der moralischen Abwägung darf nun allerdings nicht als Entschuldigungsgrund für Untätigkeit oder gar als pauschales Plädoyer gegen humanitäre Interventionen missverstanden werden. Im Gegenteil. Erfolg muss, wenn er möglich ist, auch konsequent angestrebt und – wenn nötig – auch erkämpft werden. Die Mindestvoraussetzung dafür ist, dass die politisch und militärisch Verantwortlichen sich bei der Planung und Durchführung einer humanitären Intervention an realistischen und nicht, wie in der Vergangenheit desöfteren geschehen, an idealistischen Annahmen orientiert (vgl. G. Evans 2005). Ohne ausreichende personelle und finanzielle Ausstattung braucht eine humanitäre Intervention gar nicht erst begonnen zu werden.

Mit Blick auf die Frage der moralischen Legitimität humanitärer Interventionen heißt das nun aber nichts anderes, als dass sie dann als gegeben betrachtet werden kann, wenn die zu ihrer Rechtfertigung erforderlichen Kriterien in ihrer Gesamtheit vorliegen. Nach der hier vertretenen Auffassung sind dies – im Vokabular der Lehre des gerechten Krieges formuliert – der gerechte Grund, die Aussicht auf Erfolg, die Verhältnismäßigkeit der Mittel und – mit Einschränkung – die Aufrichtigkeit der Motive. Mit anderen Worten: Wann immer ein hinreichender Grund in Form massenhafter und schwerwiegender Menschenrechtsverletzungen vorliegt und ein oder mehrere Staaten sowohl willens als auch in der Lage sind, diese Menschenrechtsverletzungen effektiv und nachhaltig zu beenden, sind sie dazu moralisch legitimiert. Das für die Lehre des gerechten Krieges so wichtige Kriterium einer legitimen Autorität spielt hierbei keine entscheidende Rolle. Mit Blick auf die internationale Staatengemeinschaft in ihrer gegenwärtigen Form bedeutet dies, dass die Frage der Autorisierung einer humanitären Intervention durch den UN-Sicherheitsrat für die Beurteilung ihrer moralischen Zulässigkeit vollkommen unerheblich ist. Hier gilt vielmehr die von Michael Walzer formulierte Faustregel: „who can, should" (M. Walzer 2002: 31).

Was hingegen die Frage der völkerrechtlichen Legitimität humanitärer Interventionen betrifft, so wurde bereits dargestellt, dass humanitäre Interventionen gegenwärtig von einer Mehrheit der Völkerrechtler nur dann als rechtmäßig angesehen werden, wenn sie über ein Mandat des UN-Sicherheitsrates verfügen. Strittig ist demgegenüber die Frage, was geschehen soll, wenn der Sicherheitsrat aufgrund politischer Differenzen seiner Mitglieder in Fällen schwerwiegender und massenhafter Menschenrechtsverletzungen zu keiner Übereinstimmung gelangt und folglich kein Mandat erteilt (vgl. W. Hinsch / D. Janssen 2006: 233f.). Unter den prinzipiellen Befürwortern humanitärer Interventionen gehen die Meinungen in dieser Frage auseinander. Während die Vertreter des sog. „moralischen Exzeptionalismus" in solchen als Ausnahmefällen interpretierten Situationen einen aus moralischen Gründen bewusst in Kauf genommenen Bruch des bestehenden Interventionsverbotes propagieren, ohne dessen Aufhebung zu fordern, plädieren andere für eine entschiedene UN-Reform und die Implementierung eines völkerrechtlich sanktionierten humanitären Interventionsrechts (vgl. u.a. V. Zanetti 1998, 2000; J.-C. Merle / A. Pinzani 2000; W. Hinsch / D. Janssen 2006: 243). Die Notwendigkeit einer solchen Verrechtlichung begründen sie u.a. damit, dass der moralische Exzeptionalismus eine theoretisch inkonsistente Position sei (vgl. W. Hinsch / D. Janssen 2006: 239ff.), die in der Praxis zudem eine mehr oder weniger willkürliche Handhabung zulasse (V. Zanetti 1998: 96). Humanitäre Interventionen, so der Vorwurf, würden nach dem Modell des moralischen Exzeptionalismus nur dann zustande kommen, wenn sie sich mit vitalen Interessen wenigstens eines interventionswilligen und interventionsfähigen Akteurs verbinden ließen. Damit würde aber nicht nur ihr eigentlicher Zweck, die Beendigung schwerwiegender und massenhafter Menschenrechtsverletzungen, sondern auch die Glaubwürdigkeit der Völkerrechtsordnung, die den in ihr enthaltenen Menschenrechten die generelle Durchsetzung verweigert und diese nur von Fall zu Fall gewährt, in Frage gestellt.

So zutreffend die Einwände gegen den moralischen Exzeptionalismus sind, so problematisch ist gleichwohl die alternative Strategie der Verrechtlichung. Unabhängig von der Unwahrscheinlichkeit einer tiefgreifenden UN-Reform (vgl. J. Varwick / A. Zimmermann 2006) und der ungeklärten institutionellen Frage, welches Gremium denn an Stelle des Sicherheitsrates die Befugnis zur Mandatierung humanitärer Interventionen erhalten soll (vgl. u.a. M. Ayoob 2002; D. Archibugi 2004), läuft auch die Verrechtlichungsstrategie Gefahr, den Respekt vor dem Völkerrecht zu unterminieren – zumindest dann, wenn es zu Fällen kommt, in denen sich die dann nicht nur moralisch, sondern auch völkerrechtlich gebotene Durchführung einer humanitären Intervention aufgrund der ihr entgegenstehenden Schwierigkeiten und ihrer geringen Erfolgsaussichten nicht realisieren lässt. Dass diese Gefahr durchaus gegeben ist, sollte die Diskussion der o.g. Schwierigkeiten deutlich gemacht haben. Nimmt man sie ernst, so macht es wenig Sinn, die Implementierung eines Rechtes zu fordern, dass sich ungeachtet seiner positiven Rechtsgeltung nicht in jedem Fall, ja höchstwahrscheinlich nur in seltenen Fällen auch tatsächlich umsetzen lässt. Rechte sollten sich am Regelfall orientieren, nicht an der Ausnahme (vgl. S. Chesterman 2003).

Die prinzipienethische Kritik am moralischen Exzeptionalismus übersieht zudem zwei weitere wichtige Aspekte. Der erste dieser beiden Aspekte hängt direkt mit dem eben Gesagten zusammen und betrifft die Autorität des Rechts. So ist es keineswegs ausgemacht, dass die von den Vertretern des moralischen Exzeptionalismus befürwortete Strategie, in begründeten Ausnahmefällen bei der Durchführung einer humanitären Intervention einen gezielten Bruch des Völkerrechts bewusst in Kauf zu nehmen, der Autorität des Rechts mehr schadet als die Nicht-Durchsetzung eines verbrieften Rechts infolge politisch oder militärisch begründeter Handlungsunfähigkeit der Staatengemeinschaft (vgl. W. Hinsch / D. Janssen 2006: 240f.). Es ist ohne Frage ein hehres Ziel, die Staaten der Welt darauf verpflichten zu wollen, ihre Machtmittel zum Schutz ihrer Bevölkerungen einzusetzen, wie es zahlreiche politische und diplomatische Initiativen unter Rekurs auf das Konzept der *Responsibility to Protect* gegenwärtig verfolgen.

Doch es wäre verfehlt, wenn die Staatengemeinschaft für den Fall des Scheiterns dieser Bestrebungen eine völkerrechtlich garantierte Ausfallbürgschaft übernehmen wollte. Schutz zu versprechen, ohne über die entsprechenden Machtmittel zu seiner effektiven Gewährleistung zu verfügen, wäre nicht nur leichtfertig und anmaßend, es führte außerdem zu erheblichen Frustrationen auf Seiten derjenigen, denen er im Zweifelsfall vorenthalten bliebe. Und diese Frustrationen könnten durchaus größer sein als der Unmut über den gezielten Bruch des Völkerrechts in wohlbegründeten Ausnahmefällen.

Der zweite Aspekt betrifft die Folgen gescheiterter humanitärer Interventionen. Jede humanitäre Intervention, die ihr Ziel, nämlich die dauerhafte Beendigung gravierender und massenhafter Menschenrechtsverletzungen verfehlt, weil sie infolge schlechter Planung, halbherziger Durchführung oder mangelnden politischen Willens scheitert oder gleich ganz ausbleibt, schafft einen Präzedenzfall, der die Ausgangsbedingungen für nachfolgende Interventionen verändert. Politisch brisant wird diese an sich triviale Feststellung, wenn das Scheitern oder Unterlassen einer humanitären Intervention auf den tatsächlichen oder angedrohten bewaffneten Widerstand eines oder mehrerer (sub-)staatlicher Gewaltakteure zurückgeführt werden kann. In diesem Fall besteht nicht nur die Gefahr einer nachhaltigen Verunsicherung der intervenierenden Mächte mit entsprechenden Folgen für zukünftige Fälle; es besteht zudem die begründete Gefahr eines ‚Lerneffektes' auf Seiten anderer (sub-)staatlicher Gewaltakteure. In Darfur lässt sich dies gegenwärtig bereits beobachten.

Eine humanitäre Intervention durchzuführen, wenn es darum geht, gewaltsam verursachte Menschenrechtsverletzungen großen Umfangs auch gegen militärischen Widerstand zu beenden, bedeutet – jenseits aller rhetorischen Kosmetik – Krieg zu führen. Einen solchen Krieg sollte man nur beginnen, wenn man vernünftige Erfolgsaussichten hat und den politischen Willen, diese auch zu nutzen.[34] Der Einsatz des Militärs zu Zwecken symbolischer Politik – wie etwa zum „Schutz" vermeintlich demokratischer Wahlen in einem von Bürgerkrieg und Massenmord gebeutelten Land wie dem Kongo oder zur bestenfalls halbherzigen Durchführung von Waffenkontrollen vor der Küste des Libanon – mag aus vielerlei politischen Umständen und Rücksichten für erforderlich gehalten werden. Gleichwohl kosten solche Einsätze nicht nur Geld, das an anderer Stelle womöglich besser angelegt wäre, sie vermitteln der Öffentlichkeit zudem auch ein falsches Bild vom Ausmaß bestehender Konflikte und der zu ihrer Bewältigung erforderlichen Mittel und Opfer. Der Eindruck, dass Soldaten nur in Ausnahme-

---

[34] „The challenge of effectiveness is not only conceptual. It is also fundamentally a question of means, capacity, and political will. Success in achieving even limited goals will depend profoundly on whether or not an international commitment exists to provide adequate resources to carry out the mission. This may well be the most challenging aspect of all in humanitarian interventions." (J. Stromseth 2003: 270)

fällen zum Kämpfen da sind,[35] erzeugt ein Gefühl falscher Sicherheit, das, wenn es erschüttert wird, leicht in Panik umschlagen kann. Politiker sind daher gut beraten, sich beim Einsatz von Soldaten zum Zweck des Menschenrechtsschutzes ebensowenig von gesinnungsethischen Erwägungen wie von Opportunitätsgründen leiten zu lassen.

In seinem berühmten Vortrag über *Politik als Beruf* hat Max Weber das Geschäft der Politik als ein „starkes langsames Bohren von harten Brettern mit Leidenschaft und Augenmaß zugleich" beschrieben (M. Weber 1988a: 560). Nimmt man das Bild auf, so kann man sagen, dass der internationale Schutz der Menschenrechte ein besonders hartes Brett darstellt, zu dessen Bearbeitung manchmal – in seltenen Fällen – humanitäre Interventionen das geeignete Werkzeug darstellen können. Bevor man es ansetzt, sollte man allerdings genau prüfen, aus welchem Holz das jeweils vorliegende Brett gemacht ist. Andernfalls läuft man Gefahr, nicht nur dem Werkzeug, sondern auch der Handwerkskunst zu schaden – vom Holz ganz zu schweigen.

Literatur

Archibugi, Daniele (2004): Cosmopolitan Guidelines for Humanitarian Intervention. In: Alternatives 29: 1-21.
Ayoob, Mohammed (2002): Humanitarian Intervention and State Sovereignty. In: International Journal of Human Rights 6, Heft 1: 81-102.
Badura, Peter / Scholz, Rupert (Hrsg.) (1993): Wege und Verfahren des Verfassungslebens. Festschrift für Peter Lerche zum 65. Geburtstag. München: Beck.
Bakonyi, Jutta et al. (Hrsg.) (2006): Gewaltordnungen bewaffneter Gruppen. Ökonomie und Herrschaft nichtstaatlicher Akteure in den Kriegen der Gegenwart. Baden-Baden: Nomos.
Beestermöller, Gerhard (Hrsg.) (2003): Die humanitäre Intervention – Imperativ der Menschenrechtsidee? Rechtsethische Reflexionen am Beispiel des Kosovo-Krieges. Stuttgart: W. Kohlhammer.
Beham, Mira (2005): Kriegstrommeln. Medien, Krieg und Politik. München: dtv.
Berdal, Mats / Malone, David M. (Hrsg.) (2000): Greed and Grievance. Economic Agendas in Civil Wars. Boulder, Col. u.a.: Rienner.
Bittner, Rüdiger (2004): Humanitäre Interventionen sind Unrecht. In: Meggle (2004): 99-106.

---

[35] Die von Michael Walzer in Reaktion auf das Massaker von Srebrenica gemachte sarkastische Bemerkung, die Europäer hätten in den vor Ort befindlichen UN-Truppen nicht Soldaten gesehen, sondern „erwachsene Pfadfinder, die gute Taten vollbrachten" (Walzer 2003b: 89), hat insofern nichts von ihrer Aktualität verloren.

Brownlie, Ian / Apperley, C.J. (2000): Kosovo Crisis Inquiry: Memorandum on the International Law Aspects. In: International and Comparative Law Quarterly 49, Heft 4: 878-905.
Brunkhorst, Hauke (Hrsg.) (1998): Einmischung erwünscht? Menschenrechte und bewaffnete Intervention. Frankfurt/Main: Fischer.
Buchanan, Allen (2003): Reforming the International Law of Humanitarian Intervention. In: Holzgrefe et al. (2003): 130-173.
Bussemer, Thymian (1999): Der Kosovo-Krieg und die Medien. Info-Desaster oder Punktsieg des Journalismus? In: Vorgänge 38, Heft 3: 1-10.
Byers, Michael / Chesterman, Simon (2003): In: Holzgrefe et al. (2003): 177-203.
Calhoun, Laurie (2001a): Violence and Hypocrisy. In: Dissent 48, Heft 1: 79-87.
Calhoun, Laurie (2001b): Killing, Letting Die, and the Alleged Necessity of Military Intervention. In: Peace and Conflict Studies 8, Heft 2: 5-21.
Calhoun, Laurie (2004): The Problem of ‚Dirty Hands' and Corrupt Leadership. In: The Independent Review 8, Heft 3: 363-385.
Chandler, David (2004): The Responsibility to Protect? Imposing the ‚Liberal Peace'. In: International Peacekeeping 11, Heft 1: 59-81.
Chesterman, Simon (2003): Hard Cases Make Bad Law: Law, Ethics, and Politics in Humanitarian Intervention. In: Lang (2003): 46-61.
Chesterman, Simon et al. (Hrsg.) (2006): Making States Work: State Failure and the Crisis of Governance. Tokyo u.a.: United Nations University Press.
Chojnacki, Sven (2004): Wandel der Kriegsformen? Ein kritischer Literaturbericht. In: Leviathan 32, Heft 3: 402-424.
Chwaszcza, Christine / Kersting, Wolfgang (Hrsg.) (1998): Politische Philosophie der internationalen Beziehungen. Frankfurt/Main: Suhrkamp.
Collier, Paul / Hoeffner, Anke (2000): Greed and Grievance in Civil War. Washington, D.C.: World Bank.
Connelly, Mark / Welch, David (2005): War and the Media. Reportage and Propaganda, 1900-2003. London u.a.: Tauris.
Daase, Christopher (1999): Kleine Kriege – große Wirkung. Wie unkonventionelle Kriegführung die internationale Politik verändert. Baden-Baden: Nomos.
Debiel, Tobias (2004): Souveränität verpflichtet: Spielregeln für den neuen Interventionismus. In: Internationale Politik und Gesellschaft 3: 61-81.
Debiel, Tobias (2008): Kosten des Krieges, Chancen des Wiederaufbaus. Überlegungen zum Nutzen der Friedenskonsolidierung. In diesem Band.
Dupuy, Pierre-Marie et al. (Hrsg.) (2006): Völkerrecht als Wertordnung. Festschrift für Christian Tomuschat. Kehl u.a.: Engel.
Ebock, Kerstin (2000): Der Schutz grundlegender Menschenrechte durch kollektive Zwangsmaßnahmen der Staatengemeinschaft. Vom Interventionsverbot zur Pflicht zur humanitären Intervention? Frankfurt/Main u.a.: Lang.
Elwert, Georg (1997): Gewaltmärkte. Beobachtungen zur Zweckrationalität der Gewalt. In: Soziologie der Gewalt. Opladen: Westdeutscher Verlag. 86-101.
Evans, Gareth (2005): Peacebuilding: Six Golden Rules for Policy Makers. Keynote Address to the UN Office at Geneva (UNOG) / Geneva Centre for the Democratic Con-

trol of Armed Forces (DCAF) Seminar on Security and Peacebuilding: The Role of the United Nations. Geneva, 27 October 2005. (22.01.2007) <http://www.crisisgroup.org/home/index.cfm?id=3771&1=1>
Evans, Gareth / Sahnoun, Mohamed (2002): The Responsibility to Protect. In: Foreign Affairs 81, Heft 6: 99-110.
Franck, Thomas M. (1999): Break It, Don't Fake It! In: Foreign Affairs 78, Heft 4: 116-118.
Franck, Thomas M. (2003): Interpretation and Change in the Law of Humanitarian Intervention. In: Holzgrefe et al. (2003): 204-231.
Geis, Anna (Hrsg.) (2006): Den Krieg überdenken. Kriegsbegriffe und Kriegstheorien in der Kontroverse. Baden-Baden: Nomos.
Gelb, Leslie H. / Rosenthal, Justine A. (2003): The Rise of Ethics in Foreign Policy. In: Foreign Affairs 82, Heft 3: 2-7.
Genschel, Philipp / Schlichte, Klaus (1997): Wenn Kriege chronisch werden: der Bürgerkrieg. In: Leviathan 25, Heft 4: 501-517.
Gleditsch, Nils Petter et al. (2002): Armed Conflict 1946-2001: A New Dataset. In: Journal of Peace Research 39, Heft 5: 615-637.
Glennon, Michael J. (1999): The New Interventionism. The Search for a Just International Law. In: Foreign Affairs 78, Heft 3: 2-7.
Greenwood, Christopher (1993): Gibt es ein Recht auf humanitäre Intervention? In: Europa-Archiv 48, Heft 4: 93-106.
Greven, Michael Th. (1999): Randbemerkungen zur (deutschen) Demokratie im Krieg. In: Vorgänge 38, Heft 2 (Nr. 146): 1-11.
Greven, Michael Th. (2003): Die Entscheidung zum Krieg als politische Innovation. Überlegungen und Beobachtungen zu den öffentlichen Begründungsmustern „Interesse" und „Moral". In: Willems (2003): 293-312.
Grewe, Wilhelm G. (1988): Epochen der Völkerrechtsgeschichte. 2. Auflage. Baden-Baden: Nomos.
Gustenau, Gustav (Hrsg.) (2000): Humanitäre militärische Intervention zwischen Legalität und Legitimität. Tagungsband des Instituts für internationale Friedenssicherung, Wien. Baden-Baden: Nomos.
Habermas, Jürgen (1999): Bestialität und Humanität. In: Die Zeit 54, Nr. 18 (29.April): 1-8.
Haig, Alexander M. (2001): The Question of Humanitarian Intervention. In: Foreign Policy Research Institute Wire 9, Nr. 2.
Hasenclever, Andreas (2001): Die Macht der Moral in der internationalen Politik. Militärische Interventionen westlicher Staaten in Somalia, Ruanda und Bosnien-Herzegowina. Frankfurt/Main u. New York: Campus.
Hillgruber, Christian (2001): Humanitäre Intervention, Großmachtpolitik und Völkerrecht. In: Der Staat 40, Heft 2: 165-191.
Hinsch, Wilfried / Janssen, Dieter (2006): Menschenrechte militärisch schützen. Ein Plädoyer für humanitäre Interventionen. München: C.H. Beck.
Hippler, Jochen (1993): Krieg und Chaos. Irreguläre Kriegführung und die Schwierigkeiten externer Intervention. In: Matthies (1993): 139-154.

Holzgrefe, J.L. / Keohane, Robert O. (Hrsg.) (2003): Humanitarian Intervention. Ethical, Legal, and Political Dilemmas. Cambridge u.a.: Cambridge University Press.
Ignatieff, Michael (2001): Virtueller Krieg. Kosovo und die Folgen. Hamburg: Rotbuch.
Ignatieff, Michael (2003): The Stories We Tell. Television and Humanitarian Aid. In: Moore (1998): 287-302.
Imhof, Kurt / Schulz, Peter (Hrsg.) (1995): Medien und Krieg – Krieg in den Medien. Zürich: Seismo.
International Commission on Intervention and State Sovereignty (ICISS) (2001): The Responsibility to Protect. Report of the International Commission on Intervention and State Sovereignty. Ottawa: International Development Research Centre.
Isensee, Josef (1995): Weltpolizei für Menschenrechte. Zur Wiederkehr der humanitären Intervention. In: Juristen Zeitung 50, Heft 9: 421-430.
Jackson, Robert H. (2006): Human Rights Protection in a World of Sovereign States. In: R. Tinnevelt et al. (2006): 135-147.
Janssen, Dieter / Quante, Michael (Hrsg.) (2003): Gerechter Krieg. Ideengeschichtliche, rechtsphilosophische und ethische Beiträge. Paderborn: Mentis.
Jean, Francois / Rufin, Jean-Christophe (Hrsg.) (1999): Ökonomie der Bürgerkriege. Hamburg: Hamburger Edition.
Johnson, James T. (1981): Just War Tradition and the Restraint of War: A Moral and Historical Inquiry. Princeton, N.J.: Princeton University Press.
Johnson, James T. (1991): Historical Roots and Sources of the Just War Tradition. In: Kelsay et al. (1991): 3-30.
Kahl, Martin / Teusch, Ulrich (2004): Sind die „neuen Kriege" wirklich neu? In: Leviathan 32, Heft 3: 382-401.
Kaldor, Mary (2000): Neue und alte Kriege. Organisierte Gewalt im Zeitalter der Globalisierung. Frankfurt/Main: Suhrkamp.
Keen, David (2000): War and Peace: What's the Difference? In: International Peacekeeping 7, Heft 4: 1-22.
Kelsay, John / Johnson, James T.(Hrsg.) (1991): Just War and Jihad. Historical and Theoretical Perspectives on War and Peace in Western and Islamic Traditions. Westport, Conn. u.a.: Greenwood Press.
Keohane, Robert O. (2003): Political Authority After Intervention: Gradations in Sovereignty. In: Holzgrefe et al. (2003): 275-298.
Kissinger, Henry (1969): The Vietnam Negotiations. In: Foreign Affairs 47, Heft 1: 211-234.
Kleemeier, Ulrike (2003): Krieg, Recht, Gerechtigkeit – Eine ideengeschichtliche Skizze. In: Janssen et al. (2003): 11-18.
Klönne, Arno (1999): Randbemerkungen über Politik und Wissenschaft. In: Vorgänge 38, Heft 3 (Nr. 147): 27-29.
Köck, Heribert F. (2000): Die humanitäre Intervention. In: Gustenau (2000): 25-57.
Krasner, Stephen D. (1999): Sovereignty: Organized Hypocrisy. Princeton, N.J.: Princeton University Press.
Krasner, Stephen D. (2005): Alternativen zur Souveränität: Neue Institutionen für kollabierte und scheiternde Staaten. In: Internationale Politik 60, Heft 9: 44-53.

Krause, Skadi (2008): Gerechte Kriege – ungerechte Feinde? Die Lehre vom gerechten Krieg in Geschichte und Gegenwart. In diesem Band.
Kühne, Winrich (2000): Humanitäre Konfliktlagen in der globalisierten Welt und die Notwendigkeit zur Fortentwicklung des Völkerrechts. In: Menzel (2000): 291-319.
Kurtenbach, Sabine / Lock, Peter (Hrsg.): Kriege als (Über)Lebenswelten. Schattenglobalisierung, Kriegsökonomien und Inseln der Zivilität. Bonn: Dietz.
Ladwig, Bernd (2000): Militärische Intervention zwischen Moralismus und Legalismus. In: Deutsche Zeitschrift für Philosophie 48, Heft 1: 133-147.
Lang, Anthony F. (Hrsg.) (2003): Just Intervention. Washington, D.C.: Georgetown University Press.
Leibfried, Stephan / Zürn, Michael (Hrsg.) (2006): Transformationen des Staates. Frankfurt/Main: Suhrkamp.
Löffelholz, Martin (Hrsg.) (1993): Krieg als Medienereignis I. Grundlagen und Perspektiven der Krisenkommunikation. Opladen: Westdeutscher Verlag.
Löffelholz, Martin (Hrsg.) (2001): Krieg als Medienereignis II. Krisenkommunikation im 21. Jahrhundert. Wiesbaden: VS-Verlag.
Matthies, Volker (Hrsg.) (1993): Frieden durch Einmischung? Der Schrecken des Krieges und die (Ohn)Macht der internationalen Gemeinschaft. Bonn: J.H.W. Dietz Nachfolger.
MacFarlane, Neil et al. (2004): The Responsibility to Protect: Is Anyone Interested in Humanitarian Intervention? In: Third World Quarterly 25, Heft 5: 977-992.
Mair, Stefan (2008): Private Militärfirmen und humanitäre Intervention. In diesem Band.
Maus, Ingeborg (1998): Volkssouveränität und das Prinzip der Nichtintervention in der Friedensphilosophie Immanuel Kants. In: Brunkhorst (1998): 88-116.
Meggle, Georg (Hrsg.) (2004): Humanitäre Interventionsethik. Was lehrt uns der Kosovo-Krieg? Paderborn: Mentis.
Menzel, Ulrich (Hrsg.) (2000): Vom Ewigen Frieden und vom Wohlstand der Nationen. Dieter Senghaas zum 60. Geburtstag. Frankfurt/Main: Suhrkamp.
Merle, Jean-Christophe / Pinzani, Alessandro (2000) : Rechtfertigung und Modalitäten eines Rechts auf humanitäre Intervention. In: Sicherheit + Frieden 18, Heft 1: 71-75.
Merle, Jean-Christoph (2003): Neue Beweislast und neue Prinzipien für militärische humanitäre Interventionen. In: Beestermöller (2003): 53-73.
Merkel, Reinhard (2004): Können Menschenrechtsverletzungen humanitäre Interventionen rechtfertigen? Rechsethische Grundlagen und Grenzen der ,Humanitären Intervention' am Beispiel des Kosovo-Kriegs. In: Meggle (2004): 107-132.
Merkel, Reinhard (Hrsg.) (2000): Der Kosovo-Krieg und das Völkerrecht. Frankfurt/Main: Suhrkamp.
Moore, Jonathan (1998): Hard Choices: Moral Dilemmas in Humanitarian Intervention. Lanham, Md. u.a.: Rowman & Littlefield.
Murswiek, Dietrich (1996): Souveränität und humanitäre Intervention. Zu einigen neueren Tendenzen im Völkerrecht. In: Der Staat 35, Heft 1: 31-44.
Münkler, Herfried (2002): Die neuen Kriege. Reinbek b. Hamburg: Rowohlt.
Münkler, Herfried (2003): Über den Krieg. Stationen der Kriegsgeschichte im Spiegel ihrer theoretischen Reflexion. 2. Auflage. Weilerswist: Velbrück Wissenschaft.

Münkler, Herfried (2006): Der Wandel des Krieges. Von der Symmetrie zur Asymmetrie. 2. Auflage. Weilerswist: Velbrück Wissenschaft.
Münkler, Herfried (2008): Humanitäre militärische Interventionen. Eine politikwissenschaftliche Evaluation. In diesem Band.
Nardin, Terry (2002): The Moral Basis of Humanitarian Intervention. In: Ethics and International Affairs 16, Heft 2: 57-70.
Nardin, Terry (2005): Humanitarian Imperialism. In: Ethics and International Affairs 19, Heft 2: 21-36.
Narr, Wolf-Dieter et al. (1999): Wider kriegerische Menschenrechte. Eine pazifistisch-menschenrechtliche Streitschrift. Beispiel: Kosovo 1999 – Nato-Krieg gegen Jugoslawien. Köln: Komitee für Grundrechte und Demokratie.
Nass, Klaus Otto (1993): Grenzen und Gefahren humanitärer Interventionen. Wegbereiter für Frieden, Menschenrechte, Demokratie und Entwicklung? In: Europa-Archiv 48, Heft 10: 279-288.
Neckel, Sighard / Schwab-Trapp, Michael (Hrsg.) (1999): Ordnungen der Gewalt. Beiträge zu einer politischen Soziologie der Gewalt und des Krieges. Opladen: Leske + Budrich.
Panel on United Nations Peace Operations (PUNPO) (2000): Report of the Panel on United Nations Peace Operations. Comprehensive Review of the Whole Question of Peacekeeping Operations in all their Aspects. New York, N.Y.: United Nations. <http://www.un.org/peace/reports/peace_operations/> (26.02.2007).
Pape, Matthias (1997): Die humanitäre Intervention. Zur Bedeutung der Menschenrechte in den Vereinten Nationen. Baden-Baden: Nomos.
Prunier, Gérard (2006): Darfur: Der ‚uneindeutige' Genozid. Hamburg: Hamburger Edition.
Randelzhofer, Albrecht (1993): Neue Weltordnung durch Intervention? In: Badura (1993): 51-63.
Ramsbotham, Oliver / Woodhouse, Tom (1996): Humanitarian Intervention in Contemporary Conflict. A Reconceptualization. Cambridge u.a.: Polity Press.
Reisman, W. Michael (2000): Unilateral Action and the Transformations of the World Constitutive Process: The Special Problem of Humanitarian Intervention. In: European Journal of International Law 11, Heft 1: 3-18.
Risse, Thomas (2005): Governance in Räumen begrenzter Staatlichkeit. „Failed States" werden zum zentralen Problem der internationalen Politik. In: Internationale Politik 60, Heft 9: 6-12.
Rotberg, Robert I. (Hrsg.) (2004): When States Fail. Causes and Consequences. Princeton: Princeton University Press.
Rufin, Jean-Christophe (1999): Kriegswirtschaft in internen Konflikten. In: Jean et al. (1999): 15-46.
Rutherford, Paul (2004): Weapons of Mass Persuasion. Marketing the War Against Iraq. Toronto u.a.: Toronto University Press.
Rytter, Jens Elo (2001): Humanitarian Intervention Without the Security Council: San Francisco to Kosovo and Beyond. In: Nordic Journal of International Law 70: 121-160.

Sarkees, Meredith Reid et al. (2003): Inter-State, Intra-State, and Extra-State Wars: A Comprehensive Look at Their Distribution over Time, 1816-1997. In: International Studies Quarterly 47, Heft 1: 49-70.
Scherrer, Christian P. (2002): Genocide and Crisis in Central Africa: Conflict Roots, Mass Violence, and Regional War. Westport, Conn. u.a.: Praeger.
Schlichte, Klaus (2005): Gibt es überhaupt „Staatszerfall"? Anmerkungen zu einer ausufernden Debatte. In: Berliner Debatte Initial 16, Heft 4: 74-84.
Schlichte, Klaus (2006): Neue Kriege oder alte Thesen? Wirklichkeit und Repräsentation kriegerischer Gewalt in der Politikwissenschaft. In: Geis (2006): 111-131.
Schmücker, Reinhold (2000): Gibt es einen gerechten Krieg? In: Deutsche Zeitschrift für Philosophie 48, Heft 2: 319-340.
Schneckener, Ulrich (Hrsg.) (2004): States at Risk. Fragile Staaten als Sicherheits- und Entwicklungsproblem. Berlin: Stiftung Wissenschaft und Politik.
Simma, Bruno (2000): Die NATO, die UN und militärische Gewaltanwendung: Rechtliche Aspekte. In: Merkel (2000): 9-50.
Singer, Peter Warren (2001): Corporate Warriors. The Rise of the Privatized Military Industry and Its Ramifications for International Security. In: International Security 26, Heft 3: 186-220.
Steinvorth, Ulrich (2004): Zur Legitimität der Kosovo-Intervention. In: Meggle (2004): 19-30.
Steinvorth, Ulrich (2005): Gründe und Grenzen militärischer Gewalt. In: Rechtsphilosophische Hefte 10: 47-63.
Stewart, Frances / Valpy, FitzGerald (Hrsg.) (2001): War and Underdevelopment I. The Economic and Social Consequences of Conflict. Oxford u.a.: Oxford University Press.
Stromseth, Jane (2003): Rethinking Humanitarian Intervention. The Case for Incremental Change. In: Holzgrefe et al. (2003): 232-272.
Tesón, Fernando R. (1997): Humanitarian Intervention: An Inquiry into Law and Morality. 2. Auflage. Irvington-on-Hudson, N.Y.: Transnational Publishers, Inc.
Tesón, Fernando R. (2003): The Liberal Case for Humanitarian Intervention. In: Holzgrefe et al. (2003): 93-129.
Tesón, Fernando R. (2005): Ending Tyranny in Iraq. In: Ethics and International Affaire 19, Heft 2.
Tierney, Stephen (2005): Reframing Sovereignty? Sub-State National Societies and Contemporary Challenges to the Nation-State. In: International and Comparative Legal Quarterly 54: 161-183.
Tinnevelt, Ronald / Verschraegen, Gert (Hrsg.) (2006): Between Cosmopolitan Ideals and State Sovereignty. Studies in Global Justice. Basingstoke u.a.: Palgrave Macmillan.
Tomuschat, Christian (2002): Menschenrechtsschutz und innere Angelegenheiten. In: Tomuschat et al. (2002): 5-20.
Tomuschat, Christian (2008): Humanitäre Intervention – ein trojanisches Pferd? In diesem Band.
Tomuschat, Christian et al. (Hrsg.) (2002): Eingriff in die inneren Angelegenheiten fremder Staaten zum Zwecke des Menschenrechtsschutzes. Heidelberg: C.F. Müller.
Trotha, Trutz von (1997a): Zur Soziologie der Gewalt. In: Trotha (1997b): 9-56.

Trotha, Trutz von (Hrsg.) (1997b): Soziologie der Gewalt. Opladen: Westdeutscher Verlag.
Varwick, Johannes / Zimmermann, Andreas (Hrsg.) (2006): Die Reform der Vereinten Nationen – Bilanz und Perspektiven. Berlin: Duncker & Humblot.
Wade, Robert H. (2006): Failing States and the Cumulative Causation in the World System. In: International Political Science Review 26, Heft 1: 17-36.
Walzer, Michael (2002): The Argument About Humanitarian Intervention. In: Dissent 49, Heft 1: 29-37.
Walzer, Michael (2003): Erklärte Kriege – Kriegserklärungen. Essays. Hamburg: Europäische Verlagsanstalt.
Walzer, Michael (2003a): Der Sieg der Lehre vom gerechten Krieg. In: Walzer (2003): 31-51.
Walzer, Michael (2003b): Die Politik der Rettung. In: Walzer (2003): 82-118.
Walzer, Michael (2003c): Kosovo: Der NATO-Bombenkrieg in Jugoslawien. In: Walzer (2003): 119-124.
Weber, Max (1988a): Politik als Beruf. In: Ders. (1988b): 505-560.
Weber, Max (1988b): Gesammelte Politische Schriften. Herausgegeben von Johannes Winckelmann. 5. Auflage. Tübingen: J.C.B. Mohr.
Wheeler, Nicholas J. (2000): Saving Strangers: Humanitarian Intervention in International Society. Oxford u.a.: Oxford University Press.
Willems, Ulrich (Hrsg.) (2003): Interesse und Moral als Orientierungen politischen Handelns. Baden-Baden: Nomos.
Winkelmann, Ingo (2006): „Responsibility to Protect": Die Verantwortung der internationalen Gemeinschaft zur Gewährung von Schutz. In: Dupuy et al. (2006): 449-460.
Wohlrapp, Harald (2000): Krieg für Menschenrechte? In: Deutsche Zeitschrift für Philosophie 48, Heft 1: 107-132.
Wohlrapp, Harald (2004): Sind Menschenrechte aufrechenbar? Darstellung eines Grunddefekts der „Humanitären Intervention". In: Meggle (2004): 181-200.
Wulf, Herbert (2005): Internationalisierung und Privatisierung von Krieg und Frieden. Baden-Baden: Nomos.
Zanetti, Veronique (1998): Ethik des Interventionsrechts. In: Chwaszcza et al. (1998): 297-324.
Zanetti, Veronique (2000): Menschenrechte und humanitäre Interventionspflicht. In: Gustenau (2000): 93-108.

Zum Formwandel bewaffneter Konflikte

Sven Chojnacki

1. Einleitung[1]

Wer den Krieg überwinden und wirksame Strategien des Friedens entwickeln will, muss ihn studieren und analysieren (K.W. Deutsch 1965: xii). Um diesem Anspruch gerecht zu werden, beschäftigten sich Analysen bewaffneter Konflikte lange Zeit fast ausschließlich mit den Korrelaten und empirischen Entwicklungen zwischenstaatlicher Kriege (D.S. Geller / J.D. Singer 1998; J.A. Vasquez 2000). Dahinter stand die Annahme, dass angesichts der Erfahrungen von zwei verheerenden Weltkriegen vor allem zwischenstaatliche Gewaltformationen die Struktur des internationalen Systems und die Stabilität internationaler Ordnung gefährden. Diese Perspektive hat sich mit der Gewohnheit verbunden, Krieg als zentralen Untersuchungsgegenstand allein über das Verhalten von Staaten zu definieren und zu erklären (u.a. M. Small / J.D. Singer 1982; J.A. Vasquez 1993; N.P. Gleditsch et al. 2002). Selbst das explosionsartige Auftreten innerstaatlicher Auseinandersetzungen im Zuge der Dekolonisierung wurde dann zumindest teilweise mit den nachholenden Prozessen der Staatenbildung begründet. Konflikte innerhalb von Staaten wurden – und werden – vor allem als Anti-Regimekrieg oder Sezessionskriege klassifiziert – und damit explizit an die Idee der Verteidigung oder Herstellung von Staatlichkeit gebunden (u.a. K.J. Gantzel / T. Schwinghammer 1994).

Eine zentrale Dimension des Krieges und seiner Überwindung ist dabei vernachlässigt worden: der Wandel bewaffneter Konflikte und ihre möglichen Rückwirkungen auf regionale und internationale Stabilität sowie auf die normative Struktur internationaler Ordnung. Der Ost-West-Konflikt wirkte offenbar nicht nur weltpolitisch strukturbildend, sondern verstellte der Friedens- und Konfliktforschung auch den Blick auf tiefer liegende und langfristige Veränderungen im Kriegsgeschehen. Während dann mit dem Ende des Kalten Krieges zunächst die Probleme innerstaatlicher Kriege in den Mittelpunkt politischer Aufmerk-

---

[1] Für konstruktive Anregungen und empirische Mitarbeit danke ich den Teilnehmerinnen und Teilnehmern der *Berliner Forschungsgruppe Krieg* (FORK). Der Text geht aus dem Forschungsprojekt „Neue Formen der Gewalt im internationalen System" hervor, das von 2002 bis 2004 am Wissenschaftszentrum Berlin (WZB) von der Deutschen Stiftung Friedensforschung (DSF) gefördert worden ist.

samkeit rückten – erkennbar etwa in der 1992 vorgelegten „Agenda für den Frieden" („agenda for peace") des ehemaligen UN-Generalsekretärs Boutros Boutros-Ghali –, fielen einige Konfliktforscher/innen von einem Extrem in das Nächste: die in einigen Fällen zu beobachtende Dominanz nichtstaatlicher Gewaltgruppierungen (Warlords, Rebellenbewegungen, lokale/ethnische Milizen) in Räumen be- oder entgrenzter Staatlichkeit sowie die Entstehung und Perpetuierung von Kriegsökonomien und transnationalen Gewaltordnungen wurden als Belege eines übergreifenden Wandels der Kriegsformen im globalisierten Zeitalter herangezogen – verbunden mit der Feststellung, dass das Clausewitz'sche Verständnis von Krieg als rationales Mittel zur Durchsetzung von Staatsinteressen anachronistisch sei (vgl. u.a. K.J. Holsti 1996; D. Keen 1998; M. van Creveld 1991). Die daran anknüpfende These von den „neuen Kriegen" (M. Kaldor 1999; H. Münkler 2002; B. Zangl / M. Zürn 2003) hat seither eine erstaunliche Karriere gemacht, aber auch eine kontroverse Debatte entfacht. Als besonders problematisch erweisen sich aus Sicht der Kritiker/innen die unscharfe diachrone Typenbildung (alte vs. neue Kriege), fehlende operationale Kriterien sowie die dürftige und teilweise falsch interpretierte empirische Basis.[2] So werden einerseits auf der Grundlage illustrativer Einzel- und Extremfälle (u.a. Afghanistan, Somalia, Sierra Leone, Liberia) vorschnell allgemeine Schlussfolgerungen gezogen. Andererseits werden die Fragilität staatlicher Gewaltkontrolle und die alles andere als neuartige Existenz privater Gewaltakteure auf vielen innerstaatlichen Kriegsschauplätzen bewusst oder unbewusst ausgeblendet. In der Summe führt dies zur Tendenz, dass Studien der „neueren Kriegsliteratur" das ‚Neue' überbewerten und ‚alte' Kriege vernachlässigen.

Verstärkt wird die begriffliche Unschärfe noch durch unterschiedliche Varianten „neuer Kriege". Anknüpfend an die These eines übergreifenden Übergangs von der nationalen zur „postnationalen Konstellation" präsentieren Bernhard Zangl und Michael Zürn *zwei* neuartige Kriegsformen: „neue Bürgerkriege" und „neue Kriege". Letztere sind von Staaten und internationalen Sicherheitsinstitutionen geführte Kriege, „um neue Bürgerkriege und den transnationalen Terrorismus zu bekämpfen und um der Spirale von Staatszerfall, Staatsterror und schweren Kriegsverbrechen entgegenzutreten" (B. Zangl / M. Zürn 2003: 195). So begrifflich irritierend und klassifikatorisch problematisch diese Perspektive auch ist (S. Chojnacki 2004a: 408), sie verweist auf das ernstzunehmende Problem des sicherheitspolitisch *und* normativ begründeten Interventionismus vor allem westlicher Demokratien und Großmächte in laufende kriegerische Auseinandersetzungen. Dies wirft nämlich die Frage auf, inwieweit die Bekämpfung privater Gewaltakteure in Räumen be- und entgrenzter Staatlichkeit sowie die

---

[2] Zu den Kritikern zählen u.a. M. Brzoska 2004; S. Chojnacki 2004a; K.J. Gantzel 2002, S.N. Kalyvas 2001; E. Newman 2004 und K. Schlichte 2004.

Durchsetzung von Menschenrechtsnormen und Demokratie das Risiko militärischer Interventionen – als einer speziellen, aber eben auch alt bekannten Form des bewaffneten Konfliktaustrags – erhöhen.

Um nun den Formwandel bewaffneter Konflikte und die Risiken ihres Auftretens systematisch zu bestimmen, werden im Rahmen dieses Beitrags alle Kriege und militärischen Interventionen seit dem Ende des Zweiten Weltkriegs und die Veränderungen zwischen den Kriegstypen auf der Basis eines neuen Datensatzes empirisch analysiert. Verbunden ist damit einerseits die Ambition, *substaatliche Kriege* unter dominanter Beteiligung nichtstaatlicher Akteure typologisch zu integrieren – um so einige der methodischen und empirischen Defizite in der *neueren Kriegsforschung* zu reduzieren. Andererseits soll ermittelt werden, ob sich militärische Interventionen quantitativ und qualitativ verändert haben und ob inner- und substaatliche Konfliktformationen ein erhöhtes Risiko externer Einmischung besitzen. Dies folgt dem Anspruch, den einer der Pioniere der vergleichenden Kriegsursachenforschung bereits inmitten des Zweiten Weltkrieges formulierte: So ermahnt uns Quincy Wright in *A Study of War*, dass die Analyse des Krieges zu wichtig sei, „to be left to the intuitionists" (Q. Wright 1965: Seite?). Dies gilt umso mehr, wenn man bedenkt, dass die Erforschung bewaffneter Konflikte und die Bestimmung ihres Wandels von unmittelbarer Bedeutung für das normative Anliegen der Friedens- und Konfliktforschung insgesamt ist: die Zivilisierung des Konfliktaustrags.

2. Kriegstypologie und operationale Definitionen

Die empirische Analyse des Strukturwandels bewaffneter Konflikte basiert auf einem Datensatz, den der Verfasser als Alternative zu den primär staatsbasierten Kriegedaten anderer Forschungsprogramme entwickelt und zusammengestellt hat.[3] Dazu wurden bestehende Daten und Typologien der vergleichenden Kriegsursachenforschung ausgewertet und für eigene Zwecke fruchtbar gemacht (W.-D. Eberwein / S. Chojnacki 2001; S. Chojnacki 2006). Im Sinne einer akteursbasierten Kriegsdefinition, die sich am Kriterium der Vergesellschaftungs-

---

[3] In einem ersten Schritt hat der Verfasser auf der Basis eines Datenvergleichs bestehender Kriegsauflistungen die kritischen Fälle isoliert. Anschließend wurden diese Fälle im Rahmen der *Berliner Forschungsgruppe Krieg* (FORK) unter Berücksichtigung des Kriteriums der Intercoder-Reliabilität überprüft und zugeordnet. Zugleich dienten qualitative Analysen im Kontext des von der *Deutschen Stiftung Friedensforschung* (DSF) geförderten Projekts „Neue Formen der Gewalt im internationalen System" dazu, inner- und substaatliche Kriege zu erfassen und Differenzierungsmerkmale herauszuarbeiten. Verfügbar sind die Daten im Internet unter http://www.fork-berlin.org/data.

form (bzw. am politischen Status) der Akteure orientiert wurden schließlich vier Kerntypen kriegerischer Gewalt gebildet[4]:

- *zwischenstaatliche Kriege* (zwischen mindestens zwei souveränen Staaten),
- *extrastaatliche Kriege* (zwischen Staaten und nichtstaatlichen Akteuren jenseits bestehender Staatsgrenzen wie etwa bei Dekolonisationskonflikten oder imperialen Feldzügen),
- *innerstaatliche Kriege* (zwischen staatlichen und nichtstaatlichen Akteuren innerhalb bestehender Grenzen) sowie
- *substaatliche Kriege* (zwischen primär nichtstaatlichen Gewaltakteuren innerhalb oder jenseits formaler Staatsgrenzen).

Der vierte Kriegstyp reflektiert die Debatte über den Formenwandel der Gewalt und orientiert sich explizit am Kriterium der Vergesellschaftungsform der Akteure. Er postuliert aber keine völlig neue Kriegsform, sondern ergänzt ein fehlendes Puzzleteil in der Kombination staatlicher und nichtstaatlicher Akteurskonstellationen. In der Konsequenz lassen sich Kriege zwischen nichtstaatlichen Akteuren sowohl für die empirisch-systematische Analyse (Auftreten, Dauer, Korrelate) als auch für komparative Zwecke (Verhältnis zu inner-, extra- und zwischenstaatlichen Kriegen) nutzen.[5] Der Grad der Differenzierung ist so hoch wie notwendig, um Gruppen militärischer Gewaltanwendung zu isolieren und für vergleichende Analysen nutzbar zu machen. Die Klassifikation erfolgt ebenso trennscharf wie sie Kriege umfassend erfassbar macht – ohne mit der These der „neuen Kriege" einen Epochenwandel zu postulieren.

Für die operationale Bestimmung von Kriegen wird einerseits am Kriterium von Opferschwellen festgehalten. Sollen Kriege als Extremformen bewaffneter Konflikte anhand ihrer Intensität erfasst werden, kommt man um die Festlegung von Intensitätsschwellen und die Erfassung von Opferzahlen nicht herum (vgl. P. Collier / A. Hoeffler 2001; N. Sambanis 2001).[6] Andererseits wird jedoch eine

---

[4] Eine ausführlichen Auseinandersetzung mit bestehenden Kriegstypologien und die Entwicklung von Kriterien für die hier zugrunde gelegte Typologie liefert der Verfasser an anderer Stelle (vgl. S. Chojnacki 2005).
[5] Empirisch lassen sich mit dem Typus des substaatlichen Krieges dann auch einige kritische Fälle erfassen, die bislang anderen Klassen zugeordnet wurden oder aus den Kriegsauflistungen ausgeschlossen waren. Dies betrifft nicht nur Ereignisse nach dem Ende des Ost-West-Konflikts, sondern generell die Entwicklungen seit dem Ende des Zweiten Weltkriegs (u.a. Libanon, Afghanistan).
[6] Wichtig ist, dass die Festlegung für jeden nachvollziehbar bzw. überprüfbar ist. Gleichzeitig führt die Festsetzung der Kriegsschwelle zur Frage, wie schwächere Formen der Gewalt integriert werden können, die für unser Verständnis der Konfliktdynamik unverzichtbar sind. Sind diese Daten vorhanden, dann können die Kriege durch Veränderung der Schwelle auch jederzeit rekodiert werden. Einen Ansatz bietet das *Uppsala Conflict Data Program* (UCDP), das drei Intensitätsphasen unterscheidet: *minor armed conflicts* (mindestens 25 Tote pro Jahr, aber weniger als 1.000 Tote während der gesam-

Unterscheidung eingeführt, die dem jeweiligen Charakter der Kriegstypen gerecht werden soll. Für zwischenstaatliche Kriege, die von den regulären Armeen diplomatisch anerkannter Staaten ausgefochten werden, folgen wir der Standard-Definition von 1.000 „battle deaths", die das Correlates of War Project vor über dreißig Jahren eingeführt hat (J.D. Singer / M. Small 1972; M. Small / J.D. Singer 1982: 55). Für extra-, inner- und substaatliche Kriege gelten dagegen modifizierte Kriterien:

- Ein Ereignis dieser Klassen wird dann als Krieg eingestuft, wenn während der bewaffneten Auseinandersetzungen mindestens 1.000 zivile oder militärische Opfer zu beklagen sind. Die Zivilistinnen und Zivilisten müssen direkte Opfer militärischer Gewalt sein; indirekte Kriegstote (etwa in Folge kriegsbedingter Hungersnöte) fließen nicht in die Zählung ein.
- Um singuläre Massaker, sporadische Gewalt und Terroranschläge herauszufiltern, darf die Intensität der Kampfhandlungen nicht über einen längeren Zeitraum unter die Schwelle von 100 Toten pro Jahr fallen (siehe dazu auch den vierten Punkt).[7]
- Ein Krieg gilt als begonnen, wenn die Opferzahl erstmals die Schwelle von 100 Toten in einem Jahr überschreitet.
- Ein Krieg wird als beendet gewertet, wenn die Konfliktintensität mindestens zwei Jahre unterhalb der Mindestschwelle von 100 Toten liegt, Akteure aufgeben oder ein wirksamer Friedensvertrag geschlossen wird.
- Wenn eine zentrale Kriegspartei ausscheidet oder besiegt wird, die Gewalt jedoch anhält, wird der Beginn eines neuen Krieges kodiert.[8]
- Wenn bewaffnete Kämpfe innerhalb eines formalen Staatsgebiets in unterschiedlichen Regionen und zwischen unterschiedlichen Konfliktparteien ausbrechen, dann werden entsprechend mehrere Kriege kodiert.
- Wenn sich die Rahmenbedingungen ändern (Staatszerfall, zunehmende Dominanz privater Gewaltakteure), kann sich – erfasst auf jährlicher Basis – auch der Kriegstyp wandeln.[9]

---

ten Konfliktperiode), *intermediate armed conflicts* (wenigstens 25 Tote pro Jahr und mehr als 1.000 Tote im gesamten Konfliktverlauf, aber weniger als 1.000 Tote in einem Jahr) und *wars* (über 1.000 „battle-related deaths" pro Jahr).
[7] Zur Erfassung der jährlichen Opferzahlen dienten die Daten der *State Failure Task Force*, die *Uppsala Conflict Database* des UCDP, die *Armed Conflict Database* des *International Institute for Strategic Studies* (IISS), der *Armed Conflict Report* des *Project Ploughshares*, *Keesing's Record of World Events* und das deutsche *Archiv der Gegenwart* sowie der neue Datensatz über „Battle Deaths" von Bethany Ann Lacina 2005.
[8] Ein Beispiel ist Somalia, wo das Regime von Siad Barre 1991 kollabierte, der Krieg aber auf interkommunaler Ebene zwischen ehemaligen Alliierten fortgeführt wurde.

Die zugrunde gelegten operationalen Kriterien sind angelehnt an die Arbeiten von Doyle/Sambanis, Fearon/Laitin sowie Fearon (vgl. M. Doyle / N. Sambanis 2000; J. Fearon / D. Laitin 2003; Fearon 2004). Sie unterscheiden sich vom COW-Projekt, das für extrastaatliche, innerstaatliche und substaatliche Kriege das Kriterium der 1.000 gefallenen Soldaten pro Jahr anlegt (vgl. M. Small / J.D. Singer 1982; M.R. Sarkees et al. 2003). Die Absenkung der jährlichen Kriegsschwelle für die entsprechenden Kriegtypen ist ebenso notwendig wie die Berücksichtigung ziviler Opfer, um sowohl dem Konfliktcharakter als auch dem tatsächlichen Intensitätsniveau nicht-internationaler Gewaltformen gerecht zu werden. Von qualitativen Studien wissen wir, dass diese Kriegstypen eher selten durch große Entscheidungsschlachten, sondern häufiger durch kleinere Gefechte, strategische Angriffe gegen zivile Ziele und längere zeitliche Unterbrechungen gekennzeichnet sind.

Neben den vier diskutierten Kriegstypen wird im Rahmen der Datenerfassung noch eine weitere Form des Konfliktaustrags berücksichtigt und integriert: militärische Interventionen in laufende Kriege. Definiert werden militärische Interventionen hier als aktive gewaltsame Eingriffe (mit militärischem Personal) von außen in einen laufenden Krieg von mindestens einem Mitglied des Staatensystems (vgl. J. Pickering 2002: 301).[10] Sie zielen auf die Manipulation der relativen Machtverhältnisse der kriegführenden Konfliktparteien – und damit auf den Erhalt oder Wandel interner Macht- und Konfliktstrukturen (P.M. Regan 2000: 9-10).

Obwohl militärische Interventionen ein häufiges Muster des Konfliktverhaltens sind, besteht hier ein zentrales Forschungsdefizit (J. Pickering 2002: 294). Zudem gibt es Unklarheiten über die Verknüpfung mit bestehenden Kriegstypologien.[11] Während das COW-Projekt (wie auch die *Arbeitsgemeinschaft Kriegsursachenforschung an der Universität Hamburg*, AKUF) Interventionen in ihren Datensätzen allein über das Zusatzkriterium der (Fremd-)Beteiligungen erfasst, weist das *Uppsala Conflict Data Project* (UCDP) *internationalized internal wars* („similar to internal conflict, but where the government, the opposition or both sides receive support from other governments") einen eigenständigen Status zu

---

[9] Angesichts veränderter Struktur- und Akteursbedingungen wird beispielsweise der Krieg in Tadschikistan für die Phase von 1992-94 als innerstaatlicher Krieg, später dann als substaatlicher Krieg gewertet.
[10] Operational muss das Kriterium einer direkten, offenen militärischen Beteiligung an in Gang befindlichen Kriegen erfüllt sein. Sporadische Interventionen wie die militärischen Einsätze der USA und Großbritanniens gegen Bodenziele im Zuge der Durchsetzung der Flugverbotszone im Irak werden nicht berücksichtigt. Gleiches gilt für informelle wirtschaftliche und politische Unterstützung von Kriegsparteien.
[11] Nur wenige Autoren befassen sich empirisch-systematisch mit dem Problem militärischer Interventionen. Ausnahmen sind H.K. Tillema 1991; J. Pickering 2002; M. Peceny / J. Pickering 2002 und S. Chojnacki 2004b.

(H. Strand et al. 2002: 8; N.P. Gleditsch et al. 2002: 619). Die strikte Trennung von internen und internationalisierten internen Auseinandersetzungen ist jedoch aus theoretischer und klassifikatorischer Perspektive problematisch. So fallen Kriege mit ähnlichen innerstaatlichen Rahmendingungen und Verlaufsmustern (bis zum Zeitpunkt der militärischen Unterstützung bzw. Intervention) in unterschiedliche Kategorien. Darüber hinaus können auch zwischen- und substaatliche Konfliktkonstellationen durch militärische Interventionen dritter Parteien gekennzeichnet sein. Deutlich wird dies etwa beim Koreakrieg oder bei den Kriegen in Liberia und der Demokratischen Republik Kongo. Dies spricht nicht grundsätzlich gegen die Berücksichtigung militärischer Interventionen in laufende Auseinandersetzungen. Im Gegenteil. Allerdings sollten uni- oder multilaterale militärische Eingriffe nicht als eigenständiger Kriegstypus behandelt werden, sondern als *Spezialformen* des Konfliktverhaltens, die dann mit den entsprechenden Kriegstypen kombiniert werden können.

3. Formwandel des Krieges?

Die empirische Bestandsaufnahme beginnt mit einem Vergleich des Auftretens bzw. des Ausbruchs der jeweiligen Kriegsformen und ihrer durchschnittlichen Dauer.[12] Die Ergebnisse sind in *Tabelle 1* zusammengefasst. Von den insgesamt 166 Kriegen, die im Datensatz für die Phase zwischen 1946 und 2003 berücksichtigt werden, sind nahezu zwei Drittel innerstaatliche Auseinandersetzungen (N=109). Zwischenstaatliche Kriege liegen noch an zweiter Stelle beim Risiko des Auftretens von Kriegen; sie dauern jedoch im Durchschnitt nur zwei Jahre. Innerhalb der letzten 15 Jahre sind überhaupt nur noch vier zwischenstaatliche Kriege aufgetreten.[13] Mehr noch: in den letzten fünfzig Jahren eskalierte kein Großmachtkonflikt mehr zum Krieg.[14] Extrastaatliche Kriege treten insgesamt etwas seltener auf als zwischenstaatliche Kriege, weisen aber eine deutlich höhere Dauer auf, was auf die besonderen Konfliktstrukturen von Dekolonisationskriegen zurückzuführen ist. Substaatliche Kriege treten (noch) relativ selten auf, ihre Dauer liegt dagegen fast auf dem Niveau extra- und innerstaatlicher Kriege.

---

[12] Die hier präsentierten Ergebnisse beruhen auf der Version 1.2 des Datensatzes, der im Gegensatz zu früheren Versionen kleinere Korrekturen enthält (Berichtigung der Dauer einzelner Kriege).
[13] Dies waren der Zweite und Dritte Golfkrieg (1991 bzw. 2003), der Kargil-Krieg zwischen Indien und Pakistan (1999) sowie der Krieg zwischen Äthiopien und Eritrea (1998-2000).
[14] Wurden im 16. Jahrhundert noch 22 Großmachtkriege geführt, so waren es im 20. Jahrhundert nur noch sechs (J.S. Levy et al. 2001: 17).

Tabelle 1: Kriege nach Typen, 1946-2003

Kriegstyp	Anzahl begonnener Kriege	durchschnittliche Dauer (in Jahren)
zwischenstaatliche Kriege	24	2,0
extrastaatliche Kriege	17	8,5
innerstaatliche Kriege	109	7,2
substaatliche Kriege	16	6,6
alle Kriege	166	6,1

Die Ergebnisse zur Relation innerstaatlicher und zwischenstaatlicher Kriege sind deutlich, aber nicht überraschend. Schließlich ist die Dominanz innerstaatlicher Kriege kein neues Phänomen. Wie die Daten des *Correlates of War*-Projekts für begonnene Kriege für einzelne Dekaden seit 1816 zeigen, überwiegen innerstaatliche Kriege – mit Ausnahme der Periode von 1930 bis 1939 – im direkten Vergleich immer (J.S. Levy et al. 2001: 20; Sarkees et al. 2003: 61). Das Verhältnis hat sich dann aber in der zweiten Hälfte des 20. Jahrhunderts deutlich zugespitzt (vgl. dazu auch Sarkees et al. 2003: 61; vgl. auch Gleditsch et al. 2002). Die Kriegsstatistiken der führenden Forschungsprojekte bestätigen darüber hinaus, dass neben der Häufigkeit die Intensität innerstaatlicher Kriege im Vergleich zum klassischen Staatenkrieg zugenommen hat. Gewaltkonflikte innerhalb der Staaten weisen deutlich höhere Opferzahlen auf (M.R. Sarkees et al. 2003: 65). Fearon/Laitin berechnen, dass die Gesamtzahl von Bürgerkriegstoten zwischen 1945 und 1999 etwa fünfmal höher ist als die Opferzahl bei zwischenstaatlichen Kriegen (J. Fearon / D. Laitin 2003: 75).

Abbildung 1 zur Entwicklung der jährlich geführten Kriege im internationalen System unterstreicht den hohen Anteil innerstaatlicher Kriege noch einmal. Die Dominanz innerstaatlicher Kriege zeichnet sich immer deutlicher seit den 1960er Jahren ab. Besonders hoch ist ihr Anteil an allen Kriegen vor allem zwischen 1980 und 1995/1996. Seit dem Ende des Ost-West-Konflikts ist die jährliche Häufigkeit innerstaatlicher Kriege zwar wieder leicht zurückgegangen, dennoch sind sie nach wie vor maßgeblich für das globale Kriegsgeschehen verantwortlich. Dies hängt jedoch weniger damit zusammen, dass immer wieder neue bewaffnete Konflikte innerhalb von Staaten auftreten und zum Krieg eskalieren. Hier gibt es keinen eindeutigen Trend. Verantwortlich für den gewachsenen Anteil innerstaatlicher Kriege an allen Gewaltkonflikten pro Jahr ist vielmehr ihre vergleichsweise lange Dauer. Andere empirische Studien belegen, dass sich die erwartete Dauer innerstaatlicher Kriege in den letzten beiden Jahrzehnten im Vergleich zu der Zeit vor 1980 mehr als verdoppelt hat (P. Collier et al. 2003b).

Friedensschlüsse blieben häufig fragil und brachten auch nach dem Ende des Ost-West-Konflikts nicht den erhofften Erfolg.[15] Stattdessen ist es Rebellengruppen vielfach gelungen, auch ohne die Unterstützung der Supermächte oder benachbarter Patronagestaaten politische und kommerzielle Strategien zu entwickeln, um Kriege fortzuführen. Fearon zeigt plausibel, dass innerstaatliche Kriege offensichtlich dann besonders lang sind, wenn Rebellengruppen a) in der Peripherie von (Rest-)Staaten agieren, b) Zugang zu wertvollen Ressourcen haben und c) angesichts einer ungewissen Zukunft unter Friedenbedingungen bei gleichzeitiger Aussicht auf eine militärische Entscheidung oder hohe ökonomische Gewinne permanente Gewaltstrategien vorziehen (vgl. J.D. Fearon 2004). Gleichzeitig haben sich in vielen Regionen Cluster innerstaatlicher Gewalt gebildet (P. Collier et al. 2003a: 40). Die Kriege auf dem Balkan, in Zentralasien oder in West- und Zentralafrika sind eingebunden in komplexe regionale Konfliktsysteme, die sich vor dem Hintergrund gemeinsamer historischer, kultureller oder politischer Rahmenbedingungen oder über eine ‚Ansteckung' von Gewalt entwickelt haben.

Abbildung 1: Kriege im internationalen System, 1946-2003

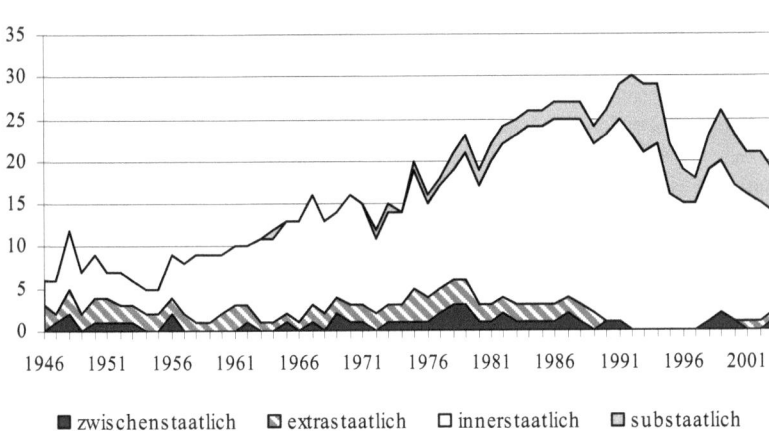

Doch auch der zwischenstaatliche Krieg ist nach wie vor Realität internationaler Politik, allerdings auf durchgehend recht niedrigem Niveau. Die ‚kleine Welle' Ende des 20. Jahrhunderts ist auf den Kargil-Krieg zwischen Indien und Pakistan (1999) sowie auf den Krieg zwischen Äthiopien und Eritrea zurückzuführen

---

[15] Paradigmatisch dafür sind die langandauernden Kriege und zum Teil immer wieder neu aufflammenden Konflikte im Sudan, in Angola, Myanmar oder Kolumbien.

(1998-2000). Der Irak-Krieg (2003-), der zunächst als zwischenstaatlicher Krieg begann und nun als extrastaatlicher Krieg zwischen lokalen Milizen und den Interventionsstreitkräften der Ad-hoc-Allianz unter Führung der USA fortgeführt wird, deutet an, dass sich die zur Machtprojektion fähigen Großmächte diese Option der Konfliktbearbeitung auch im 21. Jahrhundert erhalten. Andere empirische Untersuchungen zeigen darüber hinaus, dass die meisten zwischenstaatlichen Konflikte zwar unterhalb der Kriegsschwelle bleiben. Sie bergen aber dennoch ein gewisses Eskalationspotenzial. Die Daten zu den *Militarized Interstate Disputes* (MIDs) belegen erstens, dass die Mehrzahl zwischenstaatlicher Konflikte seit 1816 auf die erfassten Intensitätsstufen der Androhung von Gewalt („threat to use force"), der Zurschaustellung militärischer Mittel („display of force") und den begrenzten Einsatz von Gewalt („use of force") beschränkt bleibt (Jones et al. 1996). Zweitens hat sich absolute Zahl von MIDs seit dem Ende des Zweiten Weltkriegs deutlich erhöht (D.M. Jones et al. 1996: 184).[16] Auf der Grundlage der MID-Daten lässt sich auch zeigen, dass einzelne Staatenpaare wie Indien und Pakistan seit Jahrzehnten in lang anhaltende, strategische Rivalitäten („enduring rivalries") verwickelt sind (vgl. D.S. Bennett 1997; P.F. Diehl / G. Goertz 2000; W.R. Thompson 2001). Hinzu kommt, dass neben diesen dyadischen Konfliktformationen die Nuklearprogramme einiger Risikostaaten (Nordkorea, Iran) und die Interessenkonflikte im Nahen und Mittleren Osten die Strukturen und Prozesse regionaler Sicherheitskomplexe prägen und eine große weltpolitische Ausstrahlungskraft haben.

Im direkten Vergleich zu den scheinbar ‚alten' Kriegsformen erreichen substaatliche Konfliktformationen mit einer Anzahl von 16 Kriegen gerade einen Anteil von 10 Prozent an allen Kriegsereignissen seit dem Ende des Zweiten Weltkrigs. Eine Dominanz „neuer Kriege" lässt sich damit nicht belegen. Zugenommen hat jedoch in den letzten Jahren ihre relative Bedeutung. Wie *Abbildung 1* zeigt, ist der Anteil substaatlicher Kriege von knapp fünf Prozent (1971-80) auf etwa ein Viertel aller pro Jahr geführten Kriege seit dem Ende des Ost-West-Konflikts angestiegen. Damit hat dieser Kriegstypus ein wenig den extrastaatlichen Krieg abgelöst, der bis zum Ende des Kalten Krieges immer mehr an Bedeutung verloren hat.[17] Nicht nur, dass die Anzahl der jährlich geführten substaatlichen Kriege die zwischen- und extrastaatlichen Kriege heute schon übertrifft. Mit der Herausbildung substaatlicher, transnationaler Gewaltordnungen weisen sie auch Konfliktstrukturen und -dynamiken auf, die konflikttheoretisch und sicherheitspolitisch besondere Herausforderungen darstellen.

---

[16] Normalisiert über die Staatenzahl im internationalen System sind die Risiken des Auftretens und der Dauer von MIDs jedoch seit 1816 relativ konstant (C.S. Gochman / Z. Maoz 1984: 594)
[17] Der Israel-Palästina-Konflikt zu Beginn des 21. Jahrhunderts wie auch die militärischen Konfrontationen im Irak zwischen lokalen Milizen und der US-geführten Besatzungsmacht belegen jedoch, dass extrastaatliche Kriege vermutlich nicht völlig verschwinden werden.

Im Unterschied zu ‚alten' innerstaatlichen Kriegen (Sezessionskriege, Anti-Regimekriege, Kriege in Folge von Militärcoups) hat der Staat in substaatlichen Konfliktkonstellationen sein legitimes Monopol auf die Kriegführung verloren (Somalia) oder ist nicht gewillt, es gegenüber sich bekämpfenden lokalen Gruppen durchzusetzen (etwa in Nigeria). In anderen substaatlichen Kriegen ist das Gewaltmonopol zumindest phasenweise zerfallen (Sierra Leone, Libanon) oder es beschränkt sich nur noch auf die Hauptstadt bzw. einzelne Provinzen (Afghanistan Ende der 1990er Jahre). Stattdessen können nichtstaatliche Akteure in Räumen entgrenzter Staatlichkeit alternative, territorial abgegrenzte Gewaltordnungen etablieren (vgl. W. Reno 1998; M. Duffield 2001). Die Akteurskonstellationen dieser Gewaltordnungen lassen sich nicht mehr wie beim innerstaatlichen Krieg auf den Staat und mehr oder weniger gut organisierte Rebellengruppen reduzieren, die ihre Politik und militärischen Strategien am Prinzip von Staatlichkeit ausrichten. Im Mittelpunkt stehen diverse quasi-staatliche und nichtstaatliche Gruppen (Warlords, lokale/ethnische Milizen, Selbstverteidigungsgruppen, kommerzielle Sicherheitsanbieter), die nur noch selektive Sicherheit produzieren und militärische Gewalt als Mittel zur Regulierung von Märkten und sozialen Beziehungen einsetzen (vgl. M. Duffield 1998; P. Jackson 2003). In seiner Analyse von substaatlichen Gewaltformationen im subsaharischen Afrika zeigt William Reno, dass *Warlord-Politiken* eine spezifische Technik der (Re-)Organisation politischer Herrschaft sind, in der Herrschaft sowohl über permanente Strategien der Gewaltanwendung als auch über netzwerkartige, informelle Politikpraktiken hergestellt wird. Paradebeispiele der Entstehung multipler Zonen militärischer und politischer Kontrolle mit zum Teil überlappenden Loyalitäten und Identitäten in den 1990er Jahren sind die Warlordsysteme in Westafrika (Sierra Leone, Liberia) und Zentralasien (Afghanistan). Die Akteurs- und Sicherheitskomplexität hat in diesen Konfliktkonstellationen durch Abspaltungen und interfraktionelle Kämpfe drastisch zugenommen. Die Kriegführung verlagert sich dabei häufig von der politischen Kontrolle der Hauptstadt, die beim Militärputsch oder dem Anti-Regime-Krieg noch im Mittelpunkt steht, auf die politökonomische Kontrolle von strategisch wichtigen Ressourcenvorkommen und Handelswegen. In diesen Kriegen gibt es auch kaum noch Schlachtfelder, feste Basen und klare politische und militärische Frontlinien (K.J. Holsti 1996: 36). Neben den Problemen des Oszillierens zwischen Krieg und Waffenruhe, wechselnden Allianzen und Akteursabspaltungen entstehen komplexe regionale Konfliktsysteme und transnationale Gewaltordnungen. Einerseits wecken Räume entgrenzter Staatlichkeit strategische und ökonomische Begehrlichkeiten von Nachbarstaaten und gewaltbereiten nichtstaatlichen Gruppierungen (wie beim Regionalkrieg in der Demokratischen Republik Kongo). Andererseits agieren Warlords (wie Charles Taylor in Liberia) nicht nur in ihrem lokalen Umfeld, sondern beeinflussen auch die Konfliktdynamiken in der Nachbarschaft (Sierra

Leone, Guinea). Aus den grenzüberschreitenden Interaktionen entwickeln sich „transboundary formations" jenseits staatlicher Kontrolle: In dem Maße in dem diese grenzüberschreitenden Autoritäts- und Machtstrukturen informeller Akteursnetzwerke die Gewaltkontrolle und die Bereitstellung selektiver Sicherheit übernehmen, stehen sie in Konkurrenz zu den ‚Resten' staatlicher Autoritätsansprüche (T. Callaghy et al. 2001: 13f.; vgl. auch M. Duffield 2001).[18] So wie Staatlichkeit für die Verwirklichung ökonomischer Profitinteressen und politischer Machtansprüche der privaten Gewaltakteure im substaatlichen Krieg dann keine Voraussetzung mehr ist, so ist Sicherheit nur noch begrenzt ein öffentliches Gut, das durch eine zunehmende Zahl privater Konfliktparteien, die über Gewaltmittel verfügen, produziert bzw. verknappt wird. Mit Andreas Mehler können wir derartige alternative Ordnungsmodelle, in denen unterschiedlicher Gewaltakteure und Sicherheitserzeuger miteinander konkurrieren *und* kooperieren, auch als „legitime Gewaltoligopole" bezeichnen (vgl. A. Mehler 2003).

Während der neue Datensatz empirisch Aufschluss über die Häufigkeit des Auftretens und die Dauer substaatlicher Kriege im Vergleich zu anderen Kriegsformen bietet, bleiben andere Aspekte des Kriegsgeschehens, die im Zentrum der Debatte über die „neuen Kriege" stehen, nach wie vor unaufgeklärt.[19] So ist bis heute unklar, ob die Kriege der Gegenwart tatsächlich immer mehr zivile Opfer kosten. Zwar behaupten Vertreter/innen der *neueren Kriegsforschung* wiederholt, dass – statistisch gesehen – der Anteil der Zivilisten und Zivilistinnen unter den Konfliktopfern von etwa zehn Prozent zu Beginn des 20. Jahrhunderts schrittweise auf 80 bis 90 Prozent in der letzten Dekade angewachsen sei (vgl. E. Cairns 1997; P. Collier et al. 2003a: 17; K.J. Holsti 1996: 37; M. Kaldor 1999: 100). In Bezug gesetzt wird dies zur institutionellen und räumlichen Entgrenzung des Kriegsgeschehens sowie zur Perpetuierung von Gewaltlogiken und veränderten Kriegsstrategien gegenüber gesellschaftlichen Gruppen und der sozialen Infrastruktur (vgl. M. Kaldor 1999; B. Zangl / M. Zürn 2003: 183). Die These eines generellen Trends im Verhältnis von zivilen und militärischen Opfern beruht allerdings auf einer nur schwer nachvollziehbaren Datenbasis. Die Häufigkeit, mit der die Daten in der einschlägigen Literatur reproduziert werden, korreliert anscheinend hoch mit dem Glauben an ihre Plausibilität (vgl. B. A. Lacina / N.P. Gleditsch 2004). Die einzige bekannte historisch-systematische Studie, die diese Relation über einen längeren Zeitraum untersucht, kommt dagegen zu einem anderen Ergebnis. Demnach liegt der Anteil der zivilen kriegsbedingten Opfer seit dem 18. Jahrhundert recht konstant bei etwa fünfzig Prozent (vgl. W.

---

[18] Zwar weisen auch innerstaatliche Kriege häufig eine grenzüberschreitende Dimension auf (wenn etwa Rebellenorganisationen Territorien eines Nachbarstaates als Rückzugsräume nutzen dürfen). Im „klassischen" innerstaatlichen Krieg ist dies jedoch eine *internationale Dimension*.
[19] Die bestehenden Defizite sollen im Rahmen der *Berliner Forschungsgruppe Krieg* (FORK) schrittweise überwunden werden.

Eckhardt 1989: 90). Zudem muss berücksichtigt werden, dass der Einsatz gezielter Gewalt gegen die Zivilbevölkerung ein wiederholtes Muster aller Kriegstypen, insbesondere auch im Rahmen ‚klassischer' *Counter-Insurgency*-Strategien, ist (vgl. E. Newman 2004: 181; B. Valentino et al. 2004).[20] So verbergen zwischenstaatliche, ‚alte' Kriege im allgemeinen, die *Pazifizierungsakte* westlicher Demokratien im besonderen, dort ihre ‚zivilisatorische' Seite, wo zivile Opfer und die Zerstörung der infrastrukturellen und ökologischen Überlebensbedingungen des Gegners direkt oder indirekt in Kauf genommen wurden (u.a. Vietnam, Kosovo). Dennoch spricht zweifellos einiges dafür, dass Kriege insbesondere dort viele zivile Opfer kosten, wo staatliche Sicherheits- und Herrschaftsleistungen (Militär, Polizei, Verwaltung) besonders umkämpft sind oder gar zerfallen, und wo staatliche oder private Gewaltakteure spezielle Motive entwickeln, die Zivilbevölkerung zu terrorisieren und starke militärische Gegner zu schwächen (vgl. J.-P. Azam / A. Hoeffler 2002; E. Newman 2004; B. Valentino et al. 2004). Diese Voraussetzungen können aber in allen Kriegstypen gegeben sein.

Gleichermaßen sind die unterstellte Komplexität „neuer Kriege" und die Zerstörungswut marodierender Banden (vgl. K.J. Holsti 1996; H. Münkler 2002) sowie der Rückbezug auf politische Identitäten (M. Kaldor 1999) noch keine Indizien für die Irrationalität der Konfliktakteure und Formen der „Barbarei". Der Unterschied zwischen ‚alten' und „neuen Kriegen" besteht eher in den unkonventionell erscheinenden Strategien moderner Gewaltunternehmer und den differenzierenden Wahrnehmungsmustern ‚zivilisierter' Gesellschaften. Das Spektrum reicht von Plünderungsstrategien über die militär-strategische Einbindung von Zivilistinnen und Zivilisten ins Kampfgeschehen (etwa als Pufferzone oder über die Rekrutierung von Kindersoldaten und Kindersoldatinnen) bis hin zu extremen Strategien systematischer Bevölkerungsvertreibung wie im ehemaligen Jugoslawien oder in Zentralafrika. Derartige Formen der Gewaltanwendung gegenüber der Zivilbevölkerung folgen dann durchaus rationalen Handlungskalkülen und dienen den individuellen oder kollektiven Interessen der Ressourcen- und Machtakkumulation (vgl. u.a. G. Elwert 1997; D. Keen 1998).[21]

---

[20] Das Argument der stetigen Zunahme der zivilen Kriegsopfer – und damit auch ihrer gewachsenen Bedeutung im Verhältnis zu den militärischen Kriegsopfern – bezieht sich zudem meist nur auf die Phase seit dem Ersten Weltkrieg. Ungeachtet der zweifelsohne schwierigen Datenlage werden dabei häufig die zivilen Opfer in außereuropäischen Kriegen (wie z.B. im Zuge der kolonialen Landnahme oder der Niederschlagung von Aufständen in den Kolonien) im 19. Jahrhundert erst gar nicht in die Überlegungen zu den Opferzahlen einbezogen.

[21] Für afrikanische Bürgerkriege haben J.-P. Azam / A. Hoeffler 2002 ein spieltheoretisches Modell entwickelt, das die Hypothese stützt, dass Gewalt gegen die Zivilbevölkerung durch militärische Kalküle motiviert ist (u.a. Zwang zur Migration).

Empirisch ebenfalls ungeklärt ist die These der „Resexualisierung der Gewaltanwendung" (H. Münkler 2002: 30ff.). Dahinter steht die Vermutung, dass „neue Kriege" einen „Absturz" in die „sexuelle Barbarei" signalisieren (H. Münkler 2002: 40) und im Vergleich zu Staatenkriegen zunehmend mit Massenvergewaltigungen einhergehen. Empirisch lässt sich der vermutete und illustrierte Anstieg von Vergewaltigungen jedoch überhaupt nicht belegen. Einerseits sind Daten über Vergewaltigungen und sexuelle Misshandlungen im Krieg nur sehr begrenzt verfügbar, was sowohl den Vergleich zwischen ‚alten' und „neuen Kriegen" als auch die Unterscheidung gegenüber „Friedenszeiten" einschränkt. Andererseits gibt es auch in „Staatenkriegen" zahlreiche Belege für Massenvergewaltigungen (Zweiter Weltkrieg, Indien/Pakistan) und institutionalisierte Gewalt gegen Frauen („Wehrmachtsbordelle" oder die sexuelle Versklavung von sog. „comfort women" durch die japanische Armee im Zweiten Weltkrieg). Demnach spricht einiges dafür, dass sexualisierte Gewalt und Vergewaltigungen in allen historischen Phasen und Kulturen immer schon spezifische, zum Teil gar institutionalisierte Strategien im Krieg gewesen sind (S. Brownmiller 1978; C. Nordstrom 1997). Nicht nur in den „neuen Kriegen" hat der weibliche Körper besonderes strategisches Gewicht und ist ein Mittel der symbolischen Kommunikation von Macht- und Identitätsunterschieden zwischen Konfliktparteien (R. Seifert 2001). Ob und inwieweit dann Vergewaltigungen als Instrument der Vertreibung oder zur Erzeugung von Schwangerschaften in ethnisch konstruierten Out-Groups wie im Bosnienkrieg (vgl. A. Stiglmeyer 1993) einen qualitativen Wandel nahe legen, ist ebenso offen und könnte nur mit einer robusten empirischen Basis beantwortet werden.[22] Die These von der „Resexualisierung des Krieges" bleibt damit ebenso problematisch wie die Rede von „beinahe alltäglichen Vergewaltigungsorgien" und „sexueller Barbarei" (H. Münkler 2002: 30, 40), die weder der instrumentellen Bedeutung dieser Gewaltformen noch den Genderdynamiken selbst gerecht werden.

4. Militärische Interventionen

Neben den Veränderungen im globalen Kriegsgeschehen haben sich militärische Eingriffe von außen in laufende Kriege quantitativ und qualitativ verändert. *Abbildung 2* zeigt, wie groß die Wahrscheinlichkeit ist, dass sich einzelne Staaten an militärischen Interventionen in einem bestimmten Jahr beteiligen. Den höchsten Wert für das Risiko einzelstaatlicher militärischer Beteiligung an einem lau-

---

[22] Erst wenn die empirische Grundlage geschaffen ist, lässt sich bestimmen, ob und inwieweit Ausmaß und Formen von Vergewaltigung, sexueller Gewalt, Folter oder Versklavung überhaupt mit dem Kriegstyp zusammenhängen.

fenden Krieg – gemessen an der Staatenzahl im internationalen System – gibt es bereits kurz nach dem Zweiten Weltkrieg mit der Mobilisierung externer Konfliktparteien im Koreakrieg (1950-53). Der Anstieg in den 1960er und frühen 1970er Jahren ist vor allem auf militärische Einsätze ehemaliger Kolonialmächte (Frankreich, Belgien) sowie auf den Vietnamkrieg und die wiederholten militärischen Interventionen in den Nachbarstaaten Laos und Kambodscha zurückzuführen. Anschließend ist das Niveau zwar leicht gesunken. Dennoch sind Interventionen in der Phase der Blockkonfrontation eine häufige Form des Konfliktverhaltens geblieben. Mit dem Ende des Ost-West-Konflikts, endgültig sichtbar im Untergang der Sowjetunion, ist das Interventionsrisiko wegen der vielen neuen Staaten im internationalen System dann zunächst gesunken. Allerdings muss hier berücksichtigt werden, dass die Interventionskurve zweifellos weiter ausschlagen würde, wenn wir die zahlreichen UN-Missionen Anfang bis Mitte der 1990er berücksichtigen würden. Eine deutliche Zunahme folgt dann aber zur Jahrtausendwende. Dafür verantwortlich sind die multilateralen, militärischen Interventionen in der Kosovo-Krise (1999) und im Afghanistan-Krieg (2001), die die Beteiligungen einzelner Staaten an militärischen Einsätzen im Rahmen von Allianzsystemen in die Höhe treiben. Diese Entwicklungen können gut mit der polynomischen Trendlinie (4. Ordnung) erfasst werden. Der berechnete Trend erfasst zwar den Koreakrieg nicht, spiegelt aber den leichten Abwärtstrend bis Mitte der 1990er Jahre sowie das gewachsene Risiko multilateraler Interventionen in der Gegenwart wider.

Mit Blick auf die einzelnen Kriegstypen zeigt sich, dass zwischen- und extrastaatliche Kriege nur ein geringes Interventionsrisiko beinhalten. Seit dem Ende des Zweiten Weltkrieges hat es nur drei externe Einmischungen in zwischenstaatliche Kriege und gar nur einen Fall einer zusätzlichen Intervention in einen extrastaatlichen Krieg gegeben (Westsahara). Von den 108 innerstaatlichen Auseinandersetzungen ist dagegen jeder vierte Krieg von militärischen Interventionen betroffen (N=27). Für substaatliche Kriege ist das Risiko einer Intervention mit 50 Prozent sogar doppelt so hoch (8 Interventionen bei 16 Kriegen). Die Interventionen in Liberia (u.a. Sierra Leone, Nigeria, Senegal) und der Demokratischen Republik Kongo (Ruanda, Uganda, Angola, Namibia, Zimbabwe, Tschad) sind nicht nur Indizien für politische und ökonomische Interessen externer Akteure, sondern auch Belege für eine Transnationalisierung von Konfliktdynamiken und die Existenz komplexer regionaler Konfliktsysteme. Die Intervention in den Afghanistankrieg wiederum bestätigt eine sicherheits- und ordnungspolitische Tendenz seit dem Ende des Ost-West-Konflikts: die Bildung multinationaler Allianzen zur Durchsetzung bzw. Erzwingung internationaler Normen (Menschenrechte, Demokratie) und zur Bekämpfung regionaler oder globaler Sicherheitsgefährdungen (Staatszerfall, „Kampf gegen den Terrorismus"). Diese *Pazifizierungsakte*, die komplementiert werden durch UN-mandatierte Einsätze des robusten Peacekeepings (vgl. W. Kühne 2005), sind zunehmend verbunden mit *Governance*-Aufgaben wie der Übernahme politischer und administrativer Steuerung oder gar der Schaffung von Protektoraten (u.a. Kosovo, Afghanistan). Begründet werden *Pazifizierungsakte* nicht mehr nur sicherheitspolitisch (regionale, internationale Stabilität), sondern normativ und damit ordnungspolitisch (Emanzipation der Gesellschaften, herrschaftliche Partizipation, Menschenrechte).

Abbildung 2: Wahrscheinlichkeit staatlicher Beteiligungen an militärischen Interventionen pro Jahr, 1946-2003 (polynomische Trendlinie)

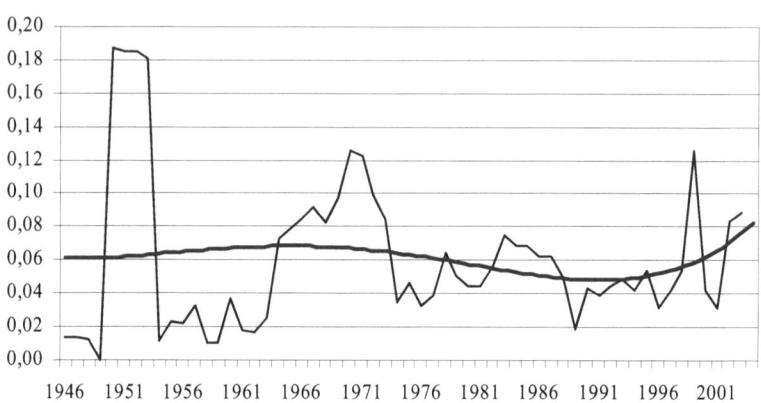

Die Promotoren dieser Entwicklungen sind insbesondere demokratische Staaten. Empirisch wissen wir, dass Demokratien etwas häufiger militärisch intervenieren als andere Regimetypen (vgl. S. Chojnacki 2004b).[23] Allerdings greifen nur sehr wenige demokratische Systeme auf gewaltsame Mittel in ihrer Außen- und Sicherheitspolitik zurück. Am häufigsten intervenieren die Vereinigten Staaten, Frankreich und Großbritannien in laufende militärische Konfrontationen. Hier zeigt sich, dass der militärische Interventionismus vor allem ein Großmachtkonzept ist (U. Albrecht 2001: 153), das mit der militärischen Fähigkeit zur extraregionalen Machtprojektion und dem Interesse an der Durchsetzung normativer Ordnungsvorstellungen verbunden ist. Eine Reihe kleinerer und mittlerer Mächte wie Australien oder Neuseeland beteiligt sich dann eher im Rahmen von Allianzen bzw. Kriegskoalitionen an militärischen Auseinandersetzungen. Mit den

---

[23] Dass Demokratien keinesfalls weniger militärisch intervenieren als andere Regime, gleichzeitig aber wesentlich seltener Ziele militärischer Interventionen sind, zeigt auch J. Pickering 2002.

humanitär begründeten *Pazifizierungsakten* seit dem Ende des Ost-West-Konflikts hat sich das Phänomen, dass gerade Demokratien im Rahmen von Allianzsystemen oder (Ad-hoc-)Koalitionen in laufende Streitigkeiten eingreifen, noch verstärkt. Involviert sind nun zunehmend auch jüngere osteuropäische Demokratien wie Polen, die Tschechische Republik oder Ungarn sowie demokratische Staaten, die die Anti-Kriegs-Norm in ihrer jüngeren Vergangenheit zu einem Kernelement ihrer Außenpolitik gemacht hatten (Deutschland, Japan). Der ordnungspolitische Gestaltungsoptimismus demokratischer Staaten ist in den 1990er Jahren zwar durch einige Rückschläge auch gebremst worden (u.a. Somalia, Ruanda, Jugoslawien). Es gibt aber bei den interventionsbereiten Demokratien keinen grundsätzlichen Zweifel an militärischen Interventionen als einem Steuerungsinstrument ihrer Sicherheits- und Ordnungspolitik. Im Gegenteil. Die Anschläge vom 11. September 2001 haben die Begründungen für militärische Interventionen noch einmal verstärkt und verschärft: Dem humanitär begründeten Interventionismus wird nun eine sicherheitspolitische Prämisse beigemischt, die autoritäre Regime und defekte Staatlichkeit als Risiken einer liberalen internationalen Ordnung versteht und – im Falle der *Nationalen Sicherheitsstrategie* der USA – auch Präventivschläge zur Pazifizierung nicht ausschließt (vgl. u.a. J. Pickering 2002; E. Rhodes 2003; S. Krause / K. Malowitz 2008, in diesem Band).

Begleitet wird der Trend zu multilateralen Interventionen von strategischen Innovationen, die neue Interventionsformen begünstigen und das Bild des Krieges verändern. Erstens werden die Risiken von Bodenoffensiven gelegentlich auf *lokale* Bodentruppen übertragen (Rebellengruppen, Warlords), die so zumindest kurzfristig zu strategischen Kooperationspartnern aufsteigen.[24] Zweitens kommt es zu einer Kommerzialisierung der Kriegführung, indem Staaten militärische Funktionen an kommerzielle *Private Sicherheitsagenturen* (PSAs) „outsourcen".[25] PSAs, die militärische Dienstleistungen anbieten, intervenieren entweder selbst im Auftrag Dritter gegen Bezahlung als externe Konfliktpartei (*Combat-Einsätze*), unterstützen reguläre Militäreinsätze mit privaten Spezialkräften in militärisch riskanten Konfliktkonstellationen (Afghanistan, Kosovo, Irak) oder sie unterstützen Konflikt- oder Interventionsparteien logistisch (Risikoanalysen,

---

[24] Exemplarisch für das Zusammenspiel zwischen Interventionsstaaten und lokalen Bodentruppen zur Einhegung inner- und substaatlicher Kriege sind die multinationalen Koalitionen unter Führung der USA im Kosovokrieg (mit der UCK) und bei der Bekämpfung der Taliban in Afghanistan (mit der Nordallianz).

[25] Im Sinne einer Arbeitsdefinition sind private Sicherheitsagenturen (PSAs) kommerzielle, gewinnorientierte Unternehmen, die Sicherheits- und Militärdienstleistungen anbieten, marktwirtschaftlichen Handlungskalkülen folgen sowie hochgradig professionalisiert, privatrechtlich organisiert und legal registriert sind. Dies unterscheidet sie nicht nur von anderen privaten Gewaltunternehmern wie den *Warlords*, sondern auch von klassischen Söldnern (vgl. A.-F. Musah / K. Fayemi 2000; P.W. Singer 2003; S. Mair 2008, in diesem Band).

Beratung, Training). Der zunehmende Rückgriff auf PSAs signalisiert eine politisch intendierte und sanktionierte *top-down*-Entwicklung der Privatisierung und Kommerzialisierung von Sicherheit, die in vielen Gewaltkonflikten der Gegenwart zu Patchworkstrukturen selektiver Sicherheit und zur Transformation militärischer Machtkalküle führt (vgl. u.a. A.-F. Musah 2002; P.W. Singer 2003; P. Lock 2004; S. Mair 2008, in diesem Band). In der Konsequenz beeinflussen diese Entwicklungen nicht nur die militärischen Kräfteverhältnisse und lokalen Konfliktdynamiken, sondern auch die Kalküle externer Interventionsstaaten, militärische Gewalt als Mittel zur Durchsetzung von Interessen einzusetzen. Drittens verändert die *Revolution in Military Affairs* (RMA) das Bild des Krieges technologisch und schafft neue Optionen militärischer Interventionen (u.a. zielgenaue Luftangriffe, seegestützte Lenkflugkörper, kleine Spezialeinheiten). Damit bieten sich für Interventionsstaaten militärstrategische Optionen *jenseits* des klassischen zwischenstaatlichen Krieges und *unterhalb* massiver und direkter militärischer Operationen. Dahinter steht das Interesse vor allem demokratischer Staaten, die Einsatzrisiken für eigene Soldaten und Soldatinnen zu reduzieren und schnelle territoriale und/oder strategische Erfolge zu verbuchen. Je geringer nämlich die politischen Kosten und die Opferzahlen gehalten werden können, und je höher gleichzeitig die militärischen Erfolgsaussichten werden, desto eher kann der Einsatz militärischer Mittel in demokratischen Entscheidungsprozessen durchgesetzt werden.[26]

Allerdings garantieren militärstrategische Innovationen weder schnelle Siege noch die Sicherung des Friedens. Die Entwicklungen im Irak (2003-) weisen nachdrücklich darauf hin, dass revolutionäre Militärtechnologien zwar geeignet sind, konventionelle Gegner effektiv zu besiegen. Diese Waffensysteme kommen aber dort an ihre Grenzen, wo gegnerische Konfliktparteien auf unkonventionelle Methoden zurückgreifen (Guerillataktik, Terroranschläge). Außerdem kann trotz aller technologischen Fortschritte nicht ausgeschlossen werden, dass Kollateralschäden zu zivilen Opfern führen – wie die vermeintlich ‚sauberen' Luftkriegsstrategien im Kosovo, in Afghanistan und zuletzt im Irak zeigten. Letztlich ist dies aber eine vorhersehbare Konsequenz der strategischen Entscheidung, primär auf Luftangriffe zu setzen (vgl. M. Shaw 2002: 349).

Angesichts des ordnungs- und sicherheitspolitischen Gestaltungsoptimismus von Demokratien, ihres Ausbaus militärischer Fähigkeiten und unilateraler, präventiver Handlungsoptionen mächtiger Staaten einerseits, der Bedeutung inner- und substaatlicher Gewaltkonflikte in Zeiten komplexer Interdependenz andererseits, gibt es insgesamt wenig Grund anzunehmen, dass militärische In-

---

[26] Allerdings gelingt dies häufig nur unter dem erheblichen Einsatz von politischen Manipulationen. Dazu zählen das Herunterspielen der tatsächlichen militärischen Risiken und die Überbewertung der technischen Überlegenheit ebenso wie die Geheimhaltung von Teilen der Missionen.

terventionen oder demokratisch inspirierte *Pazifizierungsakte* in den kommenden Jahren an Bedeutung verlieren werden. Zumal kommerzialisierte Formen von Sicherheit (PSAs) und modernisierte Militärtechnologien (RMA) das alte Problem der „Illusion des (schnellen und günstigen) Sieges" verstärken (vgl. S. van Evera 1999). Verbunden ist damit ein mehrfaches friedens- und sicherheitspolitisches Risiko. Erstens kann eine militärisch betriebene Demokratisierungspolitik interne Gewaltprozesse beschleunigen und/oder neue Konfliktparteien und -strukturen hervorrufen. Zweitens tendieren Interventionen ohnehin dazu, die Dauer gewaltsamer Konflikte zu verlängern (vgl. P.M. Regan 2002). Drittens schließlich kann nicht ausgeschlossen werden, dass unter dem Deckmantel von Demokratie und Menschenrechten machtpolitische Ziele militärisch durchgesetzt und dabei Normen situationsbedingt unterschiedlich ausgelegt werden.

5. Fazit mit friedenspolitischen Implikationen

Dass die Gewaltkonflikte der Gegenwart einem Formwandel unterliegen, steht außer Frage. Dies ist allerdings nicht besonders überraschend: Weil bewaffnete Konflikte eng mit den Strukturen und dem Wandel interner und externer gesellschaftlicher Rahmenbedingungen verflochten sind, verändert das Chamäleon Krieg im Zuge veränderter politischer Praktiken, militär-strategischer Innovationen und technologischer Entwicklungen seine Farbe. Dabei sollten wir uns von neuen Farben oder Schattierungen nicht gleich täuschen lassen. Mit dem hier vorgestellten Datensatz lässt sich zeigen, dass substaatliche Kriege zwar an Bedeutung gewonnen haben und aufgrund ihrer Rahmendingung der be- oder entgrenzten Staatlichkeit eine friedenspolitisch wie konflikttheoretisch wichtige Kategorie darstellen. Es handelt sich bei diesem Kriegstyp jedoch weder um den dominanten Typus kriegerischer Gewalt noch um die einzige Form des Krieges in der postnationalen Konstellation – wie Vertreter/innen der „neuen Kriege" suggerieren (vgl. M. Kaldor 1999; H. Münkler 2002; B. Zangl / M. Zürn 2003). Nach wie vor überwiegen ‚klassische' innerstaatliche Kriege (Antiregime- und Sezessionskriege), die ihrerseits seit Jahren Elemente des Konfliktaustrags aufweisen, die heute oft fälschlicherweise als ‚neu' interpretiert werden (wie etwa die Existenz privater Gewaltakteure oder Gewaltstrategien gegen die Zivilbevölkerung).[27] Das Risiko zwischenstaatlicher Kriege ist zwar vergleichsweise gering. Relativiert wird dieser empirische Befund jedoch sowohl durch die strategi-

---

[27] Im innerstaatlichen Krieg stehen sich immer ungleich vergesellschaftete Akteure gegenüber: eine staatliche und mindestens eine nichtstaatliche Konfliktpartei. Die Teil-Privatisierung und tendenzielle Entstaatlichung vieler Kriege ist daher alles andere als neu (K.J. Gantzel 2002; V. Matthies 2003). Zudem wird die Mehrzahl der innerstaatlichen Anti-Regime- und Sezessionskriege konventionell und staatszentriert geführt.

schen Rivalitäten und machtpolitischen Interessenkonflikte militärisch hochgerüsteter Staaten als auch durch den militärischen Interventionismus vor allem westlicher Demokratien und Großmächte. Die weitere empirische und theoretische Problematisierung der Ursachen und Folgen militärischer Interventionen zählt dementsprechend zu den zentralen Herausforderungen für die Friedens- und Konfliktforschung.

Ein Schwachpunkt, der auch hier noch nicht ausgeräumt werden konnte, ist die bisherige Staatszentriertheit der Interventionsperspektive. Parallel zur Entwicklung der Kriegstypen müsste zukünftig auch der nichtstaatliche Charakter zahlreicher Interventionsparteien berücksichtigt werden. Die grenzübergreifenden Interventionen lokaler Milizen, Rebellengruppen oder Warlords zur Unterstützung einer Konfliktpartei oder zur Durchsetzung ihrer eigenen Interessen tritt zwar (noch) relativ selten auf, ist aber eng mit komplexen inner- oder substaatlichen Konfliktkonstellationen verwoben und dürfte mit einem weiteren Anstieg von Räumen entgrenzter Staatlichkeit an Bedeutung gewinnen. Exemplarisch ist die Beteiligung ruandischer Milizen am komplexen Konfliktsystem in der Demokratischen Republik Kongo. Darüber hinaus schafft der globale Markt für kommerzielle Sicherheits- und Militärfirmen neue Handlungsoptionen *und* Abhängigkeiten für interventionsbereite Staaten. Angesichts der daraus resultierenden Konsequenzen (u.a. Informationsasymmetrien, *Commitment*-Probleme) steigt einerseits das Risiko der Herausbildung von Räumen strategischer Unsicherheit, in denen dann diverse interne und externe Sicherheitsanbieter miteinander konkurrieren. Andererseits kann nicht ausgeschlossen werden, dass das weitere *Outsourcing* von Sicherheitsdienstleistungen in Kriegs- und Nachkriegssituationen die Opportunitätsstrukturen verändert und gerade in Demokratien die Schwelle gegenüber den politischen und moralischen Kosten militärischer Einsätze absenkt.

Abgesehen von den Detailbeobachtungen zu den einzelnen Kriegsformen und militärischen Interventionen gibt es eine generelle Einsicht zum Gewaltverhalten im internationalen System: Die Welt ist in den letzten fünf Jahrzehnten (noch) nicht friedlicher geworden. Pazifizierungshoffnungen haben sich lediglich für einige Teilregionen erfüllt – oder auch als trügerisch erwiesen (u.a. Somalia, Ruanda, Sudan, Afghanistan). Der Welt des demokratischen Friedens und der Etablierung institutionalisierter Formen der Konfliktbearbeitung im Rahmen regionaler und globaler Sicherheitsarrangements stehen zahlreiche Kriege und komplexe (sub)regionale Konfliktsysteme gegenüber. Gerade inner- und substaatliche Konfliktformationen haben dann noch einmal verstärkt Auswirkungen auf die normative Struktur internationaler Ordnung, indem sie die Debatten zum Wandel von Souveränität, insbesondere zur Nichteinmischungsnorm, und zur Durchsetzung internationaler Standards guten Regierens verstärken. Andererseits sind diese Kriege sicherheitspolitisch von außen nur begrenzt steuerbar. Die

Entwicklungen in Afghanistan und im Irak seit 2004 stehen dabei synonym für den politischen Misserfolg und die strategischen Schwächen externer Konfliktsteuerung durch groß angelegte militärische Interventionen. Der demokratische Gestaltungsoptimismus kommt also spätestens im Umgang mit Gewaltkonflikten in Räumen be- oder entgrenzter Staatlichkeit an seine Grenzen – und gerät dabei in eine paradoxe Situation: Zwar ist die Antigewaltnorm in den Außenbeziehungen demokratischer Staaten untereinander weitgehend wirksam, dennoch können oder wollen sie nicht ausschließen, zur Aufrechterhaltung relativer Stabilität, zum selbsterklärten Ziel der Durchsetzung von Menschenrechtsnormen und Demokratie sowie zum Schutz der Zivilbevölkerung in Kriegsgebieten militärische Gewalt einzusetzen. In der Konsequenz führt dies zu einer Krise des völkerrechtlichen Gewaltverbots (T. Bruha / C.J. Tams 2005: 34-35) und zu der Gefahr, dass sich die demokratischen Interventionsstrategien der normativen Fesseln entledigen, die dem Krieg mit dem in der UN-Charta verankerten Gewaltverbot angelegt worden sind (E.-O. Czempiel 2002).

Verschärft wird diese Perspektive noch einmal durch die Sicherheitspolitik der verbleibenden Supermacht USA. Trotz der negativen Erfahrungen mit dem Aufbau von Nachkriegsordnungen in Afghanistan und im Irak setzt die US-amerikanische Außenpolitik nach wie vor auf eine globale militärische Präsenz sowie auf präventive militärische Strategien gegen alte und neue Bedrohungen (Proliferation von Massenvernichtungswaffen, internationaler Terrorismus). Dies heizt die Militarisierung der Weltordnungspolitik – unter dem Deckmantel der Durchsetzung liberaler Normen und Werte – weiter an. Gleichzeitig wird bewusst oder unbewusst in Kauf genommen, dass überlegene militärische Fähigkeiten, veränderte Standards angemessenen Verhaltens (*good governance*) und globaler Liberalisierungsdruck in nichtdemokratischen Staaten und Regionen als Bedrohungen wahrgenommen werden oder politisch so manipuliert werden können, dass ein – wie Harald Müller warnend anmerkt – „spiegelbildlicher Feindbildeffekt" gegenüber der Welt des demokratischen Friedens entsteht (H. Müller 2002: 59-60). Daraus folgt die pessimistische Nachricht, dass internationale Friedensstrategien im 21. Jahrhundert (vorerst) jedenfalls die alten bleiben: Frieden wird auch und vor allem durch Abschreckung und militärische Gewalt sichergestellt.

Literatur

Albrecht, Ulrich (2001): Militärinterventionismus – Konzept mit oder ohne Zukunft? In: Roithner (2001): 149-167.
Azam, Jean-Paul / Hoeffler, Anke (2002): Violence Against Civilians in Civil Wars: Looting or Terror. In: Journal of Peace Research 39, Heft 4: 461-485.

Bennett, D. Scott (1997): Measuring Rivalry Termination, 1816-1992. In: Journal of Conflict Resolution 41, 2: 227-254.
Berdal, Mats / Malone, David M. (Hrsg.) (2000): Greed and Grievance. Economic Agendas in Civil Wars. Boulder, Col. u.a.: Lynne Rienner.
Brownmiller, Susan (1978): Gegen unseren Willen. Vergewaltigung und Männerherrschaft. Frankfurt/Main: S. Fischer.
Brzoska, Michael (2004): „New Wars" Discourse in Germany: In: Journal of Peace Research 41, Heft 1: 107-117.
Bruha, Thomas / Tams, Christian J. (2005): Die Vereinten Nationen und das Völkerrecht: In: Aus Politik und Zeitgeschichte B 22/2005: 32-39.
Buzan, Barry (1991): People, States and Fear. An Agenda for International Security Studies in the Post-Cold War Era. 2. Ausgabe. Boulder, Col. u.a.: Lynne Rienner.
Cairns, Edmund (1997): A Safer Future: Reducing the Human Cost of War. Oxford: Oxfam Publ.
Callaghy, Thomas et al. (2001a): Introduction: Transboundary Formations, Intervention, Order, and Authority. In: Callaghy et al. (2001b): 1-21.
Callaghy, Thomas et al. (Hrsg.) (2001b): Intervention and Transnationalism in Africa. Global-Local Networks of Power. Cambridge: Cambridge University Press.
Carlsnaes, Walter et al. (Hrsg.) (2002): Handbook of International Relations. London: Sage.
Chojnacki, Sven (2004a): Wandel der Kriegsformen? Ein kritischer Literaturbericht. In: Leviathan. Zeitschrift für Sozialwissenschaft 32, Heft 3: 402-424.
Chojnacki, Sven (2004b): Demokratien und Krieg. Das Konfliktverhalten demokratischer Staaten im internationalen System, 1946-2001. In: Schweitzer et al. (2004): 72-106.
Chojnacki, Sven (2006): Anything New or More of the Same? Wars and Military Interventions in the Contemporary International System, 1946-2003. In Global Society 20, Heft 1: 25-46.
Collier, Paul / Hoeffler, Anke (2001): Data Issues in the Study of Conflict. Paper prepared for the Conference on „Data Collection on Armed Conflict", Uppsala, 8-9 June 2001. Oxford University: Department of Economics, Centre for the Study of African Economies. <http://www.csae.ox.ac.uk/econdata/pdfs/edds2002-01.pdf> (01.02.2007)
Collier, Paul et al. (2003a): Breaking the Conflict Trap. Civil War and Development Policy. Washington, D.C.: The World Bank.
Collier, Paul et al. (2003b): On the Duration of Civil War. In: Journal of Peace Research 41, Heft 3: 253-273.
Creveld, Martin van (1991): The Transformation of War. New York u.a.: Free Press.
Czempiel, Ernst-Otto (2002): Kehrt der Krieg zurück? Anamnese einer Amnesie. In: Merkur 56, Heft 635: 197-209.
Davies, John L. / Gurr, Ted Robert (Hrsg.) (1998): Preventive Measures. Building Risk Assessment and Crisis Early Warning Systems. Lanham, Md.u.a.: Rowman & Littlefield.
Deutsch, Karl W. (1965): Introduction. In: Wright (1965): .
Diehl, Paul F. / Goertz, Gray (2000): War and Peace in International Rivalry. Ann Arbor, Mich.: University of Michigan Press.

Doornbos, Martin (2002): State Collapse and Fresh Starts: Some Critical Reflections. In: Development and Change 33, Heft 5: 797-815.
Doyle, Michael / Sambanis, Nicholas (2000): International Peacebuilding: A Theoretical and Quantitative Analysis. In: American Political Science Review 94, Heft 4: 779-801.
Duffield, Mark (1998): Post-modern Conflict: Warlords, Post-adjustment States and Private Protection. In: Civil Wars 1, Heft 1: 65-102.
Duffield, Mark (2001): Global Governance and the New Wars. The Merging of Development and Security. London u.a.: Zed Books.
Eberwein, Wolf-Dieter / Chojnacki, Sven (2001): Scientific Necessity and Political Utility. A Comparison of Data on Violent Conflicts. Wissenschaftszentrum Berlin: Arbeitspapier P 01-304.
Eckhardt, William (1989): Civilian Deaths in Wartime. In: Bulletin of Peace Proposals 20, Heft 1: 89-98.
Elwert, Georg (1997): Gewaltmärkte. Beobachtungen zur Zweckrationalität der Gewalt. In: Trotha (1997): 86-101.
Evans, Peter B. et al. (Hrsg.) (1985): Bringing the State Back In. Cambridge u.a.: Cambridge University Press.
Evera, Stephen van (1999): Causes of War. Power and the Roots of Conflict. Ithaca u.a.: Cornell University Press.
Fearon, James D. (2004): Why Do Some Civil Wars Last So Much Longer Than Others? In: Journal of Peace Research 41; Heft: 3: 275-301.
Fearon, James D. / Laitin, David D. (2003): Ethnicity, Insurgency, and Civil War. In: American Political Science Review 97, Heft 1: 75-90.
Gantzel, Klaus Jürgen (2002): Neue Kriege? Neue Kämpfer? Forschungsstelle Kriege, Rüstung und Entwicklung, Universität Hamburg. Arbeitspapier Nr. 2/2002.
Gantzel, Klaus Jürgen / Schwinghammer, Torsten (1994): Die Kriege nach dem Zweiten Weltkrieg 1945 bis 1992. Daten und Tendenzen. Münster u.a.: Lit-Verlag.
Geller, Daniel S. / Singer, J. David (1998): Nations at War: A Scientific Study of International Conflict. Cambridge u.a.: Cambridge University Press.
Gleditsch, Nils Petter et al. (2002): Armed Conflict 1946-2001: A New Dataset. In: Journal of Peace Research 39, Heft 5: 615-637.
Gochman, Charles S. / Maoz, Zeev (1984): Militarized Interstate Disputes, 1816-1976: Procedures, Patterns, and Insights. In: Journal of Conflict Resolution 28, Heft 4: 585-616.
Hellmann, Gunther et al. (Hrsg.) (2003): Die neuen Internationalen Beziehungen. Forschungsstand und Perspektiven in Deutschland. Baden-Baden: Nomos.
Holsti, Kalevi J. (1996): The State, War, and the State of War. Cambridge u.a.: Cambridge University Press.
Jackson, Paul (2003): Warlords as Alternative Forms of Governance. In: Small Wars and Insurgencies 14, Heft 2: 131-150.
Jones, Daniel M. et al. (1996): Militarized Interstate Disputes, 1816-1992: Rationale, Coding Rules, and Empirical Patterns. In: Conflict Management and Peace Science 15, Heft 2: 163-213.

Jung, Dietrich (Hrsg.) (2002): Shadow Globalization, Ethnic Conflicts and New Wars: A Political Economy of Intrastate War. London u.a.: Routledge.

Kahl, Martin / Teusch, Ulrich (2004): Sind die „neuen Kriege" wirklich neu? In: Leviathan 32, Heft 3: 382-401.

Kaldor, Mary (1999): New and Old Wars. Organized Violence in a Global Era. Cambridge: Polity Press.

Kalyvas, Stathis N. (2001): „New" And „Old" Civil Wars: A Valid Distinction? In: World Politics 54, Heft 1: 99-118.

Keen, David (1998): The Economic Function of Violence in Civil Wars. International Institute for Strategic Studies, London: Adelphi Paper 320.

Keen, David (2000): Incentives and Disincentives for Violence. In: Berdal et al. (2000): 19-41.

Krause, Skadi / Malowitz, Karsten (2008): Zur Legitimation humanitärer Interventionen – Theoretische Begründungen und diskursive Verschiebungen. In diesem Band

Kühne, Winrich (2005): Die Friedenseinsätze der VN. In: Aus Politik und Zeitgeschichte B 22/2005: 25-32.

Lacina, Bethany / Gleditsch, Nils Petter (2005): Monitoring Trends in Global Combat: A New Dataset of Battle Deaths. In: European Journal of Population 21, Heft 2-3: 145-166.

Levy, Jack S. et al. (2001): Continuity and Change in the Evolution of Warfare. In: Maoz (2001): 15-48.

Lock, Peter 2004: Privatisierung des Militärs oder Privatisierung der Sicherheit, unveröffentlichtes Manuskript, http://www.peter-lock.de/text/skizze.html (31.12.2004).

Mair, Stefan (2008): Private Militärfirmen und humanitäre Interventionen. In diesem Band.

Matthies, Volker (2003): Eine Welt voller neuer Kriege? Wider das Gerede „von Krieg und Kriegsgeschrei", in: Fues, Thomas/Hippler, Jochen (Hrsg.), Globale Politik. Entwicklung und Frieden in der Weltgesellschaft, Bonn, 236-255.

Maoz, Zeev / Gat, Azar (Hrsg.) (2001): War in a Changing World. Ann Arbor, Mich.: University of Michigan Press.

Mehler, Andreas (2003): Legitime Gewaltoligopole – eine Antwort auf strukturelle Instabilität in Westafrika? Hamburg: Institut für Afrika-Kunde.

Müller, Harald (2002): Antinomien des demokratischen Friedens. In: Politische Vierteljahresschrift 43, Heft 1: 46-81.

Münkler, Herfried (2002): Die neuen Kriege. Berlin.

Musah, Abdel-Fatau (2002): Privatization of Security, Arms Proliferation and the Process of State Collapse in Africa. In: Development and Change 33, Heft 5: 911-933.

Musah, Abdel-Fatau / Fayemi, Kayode (2000): Africa in Search of Security: Mercenaries and Conflicts – An Overview. In: Musah et al. (2000): 13-42.

Musah, Abdel-Fatau Fayemi / Kayode Fayemi (Hrsg.) (2000): Mercenaries. An African Security Dilemma. London u.a.: Pluto Press.

Newman, Edward (2004): The ‚New Wars' Debate: A Historical Perspective is Needed. In: Security Dialogue 35, Heft 2: 173-189.

Nordstrom, Carolyn (1997): Girls and War Zones. Troubling Questions. Uppsala: Life & Peace Institute.

Peceny, Mark / Pickering, Jeffrey (2002): Military Interventions, Peacekeeping, and the Promotion of Democracy. Paper prepared for the Annual Convention of the International Studies Association, New Orleans, Louisiana, March 24-27, 2002.
Pickering, Jeffrey (2002): Give me Shelter. Reexamining Military Intervention and the Monadic Democratic Peace. In: International Interactions 28, Heft 4: 293-324.
Regan, Patrick M. (2000): Civil Wars and Foreign Powers. Outside Interventions in Intrastate Conflict. Ann Arbor, Mich.: University of Michigan Press.
Regan, Patrick M. (2002): Third-Party Interventions and the Duration of Intrastate Conflicts. In: Journal of Conflict Resolution 46, Heft 1: 55-73.
Reno, William (1998): Warlord Politics and African States. Boulder, Col. u.a.: Lynne Rienner.
Rhodes, Edward (2003): The Imperial Logic of Bush's Liberal Agenda. In: Survival 45, Heft 1: 131-154.
Roithner, Thomas (Red.) (2001): Nach der Jahrtausendwende. Zur Neuorientierung der Friedensforschung. Münster: Agenda-Verlag.
Rotberg, Robert I. (Hrsg.) (2004): When States Fail. Causes and Consequences. Princeton u.a.: Princeton University Press.
Sambanis, Nicholas (2001): A Note on the Death Threshold in Coding Civil War Events. Unpublished Paper.
Sarkees, Meredith Reid / Singer, J. David (2001): Armed Conflict & Future: A Master Typology? Paper prepared for presentation at the conference Identifying Wars: Systemic Conflict Research and its Utility in Conflict Resolution and Prevention, 8-9 June 2001, Uppsala, Sweden.
Sarkees, Meredith Reid et al. (2003): Inter-State, Intra-State, and Extra-State Wars: A Comprehensive Look at Their Distribution over Time, 1816-1997. In: International Studies Quarterly 47: 49-70.
Schweitzer, Christine et al. (Hrsg.) (2004): Demokratien im Krieg. Baden-Baden: Nomos.
Seifert, Ruth (2001): Genderdynamiken bei der Entstehung, dem Austrag und der Bearbeitung von kriegerischen Konflikten. In: Peripherie 21, Heft 84: 26-47.
Senghaas, Dieter (Hrsg.) (1971): Kritische Friedensforschung. Frankfurt/Main: Suhrkamp.
Shaw, Martin (2002): Risk-Transfer Militarism, Small Massacres and the Historic Legitimacy of War. In: International Relations 16, Heft 3: 343-359.
Singer, J. David / Small, Melvin (1972): The Wages of War, 1816-1965: A Statistical Handbook. New York u.a.: Wiley.
Singer, Peter W. (2003): Corporate Warriors: The Rise of the Privatized Military Industry. Ithaca u.a.: Cornell University Press.
Small, Melvin / Singer, J. David (1982): Resort to Arms. International and Civil Wars, 1816-1980. Beverly Hills, Calif.: Sage Publ.
Stanley, Ruth (Hrsg.) (2001): Gewalt und Konflikt in einer globalisierten Welt. Festschrift für Ulrich Albrecht. Wiesbaden: Westdeutscher Verlag.
Stiglmayer, Alexandra (1993a): Vergewaltigungen in Bosnien-Herzegowina. In: Stiglmayer. (1993): 109-216.
Stiglmayer, Alexandra (Hrsg.) (1993b): Massenvergewaltigung. Krieg gegen die Frauen. Freiburg i.Br.: Kore.

Strand Havard et al (2002): Armed Conflict Dataset Codebook. Version 1.1, 9. September 2002. International Peace Research Institute, Oslo (PRIO). <http://www.prio.no/cwp/armedconflict/old/v1_10/Codebook_v1_1.pdf> (01.02.2007)

Thompson, William R. (2001): Identifying Rivals and Rivalries in World Politics. In: International Studies Quarterly 45, Heft 4: 557-586.

Tillema, Herbert K. (1991): Escalation and International War in the Nuclear Age. Foreign Overt Military Interventions, 1945-1988. Paper presented at the 1991 Annual Meeting of the International Studies Association, Vancouver, British Columbia, Canada, March 19-23, 1991.

Trotha, Trutz von (Hrsg.) (1997): Soziologie der Gewalt. Opladen: Westdeutscher Verlag.

Valentino, Benjamin et al. (2004): „Draining the Sea": Mass Killing and Guerrilla Warfare. In: International Organization 58, Heft 2: 375-407.

Vasquez, John A. 1993: The War Puzzle, Cambridge u.a.: Cambridge University Press.

Vasquez, John A. (2000): What Do We Know About War? In: ders. (2000): 335-370.

Vasquez, John (Hrsg.) (2000): What Do We Know About War? Lanham, Md. u.a.: Rowman & Littlefield.

Wright, Quincy (1965): A Study of War. 2. Ausgabe. Chicago u.a.: Chicago University Press.

Zangl, Bernhard / Zürn, Michael (2003): Frieden und Krieg. Sicherheit in der nationalen und postnationalen Konstellation. Frankfurt/Main: Suhrkamp.

Krisenmanagement und die Rolle der Bundeswehr. Ein umfassender Ansatz

Norbert Eitelhuber und Ulrich Petersohn[1]

Die sicherheitspolitischen Herausforderungen haben im Rahmen der zunehmenden Globalisierung an Komplexität zugenommen. Der internationale Terrorismus, die Verbreitung von Massenvernichtungswaffen und die zunehmende Gewalt durch sogenannte „nicht-staatliche Akteure" bedrohen die Sicherheit auch in Deutschland auf eine neue Weise. Ethnische Säuberungen, Völkermord, Vertreibung und die Vernichtung von Lebensgrundlagen können – wie Beispiele zeigen – gesamte Regionen destabilisieren. Aus diesen Gefahren und Risiken können regionale Krisen entstehen, die konkrete Bedrohungen für die Interessen Deutschlands und die Sicherheit seiner Bürger darstellen können.

An diese veränderten Bedingungen müssen sich das Sicherheitsverständnis und die sicherheitspolitischen Konzepte, mit denen diesen Krisen begegnet werden kann, anpassen. Der erweiterte Sicherheitsbegriff, der diese neuen Herausforderungen mit umfasst, beinhaltet drei zentrale Dimensionen:

- „Umfassende Sicherheit: Wegen der Vielfältigkeit der Konfliktursachen erfordert eine moderne Sicherheitspolitik ein umfassendes Spektrum von Instrumenten, das sich weder allein noch vorrangig auf militärische Mittel stützt.
- Gemeinsame Sicherheit: Kein Staat kann für sich allein Frieden, Sicherheit und Wohlfahrt gewährleisten. Integration und Kooperation mit Partnern und Verbündeten sowie das Zusammenwirken in internationalen Organisationen sind mehr denn je unerlässlich für eine umfassende Sicherheitsvorsorge.
- Präventive Sicherheit: (...) Oberstes Ziel ist es (...), Gewalt zu verhindern. Gelingt dies aber nicht, muss dafür gesorgt werden, dass Gewalt nach ihrem Ausbruch so rasch wie möglich beendet und durch „Post conflict peace building" dauerhaft gebannt wird." (Ischinger 2000)

---

[1] Der Beitrag gibt ausschließlich die persönliche Auffassung der Verfasser wieder. Die Autoren danken allen Referaten des Bundesministeriums der Verteidigung, die zu dieser Arbeit beigetragen haben.

Diesem umfassenden, multilateralen und präventiven Sicherheitsverständnis entsprechend sind auch die Strategien des Konfliktmanagements angelegt. Zum einen ist es daher erforderlich über präventive sicherheitspolitische Strategien, die Krisen[2] vorbeugen, zu verfügen. Zum anderen werden ebenso militärische Mittel zur Krisenintervention[3] benötigt, um Menschen in Notlagen Hilfe zu leisten oder Gefahren der regionalen Stabilität abwenden zu können. Die Anwendung militärischer Gewalt kann und darf im politischen Sinne immer nur *ultima ratio* sein, daher ist deutsche Sicherheitspolitik grundsätzlich auf Krisenprävention[4] ausgelegt. Somit ist bei den Ursachen der Konflikte anzusetzen. Darüber hinaus sind gewaltfreie Prozesse zu fördern, da eine fehlende Unterstützung das Entstehen von Situationen begünstigen kann, in denen nur noch militärisches Eingreifen als sinnvolle Alternative erscheint. Frühzeitiges und umfassendes präventives Handeln hat daher grundsätzlich Vorrang vor militärischen Maßnahmen. Allerdings ergänzen und bedingen militärische und zivile Maßnahmen sich in der Praxis zumeist. Militärisches Eingreifen schafft vielfach erst die Voraussetzungen für den Erhalt bedrohter, beziehungsweise den erfolgreichen zivilen Wiederaufbau bereits zerstörter politischer, sozialer und wirtschaftlicher Strukturen. Wirtschaftliche und soziale Entwicklung legen die Grundlage für eine langfristige, nicht durch Militär alleine erreichbare Stabilisierung.

Vor diesem Hintergrund ergibt sich unmittelbar die Frage nach der Rolle der Bundeswehr in dem geänderten sicherheitspolitischen Umfeld. Wie positionieren sich die Streitkräfte heute unter den neuen Rahmenbedingungen? Welchen Beitrag kann die Bundeswehr zum Krisenmanagement der Bundesregierung leisten? Welche Rolle kann die Bundeswehr zur Bewältigung künftiger Herausforderungen im Rahmen internationaler Organisationen einnehmen?

1. Krisenintervention

1.1. Anpassung der Fähigkeiten der Bundeswehr

In einem dergestalt gewandeltem sicherheitspolitischen Umfeld haben sich die Anforderungen an die Bundeswehr grundlegend verändert. Internationale Kri-

---

[2] Jeder Krise liegt ein Konflikt zugrunde. Konflikte sind ein unvermeidbarer Bestandteil gesellschaftlichen Zusammenlebens. Während einer Krise kann der Konfliktaustrag gewaltsame Formen annehmen. Vgl. Bundesregierung 2004: IX.
[3] Unter Krisenintervention werden hier – zumeist multinationale – friedenserzwingende Maßnahmen gegen einen vorwiegend militärisch organisierten Gegner verstanden.
[4] „Krisenprävention: Krisenprävention umfasst frühzeitiges, geplantes, systematisches und kohärentes Handeln auf verschiedenen Ebenen von Staat und Gesellschaft zur Verhinderung gewaltsamer Konflikte." Bundesregierung 2004: X.

senprävention und -bewältigung, einschließlich des Kampfes gegen den internationalen Terrorismus, sind an die erste Stelle des Aufgabenspektrums gerückt. Landesverteidigung bleibt Aufgabe der Streitkräfte, ist aber nicht allein strukturbestimmend. Diese neuen Aufgaben erfordern unter Berücksichtigung der Entscheidungen zur konzeptionellen Weiterentwicklung der Bundeswehr einen umfassenden und fortlaufenden Prozess der Ausrichtung der Streitkräfte. Dieser Prozess – die sogenannte „Transformation"[5] der Bundeswehr – soll die Einsatzfähigkeit der Bundeswehr erhöhen und auf Dauer erhalten. Die Transformation trägt dazu bei, dass die Bundeswehr künftig einen wirksameren Beitrag zum Krisenmanagement leisten kann.

Pläne zu einer umfassenden Neustrukturierung der Bundeswehr wurden vom ehemaligen Verteidigungsminister Dr. Peter Struck am 13. Januar 2004 der Öffentlichkeit vorgestellt. Sie sehen vor, die Bundeswehr in drei Kategorien einzuteilen: *Eingreifkräfte* für Operationen hoher Intensität (Umfang 35.000 Soldaten), *Stabilisierungskräfte* für Operationen niedriger und mittlerer Intensität und längerer Dauer (70.000) und *Unterstützungskräfte* für die durchhaltefähige Unterstützung der Einsätze sowie für den Grundbetrieb (147.500).

Die den VN, der NATO und EU angezeigten Kräfte werden aus den *Eingreifkräften* gewonnen. Sie sollen friedenserzwingende Maßnahmen gegen einen vorwiegend militärisch organisierten Gegner bei möglichst geringen eigenen Verlusten durchsetzen und damit die Voraussetzungen für friedensstabilisierende Einsätze schaffen. Zusätzlich zu diesen Verpflichtungen soll die Bundeswehr den zeitlich abgestuften Einsatz von bis zu 14.000 Soldaten, aufgeteilt auf bis zu fünf verschiedene und räumlich getrennte Einsatzgebiete, sicherstellen. Diese Kräfte müssen befähigt sein, Konfliktparteien zu trennen, Waffenstillstandsvereinbarungen zu überwachen, etc. Für diese Einsätze, vergleichbar denen auf dem Balkan, stehen die *Stabilisierungskräfte* zur Verfügung. Die *Unterstützungskräfte*, zu denen auch die Führungs- und Ausbildungsorganisation gehören, unterstützen Eingreif- und Stabilisierungskräfte in der Vorbereitung und Durchführung von Einsätzen sowohl in Deutschland als auch in den Einsatzgebieten (vgl. BMVg 2006: 108ff.).

Aus den unterschiedlichen Aufgaben leiten sich differenzierte Anforderungen an Einsatzbereitschaft, Ausrüstung und Ausbildung ab. Die neue Streitkräftekategorisierung ist ein hilfreiches Instrument, um die richtige Prioritätensetzung in diesen Bereichen vorzunehmen. Die bekannten Fähigkeitskategorien (Führungsfähigkeit, Nachrichtengewinnung und Aufklärung, Mobilität, Wirk-

---

[5] Im Gegensatz zu einer Reform, die etwas Bestehendes neu ordnet, zielt Transformation auf die Umwandlung von etwas Bestehendem in etwas grundlegend Neues. Transformation beinhaltet eine sicherheitspolitische, eine gesellschaftliche, eine technologische und vor allem eine innovative und mentale Dimension.

samkeit im Einsatz, Unterstützung und Durchhaltefähigkeit sowie Überlebensfähigkeit und Schutz) werden beibehalten. Es wird versucht, innerhalb der einzelnen Streitkräftekategorien die Fähigkeitskategorien neu zu gewichten, d.h. die Frage zu beantworten: Welche Fähigkeiten sind für die Eingreifkräfte besonders wichtig, welche bei den Stabilisierungskräften? Knappe Ressourcen können so zielgerichteter eingesetzt werden. Wesentliche Impulse hierbei werden durch den in der NATO angestoßenen Transformationsprozess, welcher auch Verfahren und Konzepte umfasst, initiiert. Mit der Transformation der Bundeswehr wird somit ein wichtiger Schritt unternommen, die Finanzplanung mit den eingegangenen Verpflichtungen, dem geänderten Einsatzspektrum der Bundeswehr und der gewachsenen Anzahl an internationalen Einsätzen in Einklang zu bringen. Zwar bestehen weiterhin Bedarfsforderungen vor allem in den Bereichen strategischer Transport, strategische Aufklärung und Führungsfähigkeit, aber die Bundeswehr wird grundsätzlich in die Lage versetzt, Anschluss an Bündnisse und Entwicklungen zu halten.

1.2. Einbindung in Internationale Organisationen

Gerade in der Welt der Globalisierung bedarf es internationaler Regelsetzungen und international handlungsfähiger Organe. Das normative und institutionelle Gefüge dieser Organe bindet die Staaten, stellt aber auch ein Instrument dar, mit dem sie wiederum auf andere Staaten einwirken können. Die multinationale Sicherheitsvorsorge ist ein grundlegender Bestimmungsfaktor deutscher Sicherheitspolitik. Entsprechend der am 21. Mai 2003 erlassenen *Verteidigungspolitischen Richtlinien*[6] erfolgen bewaffnete Einsätze der Bundeswehr, mit Ausnahme von Evakuierungs- und Rettungsoperationen, nur gemeinsam mit Verbündeten und Partnern im Rahmen der Vereinten Nationen, der NATO und der Europäischen Union. Nationale Alleingänge oder Ansätze, die ausschließlich auf eine Institution setzen, stoßen schnell an ihre Grenzen, wenn umfassendes Krisenmanagement, von der Prävention über die Krisenintervention bis zur Nachsorge, gefordert ist. Während der einzelnen Phasen des Krisenmanagements sind unterschiedliche Maßnahmen, die von verschiedenen Akteuren eingebracht und umgesetzt werden können, erforderlich. Das enge Zusammenwirken von Institutionen ermöglicht den aufeinander aufbauenden, koordinierten und langfristig aus-

---

[6] In den durch den ehemaligen Bundesminister der Verteidigung Dr. Peter Struck erlassenen *Verteidigungspolitischen Richtlinien* haben die Leitgedanken deutscher Sicherheits- und Verteidigungspolitik ihren konzeptionellen Niederschlag gefunden. Die Richtlinien sind die konsequente Antwort auf den Wandel des sicherheitspolitischen Umfelds und die neuen Risiken und Herausforderungen. Sie bestimmen den Auftrag der Bundeswehr, gewichten deren neues Aufgabenprofil und machen Vorgaben für die künftigen Fähigkeiten der Streitkräfte. Vgl. BMVg 2003.

gerichteten Einsatz verschiedenster Krisenmanagementmaßnahmen. Nur dieser multidimensionale Ansatz bietet der Internationalen Gemeinschaft und Deutschland das nötige flexible Instrumentarium, um den anspruchsvollen sicherheitspolitischen Herausforderungen unserer Zeit gerecht zu werden.

Aufgrund dessen ist deutsche Außen- und Sicherheitspolitik bestrebt, die Zusammenarbeit zwischen den bestehenden globalen und regionalen Sicherheitsinstitutionen durch die Entwicklung kooperativer Strukturen zu fördern und den Institutionen Instrumente und Fähigkeiten für ein erfolgversprechendes Handeln zur Verfügung zu stellen. Die aktive Mitarbeit zahlreicher Bundeswehrangehöriger in den verschiedensten Gremien der internationalen Organisationen und die Bereitstellung umfangreicher finanzieller und personeller Ressourcen ist Ausdruck dieser umfassenden Sicherheitsvorsorge.

Im Folgenden werden die Verpflichtungen, welche Deutschland gegenüber diesen Organisationen konkret eingegangen ist, dargestellt.

1.2.1. Engagement für die Vereinten Nationen

Deutschland hält planerisch, auf der Grundlage zweier Vereinbarungen (*Memoranda of Understanding mit den VN*), bis zu 1.000 Soldaten (z.B. Transportkräfte, Sanitäts- und Pionierkapazitäten) für die Vereinten Nationen zur Verfügung.[7] Deren Auftragsspektrum kann von klassischen Blauhelm-Missionen über die vorbeugende Truppenstationierung bis hin zur Eindämmung von Konflikten reichen. Eine tatsächliche Entsendung der Streitkräfte unterliegt gemäß den Vereinbarungen der Entscheidung der Bundesregierung und ggf. der konstitutiven Zustimmung des Deutschen Bundestages.[8]

Die mit den VN geschlossenen Vereinbarungen sind Teil des „*United Nations Standby Arrangements System*" (UNSAS), welches von den Vereinten Nationen geschaffen wurde, um die Reaktion auf Krisen zu beschleunigen.

1.2.2. Einbindung in die NATO

Die NATO verabschiedete auf dem Washingtoner Gipfel im April 1999 ihr neues Strategisches Konzept und richtete damit die Allianz neu aus. Krisenverhütung und -bewältigung sowie Partnerschaft und Kooperation wurden als wesentliche Mittel zur Erhöhung von Sicherheit und Stabilität des euroatlantischen

---

[7] Die Vereinbarungen datieren vom 24. Juli 1998 und vom 1. November 2000.
[8] Hinsichtlich der grundsätzlichen Problematik einer raschen Entsendung deutscher Soldaten siehe bejahend z.B. Eitelhuber 2004, verneinend Wiefelspütz 2003.

Raums identifiziert und als neue Kernaufgabe definiert. Das Bündnis verfolgt dabei einen breit angelegten, umfassenden sicherheitspolitischen Ansatz. Mit dem Prager Gipfel im November 2002 wurde die Transformation der NATO entscheidend vorangetrieben. In das Zentrum der Bedrohungsanalyse rückte der Kampf gegen den internationalen Terrorismus, die Abwehr asymmetrischer Bedrohungen und die Verhinderung der Verbreitung von Massenvernichtungswaffen. Die Allianz will diesen Risiken dort begegnen, wo sie entstehen und wo sie die Sicherheit der Bündnispartner beeinträchtigen. Die NATO-Mitgliedsstaaten kamen deshalb überein, den geografischen Wirkungskreis über den euroatlantischen Raum hinaus zu erweitern.

Zentrales Element der in Prag beschlossenen Initiativen ist der Aufbau der „*NATO Response Force*" (NRF) mit einem Kräftedispositiv von mehr als 20.000 Mann. Das Konzept betont die Schaffung von Eingreifkräften mit sehr hoher Verfügbarkeit. Bei der NRF handelt es sich nicht um eine stehende Streitmacht, sondern um nach einem Rotationsmodell bereitgestellte Verbände. Nach einstimmigem Beschluss des Nordatlantikrats kann die NRF weltweit innerhalb von 5 bis 30 Tagen für bis zu 120 Tage eingesetzt werden. Ihr breites Aufgabenspektrum reicht von der Verstärkung der Diplomatie, der Unterstützung beim „*Consequence Management*" (worunter Einsätze im Falle einer chemischen, biologischen, radiologischen oder nuklearen Gefahrenlage sowie humanitäre Einsätze zu verstehen sind) über Peacekeeping-Einsätze bis hin zu Kampfeinsätzen. Für eine ggf. notwendige Ablösung der NRF stehen nach einem abgestuften Bereitschaftssystem grundsätzlich alle der NATO angezeigten Reaktionsstreitkräfte zur Verfügung. Auf dem NATO-Gipfel in Riga 2006 wurde die volle Einsatzbereitschaft der NRF verkündet. Die Bundesrepublik Deutschland beteiligt sich regelmäßig mit signifikanten Kräftebeiträgen an der NRF.

1.2.3. Handlungsrahmen EU

Im Dezember 1999 beschloss die EU auf ihrem Gipfel in Helsinki, eine Eingreiftruppe zur Erfüllung der Petersberg-Aufgaben[9] aufzubauen. Bis zu 60.000 Soldaten der Landstreitkräfte sowie ein „angemessener" Anteil von Luft- und See-

---

[9] Die Petersberg-Aufgaben schließen gemäß Art. 17 (2) EU-Vertrag humanitäre Aufgaben und Rettungseinsätze, friedenserhaltende Aufgaben sowie Kampfeinsätze bei der Krisenbewältigung einschließlich friedensschaffender Maßnahmen ein. Der EU-Verfassungsvertrag, der am 29. Oktober 2004 unterzeichnet wurde, macht wesentliche Aussagen zur Weiterentwicklung der GASP/ESVP und zur Ergänzung der Petersberg-Aufgaben um Abrüstungsmaßnahmen, Aufgaben der Beratung und Unterstützung, Aufgaben der Konfliktverhütung sowie Operationen zur Stabilisierung der Lage nach Konflikten. Vgl. Vertrag über eine Verfassung für Europa, Art. III 309 (1). Die Inkraftsetzung des Vertrags steht allerdings unter Ratifizierungsvorbehalt der Mitgliedsstaaten.

streitkräften sollen verfügbar sein. Deutschland hat der EU Kräfte im Umfang von 33.000 Soldaten gemeldet, von denen in einem ersten Kontingent lageabhängig bis zu 18.000 Soldaten eingesetzt werden können. Sie sollen bei Bedarf innerhalb von 60 Tagen in einem Krisengebiet einsatzbereit sein und müssen eine Durchhaltefähigkeit von mindestens einem Jahr besitzen.[10]

Darüber hinaus beteiligt sich Deutschland mit substantiellen Beiträgen an der Umsetzung des im Juni 2004 vereinbarten *Battle group*-Konzeptes der EU: Die Gefechtsverbände zur raschen Krisenreaktion der EU sind seit 2007 (eingeschränkt bereits seit 2005) einsatzbereit. Dies versetzt die EU in die Lage, zeitgleich auf zwei Krisen reagieren zu können – im gesamten Spektrum der Petersberg-Aufgaben – grundsätzlich weltweit.

Eckpunkte des Konzepts sind: Generische Kräftezusammensetzung auf Basis eines gemischten Infanterie-Bataillons, verstärkt durch Führungs- und Einsatzunterstützung (ca. 1.500 Soldaten); Zuordnung weiterer Kräfte und Mittel (z.B. Luft- und Seestreitkräfte); Beginn von Operationen im Einsatzraum spätestens 10 Tage nach Ratsbeschluss; Durchhaltefähigkeit zunächst 30 Tage, nach weiteren Maßnahmen bis zu 120 Tage.

Mit den *Battle groups* kann die EU schnell auf eine Anforderung seitens der VN antworten, Krisen in Konfliktgebieten zu stabilisieren, bevor sie zu größeren Konflikten eskalieren, und damit die Vorbereitungszeit bis zu einem umfangreicheren VN-Einsatz überbrücken.

Den Handlungsrahmen für ein deutsches Engagement bildet die vom Europäischen Rat in Brüssel im Dezember 2003 angenommene Europäische Sicherheitsstrategie (ESS). Die ESS reflektiert die historisch gewachsenen demokratischen und humanitären Werte Europas und spezifiziert die gemeinsamen europäischen Interessen. Sie erkennt die neuen Bedrohungen an und zeigt Wege auf, wie diesen in einem präventiven, umfassenden Ansatz begegnet werden kann. Zugleich unterstreicht die ESS die Bedeutung der VN-Charta als Grundlage für internationales Handeln sowie die primäre Verantwortung des VN-Sicherheitsrats für Frieden und Sicherheit.

---

[10] Die EU-Eingreiftruppe wird jeweils lage- und auftragsabhängig aus bestehenden nationalen und multinationalen Stäben und Verbänden gebildet, die meist gleichzeitig NATO-assigniert sind. In den mit der NATO geschlossenen „Berlin plus"-Vereinbarungen wurde der gesicherte Zugang u.a. zu deren Planungsressourcen geregelt. Im Mai 2003 hat die EU ihre Einsatzbereitschaft zur Ausführung autonomer militärischer Interventionen erklärt. Noch bestehende Fähigkeitslücken, besonders im Hinblick auf das obere Spektrum der Petersberg-Aufgaben, sollen bis 2010 geschlossen werden.

1.3. Fallbeispiel: Multilaterale Krisenintervention im Kosovo

In den neunziger Jahren standen die Konflikte im ehemaligen Jugoslawien immer wieder auf der Agenda der internationalen Organisationen. Der VN-Sicherheitsrat verabschiedete von 1992 bis 2000 in diesem Zusammenhang über 80 Resolutionen und auch die OSZE bemühte sich intensiv um eine politische Lösung. Allerdings scheiterten die Ansätze immer wieder an dem fehlenden politischen Willen der Konfliktparteien und an der serbischen Strategie, durch Verhandlungen Zeit zu gewinnen und mit militärischem Vorgehen Tatsachen zu schaffen.

Im Frühjahr 1998 verschlechterte sich die Situation im Kosovo gravierend. Der ehemalige Präsident Jugoslawiens Milosevic setzte Sonderpolizei und Militär ein, um die von der UCK ‚befreiten' Gebiete wieder unter serbische Kontrolle zu bringen. Daraufhin eskalierten die gewaltsamen Auseinandersetzungen und in der direkten Folge waren im September 1998 – nach Schätzungen des UNHCR – 300.000 Menschen auf der Flucht, davon ca. 200.000 innerhalb des Kosovo.[11] Der VN-Sicherheitsrat verabschiedete als Reaktion eine Resolution, in der er die Rückkehr aller Flüchtlinge und die Einstellung der Feindseligkeiten forderte. Durch die Androhung von Luftangriffen gelang es der NATO, den Forderungen Nachdruck zu verleihen. 80.000 Flüchtlinge konnten zunächst in ihre Häuser zurückkehren und es wurden 2.000 OSZE-Beobachter in das Kosovo entsandt.

Allerdings wurden bald darauf weitere Einheiten der jugoslawischen Armee und Spezialpolizei in das Kosovo verlegt und führten dort „ethnische Säuberungen" durch. Das durch dieses Vorgehen ausgelöste Leid der Zivilbevölkerung erhöhte den Handlungsdruck auf die westlichen Regierungen. Da alle bisherigen Versuche eine politische Lösung herbeizuführen erfolglos geblieben waren, wurden die OSZE-Beobachter abgezogen und die NATO begann am 24. März 1999 eine Luftoperation, um Mord und Vertreibung zu stoppen. Begleitet wurden die militärischen Maßnahmen weiterhin durch intensive diplomatische Bemühungen. Die massive Einschränkung und Bedrängnis der jugoslawischen Streitkräfte durch die NATO-Flugzeuge bewirkten letztlich, dass das Belgrader Regime nach 79 Tagen einlenkte und sein Vorgehen gegen die Zivilbevölkerung stoppte. Zum Erfolg der NATO-Operation und zum Schutz alliierter Flugzeuge leistete die Bundeswehr mit einem Einsatzgeschwader der Luftwaffe und insgesamt 390 Einsätzen der ECR-Tornados[12] und 46 Einsätzen der Aufklärungs- Tornados einen wesentlichen Beitrag. Darüber hinaus war und ist die Bundeswehr mit Soldatinnen und Soldaten am KFOR-Kontingent beteiligt. Sie trägt damit maß-

---

[11] BMVg 2000: 6.
[12] ECR-Tornados werden zur Niederhaltung der bodengebundenen Luftabwehr (*Suppression of Enemy Air Defense*, SEAD) eingesetzt.

geblich zur Stabilisierung der Lage und zur Schaffung eines sicheren Umfelds für den Wiederaufbau bei.

2. Krisenprävention

2.1. Strategische Ansatzpunkte der Krisenprävention

Der Gedanke der Krisenprävention ist nicht neu. Neu sind jedoch die Ansätze und Instrumente. Erfahrungen im Umgang mit Krisen der letzten Jahre haben wiederholt deutlich gemacht, dass neben einer kurzfristigen Krisenintervention (u.a. humanitäre Hilfe, Stationierung von Stabilisierungskräften) mehr denn je Maßnahmen langfristiger (ziviler) Krisenprävention getroffen werden müssen. Nothilfe in akuten Krisen ist vielfach lebensnotwendig für die betroffenen Menschen, sollte aber dennoch den Ausnahmefall bilden und rasch in entwicklungspolitische Maßnahmen übergeleitet werden.

Langfristige Krisenprävention muss unparteiisch, multilateral und multidimensional sein, sich auf die strukturellen Ursachen von gewaltsamen Konflikten[13] konzentrieren und zu den Anstrengungen der Konfliktparteien subsidiär sein. Es gilt, im Sinne eines umfassenden Ansatzes, ressortübergreifend Prozesse, die zur Gewaltanwendung beziehungsweise zur Gewalteskalation führen können, zu beeinflussen. Zum Instrumentarium deutscher Sicherheitspolitik gehören diplomatische, rechtsstaatliche wie wirtschaftliche Maßnahmen, aber auch ökologische, soziale und entwicklungspolitische Ansätze im Sinne des erweiterten Sicherheitsbegriffs. Dieses breit gefächerte Instrumentarium eröffnet die Möglichkeit mit differenzierten, auf die jeweilige Situation zugeschnittenen Handlungsansätzen den Krisen nicht nur zu begegnen, sondern ihrer Eskalation frühzeitig vorzubeugen. Eine enge Koordination der verschiedenen Mittel ist für einen nachhaltigen Erfolg notwendig.

Für eine kohärente Strategie der Krisenverhütung und -bewältigung ist des Weiteren eine verstärkte Einbeziehung von Nichtregierungsorganisationen und der Zivilgesellschaft sowie ein effektiver Dialog zwischen nicht-staatlicher und staatlicher Sphäre nötig. Nicht-staatlichen Akteuren ist die Möglichkeit zu eröffnen, sich partizipatorisch in die Arbeit der staatlichen Akteure einzubringen. Das enge Zusammenwirken verschiedener staatlicher, wirtschaftlicher und gesellschaftlicher Akteure verhindert darüber hinaus auch eine Überforderung einzel-

---

[13] Machtkonflikte, ethnische oder religiös-fundamentalistische Auseinandersetzungen, Ressourcenverknappung, Verelendung breiter Bevölkerungsschichten und damit einhergehende Verteilungskämpfe und Migrationsbewegungen sowie Umwelteingriffe durch den Menschen beschreiben wesentliche Konfliktursachen.

ner Staaten oder Organisationen mit der Problemregelung. Aktivitäten und Programme sind daher auf nationaler, regionaler und internationaler Ebene aufeinander abzustimmen und zu koordinieren. Rein nationale Strategien, die nicht in ein multilaterales Konzept eingebunden sind, können in aller Regel wenig ausrichten.

Die Beseitigung innerer, den Aufbauprozess einer Krisenregion behindernder Faktoren und Strukturen kann und darf allerdings auch nicht alleine von außen erfolgen. Interne gesellschaftliche und politische Kräfte, die diesen Prozess nachhaltig unterstützen, müssen erwachsen. Die jeweiligen Gesellschaften der Partnerländer müssen sich die erforderlichen Reform- und Entwicklungsprozesse zu eigen machen. Strukturelle Krisenprävention muss also kooperativ sein, weil sie angewiesen ist auf den Friedenswillen der unmittelbar Beteiligten.

Krisenverhütung und -bewältigung erfordern häufig das Agieren in einem anderen, fremden Kulturkreis. Lebensweise, Wertvorstellungen und Mentalitäten der Menschen unterscheiden sich dort oft grundlegend von westlichen Vorstellungen. Diese fremden Einstellungen sind zu respektieren, ohne dass jedoch die universell gültigen Menschenrechte, wie sie in der Charta der VN und den Menschenrechtskonventionen festgeschrieben sind, verhandelbar sind.

Ansatzpunkte für eine strukturelle Krisenprävention sind:

- die Entwicklung und Förderung liberaler handlungsfähiger staatlicher Strukturen in Krisenregionen, um Konflikte zu vermeiden und Anknüpfpunkte für ein breites Spektrum an Krisenpräventionsmaßnahmen zu schaffen,
- die Förderung einer Wissensgesellschaft, um die Friedenspotenziale der Zivilgesellschaft zu stärken, sowie
- die Schaffung einer ökonomischen und ökologischen Lebensgrundlage zur Verbesserung der Lebenschancen der betroffenen Menschen.

Zur Gesamtstrategie gehören die Fortentwicklung des Völkerrechts, die Verrechtlichung der Konfliktaustragung (i.e. Internationale Straf- und Schiedsgerichtsbarkeit), die Menschenrechtspolitik als vorbeugende Friedenspolitik und die Schärfung des Instruments ziviler Sanktionen.

Durch die Verbesserung der wirtschaftlichen, sozialen, ökologischen und politischen Verhältnisse in den Kooperationsländern trägt die Entwicklungspolitik zur Verhinderung und zum Abbau struktureller Gewaltursachen bei. Ebenso werden durch Maßnahmen in diesen Politikfeldern Mechanismen zur gewaltfreien Konfliktbearbeitung gefördert.

2.2. Neue Instrumente – Der Aktionsplan „Zivile Krisenprävention, Konfliktlösung und Friedenskonsolidierung"

Ressortübergreifend wurden erhebliche Anstrengungen unternommen, neue oder verbesserte Instrumente der Krisenprävention zu entwickeln. Der am 12. Mai 2004 von der Bundesregierung verabschiedete Aktionsplan „Zivile Krisenprävention, Konfliktlösung und Friedenskonsolidierung" zieht eine Bilanz der bisherigen Umsetzung des Gesamtkonzepts der Bundesregierung zur zivilen Krisenprävention. Zugleich werden die Schwerpunkte für das künftige Handeln der Bundesregierung in diesem Aufgabenfeld festgelegt.

Der Aktionsplan ist Ergebnis des in der Koalitionsvereinbarung festgelegten politischen Willens, bereits bestehende Konzepte zur Krisenprävention im Sinne einer ressortübergreifenden Querschnittsaufgabe mit konkreten Handlungsoptionen weiter auszugestalten und im öffentlichen Bewusstsein zu verankern.

Der Aktionsplan, der unter der Federführung des Auswärtigen Amtes entwickelt wurde, enthält mehr als 160 Einzelaktionen. Er soll das Potenzial internationaler Organisationen zur Krisenprävention ausschöpfen und optimieren sowie zur Schaffung einer internationalen Kultur des Friedens und verlässlicher staatlicher Strukturen beitragen. Insbesondere soll auf die Beseitigung struktureller Krisenursachen und die Förderung von Friedenspotenzialen in den Zivilgesellschaften hingewirkt werden. Die Bedeutung der Vereinten Nationen, die Stärkung globaler Partnerschaften und die Herrschaft des internationalen Rechts werden im Aktionsplan für eine wirksame und nachhaltige Krisenprävention herausgestellt.

Da Krisenprävention eine Querschnittsaufgabe ist, verweist der Aktionsplan auch auf militärische Instrumente der Krisenprävention. Mögliche Beiträge der Bundeswehr im VN-, NATO-, EU- oder OSZE-Rahmen sind an vielen Stellen eingeflossen. Die Tätigkeitsfelder des Bundesministeriums der Verteidigung reichen daher von der Entwicklung neuer Fähigkeiten sowie Anpassung von Strukturen, um die NATO auf neue Herausforderungen auszurichten,[14] bis hin zur Mitarbeit bei einzelnen Initiativen zur Kennzeichnung von Waffen und Munition[15]. Aus dem aufgezeigten weiten Spektrum werden im Folgenden einige ausgewählte Beispiele benannt.

---

[14] Vgl. Bundesregierung 2004: 35, Aktionspunkt 78.
[15] Vgl. Bundesregierung 2004: 17, Aktionspunkt 22.

2.3. Beiträge der Bundeswehr zur Krisenprävention

2.3.1. Krisenfrüherkennung

Die Idee der Prävention beruht auf der Annahme, dass Konflikte eine Vorgeschichte haben und daher prinzipiell frühzeitig erkennbar und bis zu einem gewissen Grad auch prognostizierbar sind. Allerdings herrscht eine rege Diskussion um die Frage, welche Indikatoren aussagekräftig eine mögliche Eskalation vorhersagen können. Grundsätzlich ist davon auszugehen, dass die Überwachung von Lebensbereichen und Entwicklungen von Gesellschaften, darunter besonders der ethnischen, kulturellen und religiösen Gegensätze, des Sozialsystems, der Wirtschaft, der Infrastruktur und natürlich auch, aber nicht primär, der Streitkräfte eine notwendige Voraussetzung zur Früherkennung ist. Darüber hinaus besteht das Problem, dass die gesammelten Daten „(...) zur rechten Zeit den richtigen Leuten zur Kenntnis gebracht werden"[16]. Krisenfrüherkennung muss daher kontinuierlich und ressortübergreifend erfolgen, um Ansatzpunkte der Gewaltprävention möglichst rechtzeitig und zielgerichtet identifizieren zu können. Die Bundeswehr kann im Bereich Krisenfrüherkennung – mit Hilfe ihres weitgefächerten Spektrums an Nachrichtengewinnungs- und Aufklärungsfähigkeiten – wichtige Beiträge leisten. So ist die Bundeswehr zum Beispiel dabei, im Bereich der Satellitenaufklärung wertvolle Fähigkeiten aufzubauen. Gemeinsam mit Frankreich soll mit dem System SAR-Lupe/Helios II ein europäischer satellitengestützter Aufklärungsverbund realisiert werden.[17] Deutschland konzentriert sich dabei auf eine hochauflösende Radarkomponente, um eine tageslicht- und wetterunabhängige weltweite Aufklärung zu ermöglichen.

Die von der Bundeswehr gewonnenen Erkenntnisse flossen schon in der Vergangenheit in den Ressortkreis „Krisenarbeit Ausland" ein.[18] Auch die Arbeit des im Rahmen der Umsetzung des Aktionsplans „Zivile Krisenprävention" durchgeführten Pilotländergesprächskreises Nigeria wurde unterstützt.[19] Ziel dieser vom Aktionsplan vorgesehenen Gesprächskreise ist es, durch eine mittel- und langfristige Analyse von Ländern/Regionen in denen eine Eskalation von gewaltsamen Konflikten nicht direkt absehbar ist, die politischen, wirtschaftlichen und sozialen Bedingungen in dieser Region aber Krisenpotential bergen, rechtzeitig Handlungsbedarf zu identifizieren.

---

[16] Rupesinghe 1995: 86.
[17] Das *Memorandum of Understanding* von Schwerin, das Grundsatzvereinbarungen für den Systemverbund SAR (Synthetic-Aperture-Radar)-Lupe/Helios II regelt, wurde durch die Minister am 30.Juli 2002 unterzeichnet. Das System soll bis zum dritten Quartal 2007 volle Einsatzbereitschaft erlangen.
[18] Dieser Ressortkreis (bisher: „Krisenfrüherkennung") ist eine Einrichtung unter Federführung des Auswärtigen Amtes, der dem Krisenreaktionszentrum des Auswärtigen Amtes zuarbeitet.
[19] Vgl. Bundesregierung 2004: 91, Aktionspunkte 140f.

2.3.2. Krisenprävention durch Sicherheitssektorreform

„Sicherheitssektorreform" ist eine Bezeichnung zur Beschreibung der Transformation des gesamten Sicherheitssystems eines Staates mit allen daran beteiligten Akteuren in Richtung einer stärkeren Kompatibilität dieses Systems mit demokratischen Normen (Stärkung des Primats der Politik, Grundsätze der Inneren Führung, etc.).

Die Bundeswehr unterstützt in diesem Zusammenhang zum einen den Aufbau von Streitkräften in Krisenländern durch militärische Ausbildung. Als Beispiel ist hier die Ausbildungsunterstützung für die Offiziere der irakischen Armee zu nennen.

Zum anderen stellt sie im Rahmen der Ausstattungshilfe – einem entwicklungspolitischen Instrument der Bundesregierung, welches u.a. in den multilateralen Rahmen des G-8 Afrika-Aktionsplans bzw. der EU-Afrika-Strategie eingebettet ist – Beratergruppen, um gesellschaftspolitische, zivile und humanitäre Vorhaben (z.B. Hilfeleistung bei der Einrichtung von Militärhospitälern, Aufbau und Betrieb von Ausbildungseinrichtungen für technische Berufe) einschließlich der Stärkung der *Peacekeeping*-Fähigkeiten (z.B. unterstützt das Bundesministerium der Verteidigung derzeit das *Kofi Annan International Peacekeeping Training Center* in Accra, Ghana mit drei deutschen Militärberatern. Ab April 2007 ist der Einsatz eines Militärberaters im ECOWAS-Sekretariat in Abuja, Nigeria vorgesehen) zu fördern.[20]

Allerdings erstreckt sich die Hilfe der Bundeswehr generell nicht darauf, die Kampf-/Kampfunterstützungsfähigkeiten zu verbessern. Sollten die Streitkräfte eines Partnerlandes an kriegerischen Auseinandersetzungen beteiligt sein – selbst wenn sie das angegriffene Land sind –, wird die Ausstattungshilfe eingefroren.

2.3.3. Krisenprävention durch Rüstungskontrolle

Auch Rüstungskontrolle, Abrüstung und Nichtverbreitung von Massenvernichtungswaffen sowie Rüstungsexportkontrolle stellen wichtige Aspekte und gleichzeitig Instrumente der Krisenprävention dar. Sie erschweren das Austragen bewaffneter Konflikte. Auf ministerieller Ebene ist das Auswärtige Amt federführend bei der Gestaltung der deutschen Rüstungskontrollpolitik. Im Bundesministerium der Verteidigung liegt die fachliche Verantwortung für die Wahrnehmung der deutschen rüstungskontrollpolitischen Rechte und Pflichten beim Führungsstab der Streitkräfte. So können bei der Entwicklung rüstungskontrollpolitischer Vorhaben eigene militärische Handlungsoptionen berücksichtigt wer-

---

[20] Ausführlicher dazu: N. Eitelhuber 2007: 22f.

den. Für die Implementierung der Rüstungskontrollvereinbarungen und den damit verbundenen Initiativen und Verhandlungen ist das Zentrum für Verifikationsaufgaben der Bundeswehr zuständig. Auch außerhalb Deutschlands leistet die Bundeswehr in diesem Bereich tatkräftige Unterstützung, so z.B. durch die personelle und finanzielle Unterstützung des *Regional Arms Control Verification and Implementation Centre (RACVIAC)* Südosteuropa in Kroatien.[21]

2.3.4. Beitrag zum „Aktionsplan für die zivile Krisenbewältigung im Rahmen der ESVP"

Der Europäische Rat hat sich im Juni 2004 auf einen „Aktionsplan für die zivile Krisenbewältigung im Rahmen der ESVP" verständigt. Im Rahmen des Gesamtansatzes der ESVP zielt der Aktionsplan darauf ab, das zivile Krisenmanagement effizienter und reaktionsfähiger zu gestalten und das volle Spektrum der Aufgaben mit den jeweils geeigneten Kräften und Mitteln zu erfüllen. Die Zielvorgaben, die im Juni 2000 für die vorrangigen Bereiche – Polizei, Katastrophenschutz, Rechtsstaatlichkeit und Zivilverwaltung – aufgestellt wurden, sind mittlerweile erfüllt. Deutschland beteiligt sich mit 910 Polizisten, 612 Katastrophenschutzkräften, 60 Justizkräften und 88 Verwaltungsbeamten. Für die Unterstützung der EU-Sonderbeauftragten und für das Monitoring werden darüber hinaus aber auch Soldaten benötigt. Die Bundeswehr stellt daher bis zu 20 Soldaten als Militär- und Reintegrationsberater sowie Experten für Überwachungsaufgaben (Waffenstillstand oder Friedensabkommen), für DDR-Prozesse *(„Disarmament, Demobilization and Reintegration")* und für sicherheitspolitische Entwicklungen bereit.

2.3.5. Fallbeispiel Mazedonien: Krisenprävention durch militärische Stabilisierung

Bei der Krisenprävention ist von zentraler Bedeutung, dass politische Regelmechanismen geschaffen werden, die einen gewaltfreien Konfliktaustrag erst dauerhaft ermöglichen. Dies kann nur durch die Verzahnung kurzfristiger Maßnahmen zur Gewaltprävention und langfristiger Maßnahmen zur Friedenskonsolidie-

---

[21] Das Verifikations- und Unterstützungszentrum zur Implementierung von Rüstungskontrollabkommen in Südosteuropa eröffnet den Staaten der Region die Möglichkeit, im Rahmen der Maßnahmen von Tisch 3 (Sicherheit), an der Umsetzung der durch sie vereinbarten Rüstungskontrollabkommen in vollem Umfang teilzunehmen.

rung²² sowie durch die Bündelung ziviler und militärischer Fähigkeiten im Rahmen eines multilateralen Vorgehens verwirklicht werden.

Die Wirksamkeit eines solchen Vorgehens zeigt sich am Beispiel Mazedoniens. Im Sommer 2001 kam es in der ehemaligen Jugoslawischen Teilrepublik zu gewaltsamen Auseinandersetzungen zwischen albanisch-stämmigen Extremisten und mazedonischen Sicherheitskräften. Durch die Koordination militärischer und ziviler Maßnahmen sowie die Verknüpfung kurzfristiger und langfristiger Aktionen konnte ein drohender Bürgerkrieg abgewendet werden. Grundlegend für die friedliche Beilegung des Konflikts war das multilaterale diplomatische Vorgehen bei der Vermittlung des Abkommens von Ohrid, welches durch die Konfliktparteien unterzeichnet wurde. Flankiert wurden die Verhandlungen durch rasch zur Verfügung gestellte Wirtschaftshilfen und die Eröffnung einer langfristigen europäischen Perspektive für Mazedonien.

Zur Absicherung des Abkommens wurde – auf Bitten des mazedonischen Präsidenten und mit ausdrücklicher Billigung aller Regierungsparteien – im August/September 2001 eine NATO-Mission („*Essential Harvest*") entsandt. Die 3500 Soldaten, darunter 500 Bundeswehrsoldaten, sollten die von den albanischen Extremisten freiwillig abgegebenen Waffen und Munition einsammeln und zerstören.

Nach Ablauf der 30 Tage dauernden Operation erbat die mazedonische Regierung eine weitere Mission zur Sicherung eines stabilen Umfeldes, in dem der Prozess der Friedenskonsolidierung weiter fortgesetzt werden konnte. Mit der Führung der NATO-Operation „*Amber Fox*" übernahm erstmals Deutschland die Verantwortung für eine Gesamtmission im Rahmen des militärischen Krisenmanagements. Auch über das Ende von „*Amber Fox*" hinaus leistete Deutschland sowohl zur NATO-Folgemission „*Allied Harmony*" (2002/2003) als auch zur ersten militärischen EU-Operation („*Concordia*" ab März 2003) einen substantiellen Beitrag.

Des Weiteren unterstützte die Bundeswehr im Rahmen der *Civil Military Cooperation* (CIMIC) zivile Akteure. CIMIC zielt auf „die Unterstützung der Truppen im Einsatzland durch das Herstellen funktionaler Beziehungen zur Bevölkerung, zu lokalen Behörden, staatlichen und nichtstaatlichen Hilfsorganisationen und internationalen Organisationen sowie die Schaffung bestmöglicher Bedingungen für die im Land eingesetzten Streitkräfte"²³. Durch aktive Mitarbeit und ca. 1,3 Millionen Euro Finanzhilfe unterstützten Bundeswehrsoldaten die Planung und Durchführung von Projekten zum Wiederaufbau und der Beseiti-

---

[22] „Dieser Begriff beschreibt das gesamte Umfeld der Schaffung bzw. Wiederherstellung von gesellschaftlichen Verhältnissen und Beziehungen, die eine friedliche Bearbeitung von Konflikten begünstigen." Bundesregierung 2004: IX.
[23] Braunstein 2001: 186.

gung von Schäden an Häusern, Schulen, Kindergärten und Ambulanzen. Durch diesen Einsatz haben sich zum einen die Lebensbedingungen der Bevölkerung zunehmend verbessert, zum andern ist durch das sichtbare Mitwirken die Akzeptanz und der Rückhalt der Soldaten in der Bevölkerung gestiegen.

Der Mazedonien-Einsatz ist insgesamt ein Beleg für erfolgreiches Krisenmanagement. Durch präventives Vorgehen konnte eine gewaltsame Eskalation unterbunden werden und konsequente militärische Absicherung verhinderte ein Abgleiten in einen kriegerischen Konfliktaustrag. Die so geschaffenen stabilen Rahmenbedingungen ermöglichten die Friedenskonsolidierung und Errichtung gewaltfreier Regulationsmechanismen.

Mazedonien hat gezeigt, dass „die internationale Staatengemeinschaft und (...) vor allen Dingen Europa (...) aus den Tragödien der jugoslawischen Erbfolgekriege die Lehren gezogen hat."[24]

3. Fazit

Kriege und gewaltsame Konflikte zu verhindern, war immer schon die vornehmste Aufgabe der Diplomatie. Dabei kann es allerdings nicht darum gehen, Konflikte generell zu verhindern, da diese Bestandteil jedes gesellschaftlichen Wandlungsprozesses sind. Vielmehr soll ihr gewaltsamer Austrag verhindert werden. Sowohl Krisenintervention als auch Krisenprävention zielen darauf ab, Konflikte innerhalb friedlicher Regulationsmechanismen zu bearbeiten.

Aus den Erfahrungen des letzten Jahrzehnts ist die wichtige Erkenntnis zu ziehen, dass ohne ein stabiles Umfeld und menschenwürdige Bedingungen für die Bevölkerung im Krisengebiet solche Mechanismen nicht errichtet bzw. aufrecht erhalten werden können. Krisenprävention und -intervention sind zwei zum Teil komplementäre Strategien, mit denen dieses Ziel erreicht werden soll.

Die Bundesregierung hat mit dem Aktionsplan „Zivile Krisenprävention, Konfliktlösung und Friedenskonsolidierung" ein umfassendes Konzept vorgelegt, das die Notwendigkeit auch militärischer Interventionen zur Verhinderung oder Beendigung gewaltsamen Konfliktaustrags anerkennt.[25]

Für unmittelbare Interventionen zur Abwendung humanitärer Katastrophen – im Rahmen der Bündnisstrukturen –, stellt die Bundeswehr eine wichtige Ressource dar. Die Kosovokrise hat eindringlich die Notwendigkeit zur Fähigkeit militärischer Intervention belegt. Ohne Zwangsmaßnahmen wären Vertreibung und Massenmord wohl nicht zu stoppen gewesen. Die positive Entwicklung

---

[24] Rede des ehemaligen Bundesaußenministers Fischer vor dem Deutschen Bundestag zur Fortsetzung des Bundeswehreinsatzes in Mazedonien am 23. Oktober 2002.
[25] Bundesregierung 2004: 17.

weist darauf hin, dass insbesondere zur Friedensschaffung einsatzfähige Streitkräfte von Nöten sein können.

Generell kann die Bundeswehr aufgrund ihres breit gefächerten Fähigkeitsspektrums nicht nur Interventionsmaßnahmen durchführen, sondern auch zur Krisenprävention Beiträge leisten. So ist die Bundeswehr auch in der Lage, friedensstabilisierende Einsätze durchzuführen. Der Einsatz in Mazedonien überzeugt von der Notwendigkeit, zivile Maßnahmen zur Prävention durch militärische Kräfte abzusichern.

Neben den angesprochenen klassischen militärischen Fähigkeiten tragen darüber hinaus auch Experten der Bundeswehr, z.B. bei der Rüstungskontrolle, der Ausbildung von Sicherheitskräften und der Krisenfrüherkennung zur Krisenprävention bei, indem sie Informationen und spezielles *know-how* zur Verfügung stellen.

Die Bundeswehr stellt somit im Kanon der zivilen, wirtschaftlichen und politischen Maßnahmen bei der Umsetzung des Aktionsplans eine unverzichtbare Komponente dar. Dies machen auch die seit nun fast einem Jahrzehnt in zunehmendem Maße durchgeführten Einsätze zur Krisenbewältigung deutlich. Heute stehen ca. 7.800 Bundeswehrsoldaten (Stand Februar 2007) im Auslandseinsatz. Sie bereiten den Weg für die Implementierung langfristiger nicht-militärischer Maßnahmen zur Stabilisierung der Krisenregionen und begleiten und unterstützen deren weitere Entwicklung. Die erfolgreichen Einsätze in Bosnien und Herzegowina, Kosovo, Mazedonien und Afghanistan bezeugen die Richtigkeit und Wichtigkeit des Beitrags der Bundeswehr sowohl zur Krisenprävention als auch zur Krisenintervention.

Literatur

Braunstein, Peter (2001): Die Zusammenarbeit der Bundeswehr mit Hilfsorganisationen – Grundsätze und Konzepte der zivil-militärischen Zusammenarbeit (CIMIC). In: Kolbow et al. (2001): 184-194.

Bundesministerium der Verteidigung (Hrsg.) (2000): Friedenstruppe KFOR. Hintergrundinformationen zum Einsatz der internationalen Staatengemeinschaft im Kosovo und zur Beteiligung der Bundeswehr Bonn: Bundesministerium der Verteidigung.

Bundesministerium der Verteidigung (Hrsg.) (2003): Verteidigungspolitische Richtlinien. Berlin.

Bundesministerium der Verteidigung (Hrsg.) (2006): Weißbuch 2006 zur Sicherheitspolitik Deutschlands und zur Zukunft der Bundeswehr. Berlin.

Bundesregierung (Hrsg.) (2004): Aktionsplan „Zivile Krisenprävention, Konfliktlösung und Friedenskonsolidierung". Berlin.

Bungarten, Pia (Hrsg.) (1995): Frühwarnung und Vermittlung bei Konflikten – Chancen für Prävention? Bonn: Friedrich-Ebert-Stiftung.

Eitelhuber, Norbert (2004): Implikationen der NATO Response Force für die Parlamentsbeteiligung. Berlin: Stiftung Wissenschaft und Politik.
Eitelhuber, Norbert / Liebich, Gerald (2007): Sicherheitssektorreform neu gefasst – Beiträge der Bundeswehr zu einem ressortübergreifenden Ansatz. In: Berliner Behördenspiegel, Heft 1: 22-23.
Ischinger, Wolfgang (2000): Rede zur Eröffnung der Konferenz „Facing Ethnic Conflict. Perspectives from Research and Policy-making" des Zentrums für Entwicklungsforschung, Bonn.
Kolbow, Walter / Quaden, Heinrich (Hrsg.) (2001): Krieg und Frieden auf dem Balkan – Makedonien am Scheideweg? Chancen, Herausforderungen und Risiken des Aufbruchs nach Europa. Baden-Baden: Nomos.
Rupesinghe, Kumar (1995): Early Warning and Preventive Diplomacy. In: Bungarten (1995): 74-90.
Wiefelspütz, Dieter (2003): Der Einsatz bewaffneter deutscher Streitkräfte und der konstitutive Parlamentsvorbehalt. Baden-Baden: Nomos.

Zivile Konfliktbearbeitung – Möglichkeiten und Grenzen des integrierten Ansatzes

Oliver Wolleh

1. Einleitung

Modelle ziviler Konfliktbearbeitung basieren auf einem Konfliktverständnis, welches Konflikte als einen Bestandteil menschlicher und gesellschaftlicher Entwicklung sieht. Konflikte definiert als Gegensätze zweier Parteien im Denken, Fühlen oder Wollen werden nur insofern als kritisch eingeschätzt, als dass die Formen der Austragung eine problematische Dynamik annehmen können. Zivile Konfliktbearbeitung zielt folglich auf der politischen Ebene auf eine *Gewaltprävention* und nicht auf eine *Konfliktprävention*. Während der Begriff der *Konfliktaustragung* auf die Dynamik angewendet wird, welche sich zwischen den Kontrahenten entwickelt, weist der Begriff der *Konfliktbearbeitung* darauf hin, dass diese Dynamik durch Interventionen von Seiten dritter Parteien (hoffentlich) positiv verändert wird.

2. Ebenen der Konfliktbearbeitung

Eine grundlegende Differenzierung in der zivilen Konfliktbearbeitung war seit den 60er Jahren die Unterteilung zwischen offiziellen (diplomatischen) Konfliktbearbeitungsformaten, welche als *track 1* bezeichnet wurden, und sogenannten *track 2*-Formaten, bei denen es sich um inoffizielle, von gesellschaftlichen Akteuren durchgeführte Dialog-Formate handelte (vgl. W.D. Davidson / J.V. Montville 1981/82; J.V. Montville: 1995: 7-26).

Diese beiden Ebenen gehen mit einem jeweils spezifischen und nur teilweise überlappenden Spektrum der Konfliktbearbeitungsformen einher. Die staatliche *track 1*-Ebene schließt neben den nicht-gewaltsamen Formen (z.B. gute Dienste, Fazilitation, Mediation, Fact Finding oder das auf der Zustimmung der Parteien basierende Peacekeeping) auch Zwangsmittel (z.B. Power-Mediation, die Verhängung von Sanktionen, Friedenserzwingung oder der Erlass bindender Schiedssprüche) ein. Zivilgesellschaftliche Akteure operieren demgegenüber ohne die Verwendung von Zwangsmitteln und sind auf die Kooperation ihrer Partner und Zielgruppen angewiesen.

Verallgemeinernd kann gesagt werden, dass die Begriffe der *track 1-* und *track 2-* Ebene mit einer deutlichen Verhandlungs- und Dialogorientierung, um nicht zu sagen Dialoglastigkeit einhergehen, allerdings mit einem wichtigen Unterschied. Während *track 1*-Initiativen als offizielle Verhandlungsprozesse auf eine bindende vertragliche Regelung zwischen den Konfliktparteien gerichtet, d.h. übereinkommensorientiert sind, sind dies *track 2*-Initiativen nicht. Hier steht die Prozessorientierung, d.h. die Qualität des Prozesses und Intensität des Dialoges zwischen den Parteien im Vordergrund (vgl. C. Reimann 2004: 47). Ihrem Selbstverständnis nach sehen sich *track 2*-Aktivitäten daher in einem komplementären Verhältnis zu den Aktivitäten der offiziellen Ebene. Ihr erklärtes Ziel ist es, die Kommunikation zwischen den Konfliktparteien zu verbessern und so neue Spielräume und Durchbrüche auf der offiziellen Verhandlungsebene zu fördern oder zu ermöglichen. Eine häufig erwähnte Grundannahme ziviler Konfliktbearbeitung besteht darin, dass offizielle Verhandlungssettings Strukturen aufweisen, die eine Einigung verzögern oder gar behindern und dass diese Beschränkungen in informellen Prozessen nicht oder nur bedingt wirken (vgl. K. Rupesinghe 1995a).

3. Grundbegriffe und Entwicklungen des Feldes

Das Engagement der *track 2*-Akteure war und ist stark durch das Gedankengut der *Alternative Dispute Resolution* und einiger mit dieser einhergehenden begrifflichen Konzepte geprägt worden. Dabei handelt es sich zum einen um die Unterscheidung zwischen den offiziellen Positionen der Konfliktparteien und den dahinter (tatsächlich) liegenden Interessen (vgl. R. Fisher / W. Ury 1981). Die Intervention zielt im Kern darauf, die Interessen der Parteien im Dialog mit diesen transparent zu machen, Interessenüberschneidungen sichtbar zu machen und auf der Basis dieser erweiterten Interessenanalyse neue, die Interessen aller Beteiligten integrierende Lösungsmodelle zu entwickeln. Das inklusive Lösungsmodell wird auch als *win-win*-Modell bezeichnet. Dabei müssen die Parteien zwar ihre ursprünglichen Positionen, nicht jedoch die Wahrung ihrer Interessen aufgeben. Ein weiterer Begriff, der eng mit dem des Interesses korrespondiert, ist jener des „Bedürfnisses" (need) der Parteien nach Sicherheit, Anerkennung, politischer Partizipation oder ökonomischer Wohlfahrt. Anders als bei Konfliktformationen, in denen ‚nur' Interessengegensätze zwischen den Parteien bestehen, ist in Konflikten, in denen die Bedürfnisebene betroffen ist, in einem besonderen Maße die Entwicklung inklusiver Lösungsmodelle wichtig. Während im Interessenbereich auch Kompromisse für die Parteien tragbar sind, sind sie hierzu im Bereich der Bedürfnisse nicht bereit (vgl. J.W. Burton 1990).

Sowohl die Gedankenschulen, die in ihrem Konfliktverständnis eher durch den Interessenbegriff geprägt sind, als auch jene Schulen, die eher auf den Bedürfnisbegriff abstellen, zielen auf die inklusive Lösung. Die Generierung von (möglichst) umfassenden *win-win*-Abkommen und Übereinkünften ist das erklärte Ziel ziviler Konfliktbearbeitung, was erneut die starke Verhandlungsorientierung der Prozesse deutlich macht. Die Methoden wollen sprachliche Interaktionszusammenhänge verbessern und zielen letztlich auf die Übereinkunft. Dabei wird angenommen, dass in den informellen Dialogprozessen der *track 2*-Ebene die subjektiven Faktoren des Konfliktes, welche sich im Verlauf der Eskalation immer weiter verschlechterten (z.b. Vertauensverlust, Vorurteile, Enthumanisierung der anderen Seite) besser behandelt werden können als in offiziellen traditionellen Verhandlungsformaten (vgl. S.H. Kim et al. 1994: 84-87).[1] Dabei wird die *track 1*- und *track 2*-Dichotomie bzw. das Verhältnis ziviler Konfliktbearbeitung und staatlicher Konfliktbearbeitung als komplementär und konfliktfrei zueinander postuliert (vgl. J.V. Montville 1995: 7-26).

Mit der Hinzunahme von Eskalationsmodellen wurden weitere Differenzierungen in der Anwendung der Methoden ziviler Konfliktbearbeitung vorgenommen. Der Grundgedanke verschiedener *Kontingenzmodelle* geht davon aus, dass die Formen ziviler Konfliktbearbeitung von dem Grad der Eskalation des Konfliktes abhängig sind (vgl. R.J. Fisher / L. Keashly 1990: 211-238; R.J. Fisher 1993).[2] Je weiter die Eskalation fortgeschritten ist, so eine zentrale Grundaussage der Modelle, desto ‚stärker' oder ‚direktiver' müssen die Interventionen sein (vgl. N. Ropers 1995). Verallgemeinernd kann man sagen, dass ‚weiche' Formen der Intervention wie Moderation, Fazilitation oder nicht-direktive Mediation bei zunehmender Eskalation ‚harten' Interventionsformen wie Power-Mediation oder gar dem Erlass bindender Schiedssprüche weichen sollen.

Eine weitere konzeptionelle Entwicklung geht mit dem Begriff der *multitrack-diplomacy* einher (vgl. L. Diamond / J. McDonald 1993), der zunehmend durch den *track 3*-Begriff ergänzt bzw. abgelöst wird (vgl. C. Reimann 2004). Beide Konzepte erweitern das verhandlungsorientierte Verständnis ziviler Konfliktbearbeitung dahingehend, dass sie alle jene Initiativen von Graswurzelakteuren miteinbeziehen, die *prozess-* und *strukturorientiert* sind (z.B. Trainings, Traumaarbeit, allgemeine Entwicklungsarbeit sowie humanitäre Aktivitäten). Eine wichtige Grundannahme ist, dass hocheskalierte gewaltsame Konflikte bzw. Konflikte mit einer Gewaltgeschichte eine derart komplexe Struktur aufweisen, dass ihre umfassende Bearbeitung und letztendliche Beilegung nur in

---

[1]. Für eine Analyse der weiteren Begrenzungen traditioneller Diplomatie vgl. E.E. Azar 1990; H.C. Kelman 1997.
[2]: Von Friedrich Glasl stammt eines der entwickeltsten Kontingenzmodelle in der deutschsprachigen Literatur. Vgl. F. Glasl 2004.

einem umfassenden Ansatz möglich erscheint, in dem den psychologischen, sozialen, politischen und wirtschaftlichen Ebenen Rechnung getragen wird. In diesem erweiterten Verständnis steht die *Transformation* des Konfliktes als politisch-gesellschaftlichem Konstrukt mit seinen Strukturen im Fokus der Interventionen. Ferner sind im Hinblick auf die Veränderung der Gesamtsituation langfristige, unter Umständen mehrere Jahrzehnte dauernde Prozesse zu erwarten (vgl. J.P. Lederach 1995; J.P. Lederach 1997; H.H. Saunders 1999).

Eine weitere zentrale Grundannahme des *Transformationsansatzes* ist neben der *Gleichzeitigkeit* von prozessorientierten und strukturellen Ansätzen auch der Gedanke, dass dies auf *allen gesellschaftlichen Ebenen* erfolgen kann und muss. In diesem Sinne hat der Gedanke der Entropie und Vernetzung, der seinen Ausdruck im Konzept der „Friedensallianz" wieder findet, einen wichtigen Stellenwert innerhalb der Konflikttransformation.[3] Als Friedensallianzen werden verzweigte Netze gesellschaftlicher und politischer friedensorientierter Akteure beschrieben, die sich aktiv für eine zivile Konfliktaustragung und Gewaltprävention einsetzen. Mehrere Strukturmerkmale sind für Friedensallianzen charakteristisch:

- Sie bestehen nicht nur aus zivilgesellschaftlichen Organisationen (z.B. NGOs, Medien, Kirchen, Wirtschaft, Förderinstitutionen), sondern können auch staatliche Organisationen umfassen.
- Die Vernetzung spannt sich durch alle hierarchischen Ebenen der Gesellschaft (von der Graswurzelebene bis zur Spitze und umgekehrt), wobei die besondere Bedeutung der mittleren Ebene als eine zwischen der Graswurzelebene und der Top-Ebene vermittelnden Instanz herausgestellt wird (vertikale Vernetzung).
- Die Vernetzung erfolgt zwischen Akteuren der Konfliktparteien und schließt kooperative Prozesse und Strukturen ein (horizontale Vernetzung).
- Die Ermächtigung dieser internen moderaten Kräfte erfolgt durch externe ausländische Unterstützer, was eine Vernetzung interner und externer Akteure auf allen Ebenen voraussetzt.

Transformationsansätze sind somit in ihrem Grundverständnis weitgehend deckungsgleich mit einem komplexen, vielschichtigen und integrierten Verständnis von Friedensförderung (*Peacebuilding*). Der Peacebuilding-Begriff hatte durch die vom damaligen Generalsekretär der Vereinten Nationen Boutros-Ghali veröffentlichte *Agenda for Peace* weite Verbreitung gefunden (vgl. B. Boutros-Ghali

---

[3] Von „entropischen Beziehungen" wird gesprochen, wenn nicht nur die Eliten an diesen partizipieren, sondern auch eine breite Interaktion von Mensch zu Mensch herrscht. Zum Begriff der „Entropie" in diesem Zusammenhang siehe J. Galtung 1976a.

1992). Das Papier stellt ein Kontinuum von Interventionsstrategien vor, in dem das Peacebuilding als *Nach*kriegs-Strategie auf den Wiederaufbau und Versöhnung zielte. Was in diesem *post war peacebulding*-Verständnis nicht sonderlich stark ausgeprägt war, war der strategische Fokus auf die Beseitigung und Transformation der Bedingungen, die ursprünglich den Konflikt und letztlich den Krieg ausgelöst hatten.

Das heutige Verständnis von Friedensförderung betont die zeitliche Einordnung in die *Nach*kriegsphase nicht mehr. In der *Utstein Studie* definiert Dan Smith Friedensförderung wie folgt (D. Smith 2004: 20):

"Peacebuilding attempts to encourage the development of the structural conditions, attitudes and modes of political behaviour that may permit peaceful, stable and ultimately prosperous social and economic development. Peacebuilding activities are designed to contribute to ending or avoiding armed conflict and may be carried out during armed conflict, in its wake, or as an attempt to prevent an anticipated armed conflict from starting."

Für Smith umfassen die Maßnahmen der Friedensförderung die Bereiche Sicherheit, sozioökonomische Grundlagen (z.B. Wiederaufbau, Infrastruktur, Wiederansiedlung, Ernährungssicherheit), politische Grundlagen (z.B. Demokratisierung, gute Regierungsführung, Aufbau von Institutionen, Verankerung und Monitoring von Menschenrechten) sowie Versöhnung und Gerechtigkeit. Zivile Konfliktbearbeitung im Sinne des Transformationsverständnisses und dieses integrierte Verständnis von Friedensförderung sind weitgehend deckungsgleich.

4. Herausforderungen ziviler Konfliktbearbeitung

Die Vielfalt der Akteure sowie deren intensive Vernetzung, die auch *public-private-partnership*-Beziehungen einschließt (z. B. zwischen lokalen internen NGOs und ausländischen staatlichen Geldgebern), führt dazu, dass eine stärkere strategische Ausrichtung all dieser Aktivitäten bzw. die Koordinierung derselben gefordert und thematisiert wird (vgl. P.v. Tongeren 2001; D. Smith 2004). Darüber hinaus gehen die Kooperation zwischen ausländischen und inländischen Akteuren des Friedensallianz-Netzwerkes nicht nur mit *handlungserweiternden*, sondern auch mit *handlungsbeschränkenden* Prozessen für die lokalen Partner einher. Die Nähe zu ausländischen Geldgebern und Unterstützern kann von Skeptikern und Gegnern der strategischen Friedensförderung politisch instrumentalisiert werden und die Mobilisierungsfähigkeit und Wirkungsreichweite der lokalen Akteure deutlich beschränken (vgl. O. Wolleh 2001a).

Eine weitere Herausforderung ist, dass die in der Friedensallianz Agierenden anfangen, sich explizit oder implizit in Opposition zu den politischen Vorgaben ihrer jeweiligen Regierungen zu stellen (vgl. O. Wolleh 2001b). In vielen inter-ethnischen Konfliktkonstellationen stehen Anerkennungsfragen (der Staatlichkeit) im Zentrum der politischen Auseinandersetzung (z.b. Kosovo, Zypern, Georgien, Aserbeijan, Transnistrien, Sri Lanka). Es dauert oft Jahre, wenn nicht gar Jahrzehnte, bis auf der Verhandlungsebene weitreichende Übereinkünfte über die (zukünftige) Ausgestaltung der politisch-rechtlichen Beziehungen zwischen den Gemeinschaften erzielt worden sind. Dies ist insbesondere in „langanhaltenden sozialen Konflikten" der Fall, in denen die Volksgruppen häufig im Verlauf der Eskalation getrennt wurden und in denen Verhandlungsprozesse oftmals blockiert wirken oder zumindest wenig dynamisch sind. Um die Blockade (*stalemate*) zu durchbrechen, versuchen die Parteien durch die Erhöhung des Drucks auf die jeweils andere Seite den stagnierenden Verhandlungsprozess zu dynamisieren. Da militärische Mittel nicht selten bereits ausgeschöpft wurden und sich als ineffektiv entpuppten, verbleiben lediglich politisch-wirtschaftliche Maßnahmen, um jenen Druck aufzubauen der den stagnierenden Status quo für die andere Seite untragbar macht.

In Zypern oder Georgien äußert sich diese Haltung in Form von Handelsembargos oder Sanktionen gegenüber den ‚Sezessionsgebieten', die zu einer Unterbindung aller legalen Wirtschaftsbeziehungen führen und darüber hinaus auch ein sehr weites Spektrum der denkbaren nicht-kommerziellen gesellschaftlichen Aktivitäten behindern. Im georgisch-abchasischen Kontext ist die Hoffnung, durch die Politik der Isolation Abchasiens Bewegung auf der Verhandlungsebene zu erzielen, besonders stark ausgeprägt. Eine Aufgabe der Isolationspolitik wird daher explizit an das abchasische Eingehen auf georgische Verhandlungspositionen geknüpft, wie z.B. die Rückkehr der georgischen *Internaly Displaced Persons* (IDP) nach Abchasien.

Die *Offenheit des Verhandlungsprozesses* hat zur Folge, dass unter der Bedingung der ungeklärten Beziehungsstruktur (z.B. zwischen dem sogenannten ‚Sezessionsgebiet' auf der einen und dem von der Sezession betroffenen Staat auf der anderen Seite) faktisch *jede Form* der Beziehungsgestaltung in den Gesellschaften zu einem Politikum werden kann und wird. Allgemein formuliert werden die auf der *track 1*-Ebene verhandelnden Akteure innerhalb der jeweiligen Parteien von der Sorge getragen, dass gesellschaftliche Kontakt- und Kooperationsformen ihre politischen Positionen unterminieren könnten, da mit diesen gesellschaftlichen Aktivitäten beispielsweise die Staatlichkeit der Gegenseite *implizit anerkannt* wird, weil man mit ihren Institutionen kooperiert und ihnen so einen politischen oder rechtlichen Status zuschreibt. Derartige Sorgen beziehen sich nicht nur auf Teilabkommen zwischen den Parteien mit einem erklärten politischen Inhalt. Vielmehr schließen sie auch Prozesse mit ein, die explizit keinen oder nur einen geringen direkten politischen Anspruch formulieren, wie z.B. Prozesse interpersoneller Begegnung oder Prozesse der gesellschaftlichen Annäherung und Kooperation auf der Graswurzelebene. Dies sind genau die Aktivitäten der *track 3*-Ebene bzw. jene, die in Dan Smiths Definition von Friedensförderung den Bereichen Versöhnung und Gerechtigkeit sowie sozioökonomische Grundlagen zugeordnet werden können.[4]

In diesem Sinne sind die (staatlichen) Verhandlungsvertreter der Konfliktparteien darauf bedacht, dass das Verhalten gesellschaftlicher Akteure *deckungsgleich* mit ihren politischen Positionen ist und das von ihnen im Konflikt angestrebte Gesamtlösungsmodell nicht durch diese Aktivitäten direkt oder indirekt unterminiert wird. Anders ausgedrückt, die sich nicht abzeichnende Einigung innerhalb der offiziellen Verhandlungen führt zu *ernsthaften Beschränkungen der lokalen gesellschaftlichen Akteure*. Die Verhandlungsparteien kommen zu keiner Übereinkunft über einen *modus operandi* der Kooperation und Vertrauensbildung zwischen ihnen.

Die Annahme der politischen Verhandlungselite, dass die Form der Beziehungsgestaltung zwischen ‚ihren' Bürgern und ‚ihren' zivilgesellschaftlichen Gruppen in einer direkten oder indirekten Beziehung mit der Makroebene des Konfliktes steht, hat zur Folge, dass die politischen Schwierigkeiten, die zu einer vorläufigen Beziehungsgestaltung überwunden werden müssen, annähernd dieselben sind wie jene bei den Verhandlungen zur Beilegung des Gesamtkonfliktes und der endgültigen Beziehungsklärung. Ein fehlendes Rahmenabkommen zwischen den Verhandlungsparteien führt zu zwei Dynamiken, die handlungsbestimmend für die lokalen Akteure der zivilgesellschaftlichen Ebene sein können. Dabei handelt es sich

- um Prozesse der *Selbstbeschränkung* gesellschaftlicher Akteure, welche die fehlende staatliche Übereinkunft akzeptieren und sich daher hinsichtlich des Aufbaus kooperativer Strukturen zurückhalten und
- um Prozesse staatlicher *Einflussnahme*, Kontrolle oder gar Repression gegenüber all jenen gesellschaftlichen Akteuren, die trotz der fehlenden Übereinkunft über die Form und den Umfang des Rapprochement anfangen, kooperative Beziehungen über die Konfliktlinie hinweg zu entwickeln.

In Zypern konnte sich trotz alle dem bedingt durch das Engagement lokaler zivilgesellschaftlicher Gruppen und deren Unterstützung durch die Vereinten Nationen und andere externe Akteure teilweise eine *Rapprochement-Dynamik von unten* entwickeln. Wegen den auf beiden Seiten jeweils unterschiedliche Formen

---

[4] Für eine kompakte Analyse der Wirkungsmechanismen impliziter Anerkennung am Beispiel Zyperns siehe C.M. Constantinou / Y. Papadakis 2001; O. Wolleh 2002a; ders. 2002b.

annehmenden spezifischen Behinderungen konnten diese gesellschaftlichen Aktivitäten nur einige spezifische Nischen besetzen. So hat die türkisch-zypriotische Führung über Jahrzehnte systematische inter-kommunale Kontakte zwischen griechischen und türkischen Zyprioten behindert, wenn dies als eine symbolisch-implizite Verletzung ihrer Zweistaatlichkeitsbestrebungen interpretiert werden konnte. Umgekehrt hat auch die griechisch-zypriotische Regierung, welche den Süden des Landes kontrolliert und de jure als „Regierung der Republik Zypern" den internationalen Alleinvertretungsanspruch inne hat, keine Kooperationen zwischen griechisch-zypriotischen und türkisch-zypriotischen NGOs zugelassen, da diese als juristische Personen sich auf die jeweiligen Gesetze ‚ihres' Staates beziehen. Eine Kooperation zwischen Institutionen, so die Begründung, käme der „impliziten Anerkennung" der Staatlichkeit des Nordens gleich. Die dennoch stattfindenden Versuche, einen Prozess gesellschaftlicher Annäherung zu generieren, konnten sich daher nur im Sektor „informeller Bürgerkontakte" etablieren. Das Rapprochement-System war daher auf informelle Begegnungs- und Dialogzirkel unterschiedlichster Gruppen (verschiedene Berufsgruppen, Studenten, Bürger, Jugendliche) reduziert, beinhaltete jedoch nicht jene Qualitäten, die sich durch institutionelle Kooperationen zwischen Institutionen (Universitäten, Schulen, Berufsverbände, Firmen) ergeben (vgl. O Wolleh 2001a; 2002a; 2002c).

Die Einflussnahme der politischen Elite zur *Unterlassung der impliziten Anerkennung* der Staatlichkeit der jeweils anderen Seite findet sich auch im georgisch-abchasischen Konflikt als ein etabliertes Muster. So ist bei der Diskussion der Rückkehr der während des georgisch-abchasischen Krieges geflohenen und vertriebenen georgischen Bevölkerung (IDP) in die Gali-Region von Bedeutung, mit welchen Pässen und Ausweisen die möglichen Rückkehrer nach Abchasien zurückkehren könnten. Während die Abchasen die Rückkehrer im Sinne ihrer staatlichen Unabhängigkeit als ‚abchasische Bürger' mit ebensolchen Ausweisen ausstatten wollen, insistiert die georgische Regierung auf einem Rückkehr-Modus, der das Konzept des in einen georgischen Landesteil rückkehrenden „georgischen Staatsbürgers" symbolisch manifestiert.[5]

Die Beispiele zeigen, wie die offiziellen makropolitischen Verhandlungspositionen der *track 1*-Ebene die Handlungsspielräume gesellschaftlicher Akteure auf der *track 2*- und *track 3*-Ebene beeinflussen. Sei es, dass keine Übereinkünfte für Kooperations-Prozesse und vertrauensbildende Maßnahmen abgeschlossen werden oder sei es, dass autonom agierende zivilgesellschaftliche Akteure systematisch in ihren Aktivitäten beschränkt werden. Eine komplexe inter-

---

[5] Selbstverständlich kann die Problematik der Rückkehr in die Gali-Region nicht auf diesen Aspekt reduziert werden. Sie stellt vielmehr eine wichtige Komponente in der Rückkehrfrage dar neben anderen, wie z.B. Sicherheitsfragen.

parteiliche Transformationsdynamik kann nicht oder nur sehr bedingt entstehen. Es existiert kein (gemeinsamer) Rechtsrahmen zwischen den Konfliktparteien, auf den sich gesellschaftliche Akteure, gleich ob es sich dabei um Wirtschaftsunternehmen, NGOs oder kommunale Institutionen handelt, beziehen könnten. Damit wird ihnen eine zentrale Bedingung ihres Handelns entzogen, nämlich die Vertragsfreiheit. Die Situation ist somit durch den Primat der Politik, um nicht zu sagen durch den Primat der Verhandlungsführung gekennzeichnet bzw. in der Terminologie der Transformationsschule: *track 1*-Entwicklungen beschränken die Möglichkeiten der *track 2*- und *track 3*-Dynamik. Es kommt schlicht und ergreifend nicht zu einem (Rahmen)Abkommen, welches eine ungehinderte Kooperation zuließe.[6]

Die Blockierung und/oder Behinderung gesellschaftlicher Konfliktmanagement-Ansätze den Primat der Verhandlungspositionen stellt eine ernsthafte Herausforderung dar. Eine zentrale Grundannahme ziviler Konfliktbearbeitung, nämlich dass die Akzeptanz zivilgesellschaftlicher Interventionen hoch und nicht im herkömmlichen Maße durch die realpolitischen Parameter der Verhandlungsebene beeinträchtig sei, überzeugt nur bedingt. All zu häufig befinden sich die staatliche und die gesellschaftliche Ebene nicht in einer kongruenten Dynamik und zeichnen sich nicht durch die postulierte Komplementarität aus.

5. Dialog und strategischer Interventionspunkt

Die Zustimmung beider Verhandlungseliten zu einem ausdifferenzierten Ansatz der Friedensförderung ist notwendig, damit dieser erst umfassend entstehen kann. Eine die Konfliktlinien transzendierende *bottom-up*-Dynamik durch lokale NGOs und gesellschaftliche Institutionen kann sich nur schwer, und wenn überhaupt, nur bis zu einem bestimmten Maß (an Intensität) ohne die Zustimmung der Verhandlungseliten beider Seiten etablieren. Ausländische Unterstützung für die kooperationswilligen NGOs kann ohne die Zustimmung der jeweiligen lokalen Autoritäten ebenfalls nur in bedingtem Maße erfolgen. Die Erzielung eines offiziellen (Teil)Abkommens über die Bedingungen und Regeln eines umfassenden entropischen Systems gesellschaftlicher Beziehungen ist notwendig, um den gesellschaftlichen Akteuren das volle Spektrum an Bewegungs- und Vertragsfreiheit zu geben und komplexe Beziehungen zwischen den Parteien zu entwickeln. Die Erzielung eines Grundverständnisses über die Formen der Friedenskonsolidierung ist in den hier beispielhaft aufgeführten Konfliktsystemen einer

---

6 So sind beispielsweise weder im georgisch-abchasischen und georgisch-süd-ossetischen, noch im armenisch-aserbaidschanischen, srilankischen oder zypriotischen Kontext bislang Rahmenabkommen erzielt worden, welche eine gesellschaftliche (kooperative) Beziehungsstruktur regeln würden.

der *neuralgischen Punkte* im Konfliktsystem und somit ein *strategischer Interventionspunkt* im Sinne einer systemischen Konfliktbearbeitung. Es ist dieser *neuralgische Punkt*, an dem sich eine Vielzahl von Problemen manifestieren und zwar nicht nur für die internen NGOs der Konfliktgesellschaften, sondern auch für deren staatliche und nicht-staatliche Unterstützer. Es ist u.a. die Frage nach der *ownership* der Friedensförderungsprozesse und wer über ihre Ausgestaltung letztlich (mit)entscheidet.

Dan Smith benennt in der bereits erwähnten *Utstein-Studie* ein strategisches Defizit auf Seiten der vier untersuchten europäischen (Geld-)Geberländer, wenn er darauf hinweist, dass die Mehrheit der friedensfördernden Projekte nicht an eine weitere (Konfliktland-)Strategie geknüpft ist. Dies liegt keineswegs immer am Projektdesign, vielmehr kann es auch vorkommen, dass eine Strategie des jeweiligen Geldgeberlandes nicht klar erkennbar ist. Die Studie richtet folglich ihre Aufmerksamkeit auf die Schließung dieser strategischen Lücke auf Seiten der Geldgeberländer und ihrer lokalen Partner.

Das multidimensionale Verständnis von Friedensförderung der ausländischen Geldgeber (und der inländischen NGOs) muss keineswegs deckungsgleich mit den strategischen Überlegungen der *Konfliktparteien* bzw. der *Verhandlungsparteien* sein. Sowohl in Zypern als auch in Georgien haben die lokalen politischen Verhandlungsparteien aus ihrer Sicht kein strategisches Defizit. Im Gegenteil, sie haben klare Vorstellungen darüber, mit welchen Mitteln sie versuchen wollen, ihre politischen Vorstellungen durchzusetzen. Die Generierung eines entropischen *multi-track*-Systems gesellschaftlicher Kooperation gehört allerdings nicht dazu, bzw. in nur sehr eng begrenzten Segmenten. Das strategische Defizit ausländischer Geldgeber liegt hier zumindest nicht in der mangelnden strategischen Planungsfähigkeit oder mangelnder Koordinierungsbemühungen ausländischer und inländischer Akteure begründet, sondern im wesentlichen daran, dass es politisch nicht erwünscht ist. Eine umfassende Strategie (ziviler) friedensfördernder Konfliktbearbeitung sollte den von den lokalen Autoritäten bereitgestellten politischen Raum nicht als eine statische Größe betrachten, sondern auch darauf zielen, diesen Raum zu erweitern. Zentrale Instrumente sind hier der innerparteiliche und der zwischenparteiliche Dialog, geht es doch letztlich um die Frage wie und in welchem Umfang die verfeindeten Gesellschaften in Zeiten ergebnisoffener Verhandlungsprozesse beziehungsgestaltende Strukturen aufbauen wollen.

5.1. Die Möglichkeiten von track 1,5-Dialogprozessen

Der vorliegende Artikel argumentiert, dass informelle Dialogforen, insbesondere sogenannte *track 1,5-Formate*, eine wichtige Methode für die Bearbeitung des strategischen Interventionspunktes darstellen, nämlich die Verhandlungsparteien zu einer Übereinkunft hinsichtlich der Frage gesellschaftlicher Kooperation zu führen. An dieser Stelle wird das Instrument des *track 1,5*-Dialogs mit seinen spezifischen Charakteristika vorgestellt sowie einige der Dynamiken, welche die Vorbehalte der Parteien gegenüber kooperativen gesellschaftlichen Strukturen erklären. Dies erfolgt am Beispiel des informellen Dialoges, den das *Berghof Forschungszentrum für konstruktive Konfliktbearbeitung* seit dem Jahr 2000 zwischen Georgiern und Abchasen fazilitiert (vgl. O. Wolleh 2006).[7] Es sind diese Vorbehalte, die im informellen Dialog und seiner Methodik analysiert und letztlich (so die Hoffnung) transformiert werden sollen.

Track 1,5-Dialog-Workshops stehen in der Tradition der interaktiven Konfliktbearbeitung (*Interactive Conflict Resolution* oder auch *Interactive Problem Resolution*), welche seit den 1960er Jahren vor allem für ethnopolitische Konflikte Anwendung fand und findet.[8] Der Ansatz der interaktiven Konfliktbearbeitung zielt darauf ab, ein Ambiente zu schaffen, in dem einflussreiche Vertreter der Konfliktparteien in einer kommunikativen Atmosphäre alle Aspekte des Konfliktes, seine zu Grunde liegenden *Ursachen* sowie seine *Dynamiken* in einem *interaktiven* Prozess analysieren können (vgl. H.C. Kelman 1996). Dabei wird die Gruppe von einem Team von Fazilitatoren betreut, deren primäre Aufgabe es ist, den Kommunikationsprozess zu fazilitieren.

Fazilitation im Sinne der interaktiven Konfliktbearbeitung umfasst ganz allgemein die Aufgabe, die Konfliktparteien zusammen zu bringen und Bedingungen herzustellen, die eine Diskussion ermöglichen, in der gegenseitiges Zuhören möglich ist. Fazilitation grenzt sich von der *Mediation* in mehrfacher Hinsicht ab. In Mediationsverfahren steht die ‚objektive' Ebene des Konfliktes im Vordergrund der Betrachtung. Die Positionen und die dahinter liegenden Interessen der Parteien werden analysiert und diskutiert, um letztlich zu einer *win-win*-Lösung zu gelangen, welche die Interessen aller Beteiligten integriert. Mediation zielt daher i.d.R. auf eine Übereinkunft im Sinne eines Ergebnisses zwischen den Verhandlungsparteien.

Demgegenüber setzt die Fazilitation mit der Betonung der subjektiven Konfliktebenen andere Akzente. Hier stehen die Einstellungen und Wahrnehmungen der Parteien, die emotionalen Grundlagen ihrer Einschätzungen und bestehende Kommunikationsmuster und ihre Wirkungen im Mittelpunkt. Damit haben Fazilitationsverfahren ein *Verständnis* von einem *guten Ergebnis,* in dessen Zentrum

---

[7] Für einen weiteren *track 1,5*-Prozess aus dem georgischen Konfliktkontext vgl. S. Allen Nan 2000.
[8] Vgl. J.W. Burton 1969; 1979; H.C. Kelman 1972; 1991; R.J. Fisher 1997. Für eine Übersicht siehe auch: N. Ropers 1995. Neben diesen Klassikern der *Interactive Conflict Resolution* hat das Dialog- und Trainingsworkshop-Konzept des Berghof Forschungszentrums zum rumänisch-ungarischen Konflikt wichtige konzeptionelle und praktische Einsichten gefördert, welche die Basis für das hier vorgestellte Workshop-Konzept lieferte. Siehe hierzu: P. Haumersen et al. 2002.

der Perzeptionsabgleich[9] zwischen den Parteien steht, welcher eine Schrittfolge von Zuhören – Verstehen – Anerkennen anstrebt. Ziel ist es, mit den Parteien im Rahmen der Fazilitation einen kommunikativen Raum zu gestalten, in dem diese erst ein informierteres und später, wenn möglich, ein gemeinsames Problemverständnis entwickeln können. Die sich meist gegenseitig ausschließenden Interpretationsrahmen der Parteien sollen sich durch den Vergleich annähern und sich im Idealfall zu einem gemeinsamen Bezugsrahmen neu konzeptionalisieren (*Reframing*). Interaktive Konfliktbearbeitung basiert auf der Grundannahme, dass eine umfassende und nachhaltige Konfliktregelung einer gemeinsamen Konzeptionalisierung des Konfliktes durch die Parteien bedarf. Sie nimmt ferner an, dass diese Transformation eintritt, wenn es gelingt die „Grundbedürfnisse" (*basic needs*), welche auf beiden Seiten dem Konflikt zu Grunde liegen, zu identifizieren (vgl. H.C. Kelman 1992). Damit will der Ansatz einen indirekten Beitrag zu den Verhandlungen auf der offiziellen Verhandlungsebene leisten.

Die konzeptionellen Unterschiede zwischen Mediation auf der einen und Fazilitation auf der anderen Seite sind für die politische Verankerung eines Dialogprozesses von überaus großer Bedeutung, impliziert doch die Mediation mit ihrem Fokus auf konkrete Vereinbarungen einen Anspruch auf verbindliche Entscheidungsfindungsprozesse und verbietet sich daher als Begriff für informelle Prozesse.

Das definitorische Charakteristikum eines *track 1,5*-Dialogformates besteht darin, dass seine Teilnehmer sich nicht wie bei klassischen Formaten der interaktiven Konfliktbearbeitung nur aus Personen zusammensetzen, die ‚einflussreich' sind und erkennbare oder vermutete Einflussmöglichkeiten in ihren jeweiligen Gesellschaften und auf ihre Regierungen haben, sondern dass auch Mitglieder der jeweiligen Regierungen oder des politikbestimmenden Exekutivapparates anwesend sind. Man kann allgemein zwischen zwei Varianten von *track 1,5*-Formaten unterscheiden. Bei der einen erhält eine NGO von den Konfliktparteien die Autorität und gleichsam den Auftrag, die Gespräche zwischen ihnen zu fazilitieren.[10] Bei der anderen gehört die ‚Regierungsbeteiligung' zum Projektdesign und die Prozessorganisatoren streben danach, diese Qualität kontinuierlich zu sichern.[11] Gleichzeitig sind auch Vertreter der Zivilgesellschaft anwesend, die

---

[9] Burton spricht in diesem Zusammenhang von den Methoden der *reperception*. Ziel einer „kontrollierten Kommunikation" ist es, den Konfliktparteien erfahrbar zu machen, wie und in welcher Weise ihre Wahrnehmungen Verzerrungen und Fehlinterpretationen unterliegen. Siehe J.W. Burton 1969: 73.

[10] Beispiele hierfür sind das Engagement der katholischen italienischen NGO St. Egidio (Rom) in Mosambik, des Carter Center (Atlanta) in Uganda/Sudan oder der Crisis Management Initiative (Helsinki) in Aceh.

[11] Als Beispiele hierfür sind der Dialogprozess des Berghof-Forschungszentrums im georgischabchasischen Konflikt oder das Engagement der Berghof Foundation for Peace Support in Sri Lanka zu nennen.

auch bezüglich ihrer politischen Überzeugungen nicht dem Regierungslager zugerechnet werden können.

Die informelle Teilnahme von ‚Regierungsvertretern' hat mannigfaltige Konsequenzen die in Prozessen der interaktiven Konfliktbearbeitung mit gesellschaftlichen ‚einflussreichen' Teilnehmern nicht in dieser Form und Intensität auftreten. So liegt die Auswahl der Teilnehmer bei *track 1,5*-Formaten nicht vollkommen in der Kontrolle der Organisatoren, da die informellen Regierungsrepräsentanten maßgeblich von den Regierungen bestimmt werden.[12] Einige Teilnehmer stehen in einem weisungsgebundenen Verhältnis und sie vertreten Ansichten *und* Überzeugungen, die überaus deckungsgleich sind mit den in den offiziellen Verhandlungen artikulierten Positionen der Konfliktparteien. Die öfters vorgetragene Kritik, klassische Formate der Konfliktbearbeitung seien mit ihrer Auswahl an gesprächs-, um nicht zu sagen kompromissbereiten Teilnehmern zu keiner adäquaten Abbildung der politischen Verhältnisse fähig, hat im Hinblick auf *track 1,5*-Formate wenig Überzeugungskraft. Folglich ist die Dialogdynamik dadurch geprägt, dass die jeweiligen Regierungspositionen deutlich artikuliert aufeinander treffen und den Dialog nicht immer einfach machen. Eine positive Dynamik, die sich aus der klar erkennbaren informellen Regierungsbeteiligung ergibt, ist, dass innerhalb der Gruppen keine Verdächtigungen über ‚spionierende Regierungs-U-Boote' kursieren.[13] Allen Beteiligten ist deutlich, welche Positionen die jeweils anderen Teilnehmer im öffentlichen Leben bekleiden.

5.2. Blockierende Wahrnehmungen auf der track 1 Ebene

Welches sind die Annahmen und Motive, die hinter der Skepsis, wenn nicht gar Ablehnung der Verhandlungselite gegenüber einer komplexen gesellschaftlichen Annäherung zwischen den Seiten im Sinne der Konflikttransformation stehen? An dieser Stelle sollen exemplarisch *einige* der Annahmen und Wirkungszusammenhänge, die im georgisch-abchasischen Dialogprozess deutlich wurden, vorgestellt werden (vgl. O. Wolleh 2006).

Ein zentrales Phänomen auf der georgischen Seite ist, dass man sich der Tiefe des existierenden Vertrauensverlustes zwischen den beiden Gemeinschaften nicht (voll) bewusst ist. Die Erklärungen der abchasischen Gegenseite, dass

---

[12] Die Organisatoren sind in der Auswahl dieser Teilnehmer nicht vollkommen einflusslos. Sie sind jedoch auch nicht vollkommen ungebunden.
[13] Eine Dynamik, welche ein Klima von Verdächtigungen, Misstrauen und Unsicherheiten erzeugen kann. Sie tritt besonders in Gruppen auf in denen alternative Ideen zur Regierungsebene entwickelt werden sollen. Dabei kann es schnell zu Spekulationen darüber kommen, ob nicht doch Teilnehmer im geheimen Auftrag für ihre jeweiligen Regierungen anwesend sind.

keine Vertrauensbasis existiere, wird nicht ernst genommen und als Propaganda bewertet. Die ‚einfachen Menschen', so eine gängige Reaktion, hätten kein Vertrauensproblem. „Wir haben immer schon friedlich zusammengelebt" ist eine der üblichen Äußerungen, mit welcher der Gedanke der ‚Vertrauenslücke' häufig zurückgewiesen wird. Das Festhalten an dieser ‚Harmonie-Hypothese' ist typisch für die Mehrheitsgemeinschaft. Sie findet sich beispielsweise auch bis Ende der 1990er Jahre in ausgeprägter Form auf der griechisch-zypriotischen Seite.

Mit der ‚Harmonie-Hypothese' geht auch einher, dass man die politische Elite der Gegenseite als weitgehend nicht durch das Volk legitimiert sieht. In Anbetracht der angenommenen prinzipiellen harmonischen Beziehung werden die gegnerische Verhandlungselite und ihre Hintermänner als die eigentliche Ursache des Konfliktes wahrgenommen. Man sieht in ihnen eine Elite, die zum Zweck des eigenen Machterhalts die ‚Vertrauenslücke' herbeiredet und propagandistisch kolportiert. Der Bevölkerung der anderen Gemeinschaft unterstellt man, dass sie diese Propaganda im schlimmsten Falle übernimmt und im besten Falle – freilich nur im Rahmen eines autoritären Regimes – toleriert.

Konsequenterweise wird der Konflikt überwiegend durch die Interventionen einer ausländischen Macht erklärt, als deren Handlanger die gegnerische Elite fungiert. Aus diesem Grund richtet sich die Verhandlungsaufmerksamkeit überwiegend auf diese besagten ausländischen Regierungen. ‚Der Schlüssel zum georgisch-abchasischen Konflikt liegt in Moskau', so ein gängiges Erklärungsmuster in Georgien. Ebenso wurde in Süd-Zypern über Jahrzehnte die Teilung der Insel als ein Prozess ‚türkischer Okkupation' wahrgenommen und dargestellt. Dort lag der Schlüssel folglich in Ankara. Auch wenn die politische Bedeutung ausländischer Staaten, wie im Falle Russlands oder der Türkei, oftmals gegeben ist, so hat ihre gedankliche Verortung als praktisch alles entscheidende Schlüsselakteure weitreichende Konsequenzen. Die Verhandlungspartei der Minderheitenethnie wird weitgehend als ein nicht selbstbestimmter und auch nicht um Selbstbestimmung bemühter politischer Akteur wahrgenommen. Der zentrale Gedanke der Selbstbestimmung, welcher der offiziellen Forderung der Sezessionsgebiete nach Eigenstaatlichkeit zu Grunde liegt, wird als vorgeschobenes Argument wahrgenommen. All dies führt dazu, dass die andere Seite nicht ernsthaft als Verhandlungspartei betrachtet wird. Die politische Aufmerksamkeit, die Sensibilität für mögliche Handlungs- und Verhandlungsspielräume ist weitgehend auf andere gerichtet, sei es die im Hintergrund alles bestimmende (Groß)macht, sei es die internationale Gemeinschaft, von der ein ‚Durchgreifen' erwartet wird.

Ein weiterer Effekt, der sich aus diesen Einschätzungen ergibt, ist, dass eine Vorstellung von ‚Rückkehr' dominiert, die als eine ‚Rückkehr zu den alten Verhältnissen' (vor dem Krieg und der Separation) beschrieben werden kann. Gesellschaftlichen und politischen Entwicklungen innerhalb der anderen Seite muss nach dieser Auffassung nicht sonderlich Rechnung getragen werden. Der Rückkehrprozess der eigenen Flüchtlinge wird zudem als umfassend und zeitlich schnell umsetzbar eingestuft, wenn es nur erst zu einer politischen Gesamtlösung gekommen ist. Schnelle (Verhandlungs-)Lösungen und schnelle Vertragsimplemtierung werden als wünschenswert und ohne weitere Schwierigkeiten als realistisch gesehen.

Es sind einige fundamentale Konstrukte benannt worden, warum einer der Parteien gesellschaftliche Kooperationsprozesse und vertrauensbildende Maßnahmen gegenüber der anderen Seite als eine ungeeignete Strategie erscheinen (können). Letztlich wird die ‚Vertrauenslücke' nicht als solche erkannt, geleugnet oder unterschätzt. Eine Transformation der Beziehungsebene wird als wenig bedeutsam erachtet. Wenn vertrauensbildende Maßnahmen thematisiert werden, dann fast ausschließlich im Rahmen einer quid-pro-quo-Logik, welche die Maßnahmen als eine Reaktion auf zuvor geforderte und nun von der Gegenseite erfüllte Zugeständnisse sieht. Im georgisch-abchasischen Konflikt war dies lange die Forderung der georgischen Seite, die Abchasen mögen den Verhandlungsprozess auf der Basis der „territorialen Integrität" Georgiens beginnen oder eine umfassende und international supervisierte Rückführung der Flüchtlinge/IDPs möge erfolgen, bevor man die Aufhebung der Handelsbeschränkungen vornehme. Das Bewusstsein, dass Vertrauensbildung ein proaktiver Prozess sein kann, der nicht an die Erfüllung von Verhandlungsforderungen geknüpft wird und welcher der allgemeinen Beziehungsentwicklung dient, ist kaum ausgeprägt. Auch wenn die abchasische Seite verallgemeinernd für eine Aufgabe der Handelsbeschränkungen plädiert, so wollen sie die Aufnahme gesellschaftlicher Beziehungen mit Georgien doch nur befürworten, wenn ihre politische Position der Eigenstaatlichkeit dadurch (indirekt) bestätigt wird.

Diese Einstellungen haben nicht nur weitreichende Konsequenzen für die offiziellen Verhandlungen, sondern auch für die Gesamtentwicklung auf der Ebene gesellschaftlicher ziviler Konfliktbearbeitung und der Komplexität, die diese annehmen kann. Es stellt sich daher die Frage, wie der informelle Dialog und wie insbesondere *track 1,5*-Prozesse Einstellungen und Einschätzungen und die sich daraus ableitenden Strategien von Verhandlungsführern verändern, um die Rahmenbedingungen für einen umfassenden Transformationsansatz zu schaffen.

Angesichts der kooperationsfeindlichen Haltungen der politischen Eliten befasst sich der informelle Dialog mit der Frage, wie die als stagnierend erlebte Gesamtsituation dynamisiert werden kann. So wird in den unterschiedlichsten Kontexten immer wieder die Frage diskutiert, ob Vertrauen bzw. der Verlust des Vertrauens überhaupt Bestandteil des Problems ist. Es ist bereits erörtert worden, wie bedeutsam die Beantwortung dieser Frage für die Einschätzung der Relevanz der anderen politischen Elite ist. Ist die ‚angebliche Vertrauenslücke' ein propagandistisches Konstrukt oder ist sie genuin in der (abchasischen) Bevölkerung verankert? In einem *track 1,5*-Format, in dem Regierungsangehörige *und* Vertreter der Zivilgesellschaft anwesend sind, besteht für die Teilnehmer daher die Möglichkeit herauszufinden, ob und inwieweit für diese Vertreter eine Vertrauenslücke zur georgischen Seite besteht. Es kann als ein zentraler Lernprozess betrachtet werden, wenn den teilnehmenden Georgiern zunehmend deutlich wird, dass ein breites Spektrum der abchasischen Teilnehmer die Tiefe des Vertrauensverlustes sehr ähnlich einschätzt. Eine derartige Erfahrung bewirkt i.d.R. noch keinen sofortigen Meinungsumschwung. Letztendlich handelt es sich in dem Workshop nur um wenige Vertreter, deren Auswahl zumindest teilweise von der anderen Regierung beeinflusst bzw. akzeptiert wurde. Was sonst sollte man erwarten, wenn nicht ein weitgehend deckungsgleiches Abbild der bisherigen öffentlichen Propaganda?

Gleichzeitig deckt der Dialog aber sehr wohl politische Unterschiede zwischen den abchasischen Teilnehmern des Regierungslagers und der Zivilgesellschaft auf. Kritik und politische Differenzierungen werden innerhalb der abchasischen Gruppe in Bezug zu einer ganzen Reihe von innenpolitischen Themen vorgenommen. Die Erkennbarkeit politischer Pluralität innerhalb Abchasiens ist für die georgischen Teilnehmer eine wichtige Erfahrung, zeigt sie doch, dass alternative politische Strömungen existieren und dass die Regierung intern unter kritischer Beobachtung steht. Gleichzeitig wird deutlich, dass hinsichtlich der Wahrnehmung der Vertauenssituation zu Georgien Abchasen, unabhängig von ihrer politischen Ausrichtung, keine stark voneinander abweichenden Einschätzungen haben. Derartige Prozesse können dazu führen, dass Teilnehmer anfangen zu erahnen, dass die Beziehungsebene tatsächlich ein relevanter Faktor in der Gesamtanalyse darstellen könnte. Die Einschätzungen bezüglich der Existenz und Tiefe der ‚Vertrauenslücke' können sich erkennbar verändern. Erneut muss betont werden, das dies allein noch nicht zu einer vollkommen neuen Einschätzung der Gesamtsituation führen muss oder gar zu einem Wechsel in der strategischen Ausrichtung des Konfliktmanagements. Nichtsdestotrotz wird hier eine fundamentale Grundfrage diskutiert, deren Beantwortung letztlich Konsequenzen für die ganze Struktur der Konflikteinschätzung haben kann.

Neben der Frage, ob eine Vertrauensbasis zwischen den Gemeinschaften existiert oder nicht, gibt es auf Seiten der Konfliktparteien noch eine zweite Annahme, welche weitreichende Konsequenzen hat und die bearbeitet werden muss. Letztendlich sind die Parteien der Überzeugung, dass jedwede Form positiven konstruktiven Handelns von der Gegenseite nicht honoriert würde: „Es ist ganz egal, was wir sagen. Es ist ganz egal, was wir tun. Die andere Seite wird immer ablehnend reagieren." Eine Abkehr von dem Handlungsmuster, in dem man versucht, den Einfluss der Gegenseite zu reduzieren und die eigenen Einflussmöglichkeiten zu vergrößern, wird als sinnlos eingeschätzt und man befürchtet, dass ein entsprechendes Vorgehen letztlich nur die eigene Position schwächen würde. Für eine derartige Haltung mag es viele Gründe geben. Ein zentraler Grund ist sicherlich, dass es in der Tat fast keine empirisch belegbaren Beispiele gibt, die eine positive Dynamik erkennen lassen. Die Erfahrungswelt der Teilnehmer ist in der Tat durch eine Vielzahl von negativen Erfahrungen geprägt. Besonders Versuche in der Vergangenheit, die von einer Partei als eine ‚freundliche Geste' gedacht waren und auf die keine Reaktion erfolgte oder gar von der angesprochen Gegenseite brüsk abgewiesen wurden, gelten als besonders schwerwiegende Belege für die vermutete Aussichtslosigkeit, eine positive Dynamik zu entwickeln. Im Lichte dieser Grundannahmen sind umfassende und komplexe Strategien der Friedenskonsolidierung und der Vertrauensbildung nur sehr bedingt umsetzbar – wenn überhaupt.

5.3. Spekulative Problemlösungsszenarien

Eine Methode, die versucht, die Parteien aus der wahrgenommenen Hoffnungslosigkeit zu führen und einen möglichen Ausblick auf denkbare positive Interaktionszyklen zu geben ist die der spekulativen Problemlösung (*speculative problem-solving*). Im Rahmen der spekulativen Problemlösung diskutieren und bearbeiten die Teilnehmer politische Themen außerhalb der bekannten offiziellen Positionen und durchbrechen rein spekulativ die fundamentalen Glaubenssätze ihrer jeweiligen Seiten. Es entstehen so intellektuell sehr stimulierende Prozesse, in denen das bislang ‚Undenkbare' gedacht und erörtert wird. Die spekulative Problemlösung versucht somit, das vorwegzunehmen, was eigentlich nicht möglich ist, nämlich die Parteien dazu zu bewegen, Lösungsmodelle zu generieren, welche nicht mehr auf den von ihnen bevorzugten Positionen basieren und dies, obwohl die Parteien noch nicht die Etappe der gemeinsamen Problemerkennung und gemeinsamen Interessenverinnerlichung durchlaufen haben.

Es ist i.d.R. für die Teilnehmer nicht einfach, sich auf ein spekulatives Szenario einzulassen, da dieses auf Annahmen oder Bedingungen beruht, die ihren politischen Vorstellungen entgegenstehen und die von ihnen daher bisher in ihren Überlegungen nicht berücksichtigt wurden. Mehr noch, es bestehen sehr deutliche Widerstände auf Seiten der Teilnehmer sich in spekulativen Szenarien dieser Art zu ergehen, könnten sie doch – Spekulation hin oder her – von der

Gegenseite als ein Abrücken von den eigenen Positionen und der bisherigen Strategie missverstanden werden.[14]

Spekulative Szenarien stimulieren die Parteien dazu, über ihre eigenen *Interessen* nachzudenken und diese zu artikulieren. Da sie die eigene offizielle und favorisierte Position (spekulativ) hinter sich lassen, formulieren sie Bedingungen, welche ihre zentralen Interessen sichern sollen und bei deren Verwirklichung das spekulative Aufgeben der offiziellen Position erträglich und in einer gewissen Weise verantwortbar erscheint. Die Szenarien erhalten daher wichtige Nachrichten an die Gegenseite, welche Aspekte diese unbedingt berücksichtigen muss, damit das Szenario (spekulativ) annähernd realistisch erscheint. Darüber hinaus ermöglicht die Szenarienbildung es auch, spekulative, sich positiv verstärkende Interaktionszyklen zu diskutieren und ‚durchzuspielen'. Sie stellt somit eine Methode dar, positive Interaktionsmuster vorstellbar und (im Dialog) erfahrbar zu machen. Es kann jedoch schon als ein großer Gewinn betrachtet werden, wenn die Teilnehmer erleben, dass die Vertreter der Gegenseite *tatsächlich* darüber nachdenken, wie sie auf positiv gemeinte Szenarios positiv reagieren können und sollen. Letztendlich können diese Dynamiken dazu beitragen, dass die Parteien Hoffnung schöpfen und dass neue eigene Handlungsmuster zu einer Veränderung der Gesamtdynamik führen können.

Es ist ein langer und langsamer Prozess, bis auf beiden Seiten die Erkenntnis wächst, dass es hypothetisch zu wechselseitigen positiven Interaktionsmustern kommen könnte. Wenn die Teilnehmer anfangen zu erahnen, dass es theoretisch möglich sein könnte, eine andere Interaktionsdynamik zu entfalten, weil sie anfangen zu erkennen, dass die Gegenseite in ihren Handlungen nicht ‚fixiert' ist und nicht per definitionem immer nur negativ reagiert, stellen sich neue Fragenkomplexe: Wie könnte ein Einstieg in eine positive Interaktionsdynamik prinzipiell aussehen? Welches Vorgehen würde von der anderen Seite als ein besonders glaubwürdiges interpretiert werden? Welches sind die politischen Risiken, die mit einer komplexen kooperativen Friedensförderungsstrategie einher gehen würden? Gleichzeitig stellt sich die Frage, wie die eigene Bevölkerung auf den möglichen Politikwechsel vorbereitet werden und wie man politische Unterstützung für einen möglichen neuen Ansatz mobilisieren kann.

---

[14] Ein Eintreten in eine spekulative Dialogphase bedarf daher einer vertrauensvollen Atmosphäre innerhalb der Teilnehmergruppe. Im Rahmen des informellen georgisch-abchasischen Dialogprozesses konnte diese Phase erst nach zweijähriger Prozesslaufzeit erreicht werden.

6. Schlussbemerkung

In den letzen Jahren hat sich ein komplexes Verständnis der Konflikttransformation und der Friedensförderung etabliert. Dieses Verständnis ist nicht mehr auf den Verhandlungsprozess oder auf Phasen des Konfliktverlaufes ausgerichtet. Vielmehr ist es durch eine vielfältige Vernetzung staatlicher und nicht-staatlicher Akteure gekennzeichnet, die über die Konfliktlinie hinweg in unterschiedlichen Sektoren kooperieren.

Vor allem in langanhaltenden Konfliktformationen ist die Entwicklung komplexer und entropischer gesellschaftlicher Strukturen über die Konfliktlinien hinweg schwer zu erreichen und unterliegt keineswegs der Gestaltungshoheit autonomer gesellschaftlicher Akteure. Der Primat der offiziellen Positionen der Verhandlungsakteure hat behindernde Konsequenzen für inländische *und* ausländische gesellschaftliche *track 3*-Akteure, sei es in Form von Selbstbeschränkungen oder sei es in Form von repressiven Maßnahmen durch die jeweiligen Regierungen gegenüber ihrer eigenen Zivilgesellschaft.

In diesen Fällen bedarf es daher gezielter strategischer Interventionen, welche auf die Verhandlungselite zielen, um auf dieser Ebene ein Grundverständnis zwischen den Parteien hinsichtlich möglicher kooperativer Strukturen zu erarbeiten. Hier können inoffizielle problemlösungsorientierte Dialog-Workshops eine zentrale Rolle spielen. Insbesondere *track 1,5*-Formate können hier bedeutsam sein, da sie mit der Einbeziehung der jeweiligen Verhandlungselite *und* der Zivilgesellschaft beider Konfliktparteien einen vertrauensvollen Rahmen bieten können, um diese grundlegenden strategischen Fragen zu erörtern und die Vor- und Nachteile einer vielschichtigen kooperativen Friedensförderungsstrategie auszuloten. Die Bedeutung von *track 1,5*-Formaten erschöpft sich somit nicht in ihrer Komplementarität hinsichtlich einer allgemeinen Verhandlungslösung, sondern kann auch zu einem politischen Diskurs beitragen in dem die Konfliktgesellschaften und deren Eliten sich der Frage stellen, wie sie ihre Beziehungen bis zur Erlangung eines Gesamtabkommens konstruktiv gestalten können.

Die Bemühungen der Bundesregierung zielen mit dem Aktionsplan *Zivile Krisenprävention Konfliktlösung und Friedenskonsolidierung* auf einen integrativen Ansatz und eine Bündelung der Außen-, Sicherheits- und Entwicklungspolitik zum Zwecke der Krisenprävention (vgl. Bundesregierung 2004, 2006). Diese Maßnahmen zielen auf das, was man als Schließung des „strategischen Defizits" (im Sinne Dan Smiths) beschreiben könnte. Der Aktionsplan zielt auf größere Kohärenz auf deutscher Seite und etabliert die Krisenprävention als eine Querschnittsaufgabe deutscher Politik. Dabei bezieht er sich nicht nur auf militärische, sondern auch auf ein weites Spektrum ziviler Maßnahmen. Diese Bestrebungen zu einer größeren (deutschen) Kohärenz sind zweifelsohne notwendig und sinnvoll. Dieser Artikel hat jedoch aufgezeigt, wie die Wahrnehmungen und strategischen Überlegungen der verhandelnden Konfliktparteien die Möglichkeiten ziviler Konfliktbearbeitung entschieden beschränken können. Konfliktbearbeitung als ganzheitliches Konzept muss daher die Vorstellungswelt der Verhandlungselite positiv mitgestalten und diese nicht als eine gegebene politische Größe hinnehmen.

Literatur

Allen Nan, Susan (2000): Partnering for Peace: Conflict Management Group and Norwegian Refugee Council Collaborating on the Georgian-South Ossetian Dialogue Project. Confidential Paper for the Reflecting on Peace Practices Project. Cambridge, Mass.: CDA.
Austin, Alex et al. (Hrsg.) (2004): Transforming Ethnopolitical Conflicts – The Berghof Handbook. Wiesbaden: Verlag für Sozialwissenschaften.
Azar, Edward E. (1990): The Management of Protracted Social Conflict: Theory and Cases. Aldershot: Dartmouth.
Bercovitch, Jacob / Rubin, Jeffrey Z. (Hrsg.) (1992): Mediation in International Relations. Multiple Approaches to Conflict Management. Basingstoke u.a.: Macmillan.
Boutros Boutros-Ghali (1992): An Agenda for Peace. Prventive Diplomacy, Peacemaking and Peace-keeping. New York: United Nations.
Bundesregierung (2004): Aktionsplan „Zivile Krisenprävention, Konfliktlösung und Friedenskonsolidierung". Berlin.
Bundesregierung (2006): Sicherheit und Stabilität durch Krisenprävention gemeinsam stärken. 1. Bericht der Bundesregierung über die Umsetzung des Aktionsplans „Zivile Krisenprävention, Konfliktlösung und Friedenskonsolidierung". Berlin.
Burton, John W. (1969): Conflict and Communication – The Use of Controlled Communication in International Relations. London: Macmillan.
Burton, John W. (1979): Deviance, Terrorism and War – The Process of Solving Unsolved Social and Political Problems. New York u.a.: St. Martin's Press.
Burton, John W. (Hrsg.) (1990): Conflict: Human Needs Theory. Basingstoke u.a.: Macmillan.
Constantinou, Costas M. / Papadakis, Yannis The Cypriot State(s) in situ: Cross-ethnic Contacts and the Discourse of Recognition. In: Global Society 15, Heft 2: 125–148.
Davidson, William D. / Montville, Joseph V. (1981/82): Foreign Policy According to Freud. In: Foreign Policy 45: 145-157.
Diamond, Louise / McDonald, John (1993): Multi-Track Diplomacy: A Systems Approach to Peace. Washington, D.C.: Institute for Multi-Track Diplomacy.
Fisher, Roger / Ury, William (1981): Getting to Yes: Negotiating Agreement Without Giving In. Boston, Mass.: Mifflin.
Fisher, Ronald J. (1990): The Social Psychology of Intergroup and International Conflict Resolution. New York: Springer.
Fisher, Ronald J. (1993): The Potential for Peacebuilding – Forging a Bridge from Peacekeeping to Peacemaking. In: Peace and Change 18, Heft 3: 247-266.

Fisher, Ronald J. (1997): Interactive Conflict Resolution. Syracuse, N.Y.: Syracuse University Press.
Fisher, Ronald J. / Keashly, Loraleigh (1990): Third Party Consultation as a Method of Intergroup and International Conflict Resolution. In: Fisher (1990): 211-238.
Galtung, Johan (1976a): Three Approaches to Peace: Peacekeeping, Peacemaking, and Peacebuilding. In: Galtung (1976b): 282-304.
Galtung, Johan (1976b): Peace, War and Defence: Essays in Peace Research. Bd. 2. Copenhagen: Christian Ejlers.
Glasl, Friedrich (2004): Konfliktmanagement. Ein Handbuch für Führungskräfte, Beraterinnen und Berater. 8. Auflage. Bern: Haupt.
Haumersen, Petra et al. (2002): Konfliktbearbeitung in der Zivilgesellschaft – Die Workshop-Methode im rumänisch-ungarischen Konflikt. Münster u.a. Lit.
Kelman, Herbert C. (1991): Interactive Problem Solving – The Use and Limits of Therapeutic Model for the Resolution of International Conflicts. In: Volkan et al. (1991): 145-160.
Kelman, Herbert C. (1996): Negotiation as Interactive Problem Solving. In: International Negotiation 1, Heft 1: 99-123.
Kelman, Herbert C. (1997): Social-Psychological Dimensions of International Conflict. In: Rasmussen et al. (1997): 191-236.
Kelman, Herbert C.: Informal Mediation by Scholar/Practitioner. In: Bercovitch et al. (1992): 64-96.
Kelman, Herbert C.: The Problem-solving Workshop in Conflict Resolution. In: Merritt (1972): 168-204.
Kim, Sung Hee et al. (1994): Social Conflict: Escalation, Stalemate, and Settlement. 2. Auflage. New York u.a.: McGraw-Hill.
Lederach, John P. (1995): Conflict Transformation in Protracted Internal Conflicts: The Case for a Comprehensive Network. In: Rupesinghe (1995b): 201-222.
Lederach, John P. (1997): Building Peace: Sustainable Reconciliation in Divided Societies. Washinton D.C.: United States Institute of Peace Press.
McDonald, John W. / Bendahmane, Diana B. (Hrsg.) (1995): Conflict Resolution: Track Two Diplomacy. Washington, D.C.: Institute for Multi-Track Diplomacy.
Merritt, Richard L. (Hrsg.) (1972): Communication in International Politics. Urbana, Ill. u.a.: University of Illinois Press..
Montville, Joseph V. (1995): The Arrow and the Olive Branch: A Case for Track Two Diplomacy. In: McDonald et al. (1995): 7-26.
Rasmussen, J. Lewis / Zartman, I. William (Hrsg.) (1997): Peacemaking in International Conflict: Methods and Techniques. Washington, D.C.: United States Institute of Peace Press.
Reimann, Cordula (2004): Assessing the State-of-the-Art in Conflict Transformation – Reflections from a Theoretical Perspective. In: Austin et al. (2004): 42-66.
Reychler, Luc / Paffenholz, Thania (Hrsg.) (2001): Peacebuilding: A Field Guide. Boulder, Col. u.a.: Lynne Rienner.
Ropers, Norbert (1995): Friedliche Einmischung: Strukturen, Prozesse und Strategien zur konstruktiven Bearbeitung ethnopolitischer Konflikte. Berlin: Berghof Forschungszentrum für konstruktive Konfliktbearbeitung.

Rupesinghe, Kumar (1995a): Conflict Transformation. In: Rupesinghe (1995b): 65-115.
Rupesinghe, Kumar (Hrsg.) (1995b): Conflict Transformation. Basingstoke u.a.: Macmillan.
Saunders, Harold (1999): A Public Peace Process – Sustained Dialogue To Transform Racial And Ethnic Conflicts. Basingstoke u.a.: Macmillan.
Smith, Dan (2004): Getting Their Act Together. Towards a Strategic Framework for Peacebuilding. Overview Report of the Joint Utstein Study of Peacebuilding. Oslo: International Peace Research Institute, Oslo (PRIO).
Tongeren, Paul van (2001): The Challenge of Coordination and Networking. In: Reychler et al. (2001): 510-519.
Tongeren Paul van (Hrsg.) (2002): Searching for Peace in Europe and Eurasia. An Overview of Conflict Prevention and Peacebuilding Activities. Boulder Col. u.a.: Lynne Rienner.
Volkan, Vamik D. et al. (Hrsg.) (1991): The Psychodynamics of International Relationships. Bd. 2: Unofficial Diplomacy at Work. Lexington u.a.: Lexington Books.
Wolleh, Oliver (2001a): Local Peace Constituencies in Cyprus: Citizens' Rapprochement by the Bicommunal Conflict Resolution Trainer Group. Berlin: Berghof Forschungszentrum für konstruktive Konfliktbearbeitung.
Wolleh, Oliver (2001b): Zivile Konfliktbearbeitung in ethnopolitischen Konflikten. In: Aus Politik und Zeitgeschichte B 20/2001: 26-36.
Wolleh, Oliver (2002a): Zypern: Gesellschaftliches Rapprochement im Spannungsfeld von impliziter Anerkennung und Repression. In: Süd-Osteuropa Mitteilungen 42, Heft 2: 82-99.
Wolleh, Oliver (2002b): Cyprus: Civil Society Caught Up in the Question of Recognition. In Tongeren (2002): 156-168.
Wolleh, Oliver (2002c): Die Teilung überwinden: Eine Fallstudie zur Friedensbildung in Zypern. Münster u.a.: Lit.
Wolleh, Oliver (2006): A Difficult Encounter. The Informal Georgian-Abkhazian Dialogue Process. Berghof Report Nr. 12. Berlin: Berghof Forschungszentrum für konstruktive Konfliktbearbeitung.

Kosten des Krieges, Chancen des Wiederaufbaus – Überlegungen zum Nutzen der Friedenskonsolidierung

Tobias Debiel

Krieg stellt ein eklatantes Entwicklungshemmnis, die Konsolidierung von Nachkriegsgesellschaften eine zentrale Herausforderung für die internationale Staatengemeinschaft dar. In jüngster Zeit wurde diese Einsicht insbesondere durch quantitativ-empirische Studien vorangetrieben, die im Umfeld der Weltbank entstanden sind. Bürgerkriege verursachen demnach erhebliche soziale und ökonomische Kosten und setzen typischerweise „a prolonged process of development in reverse" in Gang (P. Collier et al. 2003: 2). Bei den menschlichen Opfern bildet die Zahl der unmittelbar durch bewaffnete Gewalt Getöteten einen wichtigen Referenzpunkt. Zugleich wird durch die entsprechenden Angaben das Ausmaß des Leids nur äußerst unzureichend erfasst. Denn bei innerstaatlichen Konflikten sterben die meisten Menschen mittelbar infolge von Krankheit, Seuchen, Unterernährung und mangelndem Zugang zur sozialen Infrastruktur. Mittlerweile gibt es verschiedene methodische Ansätze, diese Folgen zu messen, wobei neben erhöhten Mortalitätsraten auch schwere Behinderungen und Krankheiten berücksichtigt werden.

Ein in der Ökonomie verankerter Forschungszweig bemüht sich um eine Monetarisierung von Kriegskosten (P. Collier / A. Hoeffler 2004). Einen wichtigen Ausgangspunkt bildet die Schätzung, dass am Ende eines Bürgerkrieges das Pro-Kopf-Einkommen in der Regel etwa 15% niedriger als unter Friedensbedingungen liegt. Eine entwicklungspolitisch besonders besorgniserregende Folge ist, dass der Anteil der in absoluter Armut lebenden Menschen etwa 30% höher als unter Friedensbedingungen liegt (P. Collier et al. 2003: 2). Auch die Nachbarstaaten haben mit den Folgen bewaffneter Gewalt zu kämpfen, die sich zum Teil ebenfalls näher quantifizieren lassen. So vermindert sich das Wirtschaftswachstum, Rüstungswettläufe verdrängen Gesundheits- und Sozialausgaben, Flüchtlingsbewegungen führen zur Verbreitung infektiöser Krankheiten – in den tropischen Regionen insbesondere von Malaria. Auf Basis dieser Argumentation lässt sich Bürgerkrieg als „a regional public bad" bezeichnen.

Vor diesem Hintergrund kristallisiert sich in Forschung und Politik ein Konsens heraus, dass konzertiertes internationales Handeln ein Gebot der Stunde ist. Dieses ist umso dringlicher, als Nachkriegsländer einem hohen ‚Rückfallrisiko' ausgesetzt sind. Was aber sind die Bedingungen und Hindernisse erfolgreicher Friedenskonsolidierung? Einen hilfreichen Orientierungsrahmen kann das von Michael Doyle und Nicholas Sambanis entwickelte „Peacebuilding-Dreieck" bieten, welches das problematische „Erbe des Krieges", lokale Kapazitäten und internationale Friedens- und Entwicklungsbemühungen miteinander in Bezug setzt (M. Doyle / N. Sambanis 2006). Ein besonderes Augenmerk verdienen Policy-Optionen externer Akteure. Zielgerechte und angepasste Entwicklungszusammenarbeit und die Dislozierung multilateraler Friedensmissionen haben sich als häufig notwendige, wenn auch nicht hinreichende Bedingungen erfolgreichen Peacebuildings in Nachkriegssituationen erwiesen. Darüber hinaus gibt es neuartige Ansätze, die zum Ziel haben, die Verwundbarkeit von Krisenländern durch effektivere Arrangements und Steuerungsmaßnahmen im Rahmen von *global governance* zu reduzieren.

1. Weniger Kriege, bleibende Schäden

Jüngere empirische Studien deuten darauf hin, dass die Welt heute weniger gewaltsam ist als vor anderthalb Jahrzehnten. Größere Forschungsprojekte zur quantitativen Erfassung von Kriegen und bewaffneten Konflikten konstatieren seit 1993/94 einen Rückgang beim Auftreten organisierter kollektiver Gewalt. Der im Oktober 2005 erschienene *Human Security Report 2005*, der von einem Forscherteam um Andrew Mack an der *University of British Columbia* erstellt wurde, meint sogar, dass die Fixierung der Medien auf Gewaltereignisse zu dem „Mythos" einer besonders kriegerischen Welt beigetragen habe. Zu wenig werde berichtet, dass ein verstärktes internationales Engagement die Lage grundlegend gebessert habe. Auch Entscheidungsträger, NGO-Vertreter und Forscher unterlägen diesen Fehleinschätzungen (Human Security Centre 2005: 15-17). Unabhängig davon, ob man diese Einschätzung vollständig teilt: Die internationale Gemeinschaft steht in jedem Fall vor der Herausforderung, die durch zahlreiche Friedensschlüsse gestiegene Zahl von Nachkriegsländern dabei zu unterstützen, die zum Teil erheblichen Schäden zu überwinden.

1.1. Rückläufige Kriegshäufigkeit, verstärktes Friedensengagement – Ein ermutigender Trend

Die globale Kriegshäufigkeit schnellte nach dem Ende des Ost-West-Konflikts zunächst in die Höhe, nach Angaben der Arbeitsgemeinschaft Kriegsursachenforschung (AKUF) in Hamburg von 44 Kriegen in 1989 auf 55 in 1992. Ab 1993 sanken die Werte dann deutlich und erreichten 2004 mit 26 Fällen ein Niveau, das zuletzt 1964 erreicht worden war (AKUF 2005; siehe Schaubild 1). Zu ähnlichen Ergebnissen kommt der *Human Security Report 2005*, demzufolge nach 1992 die Zahl der bewaffneten Konflikte mit staatlicher Beteiligung um 40% zurückging (Human Security Centre 2005: 1-3, 23)[1].

Worauf ist dieser Trend zurückzuführen? Einen durchaus nennenswerten und vermutlich unterschätzten Einfluss dürfte das steigende Engagement der internationalen Staatengemeinschaft ausgeübt haben, die ihre Bemühungen um Krisenprävention, Konfliktbeilegung und Friedenserhaltung in den vergangenen 15 Jahren deutlich erhöht hat. Ferdowsi/Matthies gehen in einer Auswertung einschlägiger Literatur davon aus, dass es zwischen 1988 und 1998 38 formelle Friedensabkommen zur Beendigung von Gewaltkonflikten in 33 Ländern gab (M.A. Ferdowsi / V. Matthies 2003: 27). Ähnliche Ergebnisse präsentiert das Human Security Centre. Demnach wurde ungefähr die Hälfte der Friedensabkommen zwischen 1946 und 2003 in der Zeit nach Ende des Ost-West-Konflikts abgeschlossen; die Zahl der jährlich beendeten Konflikte war dementsprechend etwa doppelt so hoch wie vor 1990 (Human Security Centre 2005: 153). Auch Collier et al. bringen den Rückgang der Kriegshäufigkeit in Zusammenhang mit international vermittelten Friedensregelungen und der verstärkten Dislozierung von Friedensoperationen (P. Collier et al. 2003: 97).

Schaubild 1: Anzahl der Kriege (1944-2004)

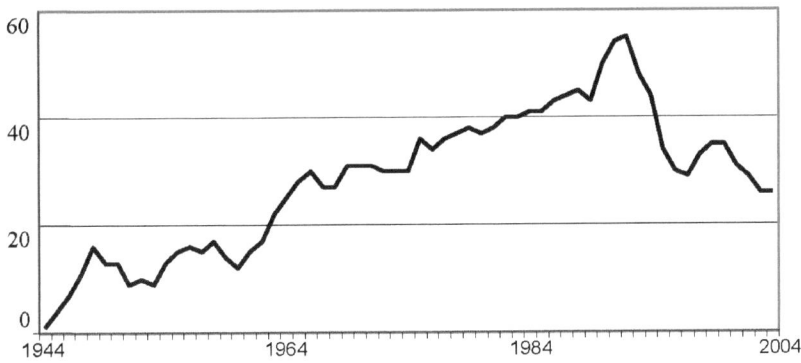

Quelle: AKUF 2005. Krieg ist bei der Arbeitsgemeinschaft Kriegsursachenforschung definiert als gewaltsamer Massenkonflikt, an dem zwei oder mehr bewaffnete Streitkräfte beteiligt sind, darunter mindestens eine reguläre Streitkraft. Auf beiden Seiten muss ein Mindestmaß an zentral gelenkter Organisation bestehen; die bewaffneten Operationen ereignen sich mit einer gewissen Kontinuität.

---

[1] Als Schwelle für die Erfassung eines bewaffneten Konflikts gilt, dass mindestens 25 Menschen pro Jahr durch unmittelbare Kampfhandlungen ums Leben kommen. Positiv wird zudem vermerkt, dass auch die Zahl der Massenmorde aus religiösen, ethnischen oder politischen Gründen rückläufig ist.

Uneinigkeit herrscht derzeit darüber, ob es sich um einen stabilen Trend handelt. Der *Human Security Report 2005* gibt sich optimistisch und betont den qualitativen Aufschwung internationaler Friedensbemühungen. Neben den verstärkten Aktivitäten zur Konfliktbeilegung sei die Zahl der UN-Missionen mit dem Ziel krisenpräventiver Diplomatie zwischen 1990 und 2002 um das Sechsfache angestiegen; immer öfter täten sich gleich gesinnte Staaten zusammen, um friedensschaffende und friedenserhaltende UN-Missionen zu unterstützen; die Zahl der UN-Friedensoperationen läge mehr als doppelt so hoch wie beim Ende des Kalten Krieges; bei wirtschaftlichen Zwangsmaßnahmen des Sicherheitsrates habe sich die Zahl der Sanktionsregime in den 1990er Jahren verfünffacht. Die Schlussfolgerung (Human Security Report 2005: 155):

"Overall, this surge of international activism provides the single best explanation for the extraordinary decrease in civil wars around the world since the 1990s."

Skeptischer äußern sich Collier und Kollegen, die die Konjunktur der Friedensschlüsse wieder im Abflauen sehen (P. Collier et al. 2003: 97). Auch jüngere Studien zur Verbreitung von Staatsversagen und Staatsverfall deuten darauf hin, dass die Lage in zahlreichen Ländern der Welt äußerst fragil ist und von daher ein erneuter Anstieg der Kriegshäufigkeit wohl nicht ausgeschlossen werden kann.[2] In jedem Fall dürften die Entwicklungen der Zukunft davon abhängen, welche internen und internationalen Kapazitäten für Gewaltprävention, akute Konfliktintervention und die Überwindung von Kriegszerrüttungen dauerhaft mobilisiert werden können.

1.2. Unmittelbare Todesopfer durch kriegerische und politische Gewalt

Mindestens ebenso relevant wie die Anzahl von Kriegen und bewaffneten Konflikten ist das von ihnen verursachte Ausmaß an Tod, Leid und Zerstörung. Wie lassen sich die Opfer unmittelbarer physischer Gewalt erfassen? Es gibt hierfür im Wesentlichen drei methodologische Zugänge. Die Datensätze führender Forschungsinstitutionen (*Uppsala University, Correlates of War-Project, International Institute of Strategic Studies*) stützen sich auf Berichte, die in Nachrichtenmedien erscheinen und nach strengen Regeln kodiert werden. In der Tendenz werden dabei deutlich zu wenig Opfer erfasst, da es in zahlreichen Fällen über-

---

[2] Siehe etwa den *Failed States Index*, den der Fund for Peace, eine unabhängige Forschungseinrichtung, und die Zeitschrift *Foreign Policy* entwickelt haben. Dieses globale Ranking von zunächst 60 schwachen und versagenden Staaten basiert auf zwölf Indikatoren, die drei Dimensionen (Soziales, Wirtschaft, Politik) zugeordnet sind. Nähere Informationen finden sich im Internet unter <http://www.fundforpeace.org/programs/fsi/fsindex.php> (03.09.2007).

haupt keine Meldungen gibt oder Tötungen nicht klar zugeordnet werden können. Epidemiologische Untersuchungen bilden den zweiten Ansatz und beziehen mittelbar durch Kriegshandlungen verursachte Opfer mit ein. Einen zentralen Begriff bildet hier die „‚excess' death rate". Damit werden diejenigen Toten erfasst, die im Vergleich zu den Todeszahlen in Vorkriegszeiten hinzugekommen sind. Drittens schließlich gibt es für ausgewählte Fälle eingehende historische Untersuchungen, die sich auf intensiv überprüfte Berichte von Menschenrechtsorganisationen, auf Exhumierungen, auf Interviews und auf weitere Quellen stützen.[3]

Will man globale Entwicklungen abdecken und sich auf eine einheitliche Methodologie stützen, so bilden die Uppsala-Daten einen der seriösesten Referenzpunkte. Laut Lacina/Gleditsch ist auf dieser Grundlage bei den Todesopfern durch Kampfhandlungen seit dem Korea-Krieg von 1950-1953 ein deutlicher, wenn auch ungleichmäßiger Rückgang zu verzeichnen. Besonders stark hat sich die Anzahl der unmittelbaren Toten pro Krieg vermindert, die 1950 noch bei 38.000 lag und auf 600 Tote in 2002 sank. Die Schätzungen sind allerdings äußerst konservativ. Nicht enthalten sind die Opfer von Konflikten ohne staatliche Beteiligung. Ebenso fehlen die Opfer von Massakern und Genoziden, wie dem Völkermord in Ruanda 1994. Erhebliche Abweichungen bestehen zudem zu Zahlen der Weltgesundheitsorganisation (WHO), die eine weiter gefasste Definition der durch kollektive Gewalt verursachten Todesopfer verwendet, zugleich aber wenig nachvollziehbare Informationen zu ihren Schätzungen gibt. Beispielsweise gehen Lacina/Gleditsch für 2002 von 19.368 Kriegstoten aus, während die WHO 172.000 Todesopfer angibt.[4]

In Zusammenarbeit mit dem Human Security Centre der University of British Columbia ist der Uppsala-Datensatz jüngst überarbeitet worden. Ein besonderer Mehrwert besteht darin, dass für die Jahre 2002 und 2003 neben bewaffneten Konflikten nun auch einseitige politische Gewalt berücksichtigt wird, bei der eine Seite nicht bewaffnet war (vgl. *Tabelle 1*). Dennoch bleibt das Resultat höchst unbefriedigend. So werden für die Demokratische Republik Kongo (DRC) für 2002/2003 insgesamt 6215 Todesopfer angegeben, für den Sudan 5222 Todesopfer – und dies zu einer Zeit, in der laut epidemiologischen Studien in der Demokratischen Republik Kongo noch Hunderttausende ums Leben ka-

---

[3] Systematisch wurde dieser Ansatz insbesondere von der Human Rights Data Analysis Group unter Leitung von Patrick Ball entwickelt; siehe hierzu <http://www.hrdag.org> (03.09.2007)
[4] Vgl. Human Security Report 2005: 31, 71-76. Lacina/Gleditsch erfassen nur „state-based violence". Ihre Schätzung für 2002 liegt um etwa 4.000 Tote höher als der auf ähnlicher Grundlage entstandene Uppsala/Human Security Centre-Datensatz (siehe Tabelle 1). Hintergrund ist, dass Lacina/Gleditsch den Begriff der „battle-related deaths" verwenden, während das Uppsala/Human Security-Project den etwas engeren Begriff der „battle-deaths" zugrunde legt. Vgl. B.A. Lacina / N.P. Gleditsch 2005.

men[5] und Menschenrechtsorganisationen für den Sudan übereinstimmend über den Beginn von genozidartigen Tötungen berichteten.[6]

Tabelle 1: Numbers of Reported Deaths from Political Violence by Country, 2002-2003

	Total (state-based, non-state and one-sided violence)		Death rate (fatalities per 100,000 of population)	
	2002	2003	2002	2003
Africa	**14432**	**10983**		
Algeria	306	223	1.0	0.7
Angola	786	0	5.7	0.0
Burundi	845	1142	12.0	16.2
CAR	159	0	4.2	0.0
Chad	418	0	5.1	0.0
Congo-Brazzaville	171	0	5.4	0.0
DRC	4061	2154	7.6	4.2
Eritrea	0	57	0.0	1.3
Ethiopia	414	224	0.6	0.3
Ghana	36	0	0.2	0.0
Côte d'Ivoire	626	121	3.7	0.7
Liberia	700	1958	21.2	59.4
Madagascar	79	0	0.5	0.0
Morocco	0	45	0.0	0.2
Nigeria	535	256	0.4	0.2
Rwanda	59	0	0.7	0.0
Senegal	33	40	0.3	0.4
Somalia	644	368	6.9	3.9
Sudan	2419	2803	7.5	8.5
Uganda	2141	1592	9.2	6.5
Americas	**1940**	**731**		
Colombia	1914	701	4.4	1.6
Ecuador	0	30	0.0	0.2
Mexico	26	0	0.0	0.0

---

[5] Hierauf wird ausführlicher im nächsten Unterkapitel eingegangen.
[6] Nach Schätzungen des UN-Untergeneralsekretärs für humanitäre Angelegenheiten, Jan Egeland, starben in den ersten 18 Monaten seit Beginn der umfangreichen Massaker Ende 2003 180.000 Menschen infolge von Krankheit, Seuchen und Unterernährung. In dieser Zahl nicht enthalten sind die Toten, die unmittelbar durch Kämpfe zwischen den von der Regierung unterstützten Milizen und den Kämpfern der lokalen afrikanischen Bevölkerung ums Leben kamen. Vgl. <http://news.bbc.co.uk/2/hi/africa/4349063.stm > (03.09.2007).

	Total (state-based, non-state and one-sided violence)		Death rate (fatalities per 100,000 of population)	
Asia	8895	5815		
Afghanistan	587	317	2.1	1.1
India	4046	2430	0.4	0.2
Indonesia	364	517	0.2	0.2
Myanmar (Burma)	358	40	0.7	0.1
Nepal	2658	1064	11.0	4.4
Pakistan	265	198	0.2	0.1
Philippines	617	1150	0.8	1.4
Sri Lanka	0	25	0.0	0.1
Thailand	0	74	0.0	0.1
Europe	787	539		
Russia	787	539	0.6	0.4
Middle East	1533	9246		
Iraq	200	8494	0.8	35.1
Israel and the Palestinian Territories	1277	573	13.2	5.8
Saudi Arabia	0	43	0.0	0.2
Turkey	56	136	0.1	0.2
World total	27587	27314		

Quelle: Human Security Centre 2005: 73-74, Abb. 2.4 and 2.5 – Die Todesraten pro 100.000 Einwohner wurden nur für einzelne Länder, nicht aber für Regionen bzw. die gesamte Welt ermittelt.

1.3. Mittelbare „menschliche Kosten" infolge von Krieg und politischer Gewalt

Die Differenz zwischen den Uppsala-Daten und den Schätzungen von WHO, Menschenrechtsorganisationen und humanitären Agenturen kommt v.a. dadurch zustande, dass die Zahl der unmittelbar und nachweisbar durch Kampfhandlungen Getöteten oftmals nur einen Bruchteil der gesamten Todesfälle ausmacht, die in der Folge von Kriegen auftreten. Eine Übersicht zu ausgewählten Kriegen in Subsahara-Afrika zeigt, dass dieser Anteil zwischen 3% und etwa 30% schwankt (siehe *Tabelle 2*). Der *Human Security Report 2005* gesteht insofern auch ein, dass die „battle-death counts (…) measure only a small part of the real human cost of war" (Human Security Centre 2005: 123). Vornehmlich auf der Basis von „battle-death counts" Trendaussagen über die Letalität von Kriegen zu machen, erscheint somit hochgradig fragwürdig.

Die *UK Prime Minister's Strategy Unit* (UKPMSU) hat sich vor diesem Hintergrund entschieden, für die Einschätzung von Gewaltfolgen ein Konzept

„menschlicher Sicherheit" zugrunde zu legen, das nicht nur Kampfhandlungen sowie Bedrohungen durch organisierte Gewalt und sporadische Vorfälle einbezieht, sondern deutlich darüber hinaus geht (UKPMSU 2005: 6):

> „Going wider still economic collapse, degradation of healthcare and other infrastructure, increases in organised violence and crime, increases in unorganised violence (e.g. food riots), starvation and disease kill people in far greater numbers than direct battlefield casualties."

Welche methodischen Zugänge gibt es aber, um einem derartigen Konzept menschlicher Sicherheit Rechnung zu tragen? Drei Ansätze verdienen besondere Beachtung: Erstens haben Forscher der *University of Maryland* eine Intervallskala entwickelt, um den „societal impact of war" zu messen. Der zweite Ansatz beruht auf der Ermittlung von Mortalitätsraten in kriegsbetroffenen Ländern. Eine dritte Option, die sich insbesondere an WHO-Daten orientiert, konzentriert sich auf den vom ‚Friedensfall' abweichenden Verlust an gesunden Lebensjahren.

Tabelle 2: Battle-deaths versus total war deaths in selected sub-Saharan African Conflicts

Country	Years	Estimate of Total War Deaths	Battle Deaths	Battle Deaths as a Percentage of total war deaths
Sudan (Anya Nya rebellion)	1963-1973	0,25-0,75 million	20,000	3-8%
Nigeria (Biafra rebellion)	1967-1970	0,5 - 2 million	75,000	4-15%
Angola	1975-2002	1.5 million	160,475	11 %
Ethiopia (not inc. Eritrean insurgency)	1976-1991	1-2 million	16,000	<2%
Mozambique	1976-1992	0.5-1.0 million	145,000	15-29%
Somalia	1981-1996	0.25-0.35 million	66,750	19-27%
Sudan	1983-2002	2.0 million	55,000	3 %
Liberia	1989-1996	0.15-0.2 million	23,500	12-16%
Democratic Republic of the Congo (DRC)	1998-2001	2.5 million	145,000	6 %

Quelle: Human Security Centre 2005: 128; gestützt auf B.A. Lacina / N.P. Gleditsch 2005.

1.3.1. Ausmaß sozialer Kriegsfolgen

Monty Marshall und Kollegen haben für den Zeitraum 1946 bis 2004 insgesamt 291 bewaffnete Konflikte erfasst und das Ausmaß der Zerstörung auf einer Skala bewertet, die von 1 (sehr geringe Schäden) bis 10 (totale Verwüstung) reicht. Bei den kurz- und langfristigen Kriegsfolgen werden neben Daten zu Toten und Verletzten auch Indikatoren berücksichtigt, die sexuelle Gewalt, Flucht und Vertreibung, die Zerrüttung sozialer Netzwerke, die Verschlechterung ökologischer Lebensbedingungen, die Zerstörung des Gesundheitssystems und der materiellen Infrastruktur etc. messen (M.G. Marshall / T.R. Gurr 2005: 77). Bei der qualitativen Gesamteinschätzung dieser Folgen durch Experten wird unterstellt, dass der Abstand zwischen den verschiedenen Stufen der Skala in etwa gleich ist (Intervallskalenniveau) und damit die Identifizierung summarischer Trends möglich ist. Unter dieser Prämisse kommen Monty Marshall und Kollegen zu dem Ergebnis, dass seit dem Ende des Ost-West-Konflikts die soziale Zerstörungskraft von Kriegen deutlich zurückgegangen ist. Für die Friedenskonsolidierung ist dies eine gute Nachricht, insofern damit tendenziell die Chancen für den Wiederaufbau steigen (Human Security Centre 2005: 128).

1.3.2. Epidemiologische Studien zu Mortalitätsraten

Ein prominentes Beispiel für eingehende epidemiologische Studien sind die Untersuchungen, die das *International Rescue Committee* in der Demokratischen Republik Kongo durchführen ließ und die zu den viel zitierten Schätzungen von insgesamt 3,3 Millionen bis 3,8 Millionen Toten infolge des Krieges führten[7]. In der Zeit, als die Kämpfe ihren Höhepunkt erreichten, kamen dabei auf jeden Zivilisten, der durch physische Gewalt ums Leben kam, sechs weitere Tote in der Zivilbevölkerung, die durch Krankheit und Unterernährung starben. Ähnliche Studien liegen mittlerweile für den Irak vor (L. Roberts et al. 2004: 1857-1864). In fallübergreifenden, ökonometrischen Auswertungen epidemiologischer Studien kommen Hoeffler/Reynal-Querol zu dem Ergebnis, dass während eines Krieges die Kindersterblichkeit um 13% ansteigt und auch noch fünf Jahre nach Kriegsende 11% über einem vergleichbaren Land in Friedenszeiten liegt (A. Hoeffler / M. Reynal-Querol 2003; wiedergegeben nach P. Collier et al. 2003: 23f.). Ähnliche, z.T. sogar noch höhere Steigerungen der Mortalitätsraten konnten bei Erwachsenen nachgewiesen werden (P. Collier et al. 2003: 23f.). Ein

---

[7] Die Zahl von 3,3 Millionen Toten stützt sich auf den Zeitraum 1999 bis 2002. Vgl. L. Roberts et al. 2003. Eine jüngere Untersuchung, die zusätzlich den Zeitraum von Januar 2003 bis April 2004 einbezog, kam auf die Gesamtzahl von 3,8 Millionen Toten. Vgl. B. Coghlan et al. 2004.

besonderes Problem stellt HIV/AIDS dar, das in manchen Kriegen – so in Liberia, Mosambik, Ruanda und Sierra Leone – bewusst durch Vergewaltigungen verbreitet wurde.[8] Zudem sind Frauen und Mädchen in Flüchtlingslagern besonders der Demütigung durch sexuelle Gewalt ausgesetzt.

1.3.3. Das Konzept der *Disability-Adjusted Life Years* (DALYs)

Neben Mortalitätsraten wird in der Erforschung der gesundheitlichen Kriegsfolgen auch der *Health-Adjusted Life Expectancy Index* sowie der *Disability-Adjusted Life Year Index* verwendet. Beim ersten Indikator wird von der normalen Lebenserwartung bei Geburt die Anzahl der Jahre abgezogen, die in einem spezifischen Land durch Tod oder ernsthafte Behinderung verloren gehen. Der DALY wiederum erfasst die Beschränkung gesunder Lebensjahre durch 23 schwerwiegende Krankheiten und Unfälle. Krieg reduziert die Zahl der erwarteten gesunden Lebensjahre deutlich, u.a. durch HIV/AIDS, Malaria, Tuberkulose und andere Atemwegserkrankungen, Transportunfälle infolge einer zerstörten Infrastruktur, Morde infolge sozialer Zerrüttung sowie Gebärmutterkrebs und erhöhte Müttersterblichkeit. Eine Studie von Ghobarah und Kollegen, die den Ansatz auf 51 bewaffnete Konflikte angewendet hat, kommt zu dem Ergebnis, dass auf jeden Kriegstoten zwischen 1991 und 1997 noch einmal 3,9 Jahre gesunden Lebens in 1999 verloren gingen – wobei die Rückwirkungen auf Nachbarländer hier noch gar nicht berücksichtigt wurden (vgl. H.A. Ghobarah et al. 2003; vgl. auch Human Security Centre 2005: 129-133).

1.4. Die Monetarisierung sozialer und ökonomischer Kriegsfolgen

Einen ersten Versuch, die sozialen und ökonomischen Kosten von Krieg zu monetarisieren, haben jüngst Collier/Hoeffler unternommen.[9] Ihre Berechnungen stützen sich auf Wachstumsverluste, auf die zivilen Opportunitätskosten überhöhter Militärausgaben und auf die Gesundheitsfolgen. Die Berechnungen werden dabei sowohl für das Bürgerkriegsland als auch für die angrenzenden Nachbarstaaten vorgenommen.

---

[8] Siehe zum Zusammenhang von HIV/AIDS und Krieg die differenzierte Analyse in Human Security Centre 2005: 135-140.
[9] Vgl. zum folgenden P. Collier / A. Hoeffler 2004. Siehe zu einer Übertragung dieses Ansatzes auf Low Income Countries Under Stress (LICUS) insbesondere L. Chauvet / P. Collier 2004.

1.4.1. Kosten auf nationaler und regionaler Ebene

Für ein durchschnittliches Bürgerkriegsland berechnen Collier/Hoeffler auf Grundlage empirischer Daten eine Verminderung des Wirtschaftswachstums um 2,2% pro Kriegsjahr. Bei einer Kriegsdauer von etwa sieben Jahren ergibt sich nach dem Waffengang ein um etwa 15% vermindertes Bruttoinlandsprodukt (BIP) gegenüber einem vergleichbaren Land im Friedenszustand. Erst zehn Jahre nach Kriegsende werden die Wachstumsraten erreicht, die vor dem Krieg herrschten. Es dauert sogar 14 Jahre, ehe wieder das Niveau erreicht wird, welches ohne Waffengang möglich gewesen wäre. Der bevorstehende Wohlstandsverlust wird bei Kriegsbeginn auf insgesamt 105% des BIP geschätzt.[10] Ein zweiter Kostenfaktor kommt hinzu, die zivilen Opportunitätskosten überhöhter Militärausgaben. Nach den Schätzungen von Collier/Hoeffler gehen dadurch während und nach dem Krieg noch einmal insgesamt 18% des BIP verloren.

Drittens schließlich monetarisieren Collier/Hoeffler unter Bezug auf die bereits erwähnte Studie von Ghobarah und Kollegen sowie das WHO-Konzept der *Disability Affected Life Years* (DALYs) die gesundheitlichen Folgekosten von Kriegen. Die Anzahl der Lebensjahre, die durch Tod und starke Behinderungen im Vergleich zu Friedensbedingungen verloren gehen, wird im Schnitt auf fünf Millionen geschätzt. Wie lässt sich nun ein derart zerstörtes Lebensjahr in Geldwerten ansetzen? Die Art, wie diese Frage beantwortet wird, hat nicht nur ökonomische, sondern auch moralische Implikationen (vgl. T. Addison 2004: 3-4). Lehnt man sich an den Humankapital-Ansatz an, so wird primär auf die Produktivität eines Menschen abgezielt. Eine Folge ist, dass je nach Herkunft der Wert eines menschlichen Lebens deutlich unterschiedlich gewichtet wird. Eine alternative Methode bilden sog. „willingness-to-pay"-Ansätze, die mittlerweile im Gesundheits- und Versicherungswesen verwendet werden und bei denen die monetären Werte für verlorene Lebensjahre zumeist deutlich höher als beim Humankapital-Ansatz liegen. Collier/Hoeffler entscheiden sich für den recht fragwürdigen, unter pragmatischen Erwägungen aber leichter durchführbaren Humankapital-Ansatz. Für den Wert eines DALY legen sie 1.000 US-$ zugrunde – ein Betrag, der ungefähr dem Pro-Kopf-Einkommen in vielen Risikoländern entspricht. Bei fünf Millionen verlorenen DALY pro Krieg ergeben sich durchschnittliche Gesundheitskosten in Höhe von fünf Milliarden US-Dollar.

Allein auf nationaler Ebene bedeutet ein Bürgerkrieg demnach den Verlust von 123% des BIP eines *Low Income Country* (LIC) plus die auf der Grundlage von DALYs geschätzten Gesundheitskosten. Geht man davon aus, dass Länder

---

[10] Die in Zukunft zu erwartenden Kriegskosten werden mit einem Abschlag von 5% pro Jahr diskontiert. Eine derartige Berücksichtigung zeitabhängiger Präferenzen ist in der Ökonomie üblich. Leider geben Collier/Hoeffler jedoch keine Begründung für die Höhe der Diskontierungsrate an.

mit geringem Einkommen – die Sonderfälle China und Indien ausgenommen – über ein durchschnittliches BIP von 19,7 Milliarden US-Dollar verfügen, so ergeben sich auf nationaler Ebene Kosten in Höhe von etwa 29 Milliarden US-Dollar.

Größer noch als die Rückwirkungen innerhalb eines Landes sind die Negativeffekte von Kriegen in der unmittelbaren Nachbarschaft (vgl. P. Collier / A. Hoeffler 2004: 6-8). Durch verminderte Wachstumsraten wird das BIP eines angrenzenden Landes im Untersuchungszeitraum vom Kriegsbeginn bis zur vollständigen Erholung (insgesamt 21 Jahre) um 43% reduziert. Angesichts von durchschnittlich 2,7 Nachbarländern, liegt die Gesamtwirkung bei 115% des ursprünglichen BIP eines Landes. Zusätzliche Kosten in Höhe von 12% des BIP kommen durch regionale Rüstungswettläufe hinzu, so dass die regionalen Kosten bei 127% des BIP eines Bürgerkriegslandes bzw. bei 25 Milliarden US-Dollar liegen. Kurzum: Die verschiedenen nationalen und regionalen Kosten summieren sich für ein durchschnittliches LIC auf 54 Milliarden US-Dollar. Diese ergeben sich aus den Wohlfahrtsverlusten (in Höhe von insgesamt 250% des BIP) und den Gesundheitskosten. Bezieht man zusätzlich mit ein, dass bei Nachkriegsländern das Risiko eines erneuten Krieges über 15 Jahre hinweg höher als vor dem Krieg ist, so ergeben sich *summa summarum* sogar Kosten in Höhe von 64 Milliarden US-Dollar.

1.4.2. Unberücksichtigte Kosten

Diese bereits hohen Werte sind noch nicht einmal vollständig. So ist auf nationaler Ebene wegen der mangelnden Verfügbarkeit zuverlässiger Daten die Zerstörung der Infrastruktur gar nicht berücksichtigt. Noch schwerer zu erfassen ist die Erosion von Sozialkapital – d.h. von Erwartungsverlässlichkeit und wechselseitigem Vertrauen –, die das Wirtschaftsverhalten breiter Bevölkerungskreise nachhaltig beeinflusst. Wie Colletta/Cullen anhand von vier Fallstudien (Kambodscha, Guatemala, Ruanda und Somalia) aufgezeigt haben, führt diese Unsicherheit dazu, dass Menschen weniger investieren und sich in die Subsistenzökonomie zurückziehen, wo sie weniger verwundbar sind (vgl. N.J. Colletta / M.L. Cullen 2000; wiedergegeben nach P. Collier et al. 2003: 13-16). Der allgemeine Vertrauensverlust führt auch dazu, dass privates Vermögen in nennenswertem Maße außer Landes gebracht wird: Während sich vor einem Krieg 9% des privaten Kapitalstocks im Ausland befinden, sind dies bei Kriegsende bereits 20%; in der Regel setzt sich die Kapitalflucht auch in der ersten Nachkriegsdekade fort und steigt auf 26,1% an (vgl. P. Collier et al. 2003: 20-21).

Auch die Rückwirkungen auf die Nachbarstaaten sind nur unvollständig berücksichtigt. Denn die erheblichen „social spillovers" infolge von Krankheiten und Seuchen wurden angesichts fehlender Daten bei Collier/Hoeffler nicht mittels DALYs einbezogen. Besonders gravierend ist dabei der Zusammenhang von Flüchtlingen und Malariaausbreitung. So fand eine Untersuchung von 135 tropischen Ländern für den Zeitraum zwischen 1960 und 1999 heraus, dass die Gastländer auf 1.000 Flüchtlinge, die sie aufnahmen, einen Zuwachs von 1.406 Malaria-Fällen zu verzeichnen hatten.[11]

Obwohl ganz erheblich, lassen sich die globalen Kosten von Bürgerkriegen in systematischer Hinsicht nur schwer quantifizieren. Dennoch gibt es einige gut nachweisbare „spillover"-Effekte, die nicht auf die jeweilige Region beschränkt sind und oftmals auch den Anlass für internationales Eingreifen in Kriegs- und Nachkriegssituationen bilden. So stammen etwa 85% der harten Drogen aus Ländern, die von Krieg und Instabilität gezeichnet sind. Um die „menschlichen Kosten" einschätzen zu können, müssten die Gesundheitsfolgen in den Konsumentenländern berechnet werden. Welches Ausmaß der Drogenhandel angenommen hat, lässt sich einer Schätzung der *UK Prime Minister's Strategy Unit* entnehmen, die die entsprechenden Einnahmen auf jährlich 100 bis 300 Milliarden US-Dollar beziffert (vgl. UKPMSU 2005: 52). Eine zweite Geißel ist AIDS, die durch Bürgerkriege unter bestimmten Voraussetzungen (nennenswerte Infektionsrate, grenzüberschreitende Menschenbewegungen, etc.) erhebliche transnationale Verbreitung finden kann. Schließlich bilden Bürgerkriegsländer, in denen sich Zonen jenseits der Regierungskontrolle herausbilden, potenzielle Zuflucht- und Ruheräume für organisierte Kriminalität und internationalen Terrorismus.

2. Friedenskonsolidierung als Gewaltprävention: Relevanz und Erfolgsbedingungen

Die eben skizzierten menschlichen, sozialen und ökonomischen Kosten von Kriegen deuten bereits an, welch große Bürde Nachkriegsländer zu tragen haben. Es verwundert von daher nicht, dass sie in besonderem Maße in ihrer Entwicklung blockiert und hinsichtlich kollektiver Gewalt „rückfallgefährdet" sind. Friedenskonsolidierung bildet aus krisenpräventiver und entwicklungspolitischer Sicht insofern ein äußerst relevantes Handlungsfeld. Einen Rahmen zur Konzeptualisierung und empirischen Überprüfung von Erfolgsbedingungen bildet das „Peacebuilding-Dreieck", das das „Erbe des Krieges", die lokalen Kapazitäten

---

[11] Bemerkenswert ist, dass Hunger- und Dürre-Flüchtlinge keinen vergleichbaren Effekt auslösen. Dies liegt vermutlich daran, dass sie sich anders als Kriegsflüchtlinge nicht ungeschützt durch unwegsames Terrain durchschlagen müssen und zudem das Aufnahmeland schneller wieder verlassen. Vgl. P. Collier et al. 2003: 39. Collier und Kollegen stützen sich dabei auf J.G. Montalvo / M. Reynal-Querol 2002.

und die internationale Handlungsfähigkeit in einen systematischen Zusammenhang bringt.

2.1. Nachkriegsländer in der „Konfliktfalle"

Nachkriegsländer befinden sich allzu oft in einer „Konfliktfalle" („conflict trap") und sind besonders anfällig für weitere bewaffnete Konflikte.[12] In den ersten fünf Jahren nach Kriegsende beträgt das Rückfallrisiko 43,8%, während das Risiko vor dem Krieg bei diesen Ländern nur bei 24,8% lag.[13] Collier/Hoeffler gehen insofern davon aus, dass etwa die Hälfte der Risikofaktoren aus der Zeit vor dem Krieg herrührte und das Land bereits besonders konfliktgeneigt werden ließen. Die andere Hälfte resultiert aber aus dem „Erbe des Krieges", sprich: aus der Dominanz des Militärischen, aus der Erosion von „Sozialkapital" durch Misstrauen, Hass und Gewalterfahrungen, aus dem Einfluss von Gewaltakteuren, die über erhebliche Bereicherungsmöglichkeiten verfügen und nicht zuletzt auch aus Kapitalflucht und der Zurückhaltung ausländischer Investoren (vgl. P. Collier / A. Hoeffler 2004: 17; P. Collier et al. 2003: 19-31). Erst nach einer Dekade senkt sich das Rückfallrisiko merklich. Die belastende „Pfadabhängigkeit" von Nachkriegsländern ist dann aber immer noch nicht überwunden: „This legacy of war seems to take a long time – a generation or two – before withering away" (P. Collier et al. 2003: 104).

Das Engagement in Nachkriegsgesellschaften stellt vor diesem Hintergrund einen integralen Bestandteil von Krisenprävention dar. Natürlich darf sich die internationale Aufmerksamkeit nicht allein auf diese Ländergruppe beschränken – denn ansonsten gerieten Länder aus dem Blick, die sich in einem fragilen Frieden befinden und durch vorbeugende Maßnahmen (primäre Gewaltprävention) und entschlossenes Konfliktmanagement (sekundäre Gewaltprävention) vor gewaltsamen Auseinandersetzungen bewahrt werden können. Die Gefahr eines derartigen „crowding-out" von primärer und sekundärer zugunsten tertiärer Prävention ist nicht zu vernachlässigen. Dies gilt umso mehr in Fällen, in denen die

---

[12] Es handelt sich dabei um Staaten, die sich in den ersten zehn Jahren nach Beendigung eines Waffenganges befinden. Wie viele Länder unter diese Definition fallen, hängt maßgeblich von der jeweils verwendeten Kriegsdefinition ab. Collier und Kollegen sprechen von Bürgerkrieg, „when an identifiable rebel organization challenges the government militarily and the resulting violence results in more than 1,000 combat-related deaths, with at least 5 percent on each side" (P. Collier et al. 2003: 11). Sie gehen davon aus, dass sich seit 1944 durchschnittlich etwa zwölf Länder pro Jahr in solch einer Nachkriegssituation befanden; die Zahl dürfte freilich nach 1989 angesichts zahlreicher Friedensschlüsse deutlich höher liegen.

[13] Vgl. P. Collier et al. 2003: 83, 104, 109-110. In einer jüngeren Studie berechnen Collier/Hoeffler die Wahrscheinlichkeit eines Rückfalls in den ersten fünf Jahren nach Kriegsende mit 39%, in der zweiten Hälfte der Nachkriegsdekade mit 32 %. Vgl. P. Collier / A. Hoeffler 2004: 20.

Stabilisierung und der Wiederaufbau kriegszerrütteter Gesellschaften mit der Stationierung von Militär einhergeht und erhebliche Mittel ‚verschlingt'. Addison geht z.b. davon aus, dass die externe Präsenz in Afghanistan insgesamt ca. zwölf Milliarden US-Dollar pro Jahr kostet (vgl. T. Addison 2004: 11-12).

Insgesamt ist es zweifelsohne kostengünstiger, mit gezielten Präventionsmaßnahmen kriegerische Gewalt und Völkermord zu verhindern, als im Nachhinein mit Militärinterventionen Gewalt einzudämmen und umfangreiche Mittel für die Behebung von Kriegsschäden einzusetzen. So stellt die britische Studie *Investing in Prevention* fest (UKPMSU 2005: 63):

„In Rwanda, the actual cost of intervention following the genocide (in 2004 prices) was over $5 billion, while the preventive package would have cost under $1 billion. In former Yugoslavia, the actual cost of intervention from 1991-99 was $54 billion, while the preventive interventions would have been around $22 billion (this assumes a large and sustained preventive deployment)."

Trotz dieser teuren „Konfliktnachsorge" haben entschlossene und kohärente Strategien für Nachkriegsländer jedoch eine hohe Berechtigung – können sie doch in recht gezielter Weise dazu beitragen, dem Zerfall von Gesellschaften und Staaten sowie erneuter Gewalt entgegenzuwirken, die in aller Regel auch die Nachbarländer ‚ansteckt'.

2.2. Das „Peacebuilding-Dreieck"

Wovon ist der Erfolg von Peacebuilding-Bemühungen abhängig? Einen sehr hilfreichen Rahmen bildet das von Doyle/Sambanis entwickelte „Peacebuilding Triangle", das drei Faktoren in den Mittelpunkt rückt (M.W. Doyle / N. Sambanis 2006: 69-71):

- das Ausmaß der aus dem Krieg herrührenden Verfeindungen („degree of hostility of the factions"),
- die lokalen Kapazitäten, über die ein Land nach Kriegsende verfügt („local capacities"), sowie schließlich
- das Ausmaß internationaler Unterstützung, sei sie entwicklungs-, außen- oder sicherheitspolitischer Art („international capacities").

Schaubild 2: The Peacebuilding Triangle

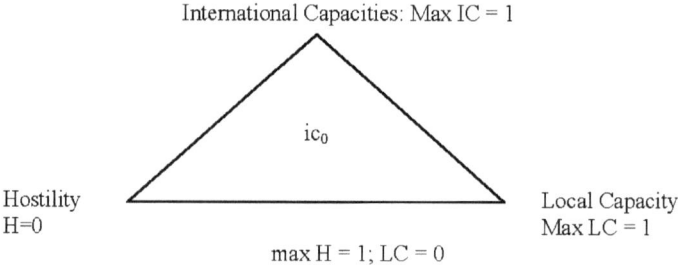

Quelle: M.W. Doyle / N. Sambanis 2006: 70, Figure 3.1.

Doyle/Sambanis operationalisieren die drei Faktoren, und bilden diese jeweils auf einer Skala von 0 bis 1 ab – wobei 0 für besonders schlechte und 1 für besonders gute Ausgangsbedingungen steht. Durch ein derartiges Vorgehen lässt sich veranschaulichen, wie groß der politische Raum für erfolgreiches Peacebuilding ist (siehe Schaubild 2). Zum empirischen Test greifen sie auf einen Datensatz zurück, der über den Zeitraum 1945-1999 einschlägige Indikatoren für 121 Bürgerkriege erfasst.[14] Der Erfolg bzw. Misserfolg von Peacebuilding wird dabei zwei Jahre nach Kriegende gemessen. Ist eine internationale Friedensmission vor Ort, so wird das Ergebnis erst zwei Jahre nach dem Abzug beurteilt, da ein tragfähiger Frieden nach Doyle/Sambanis voraussetzt, dass interne Akteure ihn ohne externe Präsenz aufrechterhalten können. Setzt man einen „positiven Frieden", der ein gewisses Maß an politischer Konflikttransformation voraussetzt, als Kriterium an, so gab es 37 Erfolge (30,6%) und 84 Misserfolge (69,4%). Das Ergebnis fällt etwas besser aus, wenn man die Messlatte tiefer legt und „negativen Frieden" – also die bloße Abwesenheit organisierter, kollektiver Gewalt – erfasst. Dieser wurde in immerhin 53 Fällen (43,8%) erreicht, in 68 Fällen (56,2%) scheiterten die Peacebuilding-Bemühungen.

---

[14] Bürgerkrieg ist dabei definiert als „an armed conflict that pits the government and national army of an internationally recognized state against one or more armed opposition groups able to mount effective resistance against the state; the violence must be significant, causing more than a thousand deaths in relatively continual fighting which takes place within the country's boundaries; and the rebels must recruit mostly locally, controlling some part of the country's territory." M.W. Doyle / N. Sambanis 2006: 31.

2.2.1. Der Grad an Verfeindungen infolge des Kriegs

Menschliches Leid stellt ein nachweisbares „Kriegserbe" dar, das Friedenskonsolidierung belastet (vgl. M.W. Doyle / N. Sambanis 2006: 96-104). So wirkt sich in der Tendenz das Ausmaß an Kriegstoten und tendenziell auch von Flüchtlingen und Binnenvertriebenen negativ auf die Erfolgschancen von Peacebuilding aus. Ein stabiler, positiver Frieden wird ebenfalls erschwert, wenn Kriegsparteien sich entsprechend ihrer ethnisch-religiösen Loyalitäten formiert haben. Weniger eindeutig ist dem gegenüber der Zusammenhang hinsichtlich der Anzahl der Kriegsparteien: Peacebuilding gelingt am besten, wenn es entweder eine sehr übersichtliche Anzahl von Konfliktparteien gibt oder wenn diese äußerst zersplittert sind und Koalitionen bilden müssen. Besonders problematisch ist hingegen eine Situation, in der es eine mittelgroße Anzahl einflussreicher Konfliktparteien gibt, die über die Lager hinweg Koalitionen bilden können und insofern Friedensverhandlungen komplizierter machen. Ähnlich verhält es sich bei der ethnischen Heterogenität eines Landes, in dem eine mittelgroße Anzahl ethnischer Gruppen die meisten Schwierigkeiten bereitet. Bei starker Zersplitterung gelingt eine Stabilisierung leichter; allerdings ist es relativ wahrscheinlich, dass Gewalt nach dem Kriegsende auf einem niedrigeren Niveau fortdauert.

2.2.2. Lokale Kapazitäten

Im Einklang mit zahlreichen Studien zur politischen Ökonomie von Bürgerkriegen gehen Doyle/Sambanis davon aus, dass der sozio-ökonomische Entwicklungsstand eines Nachkriegslandes maßgeblichen Einfluss auf die Etablierung eines tragfähigen Friedens hat. Tatsächlich lassen sich positive Wirkungen für verschiedene Indikatoren bestätigen, wie etwa Pro-Kopf-Elektrizitätsverbrauch, Pro-Kopf-Einkommen (PKE), PKE-Wachstumsraten (vgl. M.W. Doyle / N. Sambanis 2006: 104-108). In weitgehender Übereinstimmung zur Diskussion über „Greed and Grievance"(vgl. P. Collier / A. Hoeffler 2001), bzw. zum „Fluch der Ressourcen" („resource curse") (vgl. I. Bannon / P. Collier 2003), stellen Doyle/Sambanis fest, dass die Ölabhängigkeit von Nachkriegsländern ein signifikantes Hemmnis darstellt. Ebenfalls problematisch ist eine hohe Abhängigkeit von Primärgüterexporten, die sowohl zu einer hohen Verwundbarkeit gegenüber Schwankungen bei Rohstoffpreisen führt als auch anzeigt, dass Konfliktparteien sich zur Kriegsfinanzierung „recht einfach" Ressourcen aneignen können. Ein großer Anteil von Erdöl- und anderen Rohstoffexporten am Außenhandel oder Bruttoinlandsprodukt ist häufig auch ein Hinweis auf die schlechte Qualität politischer Institutionen sowie eine besondere Korruptionsanfälligkeit von Ländern.

2.2.3. Internationale Kapazitäten.

Die Handlungsfähigkeit internationaler Akteure lässt sich nach Doyle/Sambanis anhand von zwei Faktoren erfassen (vgl. M.W. Doyle / N. Sambanis 2006: 108-115):

- das relative Ausmaß der Entwicklungshilfe,
- Art und Umfang multilateraler Friedenseinsätze.

Wie sich die Politik externer Akteure in diesen Bereichen empirisch auf die Erfolgschancen von Peacebuilding auswirkt, soll im folgenden Kapitel ausführlicher und unter Hinzuziehung weiterer Studien erörtert werden. Es erscheint dabei sinnvoll, zusätzlich zu den von Doyle/Sambanis genannten Punkten noch einen dritten Faktor hinzuzunehmen, nämlich:

- die Fähigkeit zu effektiver internationaler *governance* in ausgewählten Handlungsfeldern, die die Verwundbarkeit von Krisenländern beeinflussen.

3. Wiederaufbau von Nachkriegsländern: Policy-Optionen externer Akteure

Der Einfluss externer Akteure muss, wie das „Peacebuilding-Dreieck" verdeutlichte, stets im Kontext der Kriegserfahrungen eines Landes und der lokalen Kapazitäten gesehen werden. Wo die Verfeindungen besonders stark sind und die sozio-ökonomische und institutionelle Infrastruktur weitgehend zerstört ist, wird externes Engagement überhaupt nur messbare Auswirkungen verzeichnen können, wenn es recht massiv ist. Zugleich müssen sich internationale Maßnahmen an den besonderen Verhältnissen vor Ort orientieren, sprich: darauf abzielen, das jeweilige „Erbe des Krieges" zu überwinden und lokale Kapazitäten im sozio-ökonomischen wie im politisch-institutionellen Bereich zu stärken. Drei Punkte sollen hier hervorgehoben werden: die Möglichkeiten einer entwicklungspolitischen Einflussnahme – unter anderem durch die angepasste und sequenzierte Verwendung von Hilfsgeldern; die militärische Stabilisierung von Nachkriegssituationen und schließlich die internationalen Regelungen und Maßnahmen zur Verminderung der externen Verwundbarkeit und zur Bekämpfung des „Ressourcenfluchs".

3.1. „Big Aid"? Möglichkeiten und Grenzen entwicklungspolitischer Einwirkung

Die Verbesserung der sozio-ökonomischen Lage ist für die im Weltbank-Umfeld angesiedelte Forschung der zentrale Ansatzpunkt, das Konfliktrisiko armer Länder zu vermindern (P. Collier et al. 2003: 106):

> "The conflict trap is a tendency, not an iron law. Middle-income countries have a lower probability of falling into it."

Von daher wird auf nennenswerte, gut sequenzierte Entwicklungshilfe gesetzt. Wie tragfähig ist das Argument? Lässt sich das Vertrauen auf externe Unterstützung durch empirische Erfahrungen untermauern?

3.1.1. Das Argument

Einige quantitativ-empirische Studien gehen davon aus, dass in der ersten Dekade nach dem Krieg das Konfliktrisiko besonders wirksam durch Wirtschaftswachstum gemindert werden kann (vgl. B. Bigombe et al. 2000). Entwicklungshilfe wiederum habe, wenn sie mit reformorientierten Politiken zusammentreffe, in dieser Phase einen besonders signifikanten Einfluss auf die Wachstumsraten (vgl. P. Collier / D. Dollar 2002). In einer Modellrechnung schätzen Collier/Hoeffler diesen Effekt fünfmal höher ein, als in Situationen, in denen es keine Konflikte gab (vgl. P. Collier / A. Hoeffler 2004: 18-19). Einen positiven Zusammenhang zwischen Entwicklungshilfe und Friedenskonsolidierung bestätigen auch Doyle/Sambanis in ihrer Untersuchung von 121 Peacebuilding-Prozessen seit dem Ende des Zweiten Weltkrieges. Demnach wirken sich ein hoher Nettotransfer pro Kopf sowie ein hoher Anteil der Entwicklungshilfe am Bruttoinlandsprodukt tendenziell konfliktmindernd aus – wobei die Autoren ausdrücklich auf die unbefriedigende Verfügbarkeit aussagekräftiger Daten verweisen (vgl. M.W. Doyle / N. Sambanis 2006: 108).

In der Vergangenheit wurde „big aid" vornehmlich in den ersten zwei Jahren nach Kriegsende zur Verfügung gestellt – also zu einem Zeitpunkt, wo die Wirtschaft und das politische System in der Regel noch nicht über hinreichende Absorptionsmöglichkeiten verfügten. Um die Hilfe zielgenauer auf die Lage in einem Nachkriegsland auszurichten, plädieren Collier und Kollegen für eine neuartige Sequenzierung der Zahlungen, die sich auf die mittleren Jahre der Nachkriegsdekade (also etwa das vierte bis siebte Jahr nach dem Friedensschluss) konzentrieren sollten P. Collier et al. 2003: 185):

"The aid commitment should be later and larger und conditioned upon the maintenance of political institution. A critical post-conflict stage is the first election, typically in the fourth or fifth year of peace".

3.1.2. Kritik und Einordnung

Das beherzte Plädoyer für umfangreiche und nach einem klaren Verlaufsschema zu vergebende Hilfe ist insofern berechtigt, als diese Hilfe sicher einen Beitrag leisten kann, Nachkriegsländern eine gezielte Anschubfinanzierung zu geben. Freilich sind zumindest in dreierlei Hinsicht Relativierungen angezeigt. Zum einen überrascht, wie positiv Collier/Hoeffler die Wirkungen von Entwicklungshilfe einschätzen. Der Missbrauch externer Gelder für die Stabilisierung illegitimer, klientelistischer oder gar diktatorischer Regime stellt jedoch ein nicht zu unterschätzendes Risiko dar, wie mittlerweile gerade für konfliktgeneigte Situationen anhand zahlreicher Fälle nachgewiesen wurde (vgl. P. Uvin 1999; S. Klingebiel 1999). Besonders drastisch war der Missbrauch in Nigeria: Der Diktator Sani Abacha und seine Familie sollen sich hier um vier bis sechs Milliarden US-Dollar bereichert haben, während internationale Geber zugleich 1,1 Milliarde US-Dollar Entwicklungshilfe leisteten (vgl. UKPMSU 2005: 107). Von daher macht eine Erhöhung der Hilfe nur Sinn, wenn die Verwendung der Gelder an Minimalkriterien eines ‚*good-enough' governance* orientiert ist, die insbesondere Rechtsstaatlichkeit und Transparenz in der Haushaltsführung einfordert.[15]

Zweitens scheint es selbst unter günstigen Rahmenbedingungen fragwürdig, in welchem Ausmaß „big aid" letztlich das Wirtschaftswachstum unterstützt. Aus den Daten des Collier/Hoeffler-Papiers ergeben sich, wie Intriligator in einer Erwiderung überzeugend darlegt, keine Anhaltspunkte für eine durchschlagende Kosten-Nutzen-Relation (vgl. M.D. Intriligator 2004: 3).

Drittens bedarf die Empfehlung, mit massiver Hilfe erst nach einigen Jahren einzusteigen, einiger Qualifizierungen. Addison argumentiert richtigerweise, dass die oftmals zerrütteten staatlichen Institutionen rasch nach Kriegsende leistungsfähig gemacht werden müssten, wozu unmittelbare Finanzspritzen benötigt würden – auch um qualifiziertes Personal zu rekrutieren. Außerdem müssten die unmittelbaren Kriegsfolgen (Armut und Krankheit) ohne Verzögerung bekämpft werden. Schließlich sprächen taktisch-psychologische Gründe dafür, durch externe Hilfsleistungen frühzeitig ein positives Momentum zu schaffen, um den politischen Raum nicht Gegnern eines Friedensprozesses zu überlassen und um Skeptiker zu überzeugen (vgl. T. Addison 2004: 9-11).

---

[15] Vgl. ausführlicher zum Begriff der ‚*good-enough' governance* UKPMSU 2005: 83-89.

3.1.3. Fazit

Zusammenfassend lässt sich festhalten, dass nennenswerte finanzielle Zuwendungen von außen zwar eine Wirkung erzielen können, ihre Bereitstellung aber an Kriterien gebunden sein muss. Diese brauchen nicht den gesamten ‚Wunschkatalog' von *good governance* abdecken, sondern können sich im Sinne eines *‚good-enough' governance* auf Kernpunkte von Rechtsstaatlichkeit und budgetärer Rechenschaftspflicht beschränken. Bei der Sequenzierung der Hilfe spricht viel dafür, unmittelbar nach Kriegsende einen Akzent auf technische Hilfe im Bereich der Institutionenbildung und der sozialen Grundversorgung zu setzen, um dann nach Abschluss dieser Anlaufphase umfangreichere Mittel für den Wiederaufbau einsetzen zu können. Insgesamt aber sollten die Möglichkeiten der Entwicklungshilfe nicht überschätzt werden. Gewiss stellt *Overseas Development Aid* (ODA) für zahlreiche Nachkriegsländer eine wichtige Einnahmequelle dar. Zugleich sind aus globaler Sicht ausländische Direktinvestitionen (*Foreign Direct Investment*, FDI) für die Länder des Südens weitaus bedeutsamer. Vor allem aber wird häufig übersehen, dass Rücküberweisungen der Diaspora eine nennenswerte Auswirkung auf Entwicklungsanstrengungen haben. Diese kommen den Menschen vor Ort oftmals zielgerichteter als Entwicklungshilfe zugute, wie die *UK Prime Minister's Strategy Unit* jüngst feststellte (UKPMSU 2005: 35):

„Overall remittances far exceed global development assistance ($72 billion vs. $52 billion, in 2001) and flow directly to households and increase wealth".

3.2. Militärische Stabilisierung durch multidimensionale Friedensoperationen

Multilaterale Friedensoperationen haben sich mit Ende des Ost-West-Konflikts als sicherheitspolitisches Instrument zur Eindämmung und Überwindung innerstaatlicher Kriege etabliert. Angesichts einiger herber Fehl- und Rückschläge (Somalia, früheres Jugoslawien, Ruanda, etc.) gab es konzeptionelle und praktische Weiterentwicklungen (Vgl. Panel on United Nations Peace Operations 2000). Die Anzahl der UN-Friedensoperationen hat sich zwischen 1988 und 2004 von sieben auf 16 mehr als verdoppelt. Hinzu kommt die qualitative Weiterentwicklung zu multidimensionalen Missionen, die von Mandat und Ausrüstung her in der Regel deutlich „robuster" ausgestattet sind als noch vor anderthalb Jahrzehnten und zudem auch Aufgaben des „nation-building" übernehmen (vgl. Human Security Centre 2005: 153-155). Nach einem Friedensschluss erfüllen internationale Missionen den Zweck, zur Deeskalation beizutragen und die durch Misstrauen und fortbestehenden Einfluss von Gewaltakteuren geprägte

Übergangslage zu stabilisieren – ein Grund, warum zunehmend auch von „peace maintenance" bzw. „peace support operations" gesprochen wird. Wie ist die Bilanz der zurückliegenden Jahrzehnte?

3.2.1. Empirie

Doyle/Sambanis haben in ihrer bereits erwähnten Studie 121 Fälle zwischen 1945 und 1999 untersucht, von denen 94 ohne Beteiligung der Vereinten Nationen verliefen. Unter den 27 Fällen mit UN-Engagement gab es wiederum elf Beobachtermissionen, acht traditionelle Peacekeeping-Operationen, fünf multidimensionale Missionen sowie drei Fälle, in denen die Vereinten Nationen militärische Zwangsmaßnahmen durchführten oder aber eine Übergangsverwaltung einrichteten. Multidimensionale Missionen haben sich dabei als besonders erfolgreich erwiesen, gefolgt von militärischen Zwangsmaßnahmen („enforcement operations") und Beobachtermissionen. Als gänzlich gescheitert muss der Ansatz des traditionellen Peacekeeping gelten (vgl. M.W. Doyle / N. Sambanis 2006: 72-93; siehe *Tabelle 3*).[16]

Tabelle 3: Peacebuilding Outcomes by Type of UN Mandate (1945-1999)

	No UN Mission	Observer Mission	Traditional PKO	Multidimensional PKO	Enforcement (Chapter VII)	*Total*
Sovereign peace, two years after war ended						
Failure	54	4	8	0	2	*68*
Success	40	7	0	5	1	*53*
Total	*94*	*11*	*8*	*5*	*3*	*121*
Participatory peace, two years after war ended						
Failure	70	4	8	0	2	*84*
Success	24	7	0	5	1	*37*
Total	*94*	*11*	*8*	*5*	*3*	*121*

Quelle: M.W. Doyle / N. Sambanis 2006: 90, Table 3.4.[17]

---

[16] Multilaterale Missionen, die nicht von der UN durchgeführt werden, gelangen zu schlechteren Ergebnissen. Allerdings gehen Doyle/Sambanis davon aus, dass derartige Operationen sich positiv auf vor Ort befindliche, UN-mandatierte Missionen auswirken können.

[17] „Sovereign peace" bezeichnet die Abwesenheit nennenswerter organisierter Gewalt, die die territoriale Hoheit eines Staates herausfordern würde (= negativer Frieden). Beim „participatory peace"

3.2.2. Einordnung und Schlussfolgerungen

Bei der Interpretation der Daten ist zu berücksichtigen, dass erst eine eingehende Fallanalyse Aufschluss darüber geben kann, ob die jeweilige UN-Mission für den Erfolg oder Misserfolg eines Friedensprozesses ausschlaggebend war, oder ob nicht andere Faktoren, so etwa die Fähigkeit einer Regierung, ihre Sicherheitsfunktionen zu erfüllen, der regionale Kontext oder die wirtschaftliche Situation eines Landes ausschlaggebend waren. Unter Berücksichtigung derartiger intervenierender Variablen kommen Doyle/Sambanis freilich immer noch zu dem Ergebnis, dass UN-Missionen mit „starken" Mandaten das Peacebuilding positiv beeinflussen. Dieser sicherheitspolitische Effekt fällt allerdings geringer aus als die Wirkungen, die von einer starken und wachsenden Nachkriegsökonomie ausgehen. Vor diesem Hintergrund erscheint es sinnvoll, UN-Friedensoperationen so weiter zu entwickeln, dass wachstumsfördernde Reformen zum integralen Bestandteil eines umfassenderen Peacebuilding-Ansatzes werden (vgl. M.W. Doyle / N. Sambanis 2006: 109-123, 131-132).

Umstritten ist nach wie vor, in welchem Maße Stabilisierungseinsätze eine rasche Demokratisierung des Nachkriegslandes zum Ziel haben sollen. Einerseits haben sich etablierte Demokratien im Vergleich zu anderen politischen Herrschaftssystemen als weniger anfällig gegenüber innerstaatlicher Gewalt erwiesen. Andererseits können jedoch soziale Prozesse wie Wahlkämpfe oder politische Kundgebungen in noch unzureichend konsolidierten Demokratien soziale Differenzen vertiefen. Doyle/Sambanis schätzen die Chancen für einen „positiven Frieden" besonders gut ein, wenn ein Land nicht durch ethnische Konfliktlinien zerrissen ist und ein gewisses ökonomisches Niveau erreicht hat (vgl. M.W. Doyle / N. Sambanis 2006: 125-131). Letzteres wird auch durch Collier und Kollegen bestätigt. Demokratische Regierungsformen erweisen sich demnach typischerweise ab einem Pro-Kopf-Einkommen (PKE) von etwa 750 US-Dollar als relativ stabil und intern friedensfähig. Bei armen Entwicklungsländern mit niedrigerem PKE erhöhen Demokratisierungsprozesse demgegenüber die Instabilität tendenziell (vgl. P. Collier et al. 2003: 65).

3.3. Effektivere global governance zur Verminderung der „Rückfallsgefährdung" von Nachkriegsländern

Die Förderung sozio-ökonomischer Entwicklung durch Wirtschaftsreformen und internationale Hilfsleistungen ebenso wie die Stabilisierung fragiler Übergangs-

---

muss laut Doyle/Sambanis zusätzlich ein Mindestmaß an politischer Öffnung hinzukommen (= positiver Frieden).

prozesse durch multilaterale Friedensoperationen bilden wichtige Bausteine einer internationalen Strategie des Wiederaufbaus. Hinzu kommen sollten aber auch verbesserte internationale Steuerungsmechanismen, die die externe Verwundbarkeit von Nachkriegsländern vermindern helfen und dazu beitragen, dass sich weder Regierung noch (frühere) Rebellen in nennenswertem Maße bereichern und sich so eine erneute kriegsökonomische Basis verschaffen können.

3.3.1. Verminderung externer Verwundbarkeit

Nachkriegsländer sind in aller Regel in einen „regional security complex" eingebunden (vgl. B. Buzan 1991), in dem wechselseitige Stabilisierung und Destabilisierung sowie zahlreiche transnationale „spillover"-Effekte eine Rolle spielen („bad neighborhoods"). Bei der Regionalisierung politischer Gewalt spielen insbesondere (transnationale) Flüchtlingsströme eine herausragende Rolle, die häufig mit Ressourcenkonkurrenz, Kriminalität, Waffen- und Drogenhandel einhergehen. Soll ein Rückfall in kriegerische Gewalt vermieden werden, verdient die Stärkung der regionalen Komponente von *global governance* hohe Priorität. Regionale Sicherheit basiert dabei wesentlich auf Arrangements, die eine wechselseitige Bedrohung und subversive Einmischung unter Nachbarn verhindern. Die gezielte Unterstützung regionaler und subregionaler Organisationen, wie sie derzeit insbesondere für den afrikanischen Kontinent vorangetrieben wird, bietet hier einen richtigen Ansatzpunkt – wobei auf absehbare Zeit die Förderung vertrauensbildender diplomatischer Maßnahmen weitaus effektiver sein dürfte als der Ersatz von UN-Friedensoperationen durch regionale Militärmissionen (vgl. T. Debiel 2003: 246-254).

Gerade arme und rohstoffabhängige Länder sind nicht nur gegenüber politisch-militärischer Einflussnahme, sondern auch gegenüber sozio-ökonomischen Schocks verwundbar. Zu einem „internationalen Politik-Paket" für fragile Staaten muss deshalb auch ein Instrument gehören, das Preisstürze auf internationalen Rohstoffmärkten und Zerwürfnisse auf den internationalen Finanzmärkten abfedert. Collier und Kollegen schlagen drei überzeugende Initiativen vor, die die Bretton-Woods-Institutionen in diesem Bereich unternehmen könnten (P. Collier et al. 2003: 180-181):

> „First, the IMF could consider the case for a more concessional facility triggered at times of severe price crashes. Second, once the IMF had a system in place that signaled eligibility for such a facility, it could function as a guide to the provision of grant finance by bilateral donors, grants probably being the most appropriate cushion for large adverse shocks. Third, the World Bank could develop both risk-pooling

and risk-bearing facilities. For example, pooling the risks oil exporters and oil importers face might be possible, because their price risk is precisely offsetting."

3.3.2. Eindämmung des „Fluchs der Ressourcen" („resource curse")

Bei der internationalen Stabilisierung gewaltgefährdeter Staaten hat neben den eben genannten Maßnahmen die Kontrolle der Einkommen aus natürlichen Ressourcen hohe Aufmerksamkeit erhalten. Dahinter steht die Erkenntnis, dass sich (potenzielle) Gewaltakteure (aber auch Regierungen) in vielen Regionen der Welt maßgeblich durch den illegalen Verkauf wertvoller, leicht zu plündernder Rohstoffe reproduzieren („Fluch der Ressourcen"). Schlecht oder gar nicht kontrollierte Einkünfte aus natürlichen Ressourcen führen außerdem dazu, dass Regierungsmitglieder sich bereichern und dem ohnehin schon fragilen Land wichtige Mittel für die staatliche Funktionsfähigkeit entzogen werden.

NGOs wie Global Witness drängen deshalb seit längerem darauf, den illegalen Handel etwa mit wertvollen Rohstoffen zu unterbinden sowie durch Transparenz- und Rechenschaftspflichten versteckte Zahlungen rohstoffextrahierender Unternehmen an Regierungen von Entwicklungs- und Transformationsländern zu erschweren. Erste Erfolge wurden dabei bereits im so genannten „Kimberley-Prozess" erreicht, der darauf abzielt, durch klare Zertifizierungsregeln bei Rohdiamanten den legalen klarer vom illegalen Markt abzugrenzen. Grundsätzlich könnte dieser Ansatz auf andere Rohstoffe wie Coltan oder Edelhölzer übertragen werden; auch für den Drogenmarkt gibt es entsprechende Überlegungen (vgl. P. Collier / A. Hoeffler 2004: 15-16). Ein weiterer Ansatzpunkt ist die bessere Kontrolle der Finanztransaktionen im Rohstoffbereich.

Die von Global Witness und George Soros lancierte „publish what you pay"-Kampagne orientiert sich exakt an diesem Prinzip. In eine ähnliche Richtung geht die *Extractive Industry Transparency Initiative* (EITI), die der britische Premierminister Tony Blair im September 2002 auf dem Weltgipfel von Johannesburg verkündete. Sie zielt auf die Offenlegung von Zahlungen, die transnationale Unternehmen im Bereich der Rohstoffextraktion an Regierungen der Entwicklungsländer leisten und die allzu oft zur Selbstbereicherung verwendet werden[18].

Einen noch weitergehenden Vorschlag hat Stephen D. Krasner, seit Februar 2005 Director of Policy Planning im US State Department, in die Diskussion gebracht. Zum besseren Management von Rohstoffeinkommen schlägt er neue Modelle „geteilter Souveränität" vor. Dabei soll die Entscheidungsgewalt über

---

[18] Nähere Informationen und Schlüsseldokumente finden sich unter:
<http://www2.dfid.gov.uk/news/files/extractiveindustries.asp> (03.09.2007).

die Verwendung von Revenuen gemeinsam von Vertretern der betroffenen Länder und von Beauftragten ausgeübt werden, die durch internationale Organisationen, mächtige Staaten oder Ad-hoc-Koalitionen bestimmt werden. Als richtungweisendes Beispiel sieht er die Vereinbarungen zum Management der Erdöleinkommen im Tschad (S.D. Krasner 2005: 50):

> „Die direkten Einnahmen gehen auf ein ausländisches Konto, zehn Prozent dieses Geldes ist für zukünftige Generationen reserviert. Von den verbleibenden 90 Prozent werden 80 Prozent in soziale Dienste investiert, 15 Prozent stehen für Regierungsaufgaben zur Verfügung, die restlichen fünf Prozent kommen der ölexportierenden Region zugute."

Der Begriff der „geteilten Souveränität", der ursprünglich v.a. die freiwillige Abgabe staatlicher Hoheitsgewalt im Kontext der Europäischen Union bezeichnete, ist natürlich ein Euphemismus. Denn angesichts des Drucks, den mächtige gegenüber schwachen Staaten ausüben können, wird es sich in der Regel eher um von außen auferlegte Souveränitätsabtretung handeln. Und für Fälle wie den Irak, wo eine Protektoratsmacht selbst erheblich von den Öleinnahmen profitiert, sind international zertifizierte Arrangements wohl nicht allzu bald zu erwarten. Die Verfahrens- und Legitimitätskriterien für derartige Arrangements sollten von daher weitaus präziser als bei Krasner gefasst werden. Dennoch ist der Ansatz innovativ und prinzipiell geeignet, dem Missbrauch und der persönlichen Aneignung von Einnahmen aus leicht ausbeutbaren Ressourcen entgegenzuwirken.

4. Fazit und Schlussfolgerungen

Die vorstehenden Überlegungen lassen sich wie folgt zusammenfassen: Nach einem vorübergehenden Anstieg in den ersten Jahren nach Ende des Ost-West-Konflikts ist die Häufigkeit von Kriegen und bewaffneten Konflikten seit 1993-94 deutlich zurückgegangen. Ob dies auch eine Abnahme menschlichen Leids mit sich bringt, lässt sich nicht eindeutig beantworten. Zweifelsohne hat sich die Anzahl der unmittelbar durch Kampfhandlungen Getöteten pro Krieg deutlich vermindert. Doch zugleich sind die „wahren menschlichen Kosten" kaum zu ermessen – lassen sich doch die Sterblichkeitsraten durch Krankheit, Unterernährung und mangelnden Zugang zu Gesundheitsdiensten nur durch detaillierte epidemiologische Fallstudien erfassen. Nach wie vor hat es in den vergangenen Jahren extreme, von Menschen gemachte Katastrophen gegeben – die mittlerweile bis zu 3,8 Millionen Todesopfer des internationalisierten Bürgerkrieges in der Demokratischen Republik Kongo zeigen dies ebenso wie der völkermordartige Krieg in der Darfur-Region des Sudan. Zugleich deuten verschiedene Ansätze zur Erfassung der sozialen Folgen von Krieg sowie epidemiologische Studien darauf hin, dass es heute sowohl im Vergleich zur Zeit des Kalten Krieges als auch in Relation zu den extrem gewalttätigen ersten fünf Jahren nach Ende des Ost-West-Konflikts eine günstigere Situation gibt.

Die hohe Anzahl von Friedensabkommen in den zurückliegenden zehn bis 15 Jahren haben den Wiederaufbau von Nachkriegsgesellschaften zu einer zentralen Herausforderung für die internationale Staatengemeinschaft werden lassen. Die Argumente für ein entschlossenes Post-Conflict Peacebuilding sind aus entwicklungs- und friedenspolitischer Sicht überwältigend. Kriege hinterlassen enorme Entwicklungsblockaden. Collier/Hoeffler haben die Kosten für das betroffene Land und seine Nachbarn in ersten Schätzungen auf durchschnittlich bis zu 64 Milliarden US-Dollar beziffert. Und in diesen Berechnungen sind zahlreiche Faktoren wie die Zerstörung der materiellen Infrastruktur, die Kapitalflucht, transnationale Gesundheitsrisiken und die globale Destabilisierung durch Drogenhandel und organisierte Kriminalität noch nicht einmal berücksichtigt.

Peacebuilding in Nachkriegssituationen ist umso notwendiger, als das Rückfallrisiko armer Länder in den ersten fünf Jahren nach Kriegsende bei mehr als 40% liegt – und kollektive Gewalt rasch die Nachbarländer „ansteckt". Zwar muss mit Nachdruck darauf geachtet werden, dass ein massiver Einsatz von Ressourcen im Bereich der Friedenskonsolidierung nicht zum „crowding-out" originärer Präventionsmaßnahmen führt. Zugleich lässt sich aber auch nicht bestreiten, dass Nachkriegsländer von der „conflict trap" befreit werden müssen und gezielter Unterstützung bedürfen. Konzeptionelle Überlegungen im Rahmen des „Peacebuilding-Dreiecks" und empirische Studien zu Prozessen der Friedenskonsolidierung weisen darauf hin, dass die Chancen, den Weg vom Kriegsende zu einem dauerhaften Frieden erfolgreich zu beschreiten, begrenzt sind und – je nach Definition und Untersuchungszeitraum – zwischen einem Drittel und knapp der Hälfte aller Fälle liegen.

Zugleich haben sich Policy-Strategien herausgebildet, um die hohe Rückfallquote zumindest ein Stück weit zu vermindern. Auf internationaler Ebene sind entwicklungspolitische Maßnahmen erforderlich, die an Kernelemente von *good-enough' governance* gebunden sind, lokale Kapazitäten stärken und zielgenau an die unterschiedlichen Phasen der Nachkriegsentwicklung angepasst werden müssen. Dabei gibt es keine Patentrezepte, wohl aber lässt sich mit guten Gründen argumentieren, dass internationale Akteure zunächst die Absorptionskapazität eines Landes erhöhen und Verfahren der Rechenschaftspflicht einführen sollten, ehe diesem massive Finanzzuflüsse zuteil werden. In den ersten Jahren nach einem Krieg sind insofern, neben der Bekämpfung der akuten Not, der Wiederaufbau der administrativen und materiellen Infrastruktur sowie Reformen der politischen Institutionen besonders dringlich.

Im sicherheitspolitischen Bereich haben sich Friedensoperationen der Vereinten Nationen insbesondere dann als erfolgreich erwiesen, wenn sie multidimensional angelegt waren und durch ein „starkes" Mandat unterstützt wurden. In vielen Situationen werden derartige Stabilisierungseinsätze deshalb nach wie vor eine notwendige Erfolgsvoraussetzung für internationale und nationale Friedensbemühungen darstellen. Von daher sind Initiativen zur Stärkung internationaler Kapazitäten in diesem Bereich, wie sie etwa von der Gruppe der acht wichtigsten Industriestaaten unternommen wurden, begrüßenswert.[19] Stärker als bislang ist eine Rückkoppelung militärischer Friedenssicherung an sozio-ökonomische Reformen und tragfähige wirtschaftliche Wachstumsimpulse anzustreben, da ein gewisses Einkommensniveau in der Bevölkerung sowie hohe wirtschaftliche Wachstumsraten die Chancen für einen negativen wie auch positiven Frieden nennenswert erhöhen.

Kontrovers diskutiert wurde in der jüngeren Vergangenheit, wie nachdrücklich im Rahmen multidimensionaler Mandate die Demokratisierung von Nachkriegsländern vorangetrieben werden sollte. Die quantitativ-empirische Forschung weist darauf hin, dass sich Demokratisierungsprozesse in unzureichend konsolidierten armen Staaten mit ethno-politischen Konfliktlinien negativ auswirken können. Roland Paris ist jüngst in einer vergleichenden Analyse von UN-Friedensoperationen zu ähnlichen Ergebnissen gekommen (vgl. R. Paris 2004). Seine empirisch fundierte Quintessenz: Dem Aufbau funktionsfähiger Institutionen sollte tendenziell der Vorrang vor rascher politischer und ökonomischer Liberalisierung gegeben werden („institutionalization before liberalization").

Ein drittes, in der empirischen Forschung bislang noch sehr unbeackertes Feld zur Stabilisierung von Nachkriegssituationen, ist die Effektivierung internationaler Steuerungsmaßnahmen, um die externe wie interne Verwundbarkeit von Ländern zu reduzieren. Neben der Etablierung subregionaler Sicherheitsarrangements erscheinen insbesondere Maßnahmen Erfolg versprechend, die die Ressourcenabhängigkeit armer Länder reduzieren und die kriegsökonomischen Reproduktionsmöglichkeiten der Konfliktparteien beschneiden. NGO-Kampagnen haben in diesem Bereich ein Umdenken bewirkt, die *Extractive Industries Transparency Initiative* (EITI) des ehemaligen britischen Premierministers Tony Blair zielt auf konkrete, operationalisierbare Fortschritte. Bedenkenswert sind zudem Konzepte „geteilter Souveränität", die auf neuartige Arrangements zum Revenuen-Management bei natürlichen Ressourcen abzielen und durch international zertifizierte Kontrollverfahren zu mehr Transparenz führen können.

---

[19] Siehe etwa den G8 Action Plan *Expanding Global Capability for Peace Support Operations. Sea Island Summit* unter: <http://www.g8.utoronto.ca/summit/2004seaisland/peace.html> (03.09.2007)

Literatur

Addison, Tony (2004): Opponent Note to *The Challenge of Reducing the Global Incidence of Civil War* by Paul Collier and Anke Hoeffler. United Nations University, Helsinki: World Institute for Development Economics Research (WIDER). <http://www.copenhagenconsensus.com/Default.aspx?ID=221> (15.08.2005).

Arbeitsgemeinschaft Kriegsursachenforschung (AKUF) (2005): Daten zu Kriegen und bewaffneten Konflikten (1944-2004). Universität Hamburg: Forschungsstelle Kriege, Rüstung und Entwicklung. <http://www.akuf.de> (15.08.2005).

Bannon, Ian / Collier, Paul (Hrsg.) (2003): Natural Resources and Violent Conflict: Options and Actions. Washington, D.C.: The World Bank.

Bigombe, Betty et al. (2000): Policies for Building Post-Conflict Peace. In: Journal of African Economies 9, Heft 3: 323-348.

Buzan, Barry (1991): People, States and Fear: An Agenda for International Security Studies in the Post-Cold War Era. 2. Ausgabe. Boulder, Col. u.a.: Lynne Rienner.

Chauvet, Lisa / Collier, Paul (2004): Development Effectiveness in Fragile States: Spillovers and Turnarounds. Oxford University: Department of Economics, Centre for the Study of African Economies. <http://www.oecd.org/dataoecd/32/59/34255628.pdf> (22.10.2005).

Coghlan, Ben et al. (2004): Mortality in the Democratic Republic of Congo: A Nationwide Survey. New York: International Rescue Committee. <http://www.theirc.org/index.cfm?wwwID=2129> (22.10.2005) Abgedruckt in: The Lancet 367 (2006), Heft 9504: 44-51.

Colletta, Nat J. / Cullen, Michelle L. (2000): Violent Conflict and the Transformation of Social Capital. Lessons from Cambodia, Rwanda, Guatemala and Somalia. Washington, D.C.: The World Bank.

Collier, Paul / Hoeffler, Anke (2004): The Challenge of Reducing the Global Incidence of Civil War. Oxford University: Department of Economics, Centre for the Study of African Economies. <http://www.copenhagenconsensus.com/Files/Filer/CC/Papers/Conflicts_230404.pdf> (15.08.2005).

Collier, Paul et al. (2003): Breaking the Conflict Trap. Civil War and Development Policy. Washington, D.C.: The World Bank.

Collier, Paul / Dollar, David (2002): Aid Allocation and Poverty Reduction. In: European Economic Review 46, Heft 8: 1475-1500.

Collier, Paul / Hoeffler, Anke (2001): Greed and Grievance in Civil War. Washington, D.C.: The World Bank. <http://www.worldbank.org/research/conflict/papers/greedgrievance_23oct.pdf> (03.09.2007).

Debiel, Tobias (2003): UN-Friedensoperationen in Afrika: Weltinnenpolitik und die Realität von Bürgerkriegen. Bonn: Dietz.

Doyle, Michael W. / Sambanis, Nicholas (2006): Making War and Building Peace: United Nations Peace Operations. Princeton, N.J.: Princeton University Press.

Ferdowsi, Mir A. / Matthies, Volker (Hrsg.) (2003): Den Frieden gewinnen. Zur Konsolidierung von Friedensprozessen in Nachkriegsgesellschaften. Bonn: Dietz.

Foreign Policy / The Fund for Peace (2005): The Failed States Index. <http://www.foreignpolicy.com/story/cms.php?story_id=3098> (06.10.2005).
G8 Action Plan: Expanding Global Capability for Peace Support Operations. Sea Island Summit. <http://www.g8.utoronto.ca/summit/2004seaisland/peace.html> (15.08.2005)
Ghobarah, Hazem Adam et al. (2003): Civil Wars Kill and Maim People – Long after the Shooting Stops. In: American Political Science Review 97, Heft 2: 189-202.
Hoeffler, Anke / Reynal-Querol, Marta (2003): Measuring the Costs of Conflict. University of Oxford; The Worldbank; Instituto die Analisis Economico (CSIC). <http://users.ox.ac.uk/~ball0144/hoereyque.pdf> (03.09.2007).
Human Rights Data Analysis Group: <http://www.hrdag.org/index.shtml> (22.10.2005)
Human Security Centre (2006): The Human Security Report 2005. War and Peace in the 21st Century. University of British Columbia, Canada: Liu Institute on Global Affairs. <http://www.humansecurityreport.info> (22.10.2005).
Intriligator, Michael D. (2004): Opponent Note to the Challenge Paper *The Challenge of Reducing the Global Incidence of Civil War* by Paul Collier and Anke Hoeffler as prepared for the Copenhagen Consensus. University of California at Los Angeles: School of Public Affairs, Department of Public Policy.
<http://www.copenhagenconsensus.com/Default.aspx?ID=221> (15.08.2005).
Klingebiel, Stephan (1999): Wirkungen der Entwicklungszusammenarbeit in Konfliktsituationen. Querschnittsbericht zu Evaluierungen der deutschen Entwicklungszusammenarbeit in sechs Ländern. Berlin: Deutsches Institut für Entwicklungspolitik.
Krasner, Stephen D. (2005): Alternativen zur Souveränität: Neue Institutionen für kollabierte und scheiternde Staaten. In: Internationale Politik 60, Heft 9: 44-53.
Lacina, Bethany Ann / Gleditsch, Nils Petter (2005): Monitoring Trends in Global Combat: A New Dataset of Battle Deaths. In: European Journal of Population 21, Heft 2-3: 145-166.
<http://www.prio.no/cscw/cross/battledeaths/Monitoring%20trends%20in%20global%20combat%20EJP.pdf> (30.01.2007)
Marshall, Monty G. / Gurr, Ted Robert (2005): Peace and Conflict 2005: A Global Survey of Armed Conflicts, Self-Determination Movements, and Democracy. College Park, Maryland: University of Maryland, Department of Government and Politics, Center for International Development & Conflict Management (CIDCM). <http:// http://www.cidcm.umd.edu/publications/papers/peace_and_conflict_2005.pdf> (03.09.2007).
Montalvo, Jose Garcia / Reynal-Querol, Marta (2002): Fighting against Malaria: Prevent Wars while Waiting for the Miraculous Vaccine. Universitat Pompeu Fabra, Barcelona: Departament d'Economia i Empresa. Aktualisierte Fassung unter:
<http:// http://www.ivie.es/downloads/docs/02/wpec-31.pdf> (03.09.2007)
Panel on United Nations Peace Operations (2000): Report of the Panel on United Nations Peace Operations. Comprehensive Review of the Whole Question of Peacekeeping Operations in all their Aspects. New York, N.Y.: United Nations. <http://www.un.org/peace/reports/peace_operations/> (15.04.2001).
Paris, Roland (2004): At War's End: Building Peace after Civil Conflict. Cambridge: Cambridge University Press.

Roberts, Les et al. (2003): Mortality in the Democratic Republic of Congo: Results from a Nationwide Survey. New York: International Rescue Committee. <http://www.theirc.org/resources/drc_mortality_iii_full.pdf> (30.01.2007)

Roberts, Les et al. (2004): Mortality Before and After the 2003 Invasion of Iraq: Cluster Sample Survey. In: Lancet 364, Heft 9448: 1857-1864.

UK Prime Minister's Strategy Unit (2005): Investing in Prevention: An International Strategy to Manage Risks of Instability and Improve Crisis Response. A Prime Minister's Strategy Unit Report to The Government. London: Cabinet Office. <http://www.strategy.gov.uk/downloads/work_areas/countries_at_risk/cri_report.pdf> (22.05.2005).

Uvin, Peter (1999): The Influence of Aid in Situations of Violent Conflict. A Synthesis and a Commentary on the Lessons Learned from Case Studies on the Limits and Scope for the Use of Development Assistance Incentives and Disincentives Influencing Conflict Situations. Paris: Organization for Economic Co-operation and Development. <http://www.oecd.org/dataoecd/33/57/1919902.pdf> (30.01.2007)

Private Militärfirmen und humanitäre Intervention

Stefan Mair

Einleitung

Wenige Themen sind ähnlich geeignet, die Phantasie und Spekulationslust von Autoren anzuregen, wie die Rolle von privaten Militärfirmen (PMF) in Gewaltkonflikten. Offensichtliche Bezüge zum klassischen Söldnertum, intransparente Geschäftsbeziehungen und zweifelhafte militärische Operationen bilden ein Amalgam, das Journalisten und Wissenschaftler verleitet, weniger eine nüchterne Abwägung des empirischen Befundes zu betreiben, als sich in übersteigerten Bedrohungsszenarien und von der Realität kaum gestützter Empörung zu ergehen.[1] Wie so oft, wenn es um Phänomene der internationalen Politik geht, schien sich der deutsche Diskurs auch mit Blick auf die Rolle von PMF wieder einmal von der angelsächsischen Diskussion abzusetzen, in der das Abwägen von Für und Wider eines Einsatzes privater Militärfirmen schon lange an die Stelle moralischer Entrüstung getreten ist. Erst in jüngster Zeit wird auch die deutsche Literatur durch sachliche Beiträge bereichert.[2] Vorliegender Artikel versucht sich in diese Reihe einzufügen, in dem er die Vor- und Nachteile einer humanitären Intervention durch private Militärfirmen erörtert.

Globalisierung, Privatisierung, eine veränderte Art der Kriegführung (vgl. S. Chojnacki 2008, in diesem Band) und das Ende des Ost-West-Konflikts haben Bedingungen geschaffen, in denen sich verschiedene Typen privater, also nichtstaatlicher Gewaltakteure eine lukrative Nischenexistenz aufgebaut haben. Einer davon sind eben private Militärfirmen – Unternehmen, die ihr Geld mit militärischen Dienstleistungen aller Art verdienen. Das Engagement der südafrikanischen *Executive Outcomes* (EO) in Sierra Leone und Angola sowie der britischen *Sandline International* in Sierra Leone und Papua-Neuguinea verschafften diesen Militärunternehmen Mitte der 90er-Jahre den ersten Aufmerksamkeitsschub. Das massive *outsourcing* von Sicherheitsaufgaben im Rahmen des zweiten Irakkriegs – Schaller spricht von 60 Firmen mit mehr als 20.000 Mitarbeitern, die im Irak 2004 tätig waren (C. Schaller 2005: 5) – und die Beteiligung von Angehörigen dieser Unternehmen an Misshandlungen von Gefangenen in Abu Ghraib initiier-

---

[1] Ein ausgezeichnetes Beispiel hierfür: R. Uesseler 2005.
[2] Beispiele hierfür sind M. Binder 2004; C. Schaller 2005; H. Wulf 2005.

te die zweite Schriftenwelle. Dadurch wurde der Eindruck erweckt, PMF seien ein neues Phänomen. Tatsächlich datiert aber die erste Gründung einer PMF auf das Jahr 1967 zurück. Die damals geschaffene *WatchGuard International* gilt nach wie vor als Modell für spätere Gründungen (K.A. O'Brien 2000: 60).

Die vorübergehende Konzentration auf die Kampfeinsätze von *Executive Outcomes* in Sierra Leone und Angola ließ außerdem den Eindruck entstehen, PMF würden sich vor allem in diesem Bereich tummeln. Faktisch ist das Geschäftsfeld Kampfeinsatz eher die Ausnahme als die Regel, erzielen die meisten PMF – so wie der britische Marktführer *Defence Systems Ltd.* (DSL) und sein amerikanisches Pendant *Military Professional Resources Inc.* (MPRI) – ihre Einnahmen ausschließlich oder zum weitaus größten Teil durch Schulung sowie logistische und materielle Unterstützung von Sicherheitskräften. Richtig an der Wahrnehmung von PMF als Novum ist allerdings, dass sich seit Mitte der 90er-Jahre die Zahl dieser Unternehmen und deren Umsatz in einem Maße vervielfältigt haben, dass sich tatsächlich von einem Phänomen neuer Qualität sprechen lässt. Im Jahr 2000 wurde die Zahl von PMF auf mehrere Hundert geschätzt und ihr Umsatz auf 200 Milliarden Euro (vgl. P.W. Singer 2001: 199; H. Wulf 2005: 219-230). So unzuverlässig diese Zahlen angesichts der Intransparenz des Geschäftsfeldes auch sein mögen, geben sie doch eine ungefähre Ahnung von der Dimension des Forschungsgegenstands PMF. Der weitaus größte Teil dieser Umsätze wird durch Aufträge von westlichen Industrieländern und den Golfstaaten erzielt, die bestimmte militärische Aufgaben (siehe unten) *outsourcen*. Private Sicherheitsdienstleitungen, von welchen PMF wiederum ein Teil sind, gelten heute als einer der am schnellsten wachsenden Geschäftszweige weltweit, die Aktien der in ihr tätigen Unternehmen als lukrative Vermögenswerte.

1. Definition von PMF

PMF gilt es idealtypisch nach zwei Seiten hin abzugrenzen: zum einen gegenüber privaten Sicherheitsfirmen (PSF), zum anderen gegenüber Söldnern. PSF sind mittlerweile fast allgegenwärtig – quer über alle Kontinente und Regionen. Sie besorgen den Schutz von Privatpersonen, überwachen Unternehmensgebäude, Produktionsanlagen, Minen und Erdölfelder sowie öffentliche Einrichtungen. Zur Erfüllung dieses Auftrags setzen sie im Notfall Gewalt ein, im Unterschied zu PMF nie aber in militärischer Form. Dennoch ist der Übergang zwischen PMF und PSF fließend, lassen sich einige Unternehmen auf der Bandbreite, die vom passiven Personen- und Objektschutz bis hin zum militärischen Kampfeinsatz reicht, nur schwer dem einen oder anderen Typ eindeutig zuordnen. Zahlreiche PMF entstammen PSF oder existieren parallel zu diesen unter einem gemeinsamen unternehmerischen Dach. Gerade der Schutz von Bergbau- und Erdölunternehmen in fragilen Staaten war es, der PSF die militärische Komponente entwickeln ließ.

Der wesentliche Unterschied zwischen PMF und Söldnern im klassischen Sinne liegt nicht im Einsatzgebiet, sondern in der Organisationsform. Söldnergruppen werden ad hoc für die Erledigung eines spezifischen Auftrags gebildet und lösen sich nach dessen Durchführung wieder auf. PMF sind auf Dauer angelegte Unternehmen, die eine feste Organisationsstruktur haben, als Betrieb registriert sind und Steuern zahlen. Dieser Unterschied ist nicht nur ein formaler, sondern bedingt auch ein sehr verschiedenartiges Geschäftsgebaren. Die ad hoc-Natur von Söldnergruppen führt dazu, dass die kurzfristige Gewinnmaximierung ihr oberstes Ziel ist. Daraus folgt, dass sie sich jederzeit gegen einen ursprünglichen Auftraggeber wenden können, wenn dessen Konkurrent höhere Entlohnung verspricht. Zudem bedeutet sie, dass sie in der Wahl ihrer militärischen Mittel meist jenen den Vorzug geben, die die geringsten materiellen Kosten verursachen – auch wenn deren Einsatz die Opferzahlen in die Höhe treiben können. Und schließlich birgt Orientierung an der Maximierung des kurzfristigen Gewinns die Gefahr, dass Söldner ihre Einkünfte über das vertraglich zugesicherte Niveau hinaus durch Plünderungen und Erpressungen zu erhöhen trachten. PMF würden dagegen ihre langfristigen Geschäftsinteressen gefährden, wenn sie Verrat am Kunden begingen oder sich Mittel bedienten, die die Kritik einer wachsamen Öffentlichkeit auf sich zögen. Nicht umsonst betonen PMF, dass sie nur für staatliche Auftraggeber tätig werden, die Normen der Genfer Konvention beachten und die Involvierung in bestimmte Konflikte völlig ausschließen. Ihr Bemühen um gesellschaftliche Anerkennung resultierte sogar in der Gründung eines Dachverbandes, der *International Peace Operations Association* (IPOA), die wiederum einen Verhaltenskodex für PMF formulierte.

Natürlich sind auch die Übergänge zwischen PMF und Söldnern fließend. Es gibt eine Reihe von PMF, deren Organisationsform kaum weniger kurzfristiger und flüchtiger Natur ist als die von Söldnergruppen. Noch wichtiger ist allerdings, dass PMF zum Großteil aus demselben Rekrutierungsreservoir wie Söldnergruppen schöpfen. Der permanente Personalbestand von PMF ist relativ klein. Um die Mannschaftsstärke für größere Einsätze zu erzielen, müssen sie eine größere Datenbank von Kampfexperten pflegen. Trotz gegenteiliger Versicherungen seitens der Unternehmen ist kaum zu gewährleisten, dass sich in diesen Datenbanken Personen befinden, die dem professionellen Anspruch der PMF entsprechen. Dennoch spricht wenig dafür, PMF in pejorativer Absicht als die neuen Söldner zu bezeichnen. Eine solche Brandmarkung wird der Komplexität der Problematik nicht gerecht, unterwirft die Auseinandersetzung über Gefahr und Nutzen von PMF einem moralischen Imperativ, der eine nüchterne Einschätzung verhindert.

Eine nüchterne Einschätzung setzt auch eine weitere Differenzierung der Einsatzgebiete von PMF voraus. Sechs Felder lassen sich unterscheiden (D. Lilly 2000: 11):

- Kampfeinsatz und operative Unterstützung,
- militärische Beratung und Training,
- Waffenlieferung und -wartung,
- Informationsbeschaffung und -aufbereitung,
- Sicherheitsdienstleistungen und Verbrechensbekämpfung,
- logistische Unterstützung.

Das definierende Element in dieser Aufzählung ist die aktive Teilnahme an Kampfeinsätzen (P.W. Singer 2001: 201). Nur ein kleiner Teil von PMF zieht eine solche als Einsatzgebiet in Betracht. Allerdings kann keiner der PMF, die einen Kampfeinsatz a priori ausschließen, letztlich verhindern, dass die Dynamik eines gewaltsamen Konflikts einen ursprünglichen Beratungsauftrag in die Teilnahme an militärischer Gewaltanwendung eskalieren lässt. Die Entwicklung moderner Kampfmittel, insbesondere die Fernsteuerung von Waffen weitab vom eigentlichen Kampfgebiet am Computermonitor, lässt die Unterscheidung zwischen aktivem Kampfeinsatz und praxisnaher Schulung ohnehin zunehmend willkürlich erscheinen.

Worin sind nun die Gründe für den außerordentlichen Anstieg sowohl des Angebots an als auch der Nachfrage nach Leistungen von PMF in den 90er-Jahren zu suchen. Singer nennt drei Entwicklungstrends, wobei die Reihenfolge ihrer Nennung auch die Rangfolge ihrer Bedeutung widerspiegelt: das Ende des Ost-West-Konflikts, der Siegeszug des neo-liberalen Ordnungsmodells und die Veränderungen in der Art der Kriegführung (vgl. auch P.W. Singer 2001: 193-198). Das Ende des Ost-West-Konflikts wirkte sich in zweierlei Hinsicht aus: Zum einen waren die Supermächte bzw. die einzig verbliebene Supermacht nicht mehr bereit, in Konflikte an der weltpolitischen Peripherie unmittelbar militärisch einzugreifen. Ob der vor allem mit militärischen Mitteln geführte Kampf der USA gegen den Terrorismus hier erneut eine Wendemarke setzt, kann noch nicht verifiziert werden. Zumindest wird auch er nicht wahrscheinlicher machen, dass sich die USA oder andere Staaten des Nordens aus rein humanitären Gründen an Maßnahmen der Friedenserzwingung beteiligen. Auch in absehbarer Zukunft muss sich wohl die Mehrheit der von inneren oder äußeren Feinden bedrohten Regime in Randgebieten der internationalen Politik nach alternativen Helfern umsehen, die sie aus ihrer prekären Sicherheitslage befreien. Diese wachsende Nachfrage nach privaten Militärdienstleistern traf mit einem sprunghaft angestiegenen Angebot nach dem Ende des Kalten Krieges zusammen. Nach Schätzungen wurde in den 90er-Jahren der Personalbestand der Militärkräfte weltweit um sechs Millionen reduziert (P.W. Singer 2001: 193). Zugleich sanken die grundsätzlichen Bedenken von Staaten gegen die Privatisierung essentieller Staatsfunktionen. Der schlanke Staat, Effizienzsteigerung durch Wettbewerb und *outsourcing* stehen für einen normativen Wandel, in dem sich staatliches Handeln zunehmend Marktgesetzen unterwerfen muss – selbst in Kernbereichen wie der Ausübung des staatlichen Gewaltmonopols. Schließlich führten zwei gegensätzliche Veränderungen in der Art der Kriegführung zu einer steigenden Nachfrage nach den Dienstleistungen von PMF: Der verstärkte Einsatz hochtechnologischer, komplexer Systeme durch Militärs in den Industrieländern und Golfstaaten erfordert den Einsatz von teuren Spezialisten, die zum Teil nur von Privatunternehmen gestellt werden können. Die breite Verfügbarkeit von Kleinwaffen hat andererseits in den Staaten der weltpolitischen Peripherie zu einer Vervielfältigung von Bewaffneten und Bedrohungsszenarien geführt.

In diese drei Entwicklungstrends fügen sich auch fünf der von Wulf genannten acht Gründe für den Aufstieg von PMF ein. Drei weitere sind allerdings neu: die verstärkte Nachfrage nach dem Einsatz der Streitkräfte in der Terrorismusbekämpfung, die verstärkte Nachfrage nach dem Einsatz der Streitkräfte bei humanitären Interventionen und die öffentliche Meinung zum Einsatz der Streitkräfte (H. Wulf 2005:52-53). An diesen letzten beiden Punkten setzt die Analyse von Binder an. Anhand zweier Fallstudien – der Einsatz von PMF in Bosnien-Herzegowina und in Sierra Leone – und mit Hilfe der Methode des *process-tracing* gelingt es ihm, die Plausibilität der Annahme nachzuweisen, dass es vor allem die Kombination niedriger strategischer Bedeutung eines Konflikts und hoher Kosten und Risiken sind, die einen verstärkten Rückgriff auf PMF im Rahmen humanitärer Interventionen zur Folge hatten (M. Binder 2004: 45). „Entgegen der Auffassung zahlreicher Beobachter waren hier aber nicht ‚realpolitische' Erwägungen am Werk, vielmehr handelte es sich um einen – aus widersprüchlichen normativen und rationalen Wirkmechanismen resultierenden – ‚antinomischen Synergieeffekt'." (M. Binder 2004: 46)[3]

---

[3] Nach Møller sind Antinomien „das – möglicherweise unentdeckte – Weiterbestehen kontingenter Entwicklungsmöglichkeiten, deren Ergebnisse zu den Behauptungen der Hypothese der jeweiligen Theorie im Gegensatz stehen, mit denen die Grundannahme der Theorie gleichwohl vereinbar sind" (B. Møller 2002a: 55); oder in der Übersetzung von Binder: „Antinomien stellen keine Anomalien im Sinne von empirisch beobachtbaren Ausnahmen einer Theorie dar. Sie sind vielmehr theorieimmanent und bezeichnen Ergebnisse, die den Erwartungen der Theorie im Ergebnis zwar widersprechen, aber aus Kausalmechanismen herrühren, die mit den Grundannahmen der Theorie konsistent sind." (M. Binder 2004: 8)

2. Argumente pro und contra

Ähnlich wie sich Zahl und Einsatzgebiete von PMF in den 90er-Jahren vervielfacht haben, verzeichnete auch die Literatur über diesen nicht-staatlichen Gewaltakteur einen außerordentlichen Boom. Dabei ist die Wiederkehr einer Reihe von Argumenten festzustellen, die auf drei Ebenen zu verorten sind: auf einer ethischen, auf einer politisch-völkerrechtlichen und auf einer militärisch-kommerziellen Ebene bis hinab zu praktischen Effektivitätserörterungen reichen.

2.1. Ethische Argumente

Auf der ethischen Ebene sind es vor allem vier Argumente, die gegen den Einsatz von PMF ins Feld geführt werden, die sich aber bei näherer Betrachtung nur als sehr begrenzt valide erweisen:

- ein nachlässiger Umgang von PMF mit Menschenrechten,
- die Anrüchigkeit des Kriegführens gegen Geld,
- die illegitime Ressourcenausbeutung durch PMF und
- der Einsatz von PMF durch autoritäre Regierungen.

2.1.1. PMF und Menschenrechte

Besonders in Presseberichten taucht das Argument auf, der Einsatz von PMF in Konflikten sei abzulehnen, da sie eine Art der Kriegführung betreiben, die in besonderer Weise Menschenrechte verletze. Folter, willkürliche Erschießungen und der Einsatz völkerrechtswidriger Waffen wird unterstellt, ohne dies im Einzelfall belegen zu können (P.W. Singer 2001: 214). Wenn Indizien angeführt werden, beziehen sie sich meist auf die Kampfeinsätze klassischer Söldner. PMF betonen dagegen, dass sie sich der Einhaltung der Genfer Konvention verpflichtet fühlen. Dafür spricht das unternehmerische Interesse, durch Beachtung von Menschenrechtsstandards und internationalen Regeln der Kriegführung breite Akzeptanz auf der Nachfrageseite und in der kritischen Weltöffentlichkeit zu gewinnen. Problematisch ist allerdings, dass in komplexen Konfliktsituationen die Einhaltung dieser Standards allein durch Augenzeugenberichte und Journalisten nicht zu verifizieren ist. Dennoch deutet viel darauf hin, dass die schwer wiegenden Menschenrechtsverletzungen in Konflikten an der Peripherie – und diese bilden meist den Kontext des Einsatzes von PMF – eher von regulären Truppen und deren Opponenten begangen werden als von PMF (The Stationary Office 2002: 17; C. Spearin 2001: 30). Die massiven Menschenrechtsverletzungen von Regierungstruppen und Rebellenmilizen in den Balkankriegen, den Gewaltkonflikten an den Großen Seen, in Westafrika und im Sudan sind gut dokumentiert. Dagegen ist das bisher am besten belegte, prominenteste Beispiel von Menschenrechtsverletzungen durch PMF die Beteiligung an den Folterungen im irakischen Gefängnis Abu Ghraib. Allerdings wurde an diesem letzten Beispiel auch deutlich, dass die besondere Problematik von der Verfolgung von Rechtsverletzungen durch PMF in deren Nicht-Kombattanten-Status begründet ist (siehe unten).

2.1.2. Kriegführen gegen Geld

Das Misstrauen gegenüber dem Verhalten von PMF in Konflikten rührt wohl vor allem aus der Tatsache, dass diese das Geschäft des Krieges gegen Entlohnung betreiben. Der pekuniäre Antrieb von PMF bedeutet aber nicht zwangsläufig, dass sie diesem Geschäft ruchloser nachgehen als reguläre oder irreguläre Kombattanten. Ihre unternehmerischen Beweggründe sprechen primär für einen zweckrationaleren Einsatz militärischer Mittel als ethnischer oder religiöser Hass. Die große Masse von Unternehmen in anderen Geschäftsbereichen demonstriert, dass sich Gewinnorientierung und Orientierung an ethischen Maßstäben – wenn von solchen im Rahmen von Kriegführung überhaupt gesprochen werden kann – gegenseitig nicht ausschließen. Selbst wenn ein kurzfristiges Kosten-Nutzen-Kalkül für exzessive Gewaltanwendung sprechen würde, so werden doch die langfristigen Konsequenzen für die Geschäftsinteressen PMF eher von einer solchen zurückschrecken lassen. Voraussetzung für das Funktionieren dieses Mechanismus, der durch öffentlichen Druck und staatliche Regulierung verstärkt werden kann, ist ein Minimum an Transparenz in den Aktivitäten von PMF. An dieser mangelt es jedoch erheblich. Auch beinhaltet das unternehmerische Interesse von PMF eine große Gefahr: Das Bemühen um Sicherung und Ausweitung der Nachfrage kann dazu führen, dass PMF Sicherheitsrisiken überzeichnen, wenn nicht gar aktiv an der Verlängerung eines Konfliktes oder gar dessen Eskalation mitwirken. Ein solches Verhalten impliziert jedoch auch für PMF selbst erhebliche Risiken. Konfliktperpetuierung und -eskalation kann Dynamiken auslösen, die wiederum die Kosten eines Einsatzes die Einnahmen weit übersteigen lassen. Insofern spricht auch hier das langfristige unternehmerische Interesse für die effektive Umsetzung klar definierter und zeitlich begrenzter Aufträge.

2.1.3. PMF und Ressourcenausbeutung

Eng verbunden mit dem Argument „Kriegführen gegen Geld" ist das der unzulässigen Ressourcenausbeutung durch PMF, zugespitzt formuliert: des Missbrauchs nationalen Reichtums durch bewaffnete Neokolonialisten. Es hat in den vergangenen Jahren etwas an Bedeutung verloren, da die Hauptquelle dieses Vorwurfs, der Einsatz von *Executive Outcomes* (EO) in Sierra Leone, nun schon mehr als zehn Jahre zurückliegt. Damals, 1995, gab es zahlreiche Hinweise, dass die demokratisch gewählte, aber finanziell ausgetrocknete Regierung des Landes EO indirekt durch die Übertragung von Diamantenschürfrechten an eine mit EO verbundene Bergbaugesellschaft entlohnte. Natürlich ist zu fragen, ob die Konditionen, die eine Regierung in einer besonderen Krisensituation für die Erteilung von Schürfrechten aushandelt, dem volkswirtschaftlichen Optimum entsprechen. Wahrscheinlich ist dies nicht der Fall. Andererseits ist eine Situation, in der nationale Ressourcen völlig dem Zugriff der Regierung entzogen sind, weil sie von Rebellen, Kriegsherren oder kriminellen Banden kontrolliert werden, noch weiter von diesem Optimum entfernt. Nicht auszuschließen ist, dass die räumliche Nähe von PMF zu privaten Gewaltunternehmern und die Verbindungen, die Bergbaugesellschaften zum Teil mit diesen andernorts eingegangen sind, letztendlich zur Herausbildung von Beziehungsgeflechten führt, die PMF zu Partnern oder gar Bestandteil von Kriegsherrentum und organisierter Kriminalität werden lassen. Die empirischen Belege für diese Verdachtsmomente sind allerdings dünn.

2.1.4. PMF und autoritäre Regierungen

Ein weiterer ethisch aufgeladener Streitpunkt bezieht sich auf die Mandatierung von PMF durch autoritäre, demokratisch nicht legitimierte und menschenverachtende Regime. PMF behaupten in der Regel, sie würden nur Aufträge von legitimen Regierungen oder international als legitim angesehenen Befreiungsbewegungen entgegennehmen. Es fällt schon Politikern und Wissenschaftlern schwer, den Trennstrich zwischen legitimer und illegitimer Machtausübung zu ziehen. Es ist kaum vorstellbar, dass Militärexperten und Privatsoldaten diese Unterscheidung leichter treffen können. Letztendlich ist der einzige Notbehelf aus diesem Dilemma die kritische Aufmerksamkeit der Öffentlichkeit und staatliche Regulierung, die es PMF nicht erlaubt, in zumindest halbwegs eindeutigen Fällen für repressive Regime und zweifelhafte Befreiungsbewegungen tätig zu werden.

So gewichtig ethische Überlegungen für die Beurteilung des Einsatzes von PMF im Rahmen von Gewaltkonflikten sein mögen, so uneinheitlich ist das Ergebnis ihrer Erörterungen. Ein ähnliches Fazit lässt sich für die Diskussion militärischer Aspekte des Einsatzes von PMF, deren Effektivität und Effizienz ziehen.

2.2. Militärisch-kommerzielle Argumente

Die militärische Leistungsfähigkeit von PMF ist vor allem durch deren unternehmerisches Kalkül beschränkt, das gegen das Vorhalten eines großen Personalbestands und teurer Destruktionsmittel spricht. Der feste Mitarbeiterstamm übersteigt selten mehr als wenige hundert, die jeweiligen Datenbanken der Militärexperten, die von PMF betrieben werden, sollen aber bis zu 20.000 Einträge umfassen, aus denen dann wiederum je nach Auftrag die nötige Zahl rekrutiert wird. Ähnlich wird beim militärischen Gerät vorgegangen, das meist auf ad-hoc-Basis beschafft oder angemietet wird. Daraus resultieren drei bedeutsame Einschränkungen für die militärische Effektivität von PMF. Bei kurzfristigen Einsätzen sind der militärischen Schlagkraft einer PMF Grenzen gesetzt, da hier in der Regel nur auf den festen Mitarbeiterstamm zurückgegriffen werden kann. Waffensysteme und Transportkapazitäten für einen größeren Personaleinsatz sind kurzfristig kaum mobilisierbar. Damit dürfte der Beitrag eines PMF in einem Konflikt zwischen hochgerüsteten Staaten marginal sein. Aber schon in einem Konflikt zwischen effektiven Streitkräften und schlagkräftigen Rebellenbewegungen kann der Einsatz einer kleinen Schar spezialisierter Kampftruppen die Machtbalance entscheidend verändern, wie der Einsatz von EO in Angola 1993/94 demonstrierte. Noch vielmehr war dies in Sierra Leone der Fall. In Angola setzte EO schätzungsweise 600 Militärexperten und Privatsoldaten ein, in Sierra Leone 300 (J.L. Taulbee 2000: 447). Der primäre Wert von PMF liegt dabei nicht im Einsatz an der Front als eine von vielen Kampfgruppen, sondern in ihrer Verwendung an militärischen Schlüsselstellen als so genannte Schlagkraftverstärker. Zu diesen Schlüsselstellen gehören insbesondere Einheiten der logistischen Planung sowie des militärischen Kommandos und der Kontrolle.

Die beiden anderen, aus der Unternehmensstruktur von PMF resultierenden Einschränkungen für deren militärische Effektivität sind von größerem Gewicht: Die Fähigkeiten von PMF, auf die Eskalation eines Konflikts schnell zu reagieren, rasch zusätzlich benötigtes Personal und Gerät bereitzustellen, sind erstens relativ beschränkt. Zweitens und noch wichtiger, die Präferenz für schlanke Unternehmensstrukturen führt dazu, dass Auftragnehmer Militärexperten und andere Militärfirmen als Unterauftragnehmer an sich binden, die wiederum weitere Subunternehmer beauftragen. Damit entstehen Befehlsketten und Abhängigkeitsbeziehungen, die vom ursprünglichen Auftragnehmer, geschweige denn vom Auftraggeber kaum noch überblickt werden können. Eine Auswertung der Erfahrungen der USA mit PMF auf dem Balkan, in Afghanistan und im Irak benennt gewichtige Defizite, die daraus resultieren: „(1) das Fehlen einer Einsatzdoktrin über die Verantwortlichkeit in der Kommunikation, (2) den Verlust des Überblicks über die auf dem Gefechtsfeld verfügbaren Waffen und andere militärische Geräte, (3) den Verlust von Kontrolle über Kontraktpersonal und Gerät (...), (6) die Besorgnis über die Verfügbarkeit von Lieferungen der Kontraktfirmen in einer feindlichen Umgebung und (7) merkliche Lücken im Nachschub, wenn die kommerziellen Lieferwege unterbrochen werden" (H. Wulf 2005: 69).

Die in diesem Zitat fehlenden Punkte 4 und 5 beziehen sich auf die unmittelbaren Konsequenzen für reguläre Streitkräfte, wenn die in Kombination mit ihnen eingesetzten PMF nicht effektiv agieren. Dann steigen die Verantwortung der Streitkräfte für die Sicherheit des Kontraktpersonals und der Bedarf an zusätzlichem Militärpersonal, Material und Finanzen, um die Sicherheit von Kontraktpersonal zu garantieren. Im Irak sollen in den vergangenen Jahren amerikanische Streitkräfte des öfteren Verluste erlitten haben, weil sie gezwungen waren Mitarbeiter von PMF aus misslichen Lagen zu befreien, in die diese aus eigenem Verschulden geraten waren. Ein Großteil dieser Kritik ist sicherlich berechtigt. Allerdings ist dabei zu berücksichtigen, dass sie in der Regel von Vertretern regulärer Streitkräfte vorgetragen werden, die sich selten als Partner von PMF sehen, vielmehr diese als unliebsame Konkurrenten oder, noch schlimmer, als Gewinner des Trends zur Reduzierung regulärer Streitkräfte betrachten. In Papua-Neuguinea hat 1997 das Bekanntwerden der Honorarhöhe für die PMF *Sandline International* zu einem Aufstand der weitaus schlechter bezahlten Armee des Landes geführt.

Trotz hoher Honorarkosten kann der Einsatz von PMF für eine Regierung kostengünstiger als die Verwendung regulärer Streitkräfte sein. Eine Beispiel macht dies deutlich: Nach Schätzungen beliefen sich die Kosten des achtmonatigen Einsatzes einer UN-Beobachtermission in Sierra Leone, die wenig Auswirkungen auf die Konfliktsituation hatte, auf 47 Millionen Euro. Dagegen kostete der Einsatz von EO für 21 Monate die Regierung in Sierra Leone 35 Millionen Euro (The Stationary Office 2002: 12). Der Wert des Vertrags von EO mit der angolanischen Regierung 1993/94, der eine kritische Rolle bei der Erzwingung eines Waffenstillstands und der Ermöglichung des Lusaka-Abkommens spielte, wird auf 40 Millionen Euro taxiert (The Stationary Office 2002: 11). PMF können Sicherheit zum einen kostengünstiger produzieren, weil sie ihre Unternehmensstrukturen flach, die Unternehmensgröße und die Betriebskosten gering halten. Zum anderen profitieren sie als *free rider* von den Investitionen und Vorleistungen regulärer Streitkräfte. Dies wird besonders bei der Ausbildung von Militärexperten deutlich. Sie ist teuer und wird von PMF nicht geleistet. Statt dessen können sie auf millionenfach freigesetzte Soldaten zurückgreifen, die der weltweiten Reduzierung des Streitkräftepersonals seit 1990 zum Opfer fielen.

Auch militärisches Gerät war nach dem Ende des Ost-West-Konflikts günstig zu haben. Eine in den vergangenen Jahren stark angestiegene private Nachfrage nach Militärexperten und Militärgütern wird zweifellos Gehälter und Preise nach oben treiben. Nicht auszuschließen ist, dass einige PMF darauf mit einer qualitativen Anpassung nach unten reagieren, d.h. billigere, weil schlechter ausgebildete Militärexperten rekrutieren und Militärgüter geringerer Qualität beschaffen werden.

Fasst man den Begriff der Effektivität weiter und begrenzt ihn nicht nur auf den rein militärischen Aspekt, taucht in der Literatur immer wieder ein weiterer Kritikpunkt auf: PMF seien unfähig, Konflikte langfristig zu lösen. Und tatsächlich setzt ihr Einsatz nicht an den sozialen, ökonomischen und politischen Konfliktursachen an, wären sie mit deren Auflösung heillos überfordert – ganz abgesehen von der Frage, ob ein derartiges umfassendes Konfliktmanagement durch private Militärfirmen wünschenswert wäre. Der Einsatz von PMF kann allerdings zur Beendigung des militärischen Konflikts beitragen, was in vielen Fällen wiederum die Voraussetzung für die Lösung von Konfliktursachen durch Politiker und gesellschaftliche Akteure ist. Die Parteinahme für eine der Konfliktparteien kann jedoch dazu führen, dass die Konfliktursachen nicht nur nicht ausgeräumt werden, sondern sich sogar verschärfen. Davor sind aber selbst staatliche Akteure, die in einen Konflikt intervenieren, nicht gefeit. Der Vorteil, den letztere dadurch besitzen, dass ihrer Intervention zumindest in der Regel eine politische Analyse zugrunde liegt, wird häufig dadurch aufgehoben, dass die Ergebnisse der Konfliktanalyse der Wahrnehmung politischer Interessen untergeordnet werden.

Die Erwägungen über Effektivität und Effizienz von PMF wären weniger relevant, wenn sich deren Marktsegment durch hohe Transparenz auszeichnete. Dann könnten Auftraggeber je nach Auftrag und finanzieller Ausstattung den jeweils günstigsten und verlässlichsten Anbieter identifizieren. Von diesem marktwirtschaftlichen Ideal ist die Branche PMF noch weit entfernt. Statt dessen bestimmen schwer durchschaubare Unternehmensverflechtungen, Überkreuzbeteiligungen, eine Vielzahl von Neugründungen und Unternehmensauflösungen das Bild. Auch wenn vermehrte Börsennotierung von PMF und deren Übernahme durch größere Konzerne zur Verbesserung unternehmerischer Standards in der Branche führen werden, wird sie dennoch auch langfristig ein erhebliches Maß an Intransparenz aufweisen, wie es auch im Marktbereich der Rüstungsfirmen der Fall ist.

2.3. Politisch-völkerrechtliche Argumente

Trotz dieser Marktunvollkommenheiten und der verzerrten Preisstruktur wird die Nachfrage nach PMF nicht abnehmen, sondern eher weiter steigen. Dies hat vor allem zwei Gründe: Zum einen sind die Nachfrager nicht immer mit jenen identisch, die teure Vorleistungen für die Arbeit der PMF erbringen müssen. Regierungen in Sierra Leone, Angola und anderen Staaten Afrikas, Asiens und Lateinamerikas greifen auf Militärexperten zurück, die teuer in den USA, Südafrika, Großbritannien, Russland und der Ukraine ausgebildet wurden. Zum zweiten sind die entscheidende Variable jener Regierungen, die private Militärexperten teuer anwerben, die sie selbst teuer ausgebildet haben, weniger die finanziellen als vielmehr die politischen Kosten. Und diese werden, wie Binder überzeugend belegt hat (vgl. M. Binder 2004), beim Einsatz von PMF deutlich niedriger kalkuliert als beim Einsatz der regulären Streitkräfte.

Die politische und damit eng verbundene völkerrechtliche Dimension des Einsatzes von PMF erschöpft sich allerdings nicht in diesem Aspekt. Vier weitere gilt es zu bedenken: das Verhältnis von PMF zum staatlichen Gewaltmonopol, die gesellschaftspolitischen Folgen der Privatisierung von Sicherheit, die Unterminierung demokratischer Kontrolle über die Außen- und Sicherheitspolitik und schließlich die unmittelbaren rechtlichen und völkerrechtlichen Probleme, die aus dem Nicht-Kombattantenstatus von PMF erwachsen.

Das Argument, PMF höhlten das staatliche Gewaltmonopol aus, muss an der Realität gemessen werden. Fast alle Staaten, die PMF zu Hilfe rufen, tun dies, weil sie selbst eben nicht in der Lage sind, dieses Monopol auszuüben – ebenso wenig wie sie im Gesundheits-, Bildungs- und Infrastrukturbereich in der Lage sind, essentielle Staatsfunktionen wahrzunehmen, weshalb sie hier auf Entwicklungsagenturen und Nichtregierungsorganisationen angewiesen sind. Dass letztere dem Staat vor allem aus karitativen und altruistischen Motiven aushelfen, heißt nicht, dass bei ihnen das Problem der Verdrängung und Delegitimierung des Staates weniger scharf auftritt oder dass sie gar ihr Geschäft effektiver betreiben als unternehmerisch agierende PMF. Kaum diskutiert wird in diesem Kontext das Staatsverständnis, das der Kritik am Einsatz von PMF zugrunde liegt. Es scheint eines zu sein, in dem der Staat als autonome Einheit, als Entität sui generis wahrgenommen wird und nicht als funktionale Einheit, deren Aufgabe es ist, Sicherheit und Wohlfahrt einer Gesellschaft zu garantieren. Legt man dies letztere, bürgerliche Staatsverständnis zugrunde, ist der Staat nicht viel mehr als ein Instrument, dessen Verwendung in Konkurrenz zu anderen steht. So sind die Staaten der EU beispielsweise schon lange einem Prozess unterworfen, in dem supranationale Institutionen, Unternehmen und gesellschaftliche Gruppen staatliche Sicherheits- und Wohlfahrtsfunktionen weitaus effizienter wahrnehmen als der Staat. Dabei ist zu beachten, dass zumindest die Mitgliedstaaten der EU nach wie vor effektive Staaten sind, während es sich bei den staatlichen Einheiten in Konfliktgebieten oft nicht um sehr viel mehr als die Schimäre eines Staates handelt. Wie einer der führenden Afrikawissenschaftler, Christopher Clapham, feststellte, ist der Einsatz von PMF und anderen Söldnerkräften mehr das Ergebnis als die Ursache der tiefergehenden afrikanischen Sicherheitsprobleme (vgl. J. Cilliers / R. Cornwell 1999: 240). Die entscheidende Frage ist in Ländern fragiler Staatlichkeit weniger, ob PMF ein bestehendes staatliches Gewaltmonopol aushöhlen, als vielmehr, ob sie deren Herstellung fördern oder behindern. Für eine Beurteilung dieser Problematik ist die empirische Grundlage noch immer relativ dünn.

Mit Blick auf das Wechselverhältnis zwischen Staat und PMF gibt es aber zwei weitere Argumente, die beträchtliches Gewicht haben. Da ist erstens ein Problem, das aus der Diskussion über die Proliferation privater Sicherheitsdienste bereits bekannt ist: Sicherheit wird zu einem privaten Gut, das nur dem zur Verfügung steht, der dafür bezahlen kann. Dieser Prozess ist nicht nur in den Staaten des Südens, sondern auch in Europa und Nordamerika zu beobachten. Übertragen auf den Einsatz von PMF bedeutet dies eine Verschärfung der Differenzierung zwischen nützlichen und nutzlosen Regionen, zwischen Regionen mit attraktiven Ressourcen, die die Dienstleistungen von PMF bezahlen können, und solchen, die es nicht können. Für Afrika hat sich bereits die Unterscheidung *Afrique utile* und *Afrique inutile* eingebürgert (P. Lock 1999: 31). Dieses Problem ist allerdings nicht durch PMF verursacht oder zu lösen, sondern nur durch Dritte, die bereit sind die Kosten der Sicherheit für die nicht Zahlungskräftigen zu übernehmen, so wie dies zumindest auf nationaler Ebene in den Industrieländern nach wie vor die Regel ist.

Das dritte in diesem Zusammenhang zu diskutierende Argument betrifft weniger fragile Staaten, die zum Einsatzort von PMF werden, als vielmehr effektive, demokratische Staaten, die PMF mit Auslandseinsätzen beauftragen. Vor allem die amerikanische und die britische Regierung traten bisher als direkte oder indirekte Auftraggeber des Einsatzes von PMF im Ausland auf, wenn entweder innenpolitische oder Effizienzgesichtspunkte gegen den Einsatz der regulären Armee sprachen. Eine solche Instrumentalisierung von PMF birgt die Gefahr der Unterminierung der parlamentarischen Kontrolle über die Außenpolitik, da in den meisten demokratischen Staaten Parlamente entweder Entscheidungen über den Einsatz der Streitkräfte selbst fällen oder die Regierungen ihnen zumindest mit ihrer Entscheidung darüber direkt rechenschaftspflichtig sind. Auslandseinsätze der PMF können dagegen über Beschlüsse eines Verteidigungsministeriums und eine entsprechende Auftragsvergabe abgewickelt werden. Allerdings ist in der Praxis festzustellen, dass die Außenpolitik ohnehin der Bereich staatlichen Handelns ist, in dem der Exekutive vom Parlament die vergleichsweise größte Autonomie eingeräumt wird. Dies soll den Missbrauch von PMF in der

Außen- und Sicherheitspolitik nicht rechtfertigen, sondern vielmehr den Verweis auf Kontrolleinrichtungen vorbereiten, die sich Regierung und Parlament in Bereichen geschaffen haben, die ähnlich wie der Einsatz von PMF außenpolitisch sehr sensibel sind. Dazu gehören im Falle Deutschlands die der parlamentarischen Kontrolle unterliegenden Entscheidungen des Bundessicherheitsrats über Waffenexporte sowie die parlamentarische Kontrollkommission zur Überwachung der Geheimdienste. Ähnliche Instrumente und Institutionen könnten den Einsatz von PMF in Drittländern beaufsichtigen.

Ein zentrales Problem dieser Aufsicht ist der Status von PMF. Völkerrechtler sind sich einig: Mitarbeiter von PMF sind in einem Gewaltkonflikt keine Kombattanten. Schaller stellt fest, „dass die bestehenden Normen des humanitären Völlerrechts eine ausreichende Rechtsgrundlage bieten, um den Status privater Sicherheits- und Militärkräfte im Rahmen bewaffneter Konflikte bestimmen zu können. Solche Personen haben regelmäßig zivilen Status, selbst wenn sie im Auftrag staatlicher Streitkräfte tätig sind. Wie alle anderen zivilen Personen fehlt ihnen daher die Berechtigung, sich unmittelbar an bewaffneten Feindseligkeiten zu beteiligen." (C. Schaller 2005: 6) So eindeutig diese völkerrechtliche Beurteilung wirkt, so eingeschränkt ist ihre reale Relevanz. Ganz abgesehen davon, dass der Verbindlichkeitscharakter des Völkerrechts begrenzt ist und es von dem jeweiligen Staat abhängt, wie weit er bereit ist, es gegenüber Dritten durchzusetzen, bieten sowohl das Recht zur Selbstverteidigung und zum Schutz anderer gegenüber gewaltsamen Übergriffen als auch die militärtechnische Entwicklung viel Interpretationsspielraum, wann PMF ihren Zivilistenstatus missbrauchen. Nach Auffassung von Schaller helfen auch die bestehenden völkerrechtlichen Ansätze zur Ächtung des Söldnerwesens in keiner Weise weiter, um die statusrechtliche Einordnung von PMF zu klären (C. Schaller 2005: 9).

Dieses Statusproblem ist in zweierlei Hinsicht von besonderer Relevanz. Erstens macht es den Umgang mit PMF für staatliche Streitkräfte in einem Konfliktgebiet sehr schwierig – weniger für jene, deren Regierung eine PMF beauftragt hat, als vielmehr für die, die es als Dritte mit den von anderen beauftragten PMF zu tun haben. Ein Beispiel mag dies verdeutlichen: Eine entsandte Streitkraft hat den Auftrag im Rahmen einer international zusammengestellten humanitären Intervention alle in ihrem Operationsgebiet operierenden bewaffneten Zivilisten zu entwaffnen. Wie verhält sie sich nun, wenn es sich bei diesen Zivilisten um Angehörige einer PMF handelt, die wiederum von einer befreundeten Regierung beauftragt wurde, mit deren Streitkraft sie sich die Verantwortung für einen Sektor teilt? Ein zweites, schärferes Problem tritt auf, wenn PMF in einem Einsatzland Rechtsverstöße verüben. Zwar bieten Genfer Abkommen und nationales Recht de iure ausreichend Möglichkeiten, um gegen derartige Rechtsverstöße wirksam vorzugehen. Das Beispiel Abu Ghraib aber zeigt, dass de facto die Rechtsverfolgung im Gewirr widersprüchlicher Rechtslagen und im Widerstreit politischer Erwägungen scheitern kann. „Während die Soldaten der militärischen Gerichtsbarkeit unterliegen und internationales Recht, wie die Genfer Konvention, angewendet werden kann, war im Fall der beschuldigten Firmenmitarbeiter [der PMF, S.M.] auch ein halbes Jahr nach Bekanntwerden des Folterskandals immer noch nicht entschieden, auf welcher Grundlage die Beschuldigten vor Gericht kommen" (H. Wulf 2005: 204).

3. PMF und humanitäre Interventionen

Will man abschließend das Für und Wider des Einsatzes von PMF abwägen, gilt es zwei Aspekte zu bedenken. Einen fasst erneut Clapham zusammen, wenn er feststellt: „(...) „rather than being inherently or necessarily evil, such forces need to be assessed alongside other would-be solutions to the African security dilemma, each of which – supposedly ‚national' armies most definitely included – has its own elements of privatisation." (vgl. J. Cilliers / R. Cornwell 1999: 240) Diese Feststellung trifft nicht nur für Afrika, sondern auch für andere periphere Weltregionen zu.

In einem ersten Schritt würde also, um Clapham zu folgen, der Einsatz von PMF ohne Zweifel der völligen Degeneration der Sicherheitslage in peripheren Regionen vorzuziehen sein. Allerdings ist in diesem Kontext ein zweiter Aspekt zu bedenken: Dient die kurzfristige Stabilisierung der Sicherheitslage durch den Einsatz von PMF der langfristigen Stabilisierung einer Gesellschaftsordnung oder verhindert er sie – weil er Konfliktursachen nicht löst, sondern nur ‚deckelt', weil er den Staat aus einer staatlichen Kernfunktion verdrängt und damit dem Staatszerfall Vorschub leistet? Protagonisten der letzteren Position begeben sich in ein moralisches Dilemma, da sie implizieren, dass für die langfristige Stabilisierung einer Gesellschaft und die Herausbildung einer tragfähigen gesellschaftlichen Ordnung die gewaltsame Austragung von Konflikten eine Vorbedingung ist. Auch wenn dies der historischen Erfahrung in Europa entspricht, spricht wenig dafür, dass sich Geschichte in anderen Weltregionen wiederholen muss. Vielmehr ist es die Verantwortung der Staaten des Nordens, Gesellschaften im Süden zu einer möglichst gewaltfreien Schaffung stabiler Ordnungsmodelle zu verhelfen.

Damit stellt sich in Bezug auf PMF die Frage, ob sie eine Rolle in diesem Prozess spielen können, konkreter: ob sie als Kräfte in Einsätzen zur Friedensschaffung und Friedenswahrung in Frage kämen. Sind sie ein Ausweg aus dem Dilemma das entsteht, wenn einerseits jene, die Friedensmissionen in peripheren Konflikten effektiv betreiben könnten, sich an solchen nicht beteiligen wollen, weil sie damit verbundene personelle Kosten und politische Risiken scheuen; und andererseits jene, die sich dann dazu bereit finden, entweder nicht über die

Mittel verfügen, das jeweilige Mandat auszufüllen, oder als interessierte Partei in dem Konflikt eher zur Konflikteskalation als zur Beruhigung der Lage beitragen? Solche Überlegungen hat vor einigen Jahren selbst der damalige UN-Generalsekretär Kofi Annan angestellt: „Some have even suggested that private security firms, like the one which recently helped to restore the elected president to power in Sierra Leone, might play a role in providing the United Nations with the rapid reaction capacity it needs. When we had need of skilled soldiers to separate fighters from refugees in the Rwandan refugee camps in Goma, I even considered the possibility of engaging a private firm. But the world may not be ready to privatize peace." (K. Annan 1998)

Eine Beauftragung von PMF mit der Wahrnehmung von friedensschaffenden Maßnahmen und solchen der Friedenserhaltung durch internationale Organisationen würde zahlreiche der oben genannten problematischen Aspekte ihres Einsatzes durch nationale Regierungen nicht aufwerfen, nämlich die Beauftragung von PMF durch autoritäre, illegitime Regime, die Bereicherung an knappen Ressourcen, die Ökonomisierung des öffentlichen Gutes Sicherheit, die Verdrängung des Staates aus essentiellen Funktionen und die Instrumentalisierung von PMF für die nationale Außenpolitik ihrer Heimatstaaten.

Der Einsatz von PMF als Stellvertreter für staatliche Truppenkontingente hätte sicherlich eine Reihe praktischer Vorteile: Westliche Regierungen müssten nicht den Tod eigener Soldaten in weit entfernten Friedenseinsätzen gegenüber einer kritischen Öffentlichkeit rechtfertigen – ein Faktum, das meist die Beteiligung an UN-Missionen verhindert; vertragsgebundene Mandate für PMF würden deren Aufgaben und zu erbringende Leistungen klarer definieren als die klassischer Friedenseinsätze; PMF würden eine solche Funktion sicherlich effektiver wahrnehmen können als schlecht ausgebildete und ausgerüstete nationale Armeen, die für die unwilligen Industrieländer einspringen. Auf moralischer Ebene ist der Unterschied zwischen dem Einsatz solcher Armeen und dem von PMF im Rahmen von Friedenseinsätzen gering: „Certain third world countries are surprisingly active in terms of UN missions and have contributed very large troop contingents to various UN peacekeeping missions. (...) Even though neither the cosmopolitan spirit of the listed third world countries nor the quality of their troops are automatically dubious, there is a lingering suspicion that at least some of these troop contributions may also be economically motivated. If so, their use by the world community would seem to be morally quite comparable to a use of PMC [i.e. PMF, S.M.]." (Møller 2002b: 8) Diesem Verdikt Møllers muss allerdings ein positiver Nebeneffekt der Beteiligung von Dritt-Welt-Staaten an Friedensmissionen gegenübergestellt werden: Ebenso wie die Ausbeutung dieser Kontingente zur Sanierung des Staatshaushalts oder gar eine negative militärische Sozialisation durch die Entsendung in Konfliktgebiete zum Problem werden können, können sich Einsätze bei multinational besetzten Friedensmissionen auf

die militärische Kompetenz und das Verhalten des Soldaten gegenüber der Zivilbevölkerung und Untergebenen positiv auswirken.
Natürlich gibt es Grenzen für die Effektivität von PMF in Friedenseinsätzen. Auf absehbare Zeit ist wohl keines dieser Unternehmen in der Lage, mehrere tausend Militärexperten und Privatsoldaten zu mobilisieren, die beispielsweise zur Bemannung einer Friedensmission in der Demokratischen Republik Kongo notwendig wären. Ähnlich wie bei den Einsätzen von EO in Sierra Leone und Angola und dem der britischen Streitkräfte in Sierra Leone Ende der 90er-Jahre läge in einem solchen Umfeld ihr Wert in dem eines Schlagverstärkers für die militärisch schwächeren Truppenkontingente einer Friedensmission, also in einem punktuellen Einsatz an militärischen Schlüsselstellen.

Vor allem aber ist es erneut der Nicht-Kombattanten-Status, der einem effektiven Einsatz von PMF im Rahmen humanitärer Interventionen Grenzen setzt. Geht es um Einsätze unter Kapitel 6 der UN-Charta, ist dieser Status weniger signifikant als bei der Friedenserzwingung nach Kapitel 7. Ein Einsatz von PMF im Rahmen letzterer würde deren Kombattantenstatus voraussetzen, und dieser könnte nach gegenwärtiger Rechtslage nach Auffassung Schallers (2005: 30) nur realisiert werden, wenn Mitarbeiter einer PMF formell in die Personalstruktur eines konfliktbeteiligten Völkerrechtssubjekts eingegliedert wären, einschließlich der Übertragung organschaftlicher Rechte, Pflichten und Immunitäten. Neben den damit verbundenen völkerrechtlichen, organisationsrechtlichen, haushaltsrechtlichen und militärisch-operativen Problemen, die eine solche Einbindung der PMF im Falle der UN aufwerfen würde, gilt aber vor allem die Einschätzung Annans, dass in absehbarer Zeit eine derartige Privatisierung von UN-Aufgaben politisch nicht durchsetzbar wäre. Allerdings ist durchaus denkbar, dass nationale Regierungen, die zur Entsendung von Truppenkontingenten für internationale Friedenseinsätze aufgefordert sind, einen solchen Weg beschreiten.

Voraussetzung eines derartigen Einsatzes von PMF wäre die Schaffung eines internationalen und nationalen Regulierungsmechanismus'. Ziel einer solchen Regulierung müsste die Schaffung von mehr Transparenz und Rechenschaftspflicht sowie die Vermeidung völkerrechtswidriger und menschenrechtsverletzender Einsätze sein. Unter Politikern und Wissenschaftlern besteht ein weitgehender Konsens darüber, dass sich die bereits bestehende UN-Konvention über die Rekrutierung, die Verwendung, die Finanzierung und das Training von Söldnern nicht zur Regulierung der Aktivitäten von PMF eignet (C. Schaller 2005: 17). Die Definition von Söldneraktivitäten in der Konvention ist praktisch kaum anwendbar und wird dem Charakter von PMF nicht gerecht. Zudem wurde die Konvention, die 1989 verabschiedet wurde, erst im Oktober 2001 von einer ausreichenden Zahl von UN-Mitgliedsstaaten ratifiziert, um in Kraft treten zu können. Allerdings haben nach wie vor erst 26 Staaten die Ratifikationsurkunden hinterlegt.

Deshalb gibt es immer wieder Vorschläge für alternative, internationale Regulierungsmechanismen. Ein umfassender Vorschlag von Møller sieht hierfür drei Elemente vor (vgl. B. Møller 2002b: 10-11): Erstens sollte der UN-Sicherheitsrat oder eine vergleichbare internationale Einrichtung eine Positivliste von Staaten und auch Befreiungsbewegungen erstellen, die die Dienstleistungen von PMF in Anspruch nehmen dürfen. Zweitens sollten die Aktivitäten der PMF den gleichen Überwachungsmechanismen unterworfen werden wie die staatlicher Streitkräfte, insbesondere der Genfer Konvention und der Jurisdiktion des Internationalen Strafgerichtshofs. Beide Dokumente müssten entsprechend modifiziert werden. Und drittens müssten sich PMF einem internationalen Zertifizierungsprozess unterziehen. Schaller betont jedoch, dass die Chancen solche Regulierungsmechanismen völkerrechtlich abzusichern gering sind (vgl. C. Schaller 2005: 13). Er sieht die primäre Verantwortung für die Regulierung und Überwachung von PMF vor allem bei den einzelnen Staaten, die sie einsetzen.

Auf nationaler Ebene sind die beiden prominentesten Beispiele für Regulierung in den USA und Südafrika zu finden. Beide ziehen Kritik auf sich. Der Ansatz der USA wird dem Transparenzgebot nicht gerecht, der südafrikanische legt die Genehmigungshürden so hoch, dass sich PMF diesem Aufwand durch Verlagerung ihres Geschäftssitzes in andere Staaten entziehen. Den gegenwärtig größten Aufwand für die Schaffung eines adäquaten Regulierungsmechanismus, der effektiv ist und die Regulierungskosten im Rahmen der Wirtschaftlichkeit hält, betreibt derzeit die britische Regierung. Ihre Vorlage an das Parlament wurde öffentlich zugänglich gemacht und bisher breit diskutiert. Die Vorschläge der britischen Regierung für eine Regulierung reichen von der Selbstregulierung via eines freiwilligen Verhaltenskodexes, einer Generallizenz für PMF, der Registrierung von PMF und der Notifizierung von Aufträgen über die Lizenzierung der einzelnen militärischen Dienstleistungen und das Verbot der Rekrutierung britischer Staatsbürger für private Auslandseinsätze bis hin zum völligen Verbot von privaten Militäreinsätzen im Ausland (The Stationery Office 2002: 22-26). Die Präferenz der Regierung liegt in dieser Bandbreite bei der Lizenzierung militärischer Dienstleistungen ähnlich der beim Kriegswaffenexport. Der Versuch, diese Präferenz in ein entsprechendes Gesetz zu überführen, liegt aber seit der Präsentation der Vorlage vor mehr als drei Jahren auf Eis.

Schaller sieht die besten Chancen zur Regulierung und Überwachung von PMF in der Kombination einer dynamischen Auslegung der Genfer Abkommen und ihrer Zusatzprotokolle, der Etablierung nationaler Aufsicht über private Militärfirmen und deren Transaktionen sowie deren Harmonisierung im Rahmen eines internationalen Forums und schließlich der Effektivierung unternehmerischer Selbstkontrolle (C. Schaller 2005: 6, 19-27).

Literatur

Annan, Kofi (1998): Intervention. Ditchley Foundation Lecture XXXV, 26. June 1998. The Ditchley Foundation. <http://www.ditchley.co.uk/page/173/lecture-xxxv.htm> (10.02.2007)
Binder, Martin (2004): Der Einsatz von Söldnerfirmen durch gewählte Regierungen – eine „Antinomie des demokratischen Friedens". Tübingen: .
Brooks, Doug (2002): Protecting People: the PMC Potential. Comments and Suggestions for the UK Green Paper on Regulating Private Military Services. Version Date: 25 July 2002. <http://www.hoosier84.com/0725brookspmcregs.pdf> (10.02.2007)
Chojnacki, Sven (2008): Zum Formwandel bewaffneter Konflikte. In diesem Band.
Cillier, Jakkie / Cornwell, Richard (1999): Africa – From the Privatisation of Security to the Privatisation of War? In: Cilliers et al. (1999): 227-245.
Cilliers, Jakkie / Mason, Peggy (Hrsg.) (1999): Peace, Profit or Plunder? The Privatisation of Security in war-torn African Societies. Halfway House: Institute for Security Studies.
Josselin, Daphné / Wallace, William (Hrsg.) (2001): Non-state Actors in World Politics. Basingstoke u.a.: Palgrave.
Joyce-Hasham, Mariyam (2001): Conference Report – Private Military Companies. Conference at the Royal United Services Institute, London, 24 October 2001.
Leander, Anna (2002): Global Ungovernance: Mercenaries, States and the Control over Violence. Copenhagen: Copenhagen Peace Research Institute (COPRI).
Lilly, Damian (2000): Private Military Companies: Options for Regulation, International Alert, Green Paper Submission, July 2002.
Lilly, Damian (2000): The Privatization of Security and Peacebuilding: A Framework for Action. London: International Alert, Policy and Advocacy Department. <http://www.reliefweb.int/rw/lib.nsf/db900SID/LGEL-5F9JUE/$FILE/intalert-privatisation-sep02.pdf?OpenElement> (10.02.2007)
Lock, Peter (1999): Africa, Military Downsizing and the Growth in the Security Industry. In: Cilliers et al. (1999): 11-36.
Mandel, Robert (2001): The Privatization of Security. In: Armed Forces & Society 28, Heft 1: 129-151.
Møller, Bjørn (2002a): The Political Economy of War: Privatisation and Commercialisation.
Møller, Bjørn (2002b): Private Military Companies and Peace Operations in Africa. Paper for the Seminar on: Private Military Companies (PMCs) in Africa: To Ban or Regulate. Department of Political Sciences, University of Pretoria, 8 February 2002.
O'Brien, Kevin A. (2000): PMCs, Myths and Mercenaries: The Debate on Private Military Companies. In: The RUSI Journal 145, Heft 1: 59-64.
Sandline International (1998): Private Military Companies – Independent or Regulated?, 28. März 1998. <http://www.sandline.com/white/regulation.doc> (11.02.2007)
Sandline International (2002): Comments on Government Green Paper entitled „Private Military Companies: Options for Regulation", 19. Juli 2002. <http://www.sandline.com/comment/list/Green_Paper_comments.pdf> (11.02.2007)

Schaller, Christian (2005): Private Sicherheits- und Militärfirmen in bewaffneten Konflikten: Völkerrechtliche Einsatzbedingungen und Kontrollmöglichkeiten. Berlin: Stiftung Wissenschaft und Politik.
Selber, Jesse / Jobarteh, Kebba (2002): From Enemy to Peacemaker: The Role of Private Military Companies in Sub-Saharan Africa. In: Medicine & Global Survival. 7, Heft 2: 90-95.<http://www.ippnw.org/MGS/V7N2Selber.pdf> (11.02.2007)
Shearer, David (2001): Privatising Protection: In: The World Today (RIIA) 57, Heft 8/9: 29-31.
Silverstein, Ken (1997): Privatizing War: How Affairs of State are Outsourced to Corporations Beyond Public Control. In: The Nation, 28. Juli 1997 u. 4. August 1997.
Singer, Peter Warren (2001): Corporate Warriors. The Rise of the Privatized Military Industry and Its Ramifications for International Security. In: International Security 26, Heft 3: 186-220.
Spearin, Christopher (2001): Private Security Companies and Humanitarians: A Corporate Solution to Securing Humanitarian Spaces? In: International Peacekeeping 8, Heft 1: 20-43.
Taulbee, James Larry (2000): Mercenaries, Private Armies and Security Companies in Contemporary Policy. In: International Politics 37, Heft 4: 433-456.
The Stationary Office (2002): Private Military Companies: Options for Regulation. 12 February 2002. London: The Stationery Office.
<http://www.fco.gov.uk/Files/kfile/mercenaries,0.pdf> (10.02.2007)
United Nations Economic and Social Council (2002): The Right of Peoples to Self-Determination and its Application to Peoples under Colonial or Alien Domination or Foreign Occupation. Report on the Question of the Use of Mercenaries as a Means of Violating Human Rights and Impeding the Exercise of the Right of Peoples to Self-Determination, submitted by Mr. Enrique Bernales Ballesteros, Special Rapporteur, pursuant to Commission resolution 2002/5. E/CN.4/2003/16, 29 November 2002.
<http://daccessdds.un.org/doc/UNDOC/GEN/G03/173/13/PDF/G0317313.pdf?OpenElement> (10.02.2007)
Vest, Jason (2001): State Outsources Secret War. In: The Nation, 23. Mai 2001.
<http://www.thenation.com/doc/20010604/vest20010523> (10.02.2007)
Volkery, Carsten, (2002): Moderne Kriegsführung: Wie die Clausewitz AG Millionen scheffelt. In: Spiegel online, 24. April 2002.
<http://www.spiegel.de/wirtschaft/0,1518,193338,00.html>
Uesseler, Rolf (2005): Neue Krieger, neue Söldner. Private Militärfirmen und globale Interventionsstrategien. In: Blätter für deutsche und internationale Politik 03/2005: 323-333.
Wulf, Herbert (2005): Internationalisierung und Privatisierung von Krieg und Frieden. Baden-Baden: Nomos.

Legitimationsdiskurse von Interventionen

Skadi Krause

Einleitung

In den westlichen Demokratien sind sowohl die personelle und finanzielle Ausstattung als auch der Einsatz des Militärs öffentliche und somit legitimationsbedürftige Angelegenheiten. Oberste Priorität und höchste Legitimität besitzt dabei traditionell die Aufgabe der Landesverteidigung. Seit der Konfrontation der militärischen Blöcke im Kalten Krieg wird diese Aufgabe allerdings nicht mehr isoliert, sondern im Rahmen einer umfassenderen Strategie der Gewährleistung nationaler Sicherheit verfolgt, die einerseits der Abwehr militärischer Gewalt von außen dienen, andererseits aber auch dem „Schutz lebenswichtiger wirtschaftlicher und politischer Interessen, deren Verletzung fundamentale Werte und das Überleben der Nation bedroht" (A.A. Jordan et al. 1981: 3). Mit dem Ende des Blockgegensatzes und der Politik der atomaren Abschreckung hat sich der Aufgabenkreis der Sicherheitspolitik abermals gewandelt. Entgegen einer Reihe anderslautender Prognosen (vgl. u.a. K.N. Waltz 1993) ist es dabei unter den NATO-Staaten nicht zu einer Renationalisierung der Sicherheits- und Verteidigungspolitik gekommen, vielmehr haben sich neue Formen „kooperativer Sicherheit" entwickelt (vgl. u.a. O. Theiler 1997). Gegenwärtige Konzepte nationaler Sicherheit in den westlichen Staaten gehen überwiegend von der Notwendigkeit vielschichtiger internationaler Zusammenarbeit auf diplomatischem, wirtschaftlichem, kulturellem und militärischem Gebiet aus. Den nationalen Streitkräften kommt dabei immer noch eine herausgehobene, aber keineswegs mehr eine exklusive Rolle zu.

Eine der Ursachen dieses Wandels liegt in der langsam gewachsenen Einsicht, dass sich nationale Sicherheit heute selbst für die großen und mächtigen Staaten nicht mehr im Alleingang und unter Rekurs auf rein militärische Gesichtspunkte definieren und gewährleisten lässt. Vielmehr zählen die Aufrechterhaltung bzw. (Wieder-)Herstellung stabiler politischer, wirtschaftlicher und sozialer Verhältnisse in weiten Regionen dieser Welt zu den inhärenten Interessen der meisten Staaten. Langanhaltende Bürgerkriege, gravierende Menschenrechtsverletzungen, organisierte und international agierende Banden und terroristische Netzwerke sowie grenzüberschreitende Flüchtlingsströme haben seit dem Ende des Kalten Krieges deshalb wiederholt Reaktionen der wirtschaftlich und militärisch starken Staaten der Welt hervorgerufen. Dabei werden nicht nur bewaffnete Konflikte als sicherheitspolitische Gefahren angesehen, sondern auch die Existenz bedeutender Waffenarsenale, unkontrolliertes Bevölkerungswachstum, Hegemonialkonflikte, ethno-nationalistische Rivalitäten sowie Armut und Gesundheitsfragen. Die Palette der Instrumente zur Bearbeitung dieser Gefahren ist weit gefächert und keineswegs nur auf militärische Interventionsmittel beschränkt. Gleichwohl hat – wie frühzeitig bemerkt wurde (vgl. u.a.: R. Connaughton 1992; C.W. Maynes 1995; P.A. Winters 1995) – insbesondere unter den westlichen Demokratien die Bereitschaft zum Einsatz militärischer Mittel im Ausland seit dem Ende des Blockgegensatzes deutlich zugenommen.

Nach Ansicht zahlreicher Theoretiker hat eine Reihe von Faktoren diese aufkommende Bereitschaft zur Intervention vorangetrieben: Dazu zählt erstens ein neues Kräfteverhältnis in der Weltpolitik nach dem Ende des Kalten Krieges, das ein weltweites Eingreifen westlicher Staaten ermöglichte, ohne damit das internationale Gleichgewicht zu zerstören. An zweiter Stelle stehen die negativen Erfahrungen mit den traditionellen Konzepten des *peace keeping*, wie sie insbesondere am Versagen der UN in Bosnien und Ruanda deutlich wurden. Drittens gehört dazu aber auch die wachsende Skepsis gegenüber bisherigen Instrumenten und Verfahren der Entwicklungspolitik und Entwicklungshilfe, die einerseits über Jahre und Jahrzehnte *failed states* und Bürgerkriege am Leben erhalten haben, andererseits aber auch zunehmend in die Hand von NGOs übergegangen und somit der staatlichen Kontrolle entglitten sind. Viertens muss das Auftreten eines weltweit agierenden transnationalen Terrorismus genannt werden, der u.a. mit den Anschlägen in New York, Washington, Madrid und London gezeigt hat, wie stark er die nationalen Sicherheitsinteressen, aber auch die „menschliche Sicherheit" allgemein bedroht. Und fünftens schließlich hat das Streben einer Handvoll autoritärer Regime nach Massenvernichtungswaffen die zwischenzeitlich verringerte Sorge vor einem nuklearen Konflikt neuerlich wachsen lassen.

Fragt man nach den Interessen, die dem „neuen Interventionismus" (T. Debiel / F. Nuscheler 1996) zugrunde liegen, so sind vor allem die folgenden zwei zu nennen: zum einen die ernsthafte Suche nach einer effektiven Strategie der Bewältigung humanitärer Krisen und Katastrophen, zum anderen der Versuch, die Palette sicherheitspolitischer Optionen den heutigen Herausforderungen anzupassen. Im Folgenden soll es darum gehen, die legitimationstheoretische Verschmelzung dieser beiden Anliegen nachzuzeichnen.

1. Von der humanitären Hilfe zur humanitären Intervention

Die Anfänge des humanitären Strangs der heutigen Debatte gehen zurück auf die verstärkte „humanitäre Einmischung" von Nichtregierungsorganisationen in weiten Teilen Afrikas und Asiens nach 1989, als das Ende der finanziellen und materiellen Zuwendungen durch die USA bzw. die ehemalige UdSSR in den betroffenen Ländern schon bald erhebliche wirtschaftliche und soziale Probleme offensichtlich werden ließ. Das Resultat dieser Entwicklung waren nicht selten bewaffnete innerstaatliche Konflikte. In der daraufhin einsetzenden Diskussion über neue Interventionsmöglichkeiten der internationalen Staatengemeinschaft gerieten die vorherrschenden Formen humanitärer Hilfeleistung zunehmend in die Kritik, denn es wurde deutlich, dass sie, bei allen Erfolgen im Bereich der Grundbedürfnissicherung, in vielen Fällen auch der Aufrechterhaltung von Gewaltordnungen und durch Klientelismus geprägten Herrschaftsstrukturen dienten. So stellte sich heraus, dass für die politischen und militärischen Machthaber weder die Bekämpfung von Armut und Kriminalität noch der Aufbau staatlicher Strukturen lukrativ sind, weil sie den Zufluss weiterer Geber-Gelder unterbinden. Es wurde deutlich, dass die humanitären Helfer unbeabsichtigt dazu beitrugen, Bürgerkriegsparteien mitzufinanzieren, indem erhebliche Teile der humanitären Lieferungen durch ‚Schutz' gewährende bewaffnete Banden vor Ort abgezweigt und zur eigenen Versorgung verwendet wurden (vgl. F. Jean / J.-C. Rufin 1999; T. Debiel 2003a: 16).

Die nicht zuletzt in Reaktion auf diese Befunde unternommene humanitäre Intervention in Somalia, mit der nach dem Willen des damaligen UN-Generalsekretärs Boutros-Ghali ein neues Kapitel in der Geschichte des Peacekeeping aufgeschlagen werden sollte, scheiterte zwar ebenso kläglich (vgl. u.a. J. Clark 1993: 205ff.; M. Pape 1997: 183ff.) wie die nahezu zeitgleich durchgeführte UN-Mission in Bosnien-Herzegowina (vgl. M. Pape 1997: 209ff.). Gleichwohl hatten beide Missionen trotz oder vielmehr gerade wegen ihres Scheiterns weitreichende Folgen für die weitere Ausgestaltung der internationalen Friedens- und Sicherheitspolitik. So kristallisierten sich in der unmittelbar nach dem Ende des Einsatzes durchgeführten Analyse mehrere Lehren heraus, die heute als allgemein akzeptiert gelten dürfen. Dazu gehört erstens die Auffassung, dass humanitäre Hilfe in Krisengebieten ohne ausreichenden militärischen Schutz nur der Aufrechterhaltung des Kriegszustandes dient. Zweitens wurde deutlich, dass der Einsatz einer bewaffneten Truppe zum Schutz von Hilfslieferungen nur dann sinnvoll ist, wenn er der Befriedung des betreffenden Gebietes dient. Drittens belegte der Einsatz in Somalia, dass die eingesetzten Truppen über eine Stärke verfügen müssen, die sie davor bewahrt, in den bewaffneten Konflikt hineingezogen zu werden. Und viertens führte der Einsatz zu der Einsicht, dass humanitäre Interventionen in bewaffneten Konflikten sich nicht auf die Beseitigung akuter humanitärer Notlagen beschränken dürfen, sondern auf das umfassendere Ziel eines zukünftigen friedlichen Zusammenlebens ausgerichtet sein müssen (vgl. T. Debiel 2003b: 222ff.).

Diese Lehren beinhalteten weitreichende Konsequenzen für die Zielvorgaben zukünftiger humanitärer Interventionen. So sollte das Ziel von Interventionen fortan nicht mehr nur in der Verhinderung einer humanitären Katastrophe bestehen, vielmehr sollten sie fortan der Friedens- und Rechtserzwingung und damit auch dem Staatsaufbau verpflichtet sein. Und zweitens sollten sich im Falle eines Falles nicht allein die unmittelbar betroffenen Nachbarstaaten zum Eingreifen aufgerufen fühlen, sondern alle, die dazu finanziell, logistisch und technisch in der Lage wären. Auch legitimationstheoretisch wurde mit den humanitären Interventionen in Somalia und Bosnien ein neues Kapitel aufgeschlagen: Nicht mehr der Linderung akuter Not wurde fortan oberste Priorität eingeräumt, sondern der Stabilisierung bzw. dem Aufbau einer funktionsfähigen staatlichen Ordnung. Wenn ein Staat nicht mehr in der Lage oder Willens wäre, seine eigene Bevölkerung zu schützen – sei es vor Massenmord, ethnischen Säuberungen, Raub oder Hunger –, dann, so das Argument, sollte diese Verantwortung durch die Staatengemeinschaft übernommen werden (vgl. T. Debiel 1996; T. Debiel / F. Nuscheler 1996; J.W. Dacyl 1996).

Den weiteren Diskussionen der Problematik lag die Überzeugung zugrunde, dass humanitäre Interventionen völkerrechtlich nur dann als legitim gelten dürfen, wenn sie über ein Mandat der Vereinten Nationen verfügen. Diese mehrheitlich geteilte Meinung wurde mit dem militärischen Eingreifen der NATO im Kosovo 1999, das ohne ein entsprechendes Mandat erfolgte, in Frage gestellt (vgl. K. Ebock 2000: 320ff.). Bereits im Vorfeld der Intervention wurde die Frage nach ihrer Legitimität heftig diskutiert. Dabei wurde immer wieder auf das zögerliche Agieren der UNO auf dem Balkan in den Jahren zuvor verwiesen, das kaum zu einer Lösung geführt hatte, ja die Lage sogar weiter hatte eskalieren lassen (vgl. M. Malek 2000). Dabei suchte man die Notwendigkeit eines Eingreifens der NATO nicht nur unter Verweis auf die Not der Zivilbevölkerung zu rechtfertigen, sondern auch unter Rekurs auf das „Versagen" bzw. die „Blockade" des UN-Sicherheitsrates. Es dürfe nicht sein, so der Tenor einer weit verbreiteten Argumentation, „dass ein ‚rogue state' Grundsätze des Völkerrechts ungestraft mit Füßen treten könne, bloß weil ein einziges, ständiges Ratsmitglied – unter Umständen ohne jegliche sachliche Begründung – von seinem Vetorecht Gebrauch mache" (H. Neuhold 2000: 202). Dabei verwies man von Seiten der Interventionsbefürworter auf das in Artikel 55 der UN-Charta formulierte Gebot, dem zufolge alle Mitgliedstaaten der Organisation zur universellen Achtung und Wahrung der Menschenrechte und Grundfreiheiten verpflichtet seien. Diese Verpflichtung erfuhr im Fall des militärischen Vorgehens der NATO gegen das ehemalige Jugoslawien insofern eine Aufwertung, als der UN-Sicherheitsrat in drei Resolutionen zum Kosovokonflikt[1] ausdrücklich eine Gefährdung des Friedens und der Sicherheit in der Region konstatierte. In Resolution 1203 vom 24. Oktober 1998 billigte er überdies die auf Druck der NATO zustande gekommenen Abkommen zwischen der OSZE, der NATO und der ehemaligen Bundesrepublik Jugoslawien. Darin verpflichtete sich Jugoslawien zur Erfüllung der in Resolution 1199 (1998) formulierten Forderungen der Staatengemeinschaft und stimmte auch deren Überwachung zu. Vor allem die in den Resolutionen 1160 (1998) und 1199 (1998) zum Ausdruck gebrachte Absicht, dass sich der Sicherheitsrat „weitere Schritte und zusätzliche Maßnahmen zur Wiederherstellung von Frieden und Stabilität in der Region" für den Fall vorbehalte, dass seine Beschlüsse nicht ausgeführt würden, wurde von den NATO-Mitgliedstaaten als rechtliche Handhabe zur Vorbereitung von Militärschlägen gegen serbische Stellungen betrachtet (vgl. H. Neuhold 202ff.).

Nichtsdestotrotz stellte die NATO-Intervention im Kosovo eine völkerrechtswidrige Handlung dar, steht es doch den Mitgliedstaaten der Vereinten Nationen nicht zu, außer im Verteidigungsfall eigenmächtig, d.h. ohne Zustimmung des Sicherheitsrates militärische Gewalt gegen andere Staaten einzusetzen – auch dann nicht, wenn dies der Wahrung der Menschenrechte oder dem Schutz drangsalierter Zivilisten dient (vgl. H. Neuhold 2000). Hinzu kam, dass sich die NATO-Staaten im Vorfeld der „Operation Allied Force" noch nicht einmal um eine Ermächtigung des Sicherheitsrates bemüht hatten – zu unwahrscheinlich schien dieses Anliegen, hatten doch sowohl die Russische Föderation als auch China ihr Veto bereits in Aussicht gestellt. Gleichwohl verzichtete die Mehrheit der Mitglieder des UN-Sicherheitsrates darauf, das Vorgehen der NATO im Kosovo zu verurteilen. Für einen entsprechenden Resolutionsentwurf, in dem die Einstellung der für rechtswidrig erklärten NATO-Bombardements gefordert wurde, stimmten lediglich drei Ratsmitglieder, darunter China und Russland. Das bedeutete zwar nicht, dass die Operation *Allied Force* nachträglich gutgeheißen wurde. In Resolution 1244 vom 10. Juni 1999 wurde lediglich die politische Lösung, auf die sich die G8, Russland und Jugoslawien geeinigt hatten, anerkannt. Es wurden aber andererseits auch keine Sanktionen gegen die NATO-Staaten verhängt.

Die weitere Auseinandersetzung um humanitäre Interventionen kreiste fortan um die Frage, ob es in ähnlich gelagerten Fällen nicht einzelnen politischen Akteuren erlaubt sein müsse, zur Not auch ohne Zustimmung des UN-Sicherheitsrates zu intervenieren. Innerhalb der NATO-Staaten wurde sie dahin-

---

[1] Resolution 1160 (1998), in der sowohl die serbischen Sicherheitskräfte als auch die UCK gleichermaßen für die Eskalation im Krisengebiet verantwortlich gemacht wurden, Resolution 1199 (1998), in der ein sofortiger Waffenstillstand zwischen den Konfliktparteien gefordert und der serbischen Regierung mit „weiteren Maßnahmen" gedroht wurde, sowie Resolution 1203 (1998).

gehend beantwortet, dass bewaffnete Einsätze zum Schutz humanitärer Grundrechte auch durch internationale bzw. regionale Organisationen durchgeführt werden dürften, solange sie unter internationaler Kontrolle ständen, der Einsatz der militärischen Mittel sowohl zeitlich als auch waffentechnisch auf ein Minimum beschränkt und der Schutz der Zivilbevölkerung gewährleistet sei (vgl. K. Naumann 2000; H. Neuhold 2000). Von Seiten der UN hingegen wurde der Versuch unternommen, einheitliche Kriterien für den Einsatz, den Umfang und die Reichweite humanitärer Interventionen zu definieren, die dann auch Eingang in die UN-Charta finden könnten.

Ihren bedeutendsten Niederschlag fanden diese Bemühungen in dem im Dezember 2001 von der *International Commission on Intervention and State Sovereignty* (ICISS) vorgelegten Bericht *The Responsibility to Protect*, der die wesentlichen Einsichten aus den Diskussionen der 1990er Jahre zusammenfasst, systematisiert und neu gewichtet.[2] Die revolutionäre Neuerung des Reports, der bis heute einen wichtigen Bezugspunkt u.a. in den Auseinandersetzungen um das Konzept der „*human security*" darstellt, liegt in seiner Rekonzeptualisierung des Souveränitätsbegriffs, der im Gegensatz zum klassischen Verständnis nicht mehr als Recht der Staaten gegeneinander, sondern als Pflicht gegenüber ihren eigenen Bevölkerungen definiert wird. Die Mitglieder der Kommission knüpfen damit u.a. an Überlegungen des früheren UN-Generalsekretärs Kofi Annan an, der im September 1999 vor der Generalversammlung deutlich gemacht hatte, dass der Grundsatz der Souveränität nicht bedingungslos gelten könne und humanitäre Interventionen in besonderen Ausnahmefällen, etwa bei Verbrechen gegen die Menschlichkeit, erlaubt sein müssten (vgl. K. Annan 1999).

Der Bericht der Kommission führt diesen Ansatz nun in fünf Richtlinien für Interventionen aus. Danach lässt sich das Konzept der Souveränität erstens normativ überzeugend als Verpflichtung des Staates nach außen und innen begründen – nach außen als Anerkennung der Souveränität anderer Staaten und nach innen als Schutz der eigenen Bürger vor größeren Gefahren. Ist ein Staat dazu nicht in der Lage oder verstößt er gar gegen diese Pflicht, soll diese Aufgabe an die internationale Gemeinschaft übergehen (ICISS 2001: 17).

Zweitens mahnt die Kommission an, dass die militärische Intervention nur die letzte Stufe eines Prozesses sein kann. An erster Stelle steht die zivile Prävention. Nur wenn diese scheitert, ist auch eine militärische Intervention legitim. Diese ist jedoch nur dann gerechtfertigt, wenn das Ausmaß der humanitären Katastrophe Ausnahme angenommen hat, die das „Gewissen der gesamten Menschheit" belasten – etwa bei gewalttätigen Auseinandersetzungen nach ei-

---

[2] Die Kommission war auf Initiative des damaligen kanadischen Außenministers, Lloyd Axworthy, ins Leben gerufen worden. Co-Vorsitzende waren der frühere australische Außenminister Gareth Evans sowie Mohamed Sahnoun, Sonderbeauftragter des UN-Generalsekretärs.

nem Staatszusammenbruch oder bei Massakern, Genoziden und ethnischen Säuberungen in einem beispiellosen Ausmaß (ICISS 2001: 31).

Drittens soll die Legitimität von militärischen Interventionen anhand der Kriterien der „Lehre vom gerechten Krieg" bemessen werden. Dies sind der gerechte Grund, die aufrichtige Intention, der Einsatz militärischer Gewalt als letztes Mittel, vernünftige Erfolgsaussichten, sowie die Verhältnismäßigkeit der Mittel (vgl. ICISS 2001: 32ff.). Um das von der klassischen Lehre des gerechten Krieges postulierte Kriterium der legitimen Autorität zu erfüllen, bedarf es nach Ansicht der Mitglieder der ICISS einer Autorisierung des Einsatzes durch den UN-Sicherheitsrat oder (unter besonderen Umständen) durch die Vollversammlung der Vereinten Nationen, um den Einsatz militärischer Gewalt auf den Schutz menschlichen Lebens zu beschränken (ICISS 2001: 47).

Viertens fordert der Bericht die Schaffung operativer Voraussetzungen sowohl für die Prävention von Gewalt als auch für die Planung und Durchführung von Militärinterventionen. Dazu gehören: 1. ein klar umrissenes politisches Mandat, 2. die politische Überwachung der Intervention, 3. die Durchsetzung und Wahrung der Menschenrechte, 4. die Gewährleistung eines Maximums an Sicherheit für die Zivilbevölkerung, 5. die Aufrechterhaltung des internationalen Rechts, 6. der Schutz der intervenierenden Truppen als gleichrangiges Ziel neben allen anderen, 7. ein Maximum an Koordination zwischen militärischen und zivilen Organisationen (ICISS 2001: 67). Damit schließt sich der Bericht dem *Report of the Panel on United Nations Peace Operations* vom 21. August 2000 an, der ein klares Mandat von UN-Missionen, ausreichende Ressourcenausstattung, situationsadäquate Einsatzregeln, ein einheitliches Kommando und die Zustimmung der wichtigsten UN-Mitgliedstaaten gefordert hatte (vgl. PUNPO 2000).

Fünftens regt der Bericht an, dass die UN-Generalversammlung feste Kriterien für ein Interventionsrecht festlegt. Der Sicherheitsrat soll darüber hinaus einheitliche Richtlinien zum Verfahren bei Militärinterventionen erstellen (ICISS 2001: 74f.). Damit fordert er die Verrechtlichung militärischer Einsätze zum Schutz menschlichen Lebens und eine Neudefinition staatlicher Souveränität, zu deren erster Pflicht der Schutz eines Volkes vor Mord und Gewalt erklärt werden soll (ICISS 2001: 69ff.).

Zwei Dinge sind es, die den Report der ICISS und sein Interesse an der Formulierung einheitlicher Kriterien für den Einsatz und die Reichweite humanitärer Interventionen bedeutsam machen: Einerseits der Umstand, das der Einsatz militärischer Mittel auf dem Gebiet souveräner Staaten zu humanitären Zwecken unter besonders gelagerten Umständen grundsätzlich für zulässig, ja sogar notwendig erachtet wird. Andererseits der Versuch, den UN und ihren Organen das Recht zur Autorisierung entsprechender Interventionen zu sichern. Die UN fungieren zwar nicht als alleiniger Akteur, wohl aber als alleinige Legitimationsinstanz.

2. Die sicherheitspolitischen Folgen des 11. September 2001

Ein zweiter, völlig anders gearteter Legitimationsdiskurs von Interventionen beruft sich auf Entwicklungen, die ebenfalls in den 1990er Jahren offenbar wurden: das Auftreten eines transnationalen Terrorismus und ein verstärktes Interesse an Nukleartechnologie und Massenvernichtungswaffen durch Staaten, die entweder dem Atomwaffensperrvertrag nicht beigetreten sind oder angekündigt haben, ihn zu verlassen. Beide Tendenzen wurden nach den Ereignissen des 11. Septembers 2001 durch die US-Regierung in ihrer *Nationalen Sicherheitsstrategie* (NSS) eng miteinander verknüpft.

Rekapituliert man die Entwicklung der diesbezüglich relevanten Argumente und den Gang der Ereignisse nach dem 11. September 2001, ergibt sich in etwa folgendes Bild: Die Reaktion der Weltorganisation auf die Terrorangriffe in New York und Washington erfolgte zunächst ebenso schnell wie einmütig. So verurteilte die Generalversammlung der Vereinten Nationen schon am nächsten Tag in Resolution 56/1 ausdrücklich die Terrorakte und rief alle Mitgliedstaaten zur „internationalen Zusammenarbeit" auf, „um Täter, Organisatoren und Förderer des Irrsinns ihrer gerechten Strafe zuführen" zu können.

Nicht weniger schnell handelte der UN-Sicherheitsrat, dessen erste Reaktion ebenfalls am 12. September 2001 erfolgte. In der einstimmig verabschiedeten Resolution 1368 verurteilte er in Anerkennung und Bekräftigung des naturgegebenen Rechts zur individuellen und kollektiven Selbstverteidigung die Terroranschläge und wertete diese „als eine Bedrohung des Weltfriedens und der internationalen Sicherheit". Zugleich bekundeten die Mitglieder des Gremiums ihre Bereitschaft, „alle erforderlichen Schritte" zu unternehmen, um auf die Terroranschläge angemessen zu antworten und „alle Formen des Terrorismus entsprechend seiner Verantwortlichkeiten im Rahmen der Charta der Vereinten Nationen zu bekämpfen". Mit beiden Formulierungen eröffnete der Sicherheitsrat den Mitgliedstaaten den Rückgriff auf die in Kapitel VII der UN-Charta aufgeführten Möglichkeiten zur Friedenserzwingung einschließlich des Rechts auf individuelle und kollektive Selbstverteidigung. Durch Resolution 1368 wurden zudem alle terroristischen Anschläge mit einem Ausmaß der Anschläge des 11. Septembers dem widerrechtlichen Angriff eines Staates gleichgestellt.

Etwas modifiziert wurde das Vorgehen gegen terroristische Vereinigungen dann in Resolution 1373 vom 28. September 2001, in der die Mitgliedstaaten sich – ebenfalls auf der Grundlage von Kapitel VII der UN-Charta – auf eine Reihe von verbindlichen Maßnahmen zur Terrorismusbekämpfung einigten.

Demnach sind die Mitgliedstaaten verpflichtet, „die Organisation, Anstiftung oder Unterstützung terroristischer Handlungen in einem anderen Staat oder die Teilnahme daran oder die Duldung organisierter Aktivitäten in seinem eigenen Hoheitsgebiet, die auf die Begehung solcher Handlungen gerichtet sind, zu unterlassen".

Am 12. September 2001 traf sich auch der Nordatlantikrat, um die Anschläge auf das World Trade Center zu verurteilen. Der Rat stimmte darin überein, dass diese Anschläge, falls festgestellt werden könne, dass sie vom Ausland aus gegen die Vereinigten Staaten verübt worden waren, als Handlung im Sinne des Artikels 5 des Washingtoner Vertrages anzusehen seien, demzufolge ein bewaffneter Angriff gegen einen oder mehrere Verbündete in Europa oder Nordamerika als Angriff gegen die Gesamtheit der NATO-Staaten zu werten ist und zu individueller oder kollektiver Selbstverteidigung gemäß Artikel 51 der UN-Charta berechtigt.

Einen Tag zuvor, am 11. September 2001 hatte US-Präsident Bush bereits den gemeinsamen „Krieg gegen den Terror" (war against terror) ausgerufen. Dieser Krieg, so präzisierte er später, werde nicht in einer einzigen Schlacht geschlagen werden, sondern in einer weltweit angelegten Kampagne münden, die die Welt in Terroristen und ihre Gegner spalten werde:

> „Jede Nation, in jeder Region", so Bush, „muss eine Entscheidung treffen. Entweder ihr seid mit uns, oder ihr seid für die Terroristen. […] Von heute an wird jede Nation, die dem Terrorismus weiterhin Unterschlupf gewährt oder Hilfe leistet, von den Vereinigten Staaten als feindliches Regime angesehen werden." (G.W. Bush 2001)

Erstes Ziel dieses „mit nichts vergleichbaren Krieges" war Afghanistan, dessen Taliban-Regime dem für die Anschläge vom 11. September verantwortlich gemachten Terrornetzwerk al-Qaida Aufenthalt gewährte. Bereits am 14. September 2001 ermächtigte der US-Kongress den Präsidenten zum Militäreinsatz und bewilligte umgerechnet 43,5 Milliarden Euro für den Kampf gegen den Terrorismus. Fünf Tage später verlegten die USA über 100 Kampfflugzeuge in die Golfregion; die Streitkräfte wurden zusammengezogen. Der damalige US-Verteidigungsminister Donald Rumsfeld erklärte daraufhin, dass die USA mehrere Länder im Visier hätten, die Terroristen beherbergten. Nach vergeblichen Bemühungen um die Auslieferung des al-Qaida Führers Osama bin Laden und seiner Gefolgsleute griffen die USA und ihre Verbündeten am 7. Oktober 2001 schließlich erstmals Ziele in Afghanistan an.

Zur gleichen Zeit wurde von der US-Regierung fieberhaft nach Beweisen gesucht, dass auch die Führung des Irak an den Anschlägen des 11. Septembers beteiligt gewesen sei. So erklärte der einflussreiche Pentagon-Berater Richard Perle Mitte Oktober 2001 in einem Interview:

„Die Frage nach Saddam Hussein ist aufs Engste mit dem Krieg gegen den Terrorismus verbunden. Es kann keinen Sieg im Kampf gegen den Terrorismus geben, wenn am Ende Saddam Hussein immer noch an der Macht ist – nicht nur, weil er den Terrorismus unterstützt, nicht nur, weil er Terroristen ausbildet und ihnen Zuflucht gewährt, sondern weil er das Symbol der Verachtung aller westlichen Werte ist." (R. Perle 2001)

Damit war ein Bedrohungsszenario entworfen, dass die Terroranschläge auf das World Trade Center in einem neuen Licht erscheinen ließ: die bewusste Kooperation terroristischer Akteure und staatlicher Regime. Zwar stellten sich alle Hinweise auf ein angebliches Treffen zwischen Mohammed Atta, dem mutmaßlichen Kopf der Attentäter, und einem irakischen Geheimdienstmitarbeiter in Prag als falsch heraus; und auch für die wiederholt geäußerte Behauptung, der damalige irakische Diktator Saddam Hussein persönlich habe sich mehrmals mit Atta getroffen, ließen sich keine Beweise beibringen. Gleichwohl wurde das Bedrohungsszenario von Seiten des Pentagon deshalb als nicht weniger real eingestuft. Als mutmaßlicher Unterstützer eines weltweit agierenden Terrorismus rückte Saddam Hussein neben Osama bin Laden zum Staatsfeind Nummer eins der USA auf und nach Afghanistan geriet jetzt auch der Irak ins Visier der Vereinigten Staaten und ihres „Krieges gegen den Terror".

In den öffentlichen Auseinandersetzungen um das Für und Wider eines militärischen Erstschlages gegen den Irak wurde von Seiten der US-Administration nun immer öfter von einem ‚Schurkenstaat' gesprochen, der sich durch sein Verlangen nach militärisch einsetzbarem Nuklearmaterial sowie ein repressives Regime nach innen und außen auszeichne. Grundlegende Menschenrechte würden von ihm genauso missachtet wie völkerrechtliche Verträge und die Grundsätze der internationalen Ordnung. Mithin, so wurde argumentiert, stelle er eine immanente Bedrohung des Weltfriedens und der internationalen Sicherheit dar. Zudem unterstellte die US-Regierung, dass der Irak, der bereits Anfang der 1990er Jahre wegen seiner Atomwaffenprogramme in die internationale Kritik geraten war, diese ungeachtet aller Auflagen und Kontrollen heimlich weitergeführt habe. Ein schnelles Eingreifen schien aus dieser Perspektive unabwendbar.

Die rhetorische Engführung des Krieges gegen den Terror und des Kampfes gegen ‚Schurkenstaaten' wurde fortan zur bestimmenden diskursiven Legitimationsstrategie der amerikanischen Außen- und Sicherheitspolitik. So teilte George W. Bush in einer Rede, die er am 11. März 2002 zum Gedenken an die Opfer der sechs Monate zuvor verübten Anschläge hielt, seinem Publikum folgendes mit:

„Soviel wissen wir bereits: Einige den Terrorismus unterstützende Staaten streben den Besitz von Massenvernichtungswaffen an oder besitzen diese bereits; Terrorgruppen gieren nach diesen Waffen und wären bereit, sie ohne jeden Skrupel einzusetzen. Und wir wissen, dass diese Waffen, wenn sie in die Hände von Terroristen gelangten, Erpressung, Völkermord und Chaos zur Folge hätten. Diese Tatsachen lassen sich nicht leugnen, man muss sich ihnen stellen. Die Verhinderung der Verbreitung von Massenvernichtungswaffen duldet keine Irrtümer und gewährt keine Möglichkeit, aus Fehlern zu lernen. Unsere Koalition muss überlegt handeln, aber Untätigkeit ist keine Option. Menschen, die keine Achtung vor dem Leben haben, darf niemals gestattet werden, die ultimativen Werkzeuge des Todes zu kontrollieren." (G.W. Bush 2002)

3. Von der Non-Proliferation zur Präemption

Die mögliche Weitergabe von Massenvernichtungswaffen durch den Irak an terroristische Gruppen wurde von den USA im Frühjahr 2002 zum wichtigsten Argument in der Rechtfertigung ihrer militärischen Intervention im Irak. Mit jedem Schritt, den das irakische Regime zur Beschaffung und zum Einsatz der schrecklichsten aller Waffen unternähme, so Präsident George W. Bush in mehreren Reden, verringerten sich die Optionen, diesem Regime entgegenzutreten. Sollte ein skrupelloses Regime wie das in Bagdad diese Waffen jedoch verbündeten Terroristen zur Verfügung stellen, wären die Anschläge des 11. September nur der Auftakt für weit größere Gräueltaten. Entsprechend heißt es in der NSS, dass alte Sicherheitsdoktrinen angesichts des Ausmaßes der neuen Gefahren überholt seien und ihre Geltung verloren hätten:

„Wir müssen das Konzept der unmittelbaren Bedrohung den Möglichkeiten und Zielen unserer heutigen Gegner anpassen. [...] In einer Zeit, in der die Feinde der Zivilisation offen und nachdrücklich nach den weltweit zerstörerischsten Technologien streben, können die Vereinigten Staaten nicht untätig bleiben, während die Gefahr wächst." (NSS 2002: 15)

In der Logik dieser Argumentation liegt es, alle Maßnahmen zu ergreifen, die dazu notwendig sind, Gefahren für die nationale Sicherheit der USA abzuwenden – und zwar notfalls auch vorbeugend.[3] Folgerichtig hat die Bush-Administration die offensive Strategie der „Präemption" (preemption) in die NSS vom September 2002 aufgenommen und erklärt, dass sie eine Bedrohung für das Land identifizieren und vernichten werde, noch bevor sie die eigenen Grenzen erreiche (vgl. NSS 2002: 14). Wie seither von vielen Beobachtern festgestellt worden ist, haben die Strategen der Bush-Administration die Kriterien

---

[3] Entsprechend heißt es denn auch in dem Strategiekonzept: „Je größer die Bedrohung, desto größer ist das Risiko des Nichthandelns – und umso zwingender die Gründe für vorbeugende Maßnahmen der Selbstverteidigung, selbst wenn Zeit und Ort des feindlichen Angriffs ungewiss bleiben." (NSS 2002: 15)

zum Einsatz militärischer Gewalt damit weitreichend verschoben. Der Verteidigungsfall ist demnach nicht mehr erst dann gegeben, wenn ein Angriff bereits erfolgt ist, sondern schon dort, wo eine Bedrohung existiert, die geeignet erscheint, die Sicherheit der USA zu gefährden. Im Gegensatz zur Strategie der Prävention muss diese Bedrohung zudem noch nicht einmal konkreten und unmittelbaren Charakter haben. Angesichts des Schadens, den ein skrupelloses, mit Massenvernichtungswaffen gerüstetes Regime den USA oder der Staatengemeinschaft als ganzer zufügen könne, so das Argument, würde bereits der rechtsfeindliche Charakter eines Regimes, der sich in der Nichteinhaltung internationaler Abkommen offenbare, eine hinreichende Form der Bedrohung darstellen – und zwar unabhängig davon, ob das betreffende Regime erst nach Massenvernichtungswaffen strebe oder bereits über welche verfüge.

Wie seither ebenfalls oft festgestellt wurde, ist diese neue, auf der Option des Erstschlags gegründete Sicherheitsdoktrin der USA mit dem geltenden Völkerrecht schwerlich in Einklang zu bringen. Ein militärischer Erstschlag ist durch das Recht zur Selbstverteidigung nicht gedeckt, geschweige denn – wie im Fall des Irak – gar ein Regimewechsel infolge einer militärischen Intervention. Beides steht in klarem Widerspruch zu Artikel 2, Nr. 4 und Artikel 7 der UN-Charta, welche alle gegen die „territoriale Unversehrtheit" und „politische Unabhängigkeit" eines Staates gerichteten Formen der „Androhung oder Anwendung von Gewalt" verbieten.

Einen besonders interessanten Beitrag zur anhaltenden Diskussion um die völkerrechtliche Zulässigkeit der offensiven US-Verteidigungsstrategie und der damit verbundenen Frage des Umgangs mit dem Problem der Herstellung und Weitergabe von Massenvernichtungswaffen durch unzuverlässige Regime haben vor einiger Zeit Lee Feinstein und Anne-Marie Slaughter vorgelegt (vgl. L. Feinstein / A.-M. Slaughter 2004). In ihrer Konzeption teilen sie die Einschätzung der Bedrohungslage, die der NSS zugrunde liegt, bemühen sich aber um eine Lösung, die auf internationale und multilaterale Einbindung angelegt ist. Ihrem nicht zufällig *The Duty to Prevent* betitelten Ansatz liegt die Annahme zugrunde, dass von Massenvernichtungswaffen in den Händen autokratischer Regime oder nichtstaatlicher Akteure Gefahren ausgehen, die vom gegenwärtig geltenden, überwiegend reaktiv angelegten Völkerrecht nicht angemessen berücksichtigt werden. Ihrer Ansicht nach verhindern nicht nur die defizitären Strukturen, sondern auch die mittlerweile überholten und deshalb realitätsfremden Maßstäbe des Systems der Vereinten Nationen einen effektiven und vor allem frühzeitigen Umgang mit einer Reihe neuer sicherheitspolitischer Herausforderungen. Insbesondere die Orientierung an den klassischen Formen des zwischenstaatlichen Konflikts und den daraus resultierenden Gefahren greife nicht mehr. Nicht von einem Staat und seiner gesamten Gesellschaft gingen heute die schwersten Bedrohungen für den Weltfrieden aus, sondern vor allem von den Vertretern einzelner Regime und Privatpersonen. Gegen diese müsse notfalls auch mit militärischen Mitteln vorgegangen werden dürfen, sobald eine permanente Bedrohung des Weltfriedens durch sie ausgemacht werden könne (L. Feinstein / A.-M. Slaughter 2004: 149).

Bei der Frage, wer diese Interventionspflicht übernehmen solle, sehen Feinstein und Slaughter die internationale Staatengemeinschaft und allen voran die Vereinten Nationen in der Pflicht. Die Aufgabe, präemptive Maßnahmen zur Sicherung des Weltfriedens zu autorisieren und ihre Durchführung anzuordnen obliege dem UN-Sicherheitsrat. Doch wenn dieser aus politischen Gründen blockiert und nicht Willens sei, entsprechende militärische Maßnahmen anzuordnen, sollten alternativ auch andere Akteure zum Eingreifen berechtigt sein. Dabei denken Feinstein und Slaughter zunächst an diejenigen Regionalorganisationen, gegen deren Mitglieder sich die ausgemachte Bedrohung in erster Linie richtet, sodann aber auch an alle anderen zwischenstaatlichen Bündnisse, die über eine hinreichende Anzahl an Mitgliedern und effektive Handlungsmöglichkeiten verfügen. Erst zuletzt sollen auch unilaterale Aktionen oder die Bildung einer „Koalition der Willigen" möglich sein (L. Feinstein / A.-M. Slaughter 2004: 148f.). Dabei betonen Feinstein und Slaughter allerdings immer wieder den eingeschränkten Geltungsrahmen ihres Ansatzes, den sie nicht als Freibrief für militärische Erstschläge, sondern als Fortentwicklung bestehender Konzepte der Non-Proliferations-Politik und Anpassung an gewandelte Realitäten verstanden wissen wollen. Es soll dazu dienen, wirksame Handlungsoptionen für den Umgang mit Staaten zu bieten, die vertraglich nicht gebunden sind oder sich durch geltende Verträge nicht (mehr) binden lassen wollen.

Ähnlich wie die Mitglieder der ICISS im Fall von humanitären Katastrophen oder massiven Menschenrechtsverletzungen wollen Feinstein und Slaughter auch im Fall der Bekämpfung nicht-kooperationswilliger autokratischer Regime den Einsatz militärischer Gewalt an überprüfbare Kriterien binden. Und gleichsam wie das Konzept der *Responsibility to Protect*, an das sich die beiden Autoren ausdrücklich anlehnen, greift auch ihr Ansatz der *Duty to Prevent* in die Souveränitätsrechte der einzelnen Staaten ein. Zugrunde liegt dem ein Konzept von Souveränität, das Anne-Marie Slaughter an anderer Stelle als „sovereignty as participation" beschrieben hat (A.-M. Slaughter 2004: 34). Souveränität als Partizipation stellt auf die Selbstbindung von Staaten in internationalen Organisationen und Verträgen ab, die dazu dienen, gemeinsame Herausforderungen kollektiv zu regeln. Souveränität sollen demnach nur jene Staaten uneingeschränkt genießen dürfen, die den dort geltenden Regeln und den daraus resultierenden Verpflichtungen nachkommen. In *A Duty to Prevent* wird dieses Konzept jedoch um einen entscheidenden Schritt ausgeweitet, damit aber letztendlich auch verkehrt. Denn in dem von Feinstein und Slaughter entwickelten Modell fungieren die einzelnen Staaten nicht mehr als souveräne Akteure, die sich in internationalen Vereinbarungen selbst binden und gegebenenfalls Souveränitätsrechte an internationale Organisationen abtreten, vielmehr übertragen sie der Staatengemeinschaft – und in letzter Konsequenz sogar einzelnen Staaten – das Recht, Souveränität unter bestimmten, von ihr selbst zu spezifizierenden Bedingungen einzuschränken oder abzuerkennen – und zwar unabhängig von der Zustimmung des betroffenen Staates.

4. Auf dem Weg zu einem Interventionsrecht?

Was sowohl im humanitär als auch im sicherheitspolitisch motivierten Diskurs zur Legitimation militärischer Interventionen zum Ausdruck kommt, ist ein Wandel im Souveränitätsverständnis. Die territoriale Integrität und die politische Unabhängigkeit der Staaten werden zwar nicht prinzipiell in Abrede, wohl aber in bestimmten Fällen zur Disposition gestellt. So kommt es zwar nicht zu einer Neudefinition, wohl aber zu einer bedeutsamen Verschiebung des Souveränitätsbegriffs. Ausschlaggebend für den Genuß der Souveränitätsrechte sind demnach die Souveränitätspflichten der Staaten, ihre Einhaltung bildet die Voraussetzung für die Gewährleistung jener. Völkerrechtliche Vereinbarungen sind dementsprechend ebenso durch die Souveränität aufrecht zu erhalten wie menschenrechtliche, aber auch demokratische Mindeststandards. Kann eine Regierung diese Aufgaben nicht mehr erfüllen oder ist sie nicht Willens, diesen nachzukommen, kann ihr Souveränitätsanspruch durch die internationale Gemeinschaft oder notfalls auch durch einzelne ihrer Mitglieder in Frage gestellt werden.

Der Aspekt der internationalen Anerkennung gehört auch nach bisherigem Verständnis zu den Stützpfeilern des Souveränitätsprinzips, das nie ein rein innerstaatliches war. Die Grundsätze der staatlichen Unabhängigkeit, der territorialen Integrität und das politische Selbstbestimmungsrecht eines Volkes stehen zu ihr denn auch nicht in Konkurrenz, sondern finden in ihr Ausdruck und Bestätigung, etwa in internationalen Verträgen und Abkommen. Neu ist das veränderte Gewicht, das dem Grundsatz der Anerkennung in den neueren Legitimationsdiskursen beigemessen wird. In ihnen erscheint Anerkennung als Praxis, die Souveränität qualifiziert, nicht garantiert. Der Anspruch auf Anerkennung und Respekt der äußeren Souveränität steht unter dem Vorbehalt der Gewährung humanitärer und politischer Mindeststandards, der Anerkennung der Souveränitätsrechte anderer Staaten und der Achtung völkerrechtlicher Verträge. Damit wird ein Konzept von Souveränität formuliert, das normativ anspruchsvoller und attraktiver ist, als das klassische „westfälische" Modell, das sich in erster Linie auf das Kriterium der effektiven Herrschaft über ein Territorium und seine Bevölkerung beschränkt, das aber zugleich einen Eckpfeiler des geltenden Völkerrechts, nämlich den Grundsatz der Gleichheit aller Staaten, in Frage stellt. Sollte sich die neue Sichtweise durchsetzen, so hätte dies u.a. zur Konsequenz, dass die Souveränität eines Staates zukünftig nicht länger einfach als gegeben, sondern als unter Vorbehalt gewährt verstanden werden müsste. Die Regierungen der Staaten übten ihre Herrschaft zwar weiterhin als Treuhänder ihrer jeweiligen Bevölkerung aus, darüber hinaus aber wären sie auch der internationalen Staatengemeinschaft oder einzelnen ihrer Mitglieder Rechenschaft schuldig. Dies hieße jedoch, das geltende Völkerrecht aufzulösen, statt es weiterzuführen. In einer Welt, in der die Gleichheit der Staaten nicht länger gegeben wäre, wäre auch das bestehende Interventionsverbot praktisch aufgehoben.

Literatur

Annan, Kofi (1999): Report of the Secretary-General on the Work of the Organization. General Assembly, Official Records, Fifty-fourth Session, Supplement No. 1 (A/54/1). <http://www.un.org/Docs/SG/Report99/intro99.htm> (16.01.2007).
Bush, George W. (2001): Address to a Joint Session of Congress and the American People. 20. September 2001. <http://www.whitehouse.gov/news/releases/2001/09/20010920-8.html> (26.02.2007)
Bush, George W. (2002): Remarks by the President on the Six-Month Anniversary of the September 11th Attacks, The South Lawn, Washington, D.C., 11 March 2002. <http://www.whitehouse.gov/news/releases/2002/03/20020311-1.html> (26.02.2007)
Clarke, Jeffrey (1993): Debacle in Somalia: Failure of the Collective Response. In: Damrosch (1993): 205-239.
Connaughton, Richard (1992): Military Intervention in the 1990s: A New Logic of War. London u.a.: Routledge.
Dacyl, Janina W. (1996): Sovereignty versus Human Rights: From Past Discourses to Contemporary Dilemmas. In: Journal of Refugee Studies 9, Heft 2: 136-165.
Damrosch, Lori Fisler (Hrsg.) (1993): Enforcing Restraint. Collective Intervention in Internal Conflicts. New York: Council on Foreign Relations Press.
Debiel, Tobias (1996): Not und Intervention in einer Welt des Umbruchs: Zu Imperativen und Fallstricken humanitärer Einmischung. In: Aus Politik und Zeitgeschichte B33-34/1996: 29-38.
Debiel, Tobias (2003a): Staatsversagen, Gewaltstrukturen und blockierte Entwicklung: Haben Krisenländer noch eine Chance? In: Aus Politik und Zeitgeschichte B13-14/2003: 15-23.
Debiel, Tobias (2003b): UN-Friedensoperationen in Afrika. Weltinnenpolitik und die Realität von Bürgerkriegen. Bonn: Dietz.
Debiel, Tobias / Nuscheler, Franz (Hrsg.) (1996): Der neue Interventionismus. Humanitäre Einmischung zwischen Anspruch und Wirklichkeit. Bonn: Dietz.

Ebock, Kerstin (2000): Der Schutz grundlegender Menschenrechte durch kollektive Zwangsmaßnahmen der Staatengemeinschaft. Vom Interventionsverbot zur Pflicht zur humanitären Intervention? Frankfurt/Main u.a.: Lang.

Feinstein, Lee / Slaughter, Anne-Marie (2004): A Duty to Prevent. In: Foreign Affairs, January/February 2004: 136-150.

Haftendorn, Helga / Keck, Otto (Hrsg.) (1997): Kooperation jenseits von Hegemonie und Bedrohung. Sicherheitsinstitutionen in den internationalen Beziehungen. Baden-Baden: Nomos.

International Commission on Intervention and State Sovereignty (ICISS) (2001): The Responsibility to Protect. Report of the International Commission on Intervention and State Sovereignty. Ottawa: International Development Research Centre.

Jean, Francois / Rufin, Jean-Christophe (Hrsg.) (1999): Ökonomie der Bürgerkriege. Hamburg: Hamburger Edition.

Jordan, Amos A. / Taylor, William J. u.a. (1981): American National Security. Policy and Process, Baltimore, Md. u.a.: John Hopkins University Press.

Malek, Martin (2000): Russland und der Kosovo-Krieg. In: Reiter (2000): 146-156.

Maynes, Charles W. (1995): Relearning Intervention. In: Foreign Policy Heft 98: 96-113.

National Security Strategy of the United States of America (NSS) (2002): <http://www.whitehouse.gov/nsc/nss.pdf> (26.02.2007).

Naumann, Klaus (2000): Kosovo – Modell für die Zukunft? In: Reiter (2000): 23-38.

Neuhold, Hanspeter Die ‚Operation Allied Force' der NATO: rechtmäßige humanitäre Intervention oder politisch vertretbarer Rechtsbruch? In: Reiter (2000): 193-208.

Panel on United Nations Peace Operations (2000): Report of the Panel on United Nations Peace Operations. Comprehensive Review of the Whole Question of Peacekeeping Operations in all their Aspects. New York, N.Y.: United Nations. <http://www.un.org/peace/reports/peace_operations/> (26.02.2007).

Pape, Matthias (1997): Humanitäre Interventionen. Zur Bedeutung der Menschenrechte in den Vereinten Nationen: Baden-Baden: Nomos.

Perle, Richard (2001): Gunning for Saddam. Interview with Frontline (October 2001). <http://www.pbs.org/wgbh/pages/frontline/shows/gunning/interviews/perle.html.> (26.02.2007)

Reiter, Erich (Hrsg.) (2000): Der Krieg um das Kosovo 1998/99. Mainz: Hase & Koehler.

Slaughter, Anne-Marie (2004): A New World Order. Princeton u.a.: Princeton University Press.

Theiler, Olaf (1997): Der Wandel der NATO nach dem Ende des Ost-West-Konfliktes. In: Haftendorn et al. (1997): 101-136.

Waltz, Kenneth N. (1993): The Emerging Structure of International Politics. In: International Security 18, Heft 2: 44-79.

Winters, Paul A. (Hrsg.) (1995): Interventionism: Current Controversies. San Diego: Greenhaven Press.

Hinweise zu den Autoren

Sven Chojnacki, Jg. 1966; Juniorprofessor für Internationale Friedens- und Sicherheitspolitik am Otto-Suhr-Institut für Politikwissenschaft der Freien Universität Berlin. Arbeitsschwerpunkte: Gewaltdynamiken in komplexen Konfliktsystemen (unter besonderer Berücksichtigung militärischer Interventionen von Drittparteien), Disaggregierung von Konflikt- und Gewaltdaten sowie Analyse der Entstehung und Wirkung von lokalen und globalen Sicherheitsmärkten. Er leitet die Teilprojekte „Privatisierung und Kommerzialisierung von Sicherheit in zerfallen(d)en Staaten" (C2) und „Krieg und (Un-)Sicherheit in Räumen begrenzter Staatlichkeit" (C4) am SFB „Governance in Räumen begrenzter Staatlichkeit: Neue Formen des Regierens?". Wichtige Publikationen: *The times they are a-changin'*, Berlin 2001; *Demokratien und Krieg*, Berlin 2003.

Tobias Debiel, Jg. 1963, Professor für Internationale Beziehungen und Entwicklungspolitik an der Universität Duisburg-Essen und Direktor des Instituts für Entwicklung und Frieden (INEF) in Duisburg. Arbeitsschwerpunkte: Staatsversagen und Weltordnungspolitik, Gewaltstrukturen und Entwicklungschancen im Zeitalter der Globalisierung, UN-Friedensoperationen im Rahmen von Global Governance, Humanitäre Interventionen, State-Building in Nachkriegsgesellschaften, Human Security in Theorie und Praxis. Wichtige Publikationen: UN-Friedensoperationen in Afrika.Weltinnenpolitik und die Realität von Bürgerkriegen. Bonn 2003. Zusammen mit Dirk Messner und Franz Nuscheler Herausgabe von Global Trends 2007. Vulnerability and Human Security in the 21st Century. Frankfurt/Main 2006.

Norbert Eitelhuber, Jg. 1965, Dip-Kfm., Generalstabsoffizier, Referent im Bundesministerium der Verteidigung, z. Zt. Austauschoffizier beim Bundesministerium für wirtschaftliche Zusammenarbeit und Entwicklung, Referat Außen- und Sicherheitspolitik. Arbeitsschwerpunkte: Ressortübergreifende Zusammenarbeit in der Krisenprävention / Krisenbewältigung, aktuelle sicherheitspolitische Themen. Wichtige Publikationen: UN-Friedenssicherung zwischen den Fronten – Der Streit um den Internationalen Strafgerichtshof, SWP-Aktuell 2002/A27; Implikationen der NATO Response Force für die Parlamentsbeteiligung, SWP-Studie 2004/S 10.

Skadi Krause, Jg. 1970, Dr. rer. pol., Lehrbeauftragte am Institut für Politikwissenschaft der Martin Luther Universität Halle-Wittenberg. Arbeitsschwerpunkte: Politische Theorie und Ideengeschichte, Internationale Sicherheitspolitik, Moderne Demokratietheorien, Politische Theorie der Französischen Revolution. Wichtige Publikationen: Die souveräne Nation. Zur Delegitimierung monarchischer Herrschaft in Frankreich im Sommer 1789, Berlin 2008. Zusammen mit Karsten Malowitz: Michael Walzer zur Einführung, Hamburg 1998.

Karsten Malowitz, Jg. 1971, M.A., Wissenschaftlicher Mitarbeiter am Institut für Politikwissenschaft und Japanologie der Martin-Luther Universität Halle-Wittenberg. Arbeitsschwerpunkte: Politische Theorie und Ideengeschichte, Internationale Menschenrechts- und Sicherheitspolitik, Pluralismustheorie, Staatslehren des 18. und 19. Jahrhunderts. Wichtige Publikationen: Zusammen mit Skadi Krause: Michael Walzer zur Einführung, Hamburg 1998.

Stefan Mair, Jg. 1963; Dr. rer. pol., Forschungsdirektor der Stiftung Wissenschaft und Politik, Berlin, Mitglied der bundespräsidialen Initiaive Partnerschaft mit Afrika und Mitglied des wissenschaftlichen Beirats des German Institute of Global and Area Studies / Leibniz-Institut für Globale und Regionale Studien (GIGA). Arbeitsschwerpunkte: Internationale politische Ordnungsfragen, deutsche Außenpolitik, insbesondere Entwicklungs- und Afrikapolitik, inner- und zwischenstaatliche Konflikte und deren Bewältigung, Staatszerfall und nichtstaatliche Akteure in der internationalen Politik. Wichtige Publikationen: *Die Globalisierung privater Gewalt*, Berlin 2002. Zusammen mit Volker Perthes Herausgabe von *Europäische Außen- und Sicherheitspolitik*, Berlin 2006.

Herfried Münkler, Jg. 1951; Professor für Theorie der Politik an der Humboldt-Universität zu Berlin und Mitglied der Berlin-Brandenburgischen Akademie der Wissenschaften (BBAW). Arbeitsschwerpunkte: Politische Ideengeschichte, Theorie der Demokratie und Zivilgesellschaft, Politische Kultur-Forschung sowie Theorie und Geschichte des Krieges. Wichtige Publikationen: *Machiavelli*, Frankfurt/M. 1982 u.ö.; *Thomas Hobbes*, Frankfurt/M. u. New York 1993 u.ö.; *Die neuen Kriege*, Reinbek b. Hamburg 2002 u.ö.; *Imperien. Die Logik der Weltherrschaft – Vom Alten Rom bis zu den USA*, Berlin 2005 u.ö.; *Der Wandel des Krieges. Von der Symmetrie zur Asymmetrie*, Weilerswist 2006. Zuletzt zusammen mit Marcus Llanque Herausgabe von *Politische Theorie und Ideengeschichte*, Berlin 2006.

Stefan Oeter, Jg. 1958; Professor für deutsches und ausländisches öffentliches Recht und Völkerrecht an der Universität Hamburg. Arbeitsschwerpunkte: Theorie des Völkerrechts und der internationalen Beziehungen, Wirtschaftsvölkerrecht, Recht internationaler Organisationen, Minderheitenschutz und vergleichende Föderalismusforschung, Friedenssicherungsrecht und humanitäres Völkerrecht, Völkerrechtsgeschichte. Wichtige Publikationen: *Neutralität und Waf-*

fenhandel, Berlin 1992; *Integration und Subsidiarität im deutschen Bundesstaatsrecht*, Tübingen 1998. Zusammen mit Rolf Stober Herausgabe von *Sicherheitsgewerberecht in Europa*, Köln 2003.

Ulrich Petersohn, Jg. 1974; Dr. rer. pol., Firtz-Thyssen-Fellow am Weatherhead Center for International Affairs der Harvard University, Cambridge. Arbeitsschwerpunkte: Private Militärunternehmen, Privatisierung / Outsorcing bei Streitkräften. Wichtige Publikationen: *Die Nutzung privater Militärfirmen durch US-Streitkräfte und Bundeswehr*, SWP-Studie 2006/S 36. Zusammen mit Sibylle Lang: *Die Zukunft der ESVP nach den gescheiterten Referenden*, SWP-Aktuell 2005/A 34.

Christian Tomuschat, Jg. 1936; em. Professor für öffentliches Recht, insbesondere Völker- und Europarecht an der Humboldt-Universität zu Berlin. Arbeitsschwerpunkte: Theorie des Völkerrechts und der Menschenrechte, Recht internationaler Organisationen, humanitäres Völkerrecht. Wichtige Publikationen: *International Law*, The Hague u.a. 2001; *Human Rights: Between Idealism and Realism*, Oxford 2003. Herausgabe von *The United Nations at Age Fifty*, The Hague u.a. 1995; *Kosovo and the International Community*, The Hague u.a. 2002. Zusammen mit Jean-Marc Thouvenin Herausgabe von *The Fundamental Rules of the International Legal Order*, Leiden u.a. 2006. Zusammen mit Andreas Zimmermann und Karin Oellers-Frahm Herausgabe von *The Statute of the International Court of Justice. A Commentary*, Oxford 2006.

Oliver Wolleh, Jg. 1965; Dr. rer. pol., assoziierter Forscher am Berghof-Forschungszentrum für konstruktive Konfliktbearbeitung und Kursleiter des Schwerpunktkurses „Conflict Management" im Rahmen des Master Programms „Intercultural Conflict Management" an der Alice-Salomon Fachhochschule Berlin. Arbeitsschwerpunkte: Strategien der Konflikttransformation in asymmetrischen Konflikten, Methoden der Fazilitation, Mediation, Strategien der Vertrauensbildung, Monitoring und Evaluation von Projekten und Programmen der zivilen Konfliktbearbeitung. Wichtige Publikationen: *Die Teilung überwinden*, Münster u.a. 2002; *A difficult encounter*, Berlin 2006.

If you have any concerns about our products,
you can contact us on
ProductSafety@springernature.com

In case Publisher is established outside the EU,
the EU authorized representative is:
**Springer Nature Customer Service Center GmbH
Europaplatz 3, 69115 Heidelberg, Germany**

Printed by Libri Plureos GmbH
in Hamburg, Germany